"十二五"普通高等教育本科国家级规划教材

国家卫生和计划生育委员会"十二五"规划教材
全国高等医药教材建设研究会"十二五"规划教材

全国高等学校教材
供医学检验技术专业用

临床检验仪器与技术

主　编　樊绮诗　钱士匀

副主编　贺志安　郑峻松　郑　芳　姜晓峰

编　者（以姓氏笔画为序）

王菊香（河北工程大学医学院）　　施新明（上海交通大学医学院）

石继飞（包头医学院）　　　　　　姜晓峰（哈尔滨医科大学）

宋玉国（北华大学医学检验学院）　贺志安（新乡医学院）

张明亮（山西医科大学汾阳学院）　钱士匀（海南医学院）

易　斌（中南大学湘雅医院）　　　程　江（石河子大学医学院）

郑　芳（武汉大学中南医院）　　　谢圣高（湖北中医药大学）

郑峻松（第三军医大学）　　　　　谢国明（重庆医科大学）

郑培烝（福建医科大学）　　　　　樊绮诗（上海交通大学医学院）

侯　艳（佳木斯大学检验医学院）

秘　书　施新明（兼）

人民卫生出版社

图书在版编目（CIP）数据

临床检验仪器与技术/樊绮诗,钱士匀主编. —北京：人民卫生出版社,2015

全国高等学校医学检验专业第六轮暨医学检验技术专业第一轮规划教材

ISBN 978-7-117-20229-9

Ⅰ.①临… Ⅱ.①樊…②钱… Ⅲ.①医学检验-医疗器械-医学院校-教材 Ⅳ.①R446②TH776

中国版本图书馆 CIP 数据核字（2015）第 027989 号

人卫社官网	www.pmph.com	出版物查询,在线购书
人卫医学网	www.ipmph.com	医学考试辅导,医学数据库服务,医学教育资源,大众健康资讯

临床检验仪器与技术

主　　编：樊绮诗　钱士匀
出版发行：人民卫生出版社（中继线 010-59780011）
地　　址：北京市朝阳区潘家园南里 19 号
邮　　编：100021
E - mail：pmph @ pmph.com
购书热线：010-59787592　010-59787584　010-65264830
印　　刷：人卫印务（北京）有限公司
经　　销：新华书店
开　　本：850×1168　1/16　印张：17　插页：1
字　　数：456 千字
版　　次：2015 年 3 月第 1 版　2025 年 1 月第 1 版第 18 次印刷
标准书号：ISBN 978-7-117-20229-9/R·20230
定　　价：45.00 元

打击盗版举报电话：010-59787491　E-mail：WQ @ pmph.com
（凡属印装质量问题请与本社市场营销中心联系退换）

全国高等学校医学检验专业第六轮暨医学检验技术专业第一轮规划教材 修订说明

我国高等医学检验教育始于20世纪80年代中期,经过近30年的发展,至今已有上百所院校开设了医学检验普通本科及高职本科专业。全国高等学校医学检验专业原卫生部规划教材自1989年首次出版以来,经过五轮教材的修订和25年全国广大院校实际教学的使用,对医学检验教育各个亚学科体系逐渐形成和发展起到积极的促进作用,极大地推动了我国高等医学检验教育的发展。

2012年,教育部颁布了新的《普通高等学校本科专业目录》,原有的五年制医学检验专业(归属临床医学与医学技术类,授予医学学士学位),统一调整为四年制医学检验技术专业(归属新单独设立的医学技术类,授予理学学士学位)。因此,医学检验专业的学科内涵发生了根本的转变,在培养过程中更加注重技术属性。

为了顺应医学教育综合改革的发展趋势,推动我国医学检验技术专业的发展和学科建设,针对四年制医学检验技术专业人才的培养目标和培养模式,贯彻四年制教育思想,体现适合四年制教学需求的课程体系建设,教育部高等学校教学指导委员会医学技术类专业教学指导委员会、全国高等医学院校医学检验专业校际协作理事会、全国高等医药教材建设研究会、人民卫生出版社在全国广泛调研的基础上,共同决定成立全国高等学校医学检验技术专业教学教材建设指导委员会,并根据教育部确定的四年制医学检验技术专业教学标准,启动全国高等学校医学检验专业第六轮暨医学检验技术专业第一轮规划教材的编写修订工作。

本轮教材的修订和编写特点如下:

1. 创新教材体系,促进学科发展 本套教材兼具医学检验专业第六轮教材修订与医学检验技术专业首轮教材编写的双重任务,成为切实推进医学检验高等教育学科发展方向、体现四年制课程体系与教学方法的改革成果、着力培养医学检验技术类人才的重要抓手与载体。教材的创新建设,在满足当前教学需求的同时,承担起推动整个学科发展的重要作用。

2. 明确培养目标,突出专业特色 为适应新一轮教育改革、国家经济发展和社会需要,医学检验技术专业的培养目标是旨在培养品德高尚、基础扎实、技能熟练、素质全面的德、智、体、美全面发展的应用型医学检验专门人才。因此,针对新的培养目标,本套教材的编写充分借鉴了国内外精品教材按检测项目、检测技术为主线的编写模式,充分体现本专业基本理论、基本知识和基本技能,在不遗漏重要知识点的基础上,摈弃既往教材编写中求多求全的痼疾,突出"医学检验技术专业"的学科特色。同时,通过创新编写模式与优化内容编排,加强对学生自主学习与创新能力、解决问题能力的培养。

3. 坚持编写原则，确保教材质量　在整套教材编写的过程中，始终坚持本科教材"三基、五性、三特定"的编写原则，始终坚持科学整合课程、淡化学科意识、实现整体优化、注重系统科学、保证点面结合的编写理念，以确保教材编写质量。同时，为配合学制改革与学时压缩，进一步精简教材字数，突出重点，强调理论与实际相结合。

4. 优化编写团队，树立精品意识　技术类专业人才的培养，既需要学校教师的理论讲授，又需要临床一线专家的实践经验。因此，本套教材在编写队伍的组建上，不但从全国各高等院校遴选具有长期从事医学检验教学的一线教师，同时还注意吸收医院检验科具有实践经验的临床专家参与编写，在确保教材理论概念清晰的同时，使内容更加贴近临床检验实践。

5. 完善配套教材，提升数字出版　为满足教学资源的多样化，实现教材系列化、立体化建设，本轮理论教材均配有丰富的网络增值服务及配套的学习指导与习题集，大部分核心课程还配有相应的实践指导，方便教师教学与学生自主学习。

6. 加强版式设计，提升阅读兴趣　本套教材通过设置丰富多样的编写模块，大开本、双色排版方式，以及便于记录随堂笔记的页边空白等，在方便教学的同时提高学习效率、提升阅读体验。尤其是理论教材中的章前问题、章后小结，实践指导中的自主创新性试验，学习指导与习题集中的学习目标等，将各专业知识融会贯通。

本套医学检验技术专业教材共有 10 种理论教材和 17 种配套教材。为满足教学需求，本次将寄生虫学相关的检验技术并入《临床基础检验学技术》，并增加《临床医学概要》。本套教材均为"十二五"普通高等教育本科国家级规划教材、国家卫生和计划生育委员会"十二五"规划教材，并将于 2015 年春季陆续出版发行。希望全国广大院校在使用过程中能够多提供宝贵意见，反馈使用信息，以逐步修改和完善教材内容，提高教材质量。

理论教材目录

序号	书名	主编		副主编			
1	临床生物化学检验技术	尹一兵	倪培华	刘新光	陈筱菲	徐克前	左云飞
2	临床微生物学检验技术	刘运德	楼永良	王 辉	孙自镛	吴爱武	
3	临床免疫学检验技术	李金明	刘 辉	邵启祥	王 辉	吴俊英	
4	临床血液学检验技术	夏 薇	陈婷梅	王霄霞	岳保红	覃 西	
5	临床分子生物学检验技术	吕建新	王晓春	周 钦	黄 彬	钱 晖	
6	临床基础检验学技术	许文荣	林东红	李 山	郑 磊	丁 磊	
7	临床输血学检验技术	胡丽华		王学锋	阎 石		
8	临床检验仪器与技术	樊绮诗	钱士匀	贺志安	郑峻松	郑 芳	姜晓峰
9	临床实验室管理	杨 惠	王成彬	潘世扬	李 艳	张莉萍	
10	临床医学概要	陈尔真	刘成玉	府伟灵	李 艳		

实验指导目录

序号	书名	主编	副主编	
1	临床生物化学检验技术实验指导	倪培华	赵云冬	梅传忠
2	临床微生物学检验技术实验指导	楼永良	邵世和	张玉妥
3	临床免疫学检验技术实验指导	刘 辉		
4	临床血液学检验技术实验指导	陈婷梅		
5	临床分子生物学检验技术实验指导	王晓春	赵春艳	王志刚
6	临床基础检验学技术实验指导	林东红	刘成玉	吴晓蔓
7	临床输血学检验技术实验指导	胡丽华		

学习指导与习题集目录

序号	书名	主编	副主编	
1	临床生物化学检验技术学习指导与习题集	陈筱菲		
2	临床微生物学检验技术学习指导与习题集	吴爱武	罗 红	
3	临床免疫学检验技术学习指导与习题集	王 辉		
4	临床血液学检验技术学习指导与习题集	王霄霞		
5	临床分子生物学检验技术学习指导与习题集	钱 晖	郑 芳	
6	临床基础检验学技术学习指导与习题集	丁 磊		
7	临床输血学检验技术学习指导与习题集	张循善		
8	临床检验仪器与技术学习指导与习题集	郑 芳		
9	临床实验室管理学习指导与习题集	王成彬	杨 惠	李艳
10	临床医学概要学习指导与习题集	刘成玉		

前　言

2012 年教育部公布了新的"普通高等学校本科专业目录",将"医学检验"专业归类于专业目录中一级学科"医学技术类",不再隶属于"临床医学",学制和所授学位亦有相应改变。为适应新一轮的教育改革,适应国家经济发展和社会需要,医学检验专业的培养目标和办学方向做了相应调整:旨在培养品德高尚、基础扎实、技能熟练、素质全面的德、智、体、美全面发展的应用型医学检验专门人才。为此,教育部高等学校医学技术类教学指导委员会、全国高等医学院校医学检验专业校际协作理事会和人民卫生出版社共同组织全国医学检验专家和工作在医学检验教育第一线的教师,策划和编撰了"全国高等学校医学检验专业第六轮暨医学检验技术专业第一轮规划教材"。

编撰本套教材的指导思想是贯彻四年制医学检验技术人才的培养目标,体现四年制教育的培养模式、课程体系、教学内容和教学方法的改革要求,尤其注重培养学生的学习能力、创新能力、解决问题的能力。在不遗漏重要知识点的基础上,摒弃既往教材编写中求多求全的痼疾,突出"医学检验技术"的专业特色。

《临床检验仪器与技术》是本套教材中的一本。自现代医学诞生以来,医学检验专业发展最突出的标志,当属医学检验的自动化取代了传统的手工操作,克服了手工分析测定精密度低、速度慢和难以标准化的缺点,开始了医学检验自动化操作的新时代。在医疗机构以及独立的商业化实验室,各种现代化的用于分析或测定的仪器和设备几乎覆盖了医学检验的所有专业。因此,学习医学检验常用仪器的工作原理和相关技术、掌握仪器的主要结构及其性能特点、了解仪器的操作及日常保养,是医学检验专业学生必需掌握的知识。

本教材在内容上由两部分组成。第一部分介绍了临床实验室常用的经典实验技术,临床检验仪器和设备的技术原理或工作原理;第二部分介绍了临床实验室常用仪器,系统地介绍了仪器的性能结构、工作原理、使用规范和临床应用。除了介绍经典技术和目前临床检验实验室常用仪器设备,编者还用适当的篇幅介绍了一些先进的检验技术和代表专业领域发展趋势的相关仪器和设备。通过本课程与本教材的学习,希望学生能为今后在相关领域的工作打下良好的基础。

本教材力求做到重点突出、图文并茂、生动活泼、精练易懂。在每章内容前列出思考题,使学生带着问题学习,并在学习后通过思考、归纳和总结,能够找到并掌握该章的主要知识点,从而能够解答思考题。除了文字理论教材外,本套教材还通过采用包含在网络增值服务中的扩展阅读、图片以及与理论教材相匹配的学习指导与习题集等配套教学资料,方便学生自主学习。

参加编写本教材的 17 名编委来自国内 16 所高等院校,他们以高度的责任感完成了各自承担的编写任务。在本教材的编写过程中,得到了大连医科大学、温州医科大学和哈尔滨医科大学附属第四医院的大力支持,在此表示感谢!

限于编者的水平和对"医学检验技术"专业的理解,也限于相对紧迫的编写时间,书中难免存在不足,敬请同行专家、使用本教材的师生以及其他读者批评指正。

樊绮诗　钱士匀

2015 年 1 月

目　录

第一章

绪　论

　　医学检验专业是用化学病理学、细胞病理学和分子病理学等技术观察、分析、测定人体血液和体液内各种宏量、微量乃至痕量物质的综合性学科,也是目前医学领域发展最快的学科之一。

　　医学检验以生物化学、免疫学、血液学、体液学、病原生物学、细胞生物学、分子生物学等学科为主干,整合了化学、生物物理学、自动化技术、计算机技术、电子信息技术等学科的理论成就和高新技术。因此,现代医学检验专业的快速发展,完全得益于学科间的交叉和互相渗透,体现了医学与理学、工学的完美结合。

　　自现代医学诞生以来,医学检验专业发展最突出的标志,当属医学检验的自动化取代了传统的手工操作,克服了手工分析测定精密度低、速度慢和难以标准化的缺点,开始了医学检验自动化操作的新时代。在医疗机构和独立的商业化实验室,各种现代化的用于分析或测定的仪器和设备几乎覆盖了医学检验的所有专业。因此,掌握医学检验常用仪器的工作原理和相关技术,熟悉仪器的主要结构及其性能特点,了解仪器的操作及日常保养,是医学检验专业学生的必修课。

第一节　临床检验仪器的相关技术及其应用

　　尽管目前临床检验所用仪器的种类、品牌和规格繁多,但是这些仪器的形成无不基于相关技术的产生和完善,即在实验室检测和分析技术的基础上,结合了自动化技术、光学技术、电子信息技术、生物传感器技术、计算机技术等,逐步发展成规模的、系统的、能满足临床医疗服务需要的现代化仪器和设备。

一、光谱分析技术

　　光与物质之间的相互作用是自然界普遍发生的物理现象。借助这两者间发生相互作用时所产生的吸收、发射或散射光谱的波长或强度对物质进行定性、定量分析的技术,就是光谱分析(spectrum analysis)技术。根据光谱的产生方式,光谱分析技术可分为吸收光谱分析、发射光谱分析和散射光谱分析三大类。光谱分析技术的分析仪器结构相对简单,操作相对简便,方法灵敏度相对较高,在临床化学检验中用得比较广泛。

基于物质的分子或原子对辐射能的选择性吸收而得到的分子或原子光谱即为吸收光谱。吸收光谱分析包括紫外-可见分光光度法、红外光谱法、原子吸收分光光度法等。紫外-可见分光光度法主要用于物质的定量分析,如血清无机磷测定等。原子吸收分光光度法主要用于金属元素的分析测定,如血液中锌、镁、铜等含量的测定,常用的仪器有 BH2101S 型原子吸收光谱仪、AA-7000 原子吸收分光光度计等。

发射光谱是指物质的分子、原子或离子接受外界能量,由基态跃迁至高能态,再由高能态回到基态而产生的光谱。发射光谱分析技术就是利用发射光谱对物质进行定性、定量分析。在临床检验中用得较多的是荧光分光光度法,如维生素 B_2(Vit B_2)含量、血清 β-N-乙酰氨基葡萄糖苷酶(NAG)活性的测定等可用荧光分光光度法。

目前大型自动化生化分析仪一般具有紫外光/可见光比色和透射比浊功能,可以检测肝功能、肾功能、血糖、激素、各种血清酶、脂类、蛋白,还可以监测血中药物的浓度,包括一些治疗性药物和滥用药物。

当光子作用于不均匀介质时,会产生光散射现象,通过测量散射光的强度得到待测物质含量的方法就是散射光谱分析方法。当光源发出的光通过待测样品时,样品中的抗原与其特异性抗体形成抗原-抗体复合物,使溶质颗粒(浊度)增大,光散射增强,并且散射光的强度与复合物的含量成正比。因此,可以从散射光强度的变化测得抗原的含量。基于散射比浊法的自动化散射比浊分析仪在临床应用十分广泛,代表机型如BN Ⅱ、IMMAGE800,主要用于体内含量在 mg/L 以上的蛋白物质的测定,如血清免疫球蛋白、补体、C 反应蛋白,尿液中的微量蛋白如 α_1-微球蛋白、微量白蛋白、免疫球蛋白IgG、转铁蛋白等。

二、电化学分析技术

电化学分析(electrochemical analysis)技术是指将待测物质溶液组成一个化学池,通过测量电池的电位、电流、电量和电阻等变量,使待测物质的浓度转变为电学参数而进行检测的分析技术。电化学分析技术可以分为电位分析技术、电导分析技术、电解分析技术、电容量分析技术、伏安分析技术、电化学生物传感器技术等。

临床化学检验中电解质分析、血气与酸碱分析等所用的仪器(如 ABL 800),大多基于电化学分析技术。血清钾、钠、氯、碳酸氢根等无机离子的测定虽然可以用原子吸收分光光度法、火焰光度法等光谱技术测定,但是由于离子选择电极(ion-selective electrode, ISE)适合装备于大型自动化生化分析仪(如 AU 系列、DXC 系列、COBAS 系列、ARCHITECT 系列等),操作方便、灵敏度高,所以目前许多临床检验中普遍使用 ISE 法测定血清钾、钠、氯。血浆(清)中总二氧化碳也可用电极法(二氧化碳电极)测定。

电化学发光免疫测定法(electro-chemiluminescence immunoassay, ECLIA)是由电化学反应引起的化学发光过程与免疫反应过程结合的一种新技术。ECLIA 既具有发光检测的高灵敏度,又具有免疫分析的高特异性。基于 ECLIA 技术的电化学发光自动化免疫分析仪Cobas E601 等已经广泛应用于临床免疫学检验,如肿瘤标志物、激素、酶类、抗原或抗体、维生素、细胞因子和各种代谢物质等的测定。

三、色谱分析技术

色谱法(chromatography)是一类分离分析技术的总称,主要用于复杂的多组分混合物的分离和分析。色谱法利用混合物中各组分在互不相溶的两相之间分配系数的差异而使物质的各组分得到分离,再对其进行定性或定量测定。

色谱法的种类很多,按流动相的性质可分为液相色谱法、气相色谱法等;按照分离原理可分为吸附色谱法、分配色谱法、离子交换色谱法等;而按固定相状态可分为柱色谱法和平面色谱法。临床检测和研究实验室常用的层析技术也称为柱色谱技术。高效液相色谱(HPLC)是在经典色谱法的基础上把流动相改为用高压输送,用小粒径的填料充填色谱柱,使柱效应大大提高,并且连接高灵敏度的检测器,能对流出物进行连续检测。

HPLC适用于分离和提纯具有生理活性的大分子物质,如蛋白质、酶、激素、氨基酸、核酸等。在临床检验中,高效液相色谱技术用于分析体液中的有机酸、无机离子、糖类和体内代谢物质,监测患者体内治疗药物及代谢产物浓度。比如目前有基于高效液相离子交换层析技术的仪器(VARIANT II、TOSOH G8等),专门用于测定糖尿病患者糖化血红蛋白,分析速度快,结果准确,是目前比较理想的测定糖化血红蛋白的方法。

另外,一些临床检验项目的参考方法也采用HPLC法。

四、质谱分析技术

质谱(mass spectrum)是带电原子、分子或分子碎片按质量-电荷比的大小顺序排列的图谱。质谱仪是一类能够使物质粒子离化成离子并通过适当的电场或磁场将它们按空间位置、时间先后,或者轨道稳定与否实现质荷比分离,经检测强度后对物质进行分析的仪器。除了应用于化学、化工、环境、能源等领域外,还在生物医学领域有广泛的应用。

质谱技术虽能够进行定性分析,但是不能分析混合物,而色谱技术却能有效地分离混合物,二者联用就可使分离和鉴定同时进行,因此就产生了质谱联用技术。目前的质谱仪主要有几种不同的联用方式:①气相色谱-质谱联用技术(gas chromatography-mass spectrometry,GG-MS);②液相色谱-质谱联用技术(liquid chromatography-mass spectrometry,LC-MS);③串联质谱技术(tandem mass spectrometry)。

由于质谱技术具有分析灵敏度高、样品用量少、分析速度快并且可集分离和鉴定同时进行的优点,在生命科学包括临床医学中都有广泛应用。

用高效液相色谱-质谱联用技术(HPLC-MS/MS)是筛查新生儿先天性疾病最常用的技术,在数分钟内就可以对新生儿血样中数十种代谢物质进行分析,判断新生儿是否患有某些先天性、代谢性疾病,以期在最早期达到干预治疗的目的。

近来有不少实验室将质谱技术应用于临床微生物专业,能够更准确、更快速地鉴定细菌的种类,预计这一技术在临床微生物领域的应用会越来越广泛。

骨代谢异常(包括骨质疏松)、糖尿病、心血管疾病、肿瘤等疾病时,维生素D有不同程度的降低或缺乏。据估计,全球超过10亿人缺乏维生素D,其中25-(OH)D是衡量维生素D营养状况的最佳指标。25-(OH)D有25-(OH)D_2和25-(OH)D_3两种形式,二者具有不同强度的生物学效应,专家认为应分别测定25-(OH)D_2和25-(OH)D_3。目前临床常用的免疫学测定方法不能区分两者,还有些方法仅能测定25-(OH)D_3,难以准确评估体内维生素D含量。LC-MS/MS技术特异性高,能同时分别测定25-(OH)D_2和25-(OH)D_3,被认为是检测25-(OH)D的"金标准",在临床上的应用越来越普遍。

另外,在一些毒品和兴奋剂检测中也广泛采用质谱分析技术。

五、电泳分析技术

电泳(electrophoresis)现象是指分散在介质中的带电粒子在电场作用下,带负电荷的粒子向电场的正极移动,带正电荷的粒子向电场的负极移动的现象。利用电泳现象进行物质分离的技术称为电泳分析技术。电泳分析技术主要用于蛋白质和核酸的分离、鉴定与定量分析。电泳技术可分为移动界面电泳、区带电泳、稳态电泳(包括等电聚焦电泳等),根据固相支持介质又可分为两类,一类是滤纸、醋酸纤维素薄膜电泳,另一类为琼脂糖凝胶、聚丙烯酰胺凝胶电泳。

毛细管电泳(capillary electrophoresis)是近年来发展起来的新技术,是在硅玻璃毛细管内利用电泳原理进行物质的分离测定。毛细管电泳与其他分析技术联用也得到很好的发展,如毛细管电泳-质谱分析、液相色谱-毛细管电泳、毛细管等速电泳-毛细管电泳等,主要检测分析包括从生物大分子到小分子甚至离子等各种物质。

自电泳现象发现以来的长时期内,电泳分析均采用手工操作。从 20 世纪末以来发明了等电聚焦电泳仪、双向电泳系统、垂直电泳系统乃至全自动电泳分析仪,使电泳区带分离越来越清晰,操作也越来越简便。目前临床上普遍使用的无需缓冲液的水平式全自动电泳分析仪如 HYDRASYS 2、SPIFE4000,主要用于血清蛋白、血红蛋白、同工酶等的分析。目前更是有基于毛细管电泳技术的检测仪 CAPILLARYS 2,每小时可检测 50 个样本。

免疫固定电泳也是临床上常规开展的一种电泳技术。首先利用琼脂糖凝胶电泳技术分离血清、尿液、脑脊液或其他体液中不同电荷和分子量的抗原,再把各型免疫球蛋白及其轻链抗血清直接加到凝胶表面的泳道上。抗原-抗体在适当位置形成复合物并沉淀于支持介质中。经漂洗、染色后可对各类免疫球蛋白及其轻链进行分型。免疫固定电泳已经作为常规的检测项目,用于 M 蛋白的分型和鉴定。

六、流式细胞分析技术

流式细胞分析技术一般称流式细胞术(flow cytometry,FCM),是 20 世纪 70 年代发展起来的细胞分析技术。流式细胞仪综合了激光、流体力学、计算机及电子测量等技术,达到在流动相快速准确测量细胞的目的(每秒可测量上万个细胞)。FCM 具有高灵敏度、高分辨率、高分选纯度、高重复性和多参数信息综合分析的优势,能对细胞及其相关成分进行快速和精确的定量分析和分选。

流式细胞术可测细胞大小、形状、核质比、色素(如血红蛋白)含量、细胞质颗粒等,经荧光染色细胞后,还可测细胞核内核酸含量、染色质结构、细胞表面抗原或糖类分子、细胞骨架等。在临床免疫学检验中,FCM 主要用于分析和测定细胞表面抗原,通过检查细胞表面的分化抗原(CD 分子),对淋巴细胞亚群(T 细胞、B 细胞、NK 细胞等)、造血干细胞、抗原提呈细胞等进行定量分析。例如,检测白血病患者白血病细胞的 CD 抗原,可进行白血病的免疫分型;检测艾滋病患者 $CD4^+$ 细胞数判断患者的免疫功能等。在科研方面,FCM 还用于细胞凋亡的研究、细胞周期的变化、细胞因子及细胞器的研究等。流式细胞仪的代表机型主要有 FACSCanto II、FACSCalibur、Navios 流式细胞分析系统等,以满足科学研究和临床标本检测等不同需要。

另外,流式细胞术还被引入血液细胞分析仪和尿液有形成分分析仪中,用于血液细胞的分析和尿液中有形成分的分析。

七、标记免疫技术

标记免疫技术是各种临床免疫学测定技术中的基本技术,是指用不同的物质标记抗原或抗体,使其具有示踪功能,通过抗原-抗体的特异性反应,达到能检测出临床标本中的待测物质的目的。目前临床免疫学测定的主要标记免疫技术包括荧光免疫技术、放射免疫技术、酶免疫技术、化学发光免疫技术和电化学发光免疫技术等,作为示踪物的主要标记物质有:荧光素、放射性核素、酶蛋白、化学发光剂和电化学发光剂等。

1. 荧光素标记　用荧光素标记抗体的荧光免疫技术是将抗原抗体反应与荧光标记技

术相结合,从而提高了反应的特异性、敏感性和直观性。常用的荧光素有异硫氰酸荧光素(FITC)、四乙基罗丹明 B200(RB200)等。经典的荧光免疫技术是以荧光素标记抗体对样本中的抗原进行定位,现在发展到可以检测患者血清中的各种抗体,如临床常规开展的抗核抗体、抗平滑肌抗体、抗线粒体抗体、抗双链 DNA 抗体等的检测。

2. 放射性核素标记 放射免疫技术是以放射性核素为示踪物标记抗原(或抗体),测定样本中抗体(或抗原)的一种标记免疫技术。放射免疫技术的创立者 Yalow 和 Berson 为此于 1977 年获得了诺贝尔生理学或医学奖。放射免疫技术具备了放射性核素高灵敏度、高稳定性和抗原抗体反应高特异性的优点,在建立后的数十年里曾广泛地用于激素、药物、各种抗原(或抗体)、肿瘤标志物、维生素、血浆蛋白及酶的检测。但是,由于放射免疫技术所使用的核素具有不同程度的放射性污染,因此临床上放射免疫技术正在逐步地被其他标记免疫技术所取代。

3. 酶免疫技术 酶免疫技术用酶作为标记物,是一种把酶催化底物的高效性(微量的酶分子可催化大量底物)和抗原抗体反应的高特异性相结合的标记免疫技术。酶免疫技术中常用的酶有:辣根过氧化物酶(HRP)、碱性磷酸酶(AKP)、β-D-半乳糖苷酶(β-D-Gal)、葡萄糖氧化酶(GOD)等。

酶免疫技术可分为酶免疫组织化学技术和酶免疫测定技术,后者又分为均相酶免疫测定和异相酶免疫测定技术。酶联免疫吸附试验(ELISA)就是一种异相酶免疫测定技术,此技术使应用酶标记技术在液体标本中进行微量物质测定成为可能。ELISA 已经成为临床检测和研究最常用的标记免疫技术之一。均相免疫测定技术在均匀的液相环境中进行,将酶标记抗体、待测样本加入反应体系,在抗原抗体反应达到平衡后直接加入底物即可测得结果。均相酶免疫测定中的酶放大免疫测定技术(EMIT)主要用于小分子抗原或半抗原的测定,如药物浓度测定。

另外,20 世纪 70 年代发展了生物素-亲和素生物反应放大系统。生物素和亲和素既能偶联抗原(或抗体)分子,还能偶联酶、荧光素等示踪物质,因此能把抗原抗体反应系统和示踪物指示系统联接在一起,在酶免疫技术中有广泛应用。

4. 化学发光剂和电化学发光剂标记 化学发光免疫分析技术是新近发展起来的标记免疫技术,是将发光原理和免疫反应相结合的一种测定微量抗原或抗体的技术。根据反应过程中标记物是否需要分离,分为均相反应(无需分离)和非均相反应(需要分离);根据标记物能否发光,分为直接化学发光技术和间接化学发光技术;根据标记物的不同,还可分为酶免疫发光测定、化学发光免疫测定和电化学发光免疫测定等。常用的标记物主要是碱性磷酸酶、辣根过氧化物酶、吖啶酯、三联吡啶钌等。

化学发光和电化学发光免疫测定技术已经广泛地用于临床,是目前临床免疫学测定的主要技术,其特点是:①灵敏度高和特异度高;②检测线性范围宽;③标记物稳定;④能自动化操作。临床上需要检测的物质如各种激素(甲状腺激素、性激素、生长激素、垂体和肾上腺激素等)、肿瘤标志物、心脏标志物、治疗性药物、病原生物的抗原或抗体等,都能用化学发光技术检测。

八、分子生物学技术

分子生物学(molecular biology)是 20 世纪 50 年代在生物化学、遗传学等学科的基础上逐步发展起来的。到了 80 年代,分子生物学快速地发展成一门独立的学科,并在病理学、免疫学、血液学、微生物学等学科领域有广泛的应用。分子生物学技术也已经在临床检验中成为重要的技术之一,用于各种病原微生物核酸的检测、遗传性疾病致病基因的检测、一些疾病(如白血病、实体肿瘤、复杂性疾病)相关基因及代谢产物基因的检测,用于疾病的诊断、病情监测和药物治疗效果的监控。

在临床检验中应用得最普遍的分子生物学技术应该是聚合酶链反应（polymerase chain reaction，PCR），这是一种体外扩增基因的技术。在PCR技术发明初期，主要还是以手工进行扩增反应，而如今，已经研制出各种自动化基因扩增仪。目前在临床检验中应用得最多的是荧光定量PCR技术，它能对靶分子进行定量分析，如对乙型肝炎和丙型肝炎等病毒核酸进行定量检测，是疾病诊断和药物疗效观察时的重要依据。有些PCR扩增仪还带有突变检测软件，在PCR完成以后还能进行扩增产物的突变分析。

现代DNA测序技术主要包括1977年由Sanger等人建立的双脱氧末端终止法、由Maxam与Gilbert建立的化学降解法以及1998年由Ronaghi建立的焦磷酸DNA测序技术。20世纪80年代起，各种自动化DNA测序仪不断问世，使得大规模DNA测序成为可能。人类基因组计划的提前完成，正是得益于成熟的大规模自动化DNA测序技术。近年来，焦磷酸测序技术又与乳液PCR技术和光纤芯片技术结合，发展成为大规模并行焦磷酸测序技术，速度快，准确率高，成为当前个体化基因组学研究和临床应用的重要工具。

此外，分子杂交技术、生物芯片技术等也在医学研究和临床检验中有广泛的应用。

第二节　临床检验常用仪器的发展趋势

临床检验仪器的发展是医学检验专业发展的一个代表性标志。经济发展使人们越来越重视自身的健康，加大了对医疗保健的投入。临床希望有更多具有诊断价值的检测指标以及能得到更及时、更准确的检验报告，这些都是临床检验仪器和设备快速发展的驱动因素。

在现代医学检验诞生的初期，实验室检验都是以手工操作完成的。临床血液和体液检验、临床化学检验和微生物检验都有相应的方法和技术，比如，在显微镜下人工计数血液中的红细胞、白细胞、血小板，测定血红蛋白，观察各种血液细胞的形态；肉眼观察尿液的颜色、透明度，显微镜下观察尿液沉渣中的各种有形成分，如红细胞、炎症细胞、上皮细胞、各种管形等；通过涂片、染色、培养等技术，观察样本中是否有细菌生长；通过各种化学或生物化学技术，检测血清（浆）、脑脊液等体液中各种物质（蛋白质、激素、酶等）含量的变化。手工检测有许多弊端，例如检测效率低、精密度与准确度难以满足临床的要求、难以避免的人为差错、试剂消耗量大而导致的检测成本高等。

自20世纪70年代以来，医学检验已经逐步过渡到半自动化、自动化操作。目前临床检验实验室已经呈现出仪器设备高度自动化和小型化的特点，有些设备还可以满足高通量的平行化检测，使检测效率更高。纵观检验仪器的发展趋势，可以用自动化、一体化、全实验室自动化、小型化、高通量化等特征来概括。

一、自　动　化

1957年，美国医生Skeggs发明了临床化学自动分析技术，制造出连续流动式自动分析仪，开创了临床检验向自动化发展的新纪元。随后，血液学、免疫学、微生物学检验的自动化仪器也相继问世。

自动化分析的优势在于：

1. 提高工作效益　在单位时间内，检验人员可以完成更多的工作，大大降低劳动力成本。

2. 提高方法学的精密度与准确度　减少测定结果的批内和批间变异，增加检验结果的可比性和可信度，提高检验质量。

3. 减少人为差错　人工操作的最大弊端是不能绝对避免人为因素造成的误差和差错，

如加样不准确、难以精确地控制反应所需时间、抄录患者信息和检测结果时发生差错等。自动化分析则不受操作人员技术高低、工作状态等因素的影响,避免人为因素对检验结果的干扰。

4. 改良分析技术 许多较为精密的技术无法用手工操作,只能用自动分析方式完成,如酶的连续监测。因此,自动化分析仪的问世带来了更精密的分析技术和更全面的检测项目。

5. 功能完整 通过仪器中带有的软件,自动化分析仪具有多重功能:能通过扫描原始样本管的条形码以确保患者信息无误;具有双向传输系统,能发出检测指令和回输检测结果;能评估样本质量是否符合检测的要求(如是否有溶血、脂血、黄疸等影响检测结果的物质);评估样本体积以保证能进行所有项目的检测;根据需要组合检测项目;故障报警等。此外,自动化分析仪中的质量控制管理软件能很好地监控每天的质控情况,为稳定检验结果、减少分析误差提供了保证。

6. 降低检测成本 虽然购置自动化分析仪需要资金,但是自动化分析测定一个项目仅需极少量的试剂和患者样本,大大节约了较为昂贵的试剂成本和患者样本量。

二、一 体 化

一体化即不同检测系统间的整合,这是当前临床检验发展的另一个主要特征。通过更新技术平台,把不同的测定模块整合在一起,形成一个检测平台(或是检测工作站),以满足实验室降低成本、提高效率、节约实验室空间和缩短检验报告周期等需要。一体化可以根据实验室的不同需要进行配置,常见的有把一台以上的免疫分析仪(或生化分析仪)整合在一起,形成免疫(或生化)检测工作站。目前已有不少整合的分析系统问世,如cobas 8000 modular 系列、ARCHITECT SR i4000 等,或是把临床化学测定模块和免疫测定模块整合在一起,形成生化-免疫血清检测工作站,如 UniCel DxC 880i Synchron Access、VITROS 5600、ARCHITECT Ci8200 等。整合的方式有将免疫学和临床化学测定整合为两个独立平台的统一体;用轨道传递系统使免疫学测定和化学测定整合在一起;在临床化学测定平台上加一个非均相免疫测定模块或均相免疫测定模块;在临床化学测定平台上整合入浊度分析等。

三、全实验室自动化

全实验室自动化(total laboratory automation,TLA)是 20 世纪 80 年代以来发展起来的。TLA 是通过传输轨道或模块整合把同一品牌(或不同品牌)的各种分析仪器连接在一起,形成一个功能强大的检测平台。与一体化检测平台不同的是,除了各检测仪器的整合以外,全实验室自动化系统还包括了样本信息接收、条形码扫描、样本离心、试管开盖、样本分杯和分配、检测后样本保存等模块。依赖强大的医院信息系统(HIS)、实验室信息系统(LIS)和中间连接软件(middleware),临床检验实验室可达到智能化、自动化地控制样本检测的全过程,包括样本采集和运送、样本核收、样本前处理、样本检测、追加检验、折返再测、危急值报告、检验结果的自动审核、样本储存等过程。TLA 极大地提高了实验室工作效率、降低了差错、缩短了检验结果报告周期,进一步满足了临床的需要。

值得一提的是,除了覆盖检测全过程的全实验室自动化模式,还有形式灵活多样的各种自动化工作站,如样本前处理工作站、血液学分析工作站(连接着自动推片、自动染色、自动分析等不同功能的设备)、血液凝固分析工作站、血清学检测工作站等,实验室可以根据具体需要进行选择。

四、小 型 化

高新技术的面世和应用使检验医学向着分析速度更快、自动化程度更高、智能化水平更强、信息传递速度更迅捷、分析精度更高的高度中心化实验室方向发展;另一方面,随着急救医学的迅速发展、个体对自我健康状况的关注以及各类突发公共卫生事件的频发,"即时即地"检测(point of care testing,POCT)以其迅速、简便、经济、准确的特点和优势受到越来越多的关注。

POCT是一类有别于中心化实验室(如医学检验科)检测系统、接近受检者的检测方法,既可在医院内完成,也可在小型诊所、流动场所完成,甚至是在患者家中完成。POCT分析仪器的特点是小型化,以便携式和手掌式为主,还有一类POCT则不需要检测设备,仅在一个固相载体上即可完成检测。因此,POCT操作简便、反应快速,能在数分钟内得到检测结果。

POCT根据待测物的不同而采用不同的技术平台,目前已有的产品主要基于干化学技术、标记免疫技术、电化学技术、生物传感器技术、生物芯片技术、分子生物学等技术。目前常规应用的有化学反应法测定血红蛋白、酶法检测血糖、离子选择电极法检测小分子物质电解质和动脉血气、各种免疫学测定技术检测样本中的蛋白质、分子生物学技术检测核酸分子等。反应过程中或反应后信号变化的捕捉主要通过光学技术和电化学技术实现(如电阻率改变、颜色变化、浊度变化、电信号或荧光信号变化等),最终得出测定结果。

POCT的应用主要体现在:①急诊室、ICU或外科手术中需要快速判断危重患者的疾病状况时;②对一些需长期药物治疗患者的疾病控制状况进行监测;③在儿科门急诊、新生儿病房及儿科ICU,由于儿童患者的不合作或无法交流、疾病状况与外在表现不一致及病情变化迅速时;④用于检验检疫、疾病普查、流行病学调查和突发性公共卫生事件等方面。

虽然POCT在检验医学领域正扮演着越来越重要的角色,但是目前国内在POCT应用中还面临着一些问题和挑战,客观上造成了使用不规范、检测结果不统一的现象。因此十分需要制定切实有可操作性的管理措施,以避免质量控制体系不完善、检测结果的报告形式较为混乱以及检测结果的可信度较差等问题。

五、高 通 量 化

临床检验高通量化发展趋势的最好体现就是生物芯片技术。生物芯片技术可以平行地检测预先密集阵列地排列于一小片状固相支持物上的核酸、抗原、抗体、细胞或组织内靶分子或靶片段,在数小时内即可获得数万个分析结果,真正体现了高通量、多样性、微型化和自动化的特点。

生物芯片技术包括芯片制备、样品制备、杂交反应(或抗原抗体反应)、结果分析等过程。生物芯片主要包括:基因芯片(DNA芯片)、蛋白质芯片和芯片实验室(labs-on-chip)。①基因芯片是将DNA或cDNA片段(探针)点阵在固相载体上,通过分子杂交原理,检测来源于不同个体、不同组织、不同细胞周期、不同发育阶段、不同疾病或是不同刺激因素下基因序列或基因表达的变化,根据杂交反应荧光信号的强弱判断结果。②蛋白质芯片是将蛋白质分子(抗原或抗体)高密度地固定在固相载体上,经抗原-抗体反应,根据反应信号得出分析结果。③芯片实验室是集样品制备、基因扩增、核酸标记、检测和结果分析于一体的便携式高度集成化的生物分析系统,使分析过程实现自动化、连续化和微缩化。

生物芯片技术最初主要用于研究领域,而目前其应用已经扩展到临床检验,如致病基因突变检测、耐药基因分析、致病微生物的鉴定、耐药菌株和药敏检测、产前诊断等方面。

笔记

第三节　临床检验仪器的使用与管理

由于医学检验自动化的快速发展,医学检验实验室的仪器和设备越来越多,如今绝大部分检测项目已经由仪器完成。作为医学检验专业的学生,应该学好临床检验常用仪器的相关知识,掌握仪器操作基本技能,以适应今后工作的需要。

一、临床检验实验室常用的仪器

医学检验专业的学生,有必要在校期间就熟悉和掌握今后工作中将会使用的检验仪器和设备的相关知识以及各项技术指标,包括在课堂上学习理论知识,在临床实验室实习阶段学会基本的操作和熟悉工作流程(包括仪器的校准、质量控制时的失控分析和纠正、样本前处理、在仪器上检测、检验结果的审核与报告等)。

在临床检验实验室一般可以看到以下几大类型常用的仪器或设备。

(一)血液学检验常用仪器

1. 血细胞分析仪　又称血液自动分析仪,它能对血液中的细胞成分(红细胞、白细胞、血小板、网织红细胞等)进行计数和白细胞分类计数,能测定血液中的血红蛋白,还能测定或计算出血细胞比容(HCT)、平均红细胞体积(MCV)、平均血红蛋白含量(MCH)、平均血红蛋白浓度(MCHC)、红细胞分布宽度(RDW)、血小板平均体积(MPV)等各项红细胞、血小板平均指数,这些指标对于临床诊断和鉴别诊断相关疾病是十分必要的。

2. 血液凝固分析仪　是对血栓与止血有关成分进行自动化检测的常规检验仪器,临床上使用的有半自动化和全自动化分析仪,还有全自动化的血液凝固分析工作系统。

全自动化血凝分析仪的检测通道多、速度快,可以任意组合检验项目。除了能检测常规的 APTT、PT、TT、FIB 等指标外,还能对各凝血因子、抗凝系统如抗凝血酶Ⅲ(AT-Ⅲ)、纤维蛋白溶解系统如纤维蛋白降解产物(FDP)、D-二聚体等进行检测。全自动血凝分析仪还能监测临床用药情况,当患者使用肝素或口服抗凝剂如华法林时,需要监测患者的出凝血状况,以保证患者用药的有效性和安全性。

3. 其他血液学检验仪器　除了血细胞分析仪、血液凝固分析仪以外,还有一些仪器也是临床常用的血液学检验仪器,如血小板聚集仪、血流变分析仪、血沉测定仪等。

(二)尿液检验常用仪器

临床实验室用于尿液分析的仪器包括尿液干化学分析仪和尿液有形成分分析仪。传统的尿液检查是观察尿液的物理性状和化学成分的变化,并通过显微镜检查有形成分(红细胞、白细胞、各种管型)的有无、多少、形态的变化。目前这些检测已经由仪器完成,但是必须指出的是,显微镜下人工检查仍然是尿液检查的"金标准"。

尿液分析仪采用干化学技术,分析尿液理化性质的变化。分析项目包括尿液中蛋白质、葡萄糖、比重、酸碱度、酮体、尿胆原、尿胆红素、潜血、亚硝酸盐、白细胞、维生素 C 等以及尿液颜色。尿液干化学分析仪有半自动化和自动化两种形式,其区别在于是否能自动进样。

尿液有形成分分析仪能定量识别尿液中的各种有形成分。基于不同的技术原理,主要有两类,一类是基于流式细胞术和电阻抗相结合的原理,如 UF-1000i 尿液分析系统,另一类是基于影像系统和计算机系统相结合的原理,如 Iris iQ200 尿液分析系统。

(三)临床化学检验常用仪器

临床化学检验常用仪器品牌、型号众多,根据其不同性质,分类也是多样化。根据技术原理,最常见的自动化生化分析仪主要有两类:一类是基于干化学技术的干化学式自动生化分析仪(如 VITROS 350),还有一类是相对于干化学技术的一大类自动化生化分析仪,如 AU

系列、DXC 系列、COBAS 系列、ARCHITECT 系列等自动生化分析仪。生化分析仪的部分通道只能使用本系统配套的试剂和校准品时,习惯称之为"非开放系统";生化分析仪的部分通道可以使用其他品牌的试剂和校准品,习惯称之为"开放系统"。临床实验室在使用所谓开放系统时需要进行完整的方法学评价。

临床化学检验仪器承担着几乎所有临床所需生化项目的检测,能够分析和测定蛋白质、糖类、无机离子、血清酶、血气与酸碱分析、脂蛋白及载脂蛋白等物质。一些全自动生化分析仪还具有透射免疫比浊功能,能检测免疫球蛋白、补体、类风湿因子、抗链球菌溶血素 O、急性时相反应蛋白、尿微量白蛋白、转铁蛋白等。在生化分析仪上检测相关免疫指标的优点是可以在患者一份样本中同时检测临床化学和免疫学指标,既可以减少患者的样本量,也可以简化检测流程。

(四)临床免疫学检验常用仪器

临床免疫学是医学检验领域发展最快的专业之一,它的发展得益于临床免疫学相关技术的快速发展,带动了自动化免疫分析仪器的发展。

目前临床免疫学检测技术大多都有相适应的自动化分析仪,使得临床免疫学测定进入了一个几乎完全自动化操作的时代。例如荧光酶免疫分析仪、荧光偏振免疫分析仪、时间分辨荧光免疫分析仪均基于荧光免疫分析技术;而化学发光免疫分析仪和电化学发光免疫分析仪都基于化学发光免疫分析技术。免疫比浊分析仪则主要基于散射免疫比浊原理。

不同厂家生产的自动化免疫分析仪均采用配套的试剂和校准品,形成各自的检测系统。即使是同一个检测项目,由于不同厂家的配套试剂中选择的抗体所针对的抗原决定簇不同,抗原抗体的反应结果也因之不同,因此不同品牌仪器之间的检测结果会有差异。实验室在实际应用时,最好避免同一个检测项目放在不同的检测体系中检测。

(五)临床微生物学检验常用仪器

临床微生物学检验的历史相对悠久,19 世纪即由一些著名的微生物学家建立了微生物的培养和鉴定方法。长期以来,微生物学检验主要靠手工完成,包括培养基的配制,标本接种、培养和鉴定等。传统的微生物学检验的问题是过程烦琐、方法学不稳定、培养时间长、结果判断带有主观性和难以进行质量控制。

近二十余年来,临床微生物学检验也进入了自动化分析的新阶段,诞生了自动化血培养检测和分析系统以及自动化微生物鉴定和药敏分析系统。

与人工细菌培养方法相比,自动化血培养系统具有更多的优势:①培养基能提供不同细菌繁殖所必需的营养成分,培养瓶内还有充分的混合气体,能最大限度地检测出阳性标本;②培养箱在恒温条件下连续振荡,更有利于细菌的生长;③自动连续监测,缩短了能检测出细菌生长的时间;④及时报出阳性结果;⑤设有内部质控系统;⑥检测样本种类较多,除了血液标本外,临床上所有无菌体液都可以作为标本进行细菌培养检测。

自动化微生物鉴定和药敏分析系统能鉴定出包括需氧菌、厌氧菌、真菌在内的数百种细菌种类,能进行细菌药物敏感试验和最低抑菌浓度测定等,在数小时内即可得出鉴定结果。这些性能是人工操作难以达到的。

(六)分子生物学检验常用仪器

20 世纪 90 年代以来,分子生物学技术被应用于医学检验专业,在疾病的诊断和疗效监测中起到很大作用,因此,相关仪器也成为一些大型医院临床检验实验室的常用仪器。PCR 扩增仪、荧光定量 PCR 扩增仪、DNA 测序仪等,都是临床实验室开展分子诊断不可或缺的工具。

(七) 血型鉴定常用仪器

长期以来,临床血型鉴定一直是由技术人员手工操作的,自动化血型鉴定仪的诞生使原先由人工操作的血型鉴定、交叉配血、抗体筛选、抗体鉴定等实验实现了自动化。自动化的血型鉴定具有显著的优势:节约了试剂,降低了成本;反应过程标准化,提高了弱抗体的检出率;避免了凝集反应人为判读结果造成的误差;克服了手工检测无原始记录的不足;有系统的质量控制,减少了误差,提高了质量。

(八) 实验室通用设备

除了直接用于患者标本检测和分析的专门仪器以外,临床实验室还有一些并非直接用于检测患者标本,但却是必不可少的设备。如果缺少这些设备,就不能形成一个完整的医学检验实验室,我们可称之为"实验室通用设备",例如,冰箱、离心机、恒温设备、实验用水制备系统、生物安全柜、超净台、温度计等。这些设备各有不同品牌和型号,性能和技术指标各不相同,用途也不同。

二、临床检验仪器的使用

医学检验从过去的以手工操作为主向半自动化、全自动化、多功能、智能化操作方向发展,仪器的种类、品牌、规格越来越齐全,结构和功能越来越完善,精密度也越来越高。不同的仪器性能和结构不同、所采用的技术和工作原理不同、对工作环境的要求不同,操作程序也不尽相同。所以,医学检验专业的学生在使用仪器以前必须先掌握仪器的相关知识,包括结构和各主要部件的功能、仪器的技术原理和工作原理,根据仪器制造商发布的操作指南编写简易并便于执行的操作规程,熟悉操作步骤。

对于新添置的仪器,操作人员必须经过严格的培训,考核合格后经实验室授权才能上机操作。培训内容应包括仪器的工作原理、日常操作程序、仪器的保养、检验结果分析以及常见故障的排除等。根据实验室管理要求,操作人员使用仪器的权限有不同等级,如日常使用权限、校正或参数设置权限、特殊保养和基本故障排除权限等,各等级的工作职责由不同技术职称或资质的人员承担。

当仪器发生故障时,应按照实验室管理体系的要求对故障进行排除或是及时向维修人员报修。如果是直接影响检测结果的部件发生了故障,则维修完毕后,还应对仪器进行验证,包括重新定标、测定质控品、对故障发生前已测的患者样本再次测定等。

对仪器进行维护和保养也是实验室操作人员的日常工作内容。仪器的维护应由专人负责,并形成制度化。根据仪器构造及其相应功能和制造商的建议,各部件的维护周期可以不同:

1. **每日维护** 主要是开机前和使用后的管道冲洗、清理废液、仪器外部清洁等。
2. **每周维护** 检查机械部件的运行状态、用清洁剂清洗管路等。
3. **每月维护** 清洗滤网,清洁机械部件的灰尘及残留的试剂、样本污渍等。
4. **每季度维护** 主要是指对影响检验结果的特殊部件进行维护。
5. **年度维护** 仪器和设备必须进行年度常规维护和保养,各种自动化分析仪必须进行年度校准和保养,酶标仪、离心机、生物安全柜、温控设备,乃至移液器等都应按照行业规定和实验室管理要求进行年度检验和校准。

三、临床检验仪器的管理

临床检验常用仪器和设备在从购买前的选择,到安装、使用、维护,必须有全程的管理体系。只有规范地管理好实验室仪器和设备,正确地操作和使用,才能保证检验质量,延长使用寿命,降低实验室成本。临床检验实验室对仪器的管理有着明确的、切实可行的规章制度。

1. 技术资料　仪器到实验室后应由专人负责清点包装内所有内容物,包括仪器整件、相关配件和备件,相关技术资料(使用说明书、出厂检验合格证明、安装手册、维修手册等)。

2. 建立档案　应为实验室的每一台仪器或设备建立档案,包括仪器(设备)名称、品牌、型号、出厂编号、购置日期、价格、供货方维修及相关承诺等。除此以外,每台仪器(设备)上还应贴有标识卡,标明仪器(设备)名称、型号、实验室内唯一编号、投入使用日期、校准日期、下次校准日期、责任人等。

3. 使用记录　仪器的使用记录主要是对仪器在日常使用过程中所产生的数据和仪器状态进行记录,如日常运行记录、校正记录、故障和维修记录等。校正记录应标明校正方法和所用校正物;故障维修应记录故障原因、排除措施、更换零部件的名称和规格、维修后仪器状态,维修人员和实验室验收者的签名等。

4. 性能校准　仪器硬件部分每年至少校准一次,由仪器厂家的工程师执行,是对仪器的性能进行综合性测试,包括对光路、采样针、传递轨道、各机械部件的运动进行检查和校验,还需要用校准物对仪器进行校准,验证后需由工程师出具校准报告。

性能校准还包括由实验室操作人员用校准物在实验室仪器运行的常规环境下对仪器检测系统的准确度进行校准。一般用仪器厂家提供的配套检测系统进行检测项目的校准,当使用非配套检测系统时,所使用的校准物应具有溯源性。在影响检测结果的部件发生故障(如加样系统、比色系统)维修后、更换试剂品牌或批号、检测结果不准确、仪器位置有所移动后,都应及时进行仪器的校准。

5. 仪器报废　仪器使用年限过长而影响检测结果时,或故障率过高而不能满足实验室工作需要时,经相关部门评估后可申请仪器的报废。报废时应遵守管理部门的规定,做好记录。

(樊绮诗)

本章小结

　　医学检验专业发展最突出的标志,当属医学检验的自动化取代了传统的手工操作,克服了手工分析测定精密度低、速度慢和难以标准化的缺点,开创了医学检验自动化分析的新时代。临床常见的自动化分析仪器的技术原理大多基于传统的实验技术,如光谱技术、电化学技术、色谱技术、质谱技术、电泳技术、流式细胞技术、标记免疫技术、分子生物学技术、生物传感器技术等。

　　临床检验仪器的发展过程体现了半自动化、自动化、一体化、小型化和高通量化的特点,使得检测成本下降、分析测量的精密度和准确度得到全面提升,能满足临床和患者等不同情况的需要。全实验室自动化能够智能化、自动化地控制分析前、分析中、分析后样本检测的全过程,尤其在样本运送时间、危急值报告、检验结果的自动审核等环节极大地提高了工作效率、降低了差错、缩短了检验结果报告周期,进一步满足了临床的需要。

　　临床检验实验室拥有的自动化分析仪器主要用于血液学分析、尿液分析、生物化学分析、免疫学分析、细胞免疫功能分析、血型鉴定、微生物培养和鉴定以及分子生物学检验等,还有许多设备虽不用于直接检测样本,但却是实验室行使其功能所不可或缺的。这些仪器结构和原理各不相同,品牌众多、型号不一,几乎覆盖了临床检验实验室的全部专业和绝大部分检测项目,已经是我们医学检验的重要工具。因此,医学检验专业的学生必须学好"临床检验仪器与技术"这门课程。

　　在使用仪器以前必须先掌握仪器的相关知识,包括结构和各主要部件的功能、仪器的技术原理和工作原理,根据仪器制造商发布的操作指南编写简易且便于执行的操作规程,熟悉操作步骤。在使用时,必须遵守实验室对仪器和设备的管理要求,掌握相关仪器的保养、校准周期及其他重要规定,并按照要求切实执行。

第二章

光谱分析仪器与技术

光谱分析技术是利用物质具有发射光谱、吸收光谱或散射光谱的特征,对物质进行定性、定量分析的一类分析方法。

光谱分析的种类很多,依据光谱特征可分为吸收光谱分析技术、发射光谱分析技术和散射光谱分析技术三大类。基于吸收光谱特征的主要有紫外-可见分光光度法、原子吸收分光光度法和红外光谱法等;基于发射光谱特征的主要有火焰光度法、原子发射光谱法和荧光光谱法等;基于散射光谱特征的有比浊法等。光谱分析技术在生物化学检验中是最基本和最常用的,它因具有灵敏、准确、快速、简便、选择性好等特点而被广泛使用。

第一节　吸收光谱分析仪器与技术

吸收光谱分析技术是根据溶液能吸收某些波长的光形成特征性光谱,并利用这种光谱鉴定物质的性质和含量的方法。吸收光谱分析是临床生物化学检验中应用最广泛的一类分析技术,其特点为方法的灵敏度高,检测浓度在 $10^{-5} \sim 10^{-2}$ mol/L 范围;操作简便、快速,选择性好。最常应用的有紫外-可见分光光度法和原子吸收分光光度法。常见的仪器有紫外-可见分光光度计、原子吸收分光光度计等。

一、紫外-可见分光光度分析仪器与技术

(一)光的基本性质

光是一种电磁波,具有波动性和粒子性。波动性的特征是波长和频率。基于粒子概念的光量子能量与基于波动概念的频率或波长的关系可用式 2-1 和式 2-2 表示,波长越长或频率越低,则光子具有的能量越小;光的波长越短,其能量越大。

$$C = \lambda \nu = \nu/\sigma \qquad (2\text{-}1)$$

$$E = h\nu = hC/\lambda \qquad (2\text{-}2)$$

式中：C 为速度；ν 为频率；λ 为波长；σ 为波数；E 代表每个光子的能量；h 为普朗克常数，其数值为 $6.626 \times 10^{-34} \text{J} \cdot \text{s}$。

光的波长可用纳米（nm）为单位来表示。人的眼睛所能感觉到的波长约为 400 ~ 760nm，故 400 ~ 760nm 之间的光波称为可见光。小于 400nm 的为紫外线，小于 200nm 的为远紫外线，大于 760nm 的为红外线。

（二）光的选择吸收与物质颜色的关系

物质的分子或离子团对可见和紫外光区的光波具有选择吸收作用，即不同物质的分子能选择性地强烈吸收某一个或数个波带的光波，而对其他光波很少吸收或不吸收。有色物质本身所呈现的颜色与其所选择吸收的光波的颜色为互补色，见表2-1。按适当强度比例可混合成白光的两种单色光即为互补光，可见光谱分析要求被测溶液的颜色与所用的单色光互补，以求达到溶液对光的最大吸收。

表2-1　物质颜色和吸收光颜色的关系

物质颜色	吸收光	
	颜色	波长（nm）
黄绿	紫	400 ~ 450
黄	蓝	450 ~ 480
橙	青紫	480 ~ 490
红	青	490 ~ 500
紫红	绿	500 ~ 560

（三）紫外-可见分光光度技术

紫外-可见分光光度法（ultraviolet-visible spectrophotometry）是根据物质对紫外光（200 ~ 400nm）及可见光（400 ~ 780nm）的特征吸收而建立起来的分析方法，其定量分析的依据是光的吸收定律，即朗伯-比尔定律。

1. 朗伯-比尔定律的意义　朗伯-比尔定律：一束单色光通过物质溶液时，溶液的吸光度与溶液的浓度及液层厚度的乘积成正比。朗伯-比尔定律定量地说明了物质对光选择吸收的程度与物质浓度及液层厚度之间的关系，其数学表示式如下：

$$A = KCb \qquad (2\text{-}3)$$

式中：A 为吸光度；K 为比例系数；C 为吸光物质的浓度；b 为溶液的液层厚度。当 K、C 一定时，吸光度 A 与液层厚度 b 成正比，称为朗伯定律（Lambert 定律）；当 K、b 一定时，吸光度 A 与溶液浓度 C 成正比，称为比尔定律（Beer 定律）。

（1）吸光度：吸光度表示单色光通过溶液时被吸收的程度，以 A 表示。

$$A = \log \frac{I_0}{I_t} \qquad (2\text{-}4)$$

式中：I_0 为入射光的强度，I_t 为透过光的强度。溶液所吸收光的强度越大，透过光的强度 I_t 就越小，吸光度 A 就越大。当入射光全部被吸收时，$I_t = 0$，则 $A = \infty$；当入射光全部不被吸收时，$I_t = I_0$，则 $A = 0$，所以，$0 \leq A \leq \infty$。

（2）透光度：透光度又称为透光率，表示透过光占入射光的比例，以 T 表示。当入射光全部被吸收时，$I_t = 0$，则 $T = 0$；当入射光不被吸收时，$I_t = I_0$，则 $T = 1$。所以，$0 \leq T \leq 1$。

$$T = \frac{I_t}{I_0} \tag{2-5}$$

在吸收光谱分析中,经常使用百分透光度。百分透光度($T\%$)被定义为$100T$,其值在$0 \sim 100$之间。

由式2-4和式2-5可得吸光度与透光度之间的关系如下:

$$A = \log \frac{I_0}{I_t} = -\log T \tag{2-6}$$

(3)比例系数K:K值表示单位浓度、单位液层厚度溶液的吸光度,是与吸光物质性质及入射光波长有关的常数。

K值的表示方法依赖于溶液浓度的表示方法。在液层厚度b以厘米为单位时,系数K的名称、数值和单位均随溶液浓度单位而变。通常有以下三种表示方法:①浓度以 g/L 为单位时,系数K称为吸收系数,以α表示,单位为 L/(g·cm);②浓度以摩尔浓度为单位时,则称为摩尔吸收系数,以ε表示,单位为 L/(mol·cm);③对于不知道分子量的物质,采用百分浓度(质量/体积)为单位时,则称为百分吸收系数或比吸收系数,以$A_{1cm}^{1\%}\lambda$表示。当吸光物质的相对分子质量以M表示时,则α、ε的关系为:

$$\varepsilon = \alpha M \tag{2-7}$$

$A_{1cm}^{1\%}\lambda$和ε的关系为:

$$\varepsilon = A_{1cm}^{1\%}\lambda \cdot M/10 \tag{2-8}$$

2. 定量分析的方法　对于单组分的定量测定,可选择常规定量分析方法;如果溶液混浊或背景吸收较大,可采用双波长分光光度法;如果测定高浓度或极低浓度的溶液,可采用差示分光光度法。常规定量分析方法包括直接比较法、标准曲线法和摩尔吸光系数检测法。

(1)直接比较法:亦称为标准对照法。在测定未知样品浓度的同时,与已知浓度的标准物作比较,分别测出试样溶液及标准溶液的吸光度A_x及A_s,进行比较可求得样品的浓度。

$$A_x = \varepsilon C_x b \qquad A_s = \varepsilon C_s b \tag{2-9}$$

$$C_x = A_x C_s / A_s$$

用比较法定量测定时,为了减少误差,选用的标准品溶液的浓度应尽可能接近于样品溶液的浓度。该法比较简便但误差较大,只有在测定的物质浓度区间内溶液完全遵守朗伯-比尔定律,并且C_x和C_s很接近时,才能得到较为准确的实验结果。

(2)标准曲线法:其方法是先配制一系列浓度不同的标准溶液(一般为 5~8 个),以不含有被测组分的空白溶液作为参比,在相同的条件下选定波长测定标准溶液的吸光度,然后以标准溶液的浓度(C)为横坐标,以相应的吸光度(A)为纵坐标,绘制A-C标准曲线(曲线绘制中应按最小二乘法的原理,将对应各点连成一条通过原点的直线),见图2-1。在应用过程中只要在标准曲线制作相同条件下测定样品溶液的吸光度,就可以从标准曲线上查出其对应的浓度。

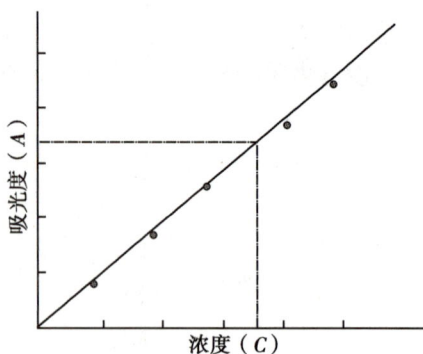

图2-1　A-C标准曲线

标准曲线制作过程中应注意:①按选定的浓度配制一系列不同浓度的标准溶液,浓度范围应包括未知样品浓度的可能变化范围;②测定时每个浓度至少应同时做两管(平行管),同一浓度平行管测得的吸光度值相差不大时,取其平均值;③标准曲线应经常检查,当工作条件有变化时(更换标准溶液、仪器维修、更换光源等),都应重新制作标准曲线;④标本测定条件应和标准曲线制作时的条件完全一致。

（3）摩尔吸光系数检测法：根据朗伯-比尔定律 $A = KCb$，只要知道某物质的摩尔吸光系数（ε），就可以用 $C = A/\varepsilon b$ 公式直接计算物质的含量。在给定条件（单色光波长、溶剂、温度等）下，吸光系数是表示物质特性的常数。ε 值与入射光波长、溶液的性质等因素有关。如 NADH 在 260nm 时的 ε 为 15 000，在 340nm 时为 6220。许多脱氢酶活性的测定以及用脱氢酶作指示酶的代谢物测定大多采用这种方法。

（4）双波长分光光度法：当吸收光谱相互重叠的两种组分共存时，利用双波长分光光度法可对单个组分进行测定或同时对两个组分进行分析。如图 2-2 所示，当 a、b 两组分共存时，如要测定组分 b 的含量，组分 a 的干扰可通过选择具有对 a 组分等吸收的两个波长 λ_1 和 λ_2 加以消除，以 λ_1 为参比波长、λ_2 为测定波长，对混合液进行测定，可得到如下方程：

$$A_1 = A_{1a} + A_{1b} + A_{1s} \tag{2-10}$$

$$A_2 = A_{2a} + A_{2b} + A_{2s} \tag{2-11}$$

式中：A_{1a} 和 A_{2a} 是在波长 λ_1 和 λ_2 下的背景吸收。当两个波长相距较近时，可以认为背景吸收相等，故通过试样吸收池的两个波长的光吸收差值为：

$$\Delta A = (A_{2a} - A_{1a}) + (A_{2b} - A_{1b}) \tag{2-12}$$

由于干扰组分 a 在 λ_1 和 λ_2 处具有等吸收，即有 $A_{2a} = A_{1a}$，故式 2-12 变为：

$$\Delta A = A_{2b} - A_{1b} = (\varepsilon_{2b} - \varepsilon_{1b})lC \tag{2-13}$$

对于被测组分 b 来说，$(\varepsilon_{2b} - \varepsilon_{1b})$ 为一定值，吸收池厚度（l）也是固定值，所以，ΔA 与组分 b 的浓度（C）成正比。同样，适当选择组分 b 具有等吸收的两个波长，也可以对组分 a 进行定量测定。该方法亦称为双波长等吸收测定法。

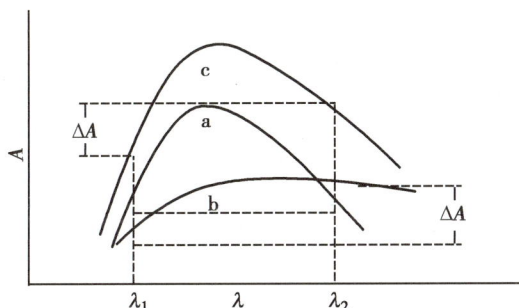

图 2-2 双波长测定示意图

a. 组分 a 的吸收曲线；b. 组分 b 的吸收曲线；c. 两组分混合后的吸收曲线

（四）紫外-可见分光光度计的基本结构

紫外-可见分光光度计种类较多，但基本结构都由光源、单色器、吸收池、检测器和信号显示系统五部分组成，其基本结构框架如图 2-3 所示。

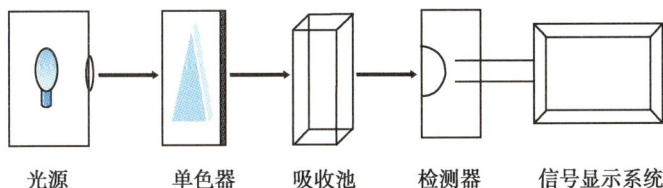

光源　　　单色器　　吸收池　　检测器　　信号显示系统

图 2-3 紫外-可见分光光度计的基本结构框架图

1. 光源 光源（light source）是提供入射光的装置，在整个紫外光区或可见光谱区可以发射连续光谱，具有足够的辐射强度、较好的稳定性、较长的使用寿命。

可见光区:钨灯作为光源,其辐射波长范围在 320~2500nm。

紫外区:氢、氘灯作为光源,可发射 185~400nm 的连续光谱。

钨灯适用于一般分光光度计;而自动生化分析仪多用辐射能量较高的卤钨灯。

2. 单色器 单色器(monochromator)是指一个光学系统,是将来自光源的复合光分解为单色光并分离出所需波段光束的装置,由棱镜或光栅、狭缝和准直镜等部分组成。光源发出的光,经入光狭缝由凹面准直镜成平行光线反射后进入棱镜或光栅色散,色散后的光回到准直镜,经准直镜聚焦在出光狭缝。转动棱镜便可在出光狭缝得到所需波长的单色光。

部分分析仪器使用干涉滤光片作为单色器。干涉滤光片选择波长容易,常用 340nm、380nm、405nm、500nm、540nm、570nm、630nm 等。分析仪也有用光栅分光,多数仪器自 340~750nm 取 10~12 或更多的固定单色光,有效带宽 <6nm。

3. 吸收池 吸收池(absorption cell)是指在分光光度计中用来盛放溶液的容器,又称比色皿或比色杯。分光光度计多用石英比色杯和玻璃比色杯,前者适用于紫外和可见光区,后者只能用于可见光区。在测定中同时配套使用的吸收池应相互匹配,即有相同的厚度和相同的透光性,在比色分析中比色皿的两透光面之间的距离称为吸收池光程。自动生化分析仪多用塑料比色杯,用后人工清洗或自动冲洗。

4. 检测器 检测器(detector)是将光信号转变成电信号的装置,又称光电转换器。分光光度计中多用光电管或光电倍增管,与放大线路组成检测器,而自动生化分析仪多用光敏二极管和放大线路组成检测器。

5. 信号显示系统 信号显示系统(signal aspect and indication)是记录和显示放大信号的装置。常用的显示装置有指针显示、LD 数字显示、VGA 屏幕显示和计算机显示四种类型。目前紫外-可见分光光度计多置有计算机系统和相应的软件,便于对仪器进行操作和控制,同时可将检测数据直接显示在显示屏上,还可对数据进行记录、处理,并可将结果数据传送至网络计算机。

(五)紫外-可见分光光度计的类型

紫外-可见分光光度计的型号较多,按其光学系统可分为单光束分光光度计和双光束分光光度计、双波长分光光度计和双波长双光束分光光度计等。

1. 单光束分光光度计 单光束分光光度计是一类结构简单、操作简便、维修方便,适用于常规化学分析、应用广泛的分光光度计。

(1)单光束可见光分光光度计:可见光分光光度计只能在可见光区内工作,无紫外光范围。国内最常用的是 721 型分光光度计,采用棱镜色散系统,适用波长范围为 360~800nm,用钨灯作光源,指针式显示。

目前各实验室多使用在 721 型基础上经过改进的如 722 型、7230 型、724 型等仪器,其仪器光路结构与 721 型基本相同,只是将指针式显示方式改为数码显示,也有的型号将棱镜色散系统改为光栅色散系统,增加了波长自动扫描等功能部件。724 型则采用微机处理机进行运算和控制,增加了数据处理的精度。721 型分光光度计结构见图 2-4。

(2)单光束紫外-可见分光光度计:紫外-可见分光光度计既有可见光区的光谱,又有紫外和红外光区的光谱,适用波长范围为 200~1000nm。最常用的是国产 751 型分光光度计,采用钨灯和氢灯(氘灯)两种光源,钨灯适用的波长范围是 320~1000nm,氢灯适用的波长范围是 200~320nm。色散元件采用石英棱镜并配有两个滤光片(365nm、580nm),可在必要时清除杂光的影响;一般配有石英和玻璃两种吸收池;配有紫敏 GD-5(工作区 200~625nm)和红敏 GD-6 或 GD-7(工作区 625~1000nm)两种光电转换器。751 型分光光度计可以测定各

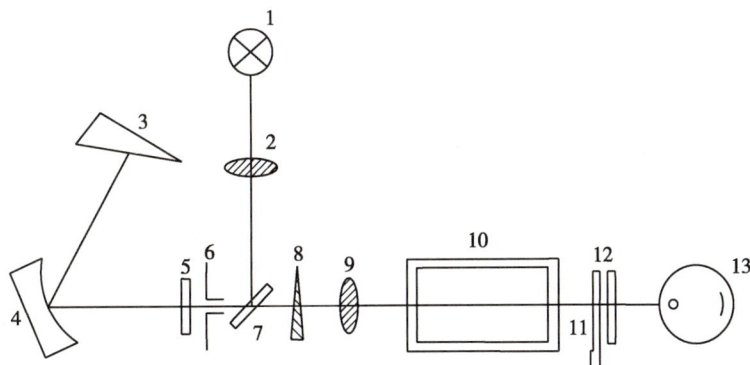

图2-4　721型分光光度计结构示意图

1. 光源；2. 聚光透镜；3. 色散棱镜；4. 准直镜；5. 保护玻璃；6. 狭缝；7. 反射镜；
8. 光栅；9. 聚光透镜；10. 吸收池；11. 光门；12. 保护玻璃；13. 光电倍增管

种物质在紫外光区域、可见光区域及近红外区域的吸收光谱，也可以作为一般的比色分析。751型分光光度计结构见图2-5。

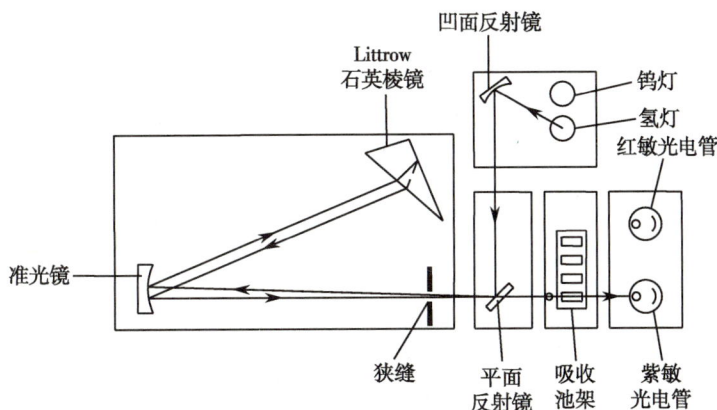

图2-5　751型分光光度计结构示意图

　　单光束可见光分光光度计的设计原理和结构具有以下特点：①单光束光路，从光源到试样至接收器只有一个光通道，使用中依次对参考样品和待测样品进行测定，然后将两次测定数据进行比较、计算，获得最终结果；②只有一个色散元件，工作波长范围较窄；③通常采用直接接收放大显示的简单电子系统，用电表或数字显示。

　　2. 双光束分光光度计　双光束分光光度计在单色器的出射狭缝和样品吸收池之间增加了一个光束分裂器或斩波器，作用是以一定的频率将一个光束交替分成两路，使一路经过参比溶液，另一路经过样品溶液，然后由一个检测器交替接收或由两个检测器分别接收两路信号，以求能有效地提高分辨率和降低杂散光，还可自动补偿检测时因条件的随机变化（如温度变化、电源电压波动、放大器增益变化、仪器扫描和记录系统的间隙变化等）或样品中非测定组分的干扰所引起的影响，比单光束分光光度计使用更方便、准确；消除干扰减少误差，并可以做全波段光谱扫描。这类分光光度计是目前国内外使用最多、性能较为完善的分光光度计。

　　3. 双波长分光光度计　双波长分光光度计的基本工作原理：同一光源发出的光被分为两束，分别经两个单色器分光后得到两束不同波长（λ_1，λ_2）的单色光，经切光器使两束光以一定频率交替照射同一样品，然后经过检测器显示出两个波长下的吸光度差值（$\Delta A = A_{\lambda 1} - A_{\lambda 2}$）。双波长分光光度计结构见图2-6。

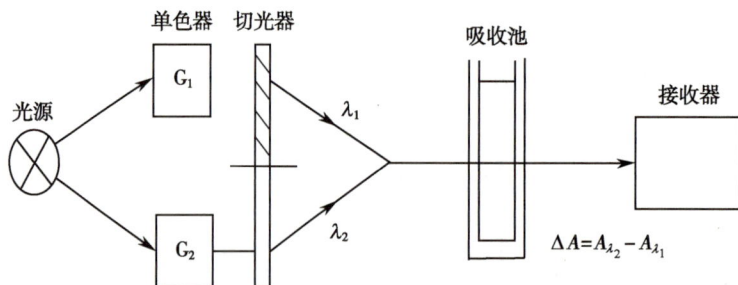

图2-6 双波长分光光度计结构示意图

只要 λ_1、λ_2 选择适当(被测物在一个波长上有最大吸收峰,在另一个波长上没有吸收或很少吸收;而非被测物在两个波长上的吸收是相同的),ΔA 就是消除了非特征性吸收干扰(即扣除了背景吸收)的吸光度值。双波长分光光度计不用参比溶液,只用一个待测溶液,能较好地解决由于非特征吸收信号(如样品的混浊、吸收池与空气界面以及吸收池与溶液界面的折射差别等)影响而带来的误差,能大大提高检测的准确度。双波长分光光度计也可用于有干扰的多组分混合物,不经分离可直接进行各组分的分析,对生物、医药、食品等样品的分析具有特殊的重要意义。双波长分光光度计还可进行痕量分析、高含量测定、混浊样品测定、多组分样品测定等。

(六)分光光度计分析条件的选择

在分析工作中,要使分析方法具有较高的灵敏度和准确性,就要选择最佳的测试条件,这些条件包括仪器测量条件、实验反应条件等。

1. 入射光波长的选择 光吸收定律是在入射光为单色光的前提下成立的,通常要根据被测物质组分的吸收光谱,选择最强吸收带的最大吸收波长(λ_{max})的单色光为入射光,以得到最大的测量灵敏度,称为最大吸收原则。当最强吸收峰的峰形比较尖锐时,往往选用吸收稍低,峰形稍平坦的次强峰或肩峰进行测定。

2. 吸光度范围的选择 偏离朗伯-比尔定律的一些因素可以给测定带来误差,尤其是偏离比尔定律的原因较多,一般可分为物理和化学两个方面。属于物理方面的主要是入射单色光不纯及杂散光等的影响;属于化学方面的主要是溶质的离解、缔合及互变异构反应等。除此之外,仪器光源不稳定、实验条件的偶然变动也可给测量带来误差,尤其是对于浓度较大或较小样品的测定结果影响较大,这就要求选择适宜的吸光度范围,以保证测量结果的误差最小。在相关噪声试验中发现吸光度范围为 0.1~2.0 时,测定结果的相对误差最小,这对于测定是有利的。

3. 狭缝宽度的选择 较为精密的分光光度计的狭缝宽度都是可调节的。狭缝宽度直接影响测定的灵敏度和校准曲线的线性范围。狭缝宽度增大,入射光的单色性降低,在一定的程度上会使灵敏度下降,校准曲线偏离朗伯-比尔定律。当然,并不是狭缝宽度越小越好。为了选择合适的狭缝宽度,应以减小狭缝宽度时样品的吸光度不再增加为准。一般来说,狭缝宽度大约是试样吸收峰半宽度的1/10。

4. 显色反应条件的选择 对多种物质进行测定时,常常利用显色反应将被测组分转变为在一定波长范围内有较大吸收的物质。常见的显色反应有配位反应、氧化还原反应以及增加生色基团的生化反应等。显色反应条件选择尤其要注意溶液的酸碱度、显色剂的用量及显色时间和温度的控制。

显色反应条件一般应满足下述要求:①反应的生成物必须在紫外-可见光区有较强的吸光能力,即摩尔吸光系数较大;②反应有较高的选择性,被测组分经反应生成的化合物的吸收曲线与其他共存组分的吸收光谱有明显的差别;③反应生成物有足够的稳定性,以保证测量过程中溶液的吸光度不改变;④反应生成物的组成恒定。要使显色反应达到上述要求,就需要控制显色反应的条件,以保证被测组分最有效地转变为适宜于测定的化合物。

二、原子吸收分光光度分析仪器与技术

原子吸收分光光度法(atomic absorption spectrophotometry,AAS)是根据处于气态的基态原子在某特定波长光的辐射下,原子外层电子对光的特征吸收这一现象建立起来的一种光谱分析方法。原子吸收光谱法是一种成分分析方法,可对多种金属元素及某些非金属元素进行定量测定,其检测极限可达 ng/ml 水平,相对偏差约为 1% ~ 2%。这种方法目前广泛用于低含量元素的定量测定,甚至可用于痕量(10^{-9}g)测定。由于这种方法在物质成分分析方面有着突出的优点,因而在医学实验室也得到了迅速发展,特别是在分析与人体健康和疾病有着密切联系的微量元素的工作中发挥了很大的作用。

(一)原子吸收分光光度法原理

原子吸收分光光度法亦称原子吸收光谱法,是以测量气态基态原子外层电子对共振线的吸收作为基础的分析方法。根据量子理论,原子从基态转变到激发态,外层电子需要吸收一部分能量 ΔE,从低能级跃迁到高能级。

$$\Delta E = E_2 - E_1 = h\nu \tag{2-14}$$

式中:ΔE 为能级差;E_2、E_1 分别为高、低能级的能量;h 为普朗克常数;ν 为吸收光的频率。

从式2-14可以看出,电子从低能级跃迁到高能级时,需要吸收特定波长的光。如果我们用这一特定波长的光去照射待测元素,那么待测元素就会吸收一部分光能而被激发,同时,也使得入射光变弱、变暗,如同溶液对单色光的吸收。只不过前者是原子吸收光谱,通常为线状光谱,只包括外层电子跃迁吸收的能量;后者是分子吸收光谱,不仅包括外层电子跃迁吸收能量,还包括振动能级和转动能级改变所需的能量。

不同的元素其外层电子结构不同,原子的吸收光谱也不同。因此,测量原子吸收光谱,就可以对物质进行定性分析。原子分光光度计属于吸收光谱仪器,因此与分光光度计一样,也符合朗伯-比尔定律。这样就可利用光电检测器检测出入射光线的强度变化即待测元素的吸光度,根据朗伯-比尔定律,得到待测元素的浓度。

(二)原子吸收分光光度计的基本结构

原子吸收分光光度计(原子光谱仪)是由光源、原子化器、分光系统和检测系统四部分组成(图2-7)。

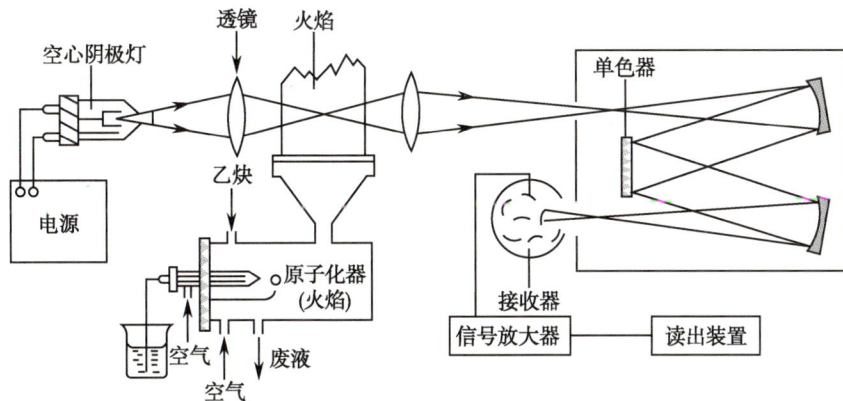

图2-7 原子吸收分光光度计结构示意图

1. 光源 原子吸收分光光度计的光源要能够产生待测元素所需的特征线性光谱,谱线

的宽度要窄,发射强度要高,还要十分稳定。常用的光源为空心阴极灯,其功能是发射被测元素的特征共振辐射。空心阴极灯是一个封闭的低压气体放电管,管壳由带有石英窗的硬质玻璃制成,抽成真空后充入低压的惰性气体。管内用被测元素纯金属或合金制成圆柱形空心阴极,用钨、钛、锆等金属制成阳极。当给灯施加适当电压时,电子从空心阴极内壁加速飞向阳极,在电场的作用下加速飞行并获得能量,并与内管的惰性气体分子碰撞而电离。电离后产生的正离子又在电场作用下,向阴极内壁猛烈轰击,使阴极表面的金属原子溅射出来,后者再与电子、惰性气体原子及离子发生撞碰而被激发,当原子从激发态返回基态时,便辐射出被测元素的特征共振线。每测一种元素需更换相应的灯。

目前研制出了多元素空心阴极灯,阴极材料含有多种元素,即可制成多元素灯,点燃时,阴极能同时辐射出多种元素的共振线,只要更换波长,就能在一个灯上同时进行 6 ~ 7 种元素的测定。

2. 原子化器　原子化器有火焰原子化器与石墨炉原子化器,其作用是提供合适的能量,将样品干燥、蒸发并转化为所需的基态原子蒸气。火焰原子化器由化学火焰提供能量,使被测元素原子化,它的结构简单,使用方便,对多数元素有较好的灵敏度和检出限。

石墨炉原子化器本质上是一个电加热器,其应用最广的是管式石墨炉。原子化器石墨管作为电阻发热体,通电后控制电流可达到维持所需的温度,石墨炉对样品进行干燥、灰化及原子化,使待测元素转化为所需的基态原子蒸气。目前最常用的预混合型原子化器主要由雾化器、雾化室和燃烧器三部分组成,先将试液喷雾分散汽化,再与燃气、助燃气均匀混合形成气溶胶,最后使样品蒸发和原子化。

3. 分光系统(单色器)　单色器由入射和出射狭缝、反射镜和色散元件等组成,其作用是将所需的共振吸收线与邻近干扰线分离。原子吸收谱线本身比较简单,仪器采用锐线光源,对单色器分辨率的要求不是很高。通过对出射狭缝的调节使非分析线被阻隔,只有被测元素的共振线从出射狭缝射出,进入检测器。为了防止原子化时产生的辐射不加选择地都进入检测器,以及避免光电倍增管的疲劳,单色器通常配置在原子化器后方。

4. 检测系统　由检测器、放大器、对数变换器和显示装置组成。检测器的作用是将接收到的光信号转变成电信号,然后再经放大器放大,同时把接收到的非被测信号滤掉。放大了的被测信号进入对数变换器进行对数变换,变成线性信号,最后由读出装置显示读数或由记录仪记录下来。

（三）原子分光光度计分析条件的选择

原子吸收分光光度法中影响测定灵敏度和精确度的因素很多。下面就一些主要因素加以介绍。

1. 吸收波长　每一种元素都有若干条吸收谱线,应根据样品的性质、组成和所要求的分析下限等来确定合适的分析线。①通常选择元素的共振线作为分析线,尤其是在分析痕量元素的时候,因为这样可使测定具有较高的灵敏度;②分析浓度较高的样品时,可选灵敏度较低的谱线进行分析,这样可以得到适当的吸收值,同时也减少了因过度稀释而造成的误差;③有些元素的共振线靠近远紫外区,如铅(217.0nm)、锌(213.9nm)等,因此也有产生上述干扰的可能性。这时,最好也用背景吸收校正法扣除背景吸收,若浓度较高,可改用次灵敏线作为分析线。

2. 灯电流　电流的选择应符合下列要求:在所选的电流下,光源能够提供足够强和稳定的入射谱线,以提高信噪比和测定精确度;同时,还要有较高的测定灵敏度。一般每种灯在出厂时都标有一定的工作电流值,因此,可根据这一参考电流值,并结合具体情况作出选择。如在进行痕量分析时,在保证稳定性的前提下,可选较小的灯电流,这样可使谱线轮廓变窄,从而提高测定灵敏度;而在高浓度试样及用次灵敏线作分析线时,可使灯电流稍大一些,这样可使光强增加且稳定。

3. 狭缝的宽度 狭缝宽度的选择应以能分开分析线与邻近线为原则。因此,当仪器的性能较好时,可适当增加狭缝宽度,这样能增加带宽,光强变强,信噪比提高,稳定性提高,检出限降低。当有干扰的邻近线相距较近时,则应缩小狭缝宽度,但由于带宽较窄,谱线强度变弱,信噪比下降,会使稳定性受到影响。

4. 燃烧器的高度 燃烧器高度用来表示和控制光束通过火焰的区域。由于火焰具有性能不同的几个区域,因此,元素的自由原子在火焰中的分布也是不同的。对大多数元素而言,中间薄层区中具有较高的自由原子分布,因此,光束在这一区域通过可获得较高的灵敏度。为此,必须使测量光束从自由原子浓度最大的火焰区域通过。在分析中,可以通过绘制吸光度与燃烧器高度的关系曲线来获得最佳燃烧器高度值。

5. 雾化器的调节 火焰中能产生吸收的原子数目越多,吸收信号就越强,测定的灵敏度就越高。因此在一定程度上,喷入火焰的样品量越多越好;但若过多,因雾滴密度增大,反而会引起雾滴之间重新聚合或在火焰中来不及原子化而造成吸收强度下降。因此,一般约4ml/min的进样量是比较合适的。当然,也可以通过实验来确定最佳进样量。另外,在分析中或结束后,要经常用去离子水冲洗雾化器,以免记忆效应或毛细管堵塞而造成结果误差。

第二节　发射光谱分析仪器与技术

发射光谱法(emission spectrometry,ES)是物质通过光致激发、电致激发或热致激发等激发过程获得能量,变为激发态原子或分子,当激发态原子或分子返回基态时将所获能量以光的形式释放产生发射光谱。通过测量物质发射光谱的波长和强度进行物质定性和定量分析的方法称发射光谱分析法。

根据发射光谱所在的光谱区和激发方法不同,发射光谱法分为射线光谱法、原子发射光谱法、分子荧光分析法和化学发光分析法等。本节仅介绍常用原子发射光谱法和分子荧光分析技术。

一、原子发射光谱分析仪器与技术

原子发射光谱法(atomic emission spectrometry,AES)是根据处于激发态的待测元素原子回到基态时发射的特征谱线对待测元素进行定性与定量分析的方法。原子发射光谱分析对一个试样既能同时进行多元素分析,又可测定元素各种不同的含量(高、中、微含量)。具有分析速度快,选择性、准确性高,检出限低,样品消耗少等优点。

(一)原子发射光谱分析基本工作原理

当原子受到外界能量(如热能、电能等)的作用时,原子由于与高速运动的气态粒子和电子相互碰撞而获得了能量,使原子中外层电子从基态跃迁到激发态,使样品蒸发并将各组分转变成气态原子或离子,引起气体中各基本粒子的电激发。被激发的原子或离子回到基态时发射出每个元素的特征谱线,研究特征谱线的波长和强度就可以对被测样品进行定性和定量分析。由于待测元素原子的能级结构不同,因此发射谱线的特征不同,据此可对样品进行定性分析;而根据待测元素原子的浓度不同,发射强度也不同,可实现元素的定量测定。原子发射光谱分析就是通过识别这些元素的特征谱线来鉴别元素的存在(定性分析),还可利用这些谱线的强度来测定元素的含量(定量分析)。

(二)原子发射光谱分析仪器

目前常用的原子发射光谱仪主要有光电直读光谱仪、火焰分光光度计、摄谱仪和激光显微发射光谱仪等,其中光电直读光谱仪又分为多道光谱仪、单道扫描光谱仪和全谱直读光谱仪等。

1. 仪器基本结构　原子发射光谱仪由激发光源和光谱仪两部分组成。

（1）激发光源：其作用是提供使试样中被测元素原子化和原子激发发光所需要的能量，足够的能量使样品蒸发、原子化、激发，产生光谱。有许多种激发方式都可以激发光谱，在最新技术中常用的是火花式与电感耦合等离子体两种方式。火花式的激发源是高压电火花源，它提供单变或振荡电流脉冲。该方法能进行固体样品的多元素分析，可应用于冶金与地质工业；电感耦合等离子体（ICP）是由无线电波或微波范围内的电磁波在惰性气体（氩气）中进行无极或单极感应放电所产生，利用 ICP 激发可以进行溶液元素分析。对激发光源的要求是：灵敏度高，稳定性好，光谱背景小，结构简单，操作安全。

（2）光谱仪：目前常用的光谱仪有棱镜摄谱仪、光栅摄谱仪和光电直读光谱仪。光谱仪的作用是将光源发射的电磁辐射色散后，得到按波长顺序排列的光谱，并对不同波长的辐射进行检测与记录。

1）棱镜摄谱仪：主要由照明系统、准光系统、色散系统（棱镜）及投影系统（暗箱）四部分组成。

照明系统由光源和透镜组成，透镜可分单透镜和三透镜两类。为了使光源产生的光均匀地照射于狭缝，并使感光板上所得的谱线每一部分都很均匀，一般常采用三透镜照明系统。

准光系统包括狭缝及准光镜，其作用是把光源辐射通过狭缝的光变成平行光束照射到棱镜上。

色散系统由一个或多个棱镜组成。经过准光镜后所得平行光束照射棱镜时，由于棱镜材料对不同波长光的折射率不同，因而产生色散现象。

投影系统包括暗箱物镜及感光板，其作用是将经过色散后的单色光束聚焦而形成按波长顺序排列成的光谱。

光谱仪的优劣主要取决于其色散装置，光学性能的主要指标有色散率、分辨率与集光本领。因为发射光谱是靠每条谱线进行定性、定量分析的，因此这三个指标至关重要。色散率是把不同波长的光分散开的能力；分辨率是指光学系统能够正确分辨出紧邻两条谱线的能力；集光本领是指摄谱仪的光学系统传递辐射的能力。摄谱仪的记录方法为照相法，需用感光板来接收与记录所发出的光，感光板所记录的光谱可长期保存，尤其是光谱定性分析大多采用此方法。

2）光栅摄谱仪：应用衍射光栅作为色散元件，利用光的衍射现象进行分光。比棱镜摄谱仪有更高的分辨率，且色散率基本上与波长无关，更适用于一些含复杂谱线的元素（如稀土元素、铀、钍等）样品的分析。

3）光电直读光谱仪：是利用光电测量方法直接测定光谱谱线强度的光谱仪，该仪器用光电倍增管代替感光板来接收和记录谱线。光电倍增管对信号放大能力强，可同时分析含量差别较大的不同元素，适用于较宽的波长范围。由于 ICP 激发光源的突出优点，使其得到广泛应用，在光谱仪中占主要地位。

2. 原子发射光谱分析方法

（1）定性分析方法：由于各种元素原子结构不同，可以产生许多按一定波长顺序排列的谱线，组成一特征谱线，其波长是由每种元素的原子性质所决定的。可通过检查谱图上有无特征谱线的出现来确定该元素是否存在。光谱定性分析通常用比较法进行，即将样品与已知的待鉴定元素的化合物在相同条件下摄谱，将所得谱图进行比较，以确定某些元素是否存在。这种方法简便，但只适用于样品中指定组分的定性鉴定。

对复杂样品的测定，需用铁的光谱来进行比较（因为铁的光谱谱线较多，大约有 4600

条,其中每条谱线的波长都作了准确的测定)。一般将各个元素的灵敏线按波长位置标插在铁光谱图的相应位置上,预先制备了"元素标准光谱图"。分析时,使摄取的谱图上的铁谱线与标准光谱图上的铁光谱谱线重合,如果样品中某未知元素的谱线与标准光谱图中已标明的某元素谱线出现的位置相重合,则提示该元素可能存在。

需指出的是,在某样品的光谱中没有某种元素的谱线,并不表示在此样品中该元素绝对不存在,而仅仅表示该元素的含量低于检测方法的灵敏度。光谱分析的灵敏度除了取决于元素的性质外,还与所用的光源、摄谱仪、样品引入分析间隙的方法及其他实验条件等有关。必须注意,在实际工作中,灵敏线并非固定不变,它和所采用的光源、感光板、摄谱仪的型号等条件有关,因此对灵敏线的选择应考虑到具体条件。

(2)定量分析方法:是根据样品中被测元素的谱线强度来确定其元素含量的方法。元素的谱线强度与该元素在试样中浓度 c 的相互关系可用下述经验式表示:

$$I = ac^b \qquad (2-15)$$

式中:I 为被测元素谱线强度;a 是与样品的蒸发、激发过程和样品组成等有关的一个参数;c 为被测元素的浓度;b 为自吸系数,其数值与谱线的自吸有关(自吸是指原子在高温发射某一波长的辐射,被处在边缘低温状态的同种原子所吸收的现象,该现象影响谱线强度)。在一定条件下、一定的待测元素含量范围内,a 和 b 是常数。由此可见,参数 a 和 b 不仅与被测元素浓度有关,而且与实验条件有关,只有当摄谱条件一定、被测元素在一定浓度范围,谱线的强度与元素浓度才呈线性关系。

由于绝对强度法测定谱线黑度(待测样品的发射光谱分析,经摄谱后,光谱感光板上所摄影像黑色谱线的颜色深浅程度。谱线黑度大小与试样中待测元素浓度或含量有关)受试样组成、蒸发和激发等因素影响较大,因此分析结果误差会较大,为补偿其不足,在摄谱定量分析中还常用相对强度法。

相对强度法又称内标法。首先在被测元素的谱线中选一条线作为分析线,再选择其他元素的一条谱线为内标线,分析线和内标线组成分析线对。所选内标线的元素为内标元素,内标元素可以是样品的基体元素,也可以是定量加入的样品中不存在的元素。为了正确地做出工作曲线,应用的标准样品不得少于三个。正因如此,光谱定量分析常称为三标准试样法。此外,每一标准试样和分析试样都应摄谱多次(一般为三次),然后取其平均值。

(三)原子发射光谱分析的干扰与处理

原子发射光谱分析的干扰与原子吸收分光光度法有些相似,除光谱干扰外主要是非光谱干扰。大量实验证明,在样品中待测元素含量一定时,谱线的绝对和相对强度不仅与样品的组成、蒸发、原子化、激发等摄谱条件有关,而且与样品中其他共存元素有关。这种其他元素的存在影响被测元素谱线强度的干扰作用称为"第三"元素影响,又称为基体效应。样品组成越复杂,基体效应越明显,分析误差越大。主要原因是在激发过程中,样品组成的变化引起弧焰温度和电子压力改变,即影响激发温度。为减小样品组成对弧焰温度的影响,常向样品和标准样品中加入经过选择的辅助物质,如光谱缓冲剂或光谱载体,以消除或减少基体干扰。

加入光谱缓冲剂不仅稀释样品,还能控制样品在弧焰中蒸发、激发的温度和降低背景影响。光谱缓冲剂纯度要高,谱线简单。按所起的作用不同,光谱缓冲剂分为光谱稳定剂、稀释剂、助熔剂、增感剂和抑制剂等。光谱载体的作用是改变样品中被测元素的熔点、沸点,从而改变各元素的蒸发状况,起到增强被测元素谱线强度或抑制干扰元素谱线强度等作用,提高分析的灵敏度。

光谱缓冲剂和光谱载体这两个术语是相对而言的,没有严格界限,有的物质兼具两方面作用。对 ICP 光源,由于样品组成影响很小,一般不用光谱载体或光谱缓冲剂。

二、荧光分析仪器与技术

荧光分析(fluorescence analysis)是根据物质荧光谱线的位置及强度进行物质鉴定和含量测定的方法。某些物质在受到光照射时,除吸收某种波长的光外,还可发射出比原来所吸收的波长更长的光(光致发光),荧光分析就是基于这类光致发光现象而建立起来的分析方法。荧光分析法属于发射光谱分析方法,利用荧光分析法对物质进行检测的仪器即为荧光光谱分析仪,亦称荧光光谱仪。

(一)荧光分析工作原理

物质的基态分子受激发光源的照射后,可被激发至激发态,激发态分子在返回基态时,产生波长与入射相相同或较长的可见光称荧光。简言之,物质经高能量射线激发后,所发出的比原激发光波长较长的可见光称为荧光。若物质分子用 X 射线或红外光激发,则分别产生 X 射线荧光或红外光荧光。通常所指的分子荧光是指紫外-可见光荧光,即利用某些物质受到紫外光照射后,发射出比吸收的紫外光波长更长或相等的紫外光荧光或可见光荧光。通过测定物质分子产生的荧光强度进行分析的方法称为荧光分析。

荧光分析可应用于物质的定性检测及定量分析。由于物质结构不同,所能吸收的紫外光波长不同,在返回基态时,所发射的荧光波长也不同,利用这个性质可以鉴别物质。对于同种物质的稀溶液,其产生的荧光强度与浓度成线性关系,利用这个性质可进行定量分析。

荧光法的主要特点是灵敏度高,检测限为 $10^{-7} \sim 10^{-9}$ g/ml。荧光法的选择性强,能吸收光的物质并不一定产生荧光,且不同物质由于结构不同,虽吸收同一波长的光,但产生的荧光波长却不同。此外,还有样品用量少、操作简便等优点。

(二)荧光光谱仪的基本结构

根据结构和性能的不同,荧光光谱仪可分为荧光光度计、荧光分光光度计和 X 荧光光谱仪几种类型。各种荧光光谱仪的结构大同小异,都是由光学系统和数据记录与分析系统两部分组成(图 2-8)。

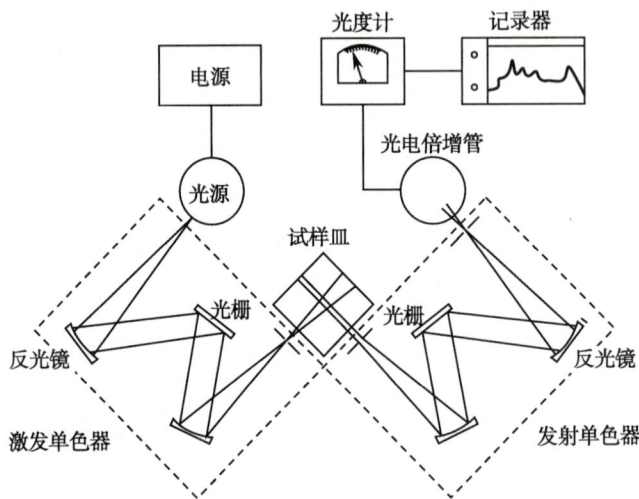

图 2-8 荧光光谱仪基本结构和光路示意图

激发单色器从光源中选择出合适波长的激发光,投射到样品上。样品杯里的荧光物质吸收了激发光后,被激发而发出该物质的荧光光谱。此荧光光谱被发射单色器选出后,投射到光电检测器上。光电检测器将此正比于物质浓度的荧光强度转换成电信号,然后经过放大,最后在显示装置上将测定结果显示出来。

荧光光谱仪的光学系统类似普通紫外-可见分光光度计,由激发光源、单色器、样品池和检测器四部分组成。下面就荧光分光光度计和普通紫外-可见分光光度计的不同点予以介绍。

1. 激发光源 用来激发荧光物质产生荧光,通常用氙灯、汞灯、氙-汞弧灯、激光器及闪光灯等。其中最常用的是氙灯,它是一种短弧气体放电灯,可以在 $250 \sim 800nm$ 之间产生连续光谱,使用寿命约 4000 小时。氙灯的外套为石英,内充氙气,室温时其压力为 5 个大气压,工作时压力约为 20 个大气压。目前高性能的荧光光谱仪大多使用激光器作为激发光源,包括紫外激光器、固体激光器、可调谐染料激光器和二极管激光器等,用激光激发可以提高检测灵敏度,实现单分子的检测。

2. 单色器 荧光光谱仪的单色器分为激发单色器和发射单色器,分别将入射的激发光和发射的荧光变成单色光。

3. 样品池 用来盛放测试样品,一般用石英制成。样品池的形状以散射光较少的方形为宜,最常用的厚度为 1cm。有的荧光计附有恒温装置,测定低温荧光时,在样品池外套上一个盛有液氮的石英真空瓶,以降低温度。

4. 检测器 检测器的作用是接受光信号,并将其转变为电信号,检测器检出的电信号须经过放大器放大后,再传递给数据记录与分析系统。最常用的检测器是光电倍增管,在一定的条件下,其电流量与入射光强度成正比。电荷耦合器件阵列检测器是一类新型的光学多通道检测器,它具有光谱范围宽、量子效率高、暗电流小、噪声低、灵敏度高、线性范围宽,同时可获取彩色、三维图像等特点。

荧光分光光度计中部分参数是可调的,如调节狭缝的宽度可控制辐射总能量,调节光栅或棱镜的角度可控制激发光或发射光波长等。多数仪器常常将狭缝与光栅的转动耦合在一起,自动进行调节,可在特定波长范围内连续扫描得到连续的激发光谱或荧光光谱,也可同时给出激发光谱和荧光光谱,进行未知物质的性质和结构鉴定,以及多元混合物的分析等。配有计算机系统的荧光分光光度计可非常方便地控制各种参数和操作方式,并自动给出相应的结果。

(三) 分子荧光定量分析方法

分子荧光定量分析方法与紫外-可见分光光度法相同,也是采用直接比较法和标准曲线法。

1. 直接比较法 先测定已知浓度标准溶液的荧光强度,然后在同样条件下测定待测试溶液的荧光强度。由标准溶液的浓度和两个溶液的荧光强度比值,求得待测样品中荧光物质的含量。其计算公式为:

$$C_x = \frac{F_x}{F_s} \cdot C_s \tag{2-16}$$

式中:C_x 为待测样品溶液的浓度;C_s 为标准溶液的浓度;F_x 为待测样品溶液的荧光强度;F_s 为标准溶液的荧光强度。

2. 标准曲线法 用标准物质按样品相同方法处理后,配成一系列不同浓度的标准溶液,测定这个标准系列溶液的荧光强度。以荧光强度为纵坐标、标准溶液浓度为横坐标,绘制标准曲线,然后测定待测样品的荧光强度,由样品的荧光强度和标准曲线求出待测样品中荧光物质的含量。

(四) 影响荧光强度的因素

1. 溶剂的影响 荧光强度在一定范围内可随溶剂黏度的减小而减小。由于介质黏度增加,分子碰撞机会减少,从而影响荧光强度。溶剂和荧光物质反应,会使荧光峰的波长和荧光强度改变。溶剂中的杂质会影响荧光光谱。

2. 温度的影响 荧光强度对温度变化敏感。温度增加,分子运动加快,分子间碰撞的概率增加,荧光效率和荧光强度会明显降低。为减少温度对荧光强度的影响,可采用恒温样品架,维持样品温度的恒定。

3. pH 的影响　pH 影响荧光物质的存在形式。当荧光物质本身是弱碱或弱酸时,溶液的 pH 对该荧光物质的荧光强度有较大影响,主要是因为在不同酸度中分子和离子间的平衡改变,使离子结构发生变化,因此荧光强度也有差异。每一种荧光物质都有它最适宜的 pH 范围,例如苯胺在 pH 7～12 的溶液中主要以分子形式存在,由于—NH$_2$ 为提高荧光效率的取代基,故苯胺分子发射蓝色荧光。但在 pH＜2 和 pH＞13 的溶液中均以苯胺离子形式存在,故不能发射荧光。

4. 荧光淬灭　荧光物质分子与溶剂分子或其他溶质分子的相互作用引起荧光强度降低或荧光强度不与浓度成线性关系的现象称为荧光淬灭。能引起荧光淬灭的物质叫荧光熄灭剂,如卤素离子、重金属离子、氧分子以及硝基化合物、重氮化合物等均为常见的荧光熄灭剂。

5. 其他干扰因素　其他一些干扰因素也可以影响荧光强度。光散射可以影响荧光强度;洗涤器皿的合成去污剂常能产生很强的荧光;玻璃器皿所使用的润滑油也能产生较强荧光。因此,在测试过程中应尽量避免影响荧光强度的因素,提高检测准确性。

第三节　散射光谱分析仪器与技术

光在媒质中传播的过程中,不完全沿着原来的方向传播,沿着四面八方或多或少都有光线存在的现象,称为光的散射。散射光谱分析方法主要是测定光线通过溶液后的光吸收或光散射程度的一类免疫浊度定量分析方法。以其测定方式区分,可分为散射免疫比浊法(nephelometric immunoassay,nephelometry)和透射免疫比浊法(turbidimetric immunoassay,turbidimetry)。前者是在 5°～96°角的方向上测量散射光强度和被测溶液中微粒浓度关系的方法;后者则是在 0°角,亦即在直射角度上测定透射光强度和被测溶液中微粒浓度关系的方法。如果按照形成复合物的速度测定,则可分为终点浊度法和速率浊度法。

一、散射光谱技术基本原理

光散射是光线经过溶液混悬颗粒时,作用于其微粒的结果,散射分析过程中入射光和微粒的性质直接影响散射信号,如入射光的波长、偏振,微粒的大小、浓度、质量以及检测的距离和角度等。

(一)浊度分析的基本原理

1. 胶体溶液　胶体溶液是指一定大小的固体颗粒或高分子化合物分散在溶媒中所形成的溶液,其质点一般在 1～100nm 之间,分散媒大多数为水,少数为非水溶媒。若按胶粒与分散媒之间亲和力的强弱,胶体可分为亲液胶体和疏液胶体;当分散媒为水时,则称为亲水胶体和疏水胶体。胶体分散在分散媒中形成的系统称为胶体溶液。

各种分析测定常用的样品是溶液,溶液呈现有多样性,据其性状大致可分为真溶液(分散相质点小于1nm)和胶体溶液或悬浮液,俗称溶胶。直径大于100nm 的粒子分散体系构成的溶胶,肉眼便隐约可见其所显示的浊度,一般不能通过滤纸,如红细胞和细菌等。直径在 1～100nm 之间的分散粒子,在普通显微镜下看不见,能通过滤纸,但不能通过半透膜,如胶体金、微小合成胶乳、免疫球蛋白等生物大分子、病毒颗粒和脂肪微粒等。胶体的高度分散和不均匀态(多相性)使其具有独特的光学性质,这是由于分散粒子对光的反射、折射、散射(衍射)和吸收等作用所致。由于溶质粒径和性质的差别,这种分散状态的均匀性和稳定性不尽相同,溶胶微粒的表面电荷也与这些性质密切相关。

2. 朗伯-比尔光透射理论 带有微小粒子的悬浮液和胶体溶液都具有散射入射光的性质。当一束光线通过此种溶液受到光散射和光吸收两个因素的影响时,可使光的强度减弱。

平行光线通过带有微小粒子的悬浮液和胶体溶液后,由于光吸收和光散射,使入射光强度减弱。根据朗伯-比尔定律,此现象可用以下公式表示:

$$E = KC \qquad (2-17)$$

式中:E 为吸光度变化率;K 为常数;C 为溶液的浓度。

3. 雷莱(Rayleigh)光散射理论 粒子被光照射后而发光,这一现象主要取决于粒子的大小,即当粒子直径大于入射光波波长的一半(半波长)时就发生散射现象。散射作用是入射光作用于粒子后向各个方向发射的光,即可绕过粒子发射光线,故称散射或衍射光。因入射光不一定是单色的,即便为单色光也不很纯,因此当光照射到胶体溶液后,粒子发生的光学现象是复杂的。当阳光通过孔隙射入黑暗的房内,在光束中可看到飞舞的尘埃粒子则是常见的现象,这是它们对入射光的反射作用所致,即各个粒子起着微型反光镜的作用,科学上称为丁铎尔(Tyndall)效应。浊度法中检测的光信号成分虽主要为散射光或透射光,但在原理和理论上是和这种现象相似的。

雷莱对小粒子溶胶系统进行研究后,于1871年总结出反映粒子对入射光散射作用的有关因素相关的公式,即:

$$I = \frac{24\pi^3 \nu V^2}{\lambda^4} \left(\frac{n_2^2 - n_1^2}{n_2^2 + 2n_1^2} \right)^2 I_0 \qquad (2-18)$$

式中:I_0 为入射光强度;λ 为入射光波长;n_1、n_2 为分散介质和分散相的折射率;ν 为单位体积内的粒子数;V 为单个粒子的体积。

由式2-18可得出如下结论:

(1)单位体积的散射光强度与每个粒子体积的平方成正比。

(2)散射光总能量与入射光波长的四次方成反比。入射光波长愈短,散射愈显著。

(3)分散相与分散介质的折射率相差愈显著,则散射作用亦愈显著。

(4)散射光强度与单位体积中的粒子数成正比。

公式2-18仅适用于稀释溶液,微粒直径约为入射光波长的1/20～1/10的溶液。

4. 米-德拜(Mie-Debye)散射理论 因雷莱研究的是小粒子系统,只有当粒子直径小于可见光波长(如500nm)的1/10时,散射光强度在各个方向上才是一致的,即对称的或各向同性的,此时公式2-18中散射光强度与入射光波长间的上述关系才能成立。当粒径与入射光波长的比例大于该比值时,各方向散射光的强度不尽相同,即成为不对称或各向异性的了,此时正向散射光强度趋于增强。这种情况实际上偏离了雷莱提出的公式,为此Mie和Debye(米-德拜)先后对雷莱公式加以修正,即:

$$I = \frac{24\pi^3 \nu V^2}{\lambda^4} \left(\frac{n_2^2 - n_1^2}{n_2^2 + 2n_1^2} \right)^2 (1 + \cos^2\theta) I_0 \qquad (2-19)$$

公式2-19中增加了雷莱公式后面小括号中所示的部分,式中 θ 为光信号检测器与入射光之间的夹角。公式进一步表明检测器的位置与被测光信号的性质及强度之间的关系。米-德拜所做的修正适合于粒径略小于入射光波长的情况,更适合于粒径等于或大于入射光波长的场合。这些修正反映了散射光的不对称性与粒子大小及入射光波长之间的相关性变化。在免疫化学反应过程中,可溶性抗体(Ab)与可溶性抗原(Ag)反应,形成免疫复合物(IC)粒子,混合物系统中的粒子由小变大,并不恪守某一固定公式,故而米-德拜对雷莱散射理论的修正公式更适合于现代实验室测定项目的原理。

目前这个液相化学公式主要被应用于免疫检测系统中,常称为免疫浊度法。

（二）浊度分析的基本方法

根据检测器的位置及其接收光信号的性质,浊度分析法可分为透射免疫比浊法和散射免疫比浊法两大类。前者是在0°角,亦即在直射角度上测定透射光强度和被测溶液中微粒浓度关系的方法,可用分光光度计及比色计进行测定,测定的信号主要是溶液的光吸收及其变化,即溶液的光吸收因散射作用造成的总损失之和;后者则是在5°～96°角的方向上测量散射光强度和被测溶液中微粒浓度关系的方法,需专用的浊度计。图2-9为免疫比浊测定光路示意图。

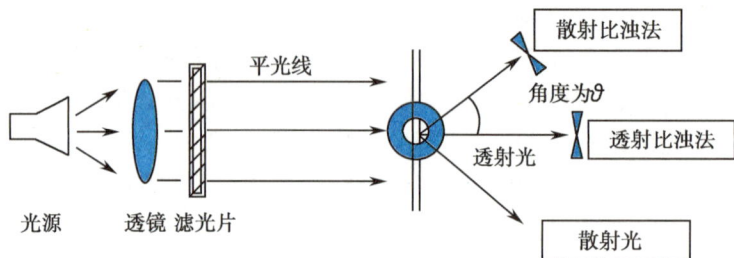

图2-9 免疫比浊测定光路示意图

1. 透射免疫比浊法 透射免疫比浊法操作简便,测量方式是测定入射光因反射、散射或吸收后的衰减,读数以吸光度(A)表示,这种 A 值反映了透射光和入射光的比率。免疫复合物大小为 35～100nm 之间,选择 290～410nm 波长最佳。由于抗原抗体结合后在短时间内只能形成小复合物,这时无法比浊,待数分钟到数小时才形成可见的复合物,这时才适于比浊。为了提高复合物的形成速度,可加入促聚剂,如4%聚乙二醇(MW 6000～8000Da)可使复合物的形成在 3～10 分钟内完成。

透射免疫比浊法可分为沉淀反应透射免疫浊度测定和免疫胶乳浊度测定。

沉淀反应透射免疫浊度测定的基本原理是:抗原抗体在特殊缓冲液中快速形成抗原-抗体复合物,使反应液出现浊度。当反应液中保持抗体过剩时,形成的复合物随抗原增加而增加,反应液的浊度亦随之增加,与一系列的标准品对照,即可计算出未知蛋白质的含量。

2. 散射免疫比浊法 散射免疫比浊法的基本原理是:激光散射光从水平轴照射,通过溶液时,遇到抗原-抗体复合物粒子,光线被粒子颗粒折射,发生偏转。偏转角度可以从0°～96°,这种偏转的角度可因光线波长和粒子大小不同而有所区别。散射光的强度与抗原-抗体复合物的含量成正比,同时也和散射夹角成正比,和波长成反比。散射免疫比浊分析的具体检测方法,参见第十一章"临床免疫学检验仪器与技术"。

二、常用浊度法分析仪器

透射免疫比浊法和散射免疫比浊法的相应测定仪器已有许多,目前国内常用的有以下几种类型。

（一）透射浊度分析仪

1. 分光光度仪 普通分光光度仪可用于透射比浊分析,待测溶液在近紫外光区(400～500nm)有一吸收峰,终点法可获得定量数据(A 值)。国内外厂家还生产专用的浊度仪。

2. 自动生化分析仪 临床实验室的自动生化分析仪一般均可用于浊度测定,且自动化较好的仪器专门编有散射或透射的测试程序,并有自动计算功能。目前较流行的大型多通道自动分析仪为开放分立任选式,结构更加完善,检测速度快,临床使用的仪器多数具备专门编写或可自编透射浊度的分析程序,并可选用许多自动校正和计算方式,大大提高了检测的精密度与准确性。

（二）速率法自动散射浊度分析仪

速率法自动散射浊度分析仪可分为流动式和任选式两类。这两类仪器均采用向前角度监测,自动化程度高,能保证在光散射速率最大时进行检测。测定向前散射的光强度,可减少内源性物质光散射的干扰。国外公司推出了第三代速率法自动散射浊度分析仪,这是一种高输出、多选择,拥有两种最先进的检测技术系统,即近红外检测免疫分析法和速率散射浊度法,亦即双光路检测法。临床实验室选用的特定蛋白分析系统,就是一种全自动、高灵敏度的散射浊度测定仪。

散射光谱分析技术是一种快速、实用的临床实验室检测技术,可为临床医疗提供更好的参考数据和疾病判别指标。为让该技术准确、真实地反映患者的实际情况,使用中应充分注意其技术特点,做好质量控制。

（钱士匀）

本章小结

根据光谱来鉴别物质和确定它的化学组成的方法叫做光谱分析技术。依据光谱特征可分为吸收光谱分析技术、发射光谱分析技术和散射光谱分析技术三大类。光谱分析技术按作用对象不同又可分为原子光谱法和分子光谱法。原子光谱法有:原子发射光谱法、原子吸收光谱法及原子荧光光谱法等。分子光谱法有:紫外-可见分光光度法、红外光谱法、分子荧光光谱法和分子磷光光谱法等。每一种分析方法都有相应的检测设备,学习过程中应掌握每种仪器的相应工作原理,熟悉其结构组成。

紫外-可见分光光度计是医学实验室的重要仪器,该仪器能够测量单色光的强度。而每一种物质都有其特定的吸收光谱,因此可根据物质的吸收光谱来分析物质的组成、结构及含量。郎伯-比尔定律是比色分析的基本定律,它表达了物质对单色光吸收强度与溶液浓度和液层厚度之间的函数关系。

原子光谱分析仪器包括原子吸收和原子发射光谱分析仪,不同仪器结构组成不尽相同,但每种仪器都由光源、原子化器、分光系统及检测系统四个主要部件组成。原子光谱分析仪主要用于各种元素的测定,尤其是用于超微量的元素检测,在医学、冶金、地质、化工、农业、环保各个领域都有广泛的应用。

荧光光谱分析仪器是利用物质吸收能量后可发射荧光,通过测定物质分子产生的荧光强度进行物质定性与定量的仪器。医学实验室可用荧光光谱分析仪对人体多种微量成分如激素、药物浓度等进行分析测定。

散射光谱分析技术主要有透射免疫比浊分析和散射免疫比浊分析两种,目前该类检测方法和检测仪器在临床实验室得到广泛的应用,其速率测定和胶乳粒子增敏是散射比浊分析的发展方向。

第三章

电化学分析仪器与技术

通过本章学习,你将能够回答下列问题:

1. 什么是电位分析技术?
2. 仪器常用的参比电极和离子选择电极有哪些?
3. 电解质分析仪的基本构成是什么?
4. pH、PCO_2、PO_2 电极的工作原理是什么?
5. 电解质分析仪由哪些系统组成?
6. 决定仪器测定结果准确度和灵敏度的是哪部分系统?
7. 电解质分析仪的液路系统是如何组成的?
8. 血气分析仪的基本组成和工作原理是什么?

电化学分析技术是根据物质的电化学性质确定物质成分的一种分析方法,包括电位分析法、电导分析法、电解分析法、库仑分析法、极谱法和伏安法等。电化学分析仪器具有快速、灵敏、准确、仪器简单而便于自动化等特点。电解质分析仪常用离子选择电极检测体液中 K^+、Na^+、Cl^-、Ca^{2+}、Mg^{2+}、Li^+ 等电解质离子浓度;血气分析仪主要测定人体血液中的酸碱度(pH)、二氧化碳分压(PCO_2)和氧分压(PO_2)等。本章主要介绍电位分析技术原理、电解质分析仪和血气分析仪。

第一节 电位分析技术原理

电位分析技术是通过测定电池电动势以确定被测物含量的方法,即两个电极与待分析的试样溶液组成化学电池,然后根据所组成电池电位与溶液离子之间的内在联系来进行测定的方法。电位分析法包括直接电位法和电位滴定法。

一、化学电池

化学电池(electro-chemical cell,EC)是在电化学池中所发生的电化学反应,又分为原电池和电解池,前者是将化学能转化成电能,后者是将电能转化为化学能。

原电池装置如图3-1。左方为 $ZnSO_4$ 溶液,置入锌片,组成一个半电池作为负极;右方为 $CuSO_4$ 溶液,其中置入铜片,组成另一个半电池作为正极。两溶液间由多孔膜隔开或盐桥相连,再将两个半电池用金属导线和检流计连接。左方锌板被氧化成锌离子进入溶液,放出电子带负电;右方的铜离子接受电子,在检流计上可以看到指针偏转,表明导线上有电流通过。负极上的 Zn 不断放出电子成为 Zn^{2+},发生氧化反应;而 Cu^{2+} 在正极不断得到电子成为金属 Cu,发生还原反应,两极间不断有电子得失,从而产生了电

流。氧化还原过程如下:

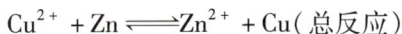

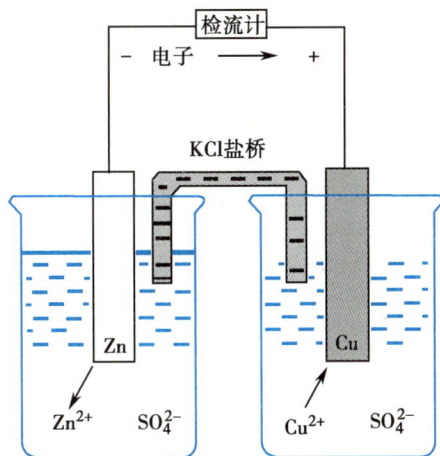

$$Zn \Longleftrightarrow Zn^{2+} + 2e(阳极)$$
$$Cu^{2+} + 2e \Longleftrightarrow Cu(阴极)$$
$$Cu^{2+} + Zn \Longleftrightarrow Zn^{2+} + Cu(总反应)$$

图 3-1 原电池示意图

这种由化学反应产生电流,即把化学能转换为电能的装置称为原电池,上述原电池也称为铜锌原电池。其中的半电池又称电极,在单个电极上发生的反应称为半电池反应或电极反应。构成原电池至少有三个条件:两个电极、电解质溶液和导线连接的闭合回路。如果两个电极浸在同一个电解质溶液中,这样构成的电池称为无液体接界电池;两个电极分别浸在用半透膜或烧结玻璃隔开的,或用盐桥连接的两种不同的电解质溶液中,这样构成的电池称为有液体接界电池。

二、参比电极与指示电极

(一)参比电极

参比电极(reference electrode)又称参考电极,是在测量溶液的电位时提供基准电位的电极。在电位计算时作为常数。作为一个理想的参比电极应具备以下条件:①能迅速建立热力学平衡电位,要求电极反应是可逆的;②电极电位是稳定的,允许仪器进行测量。

标准氢电极作为参比电极,基准电位为零,由于配置使用标准氢时有纯化及维持氢为1个大气压等要求,所以测定电极电位时,常使用甘汞电极和银-氯化银电极作为参比电极。

1. 甘汞电极 是以甘汞(Hg_2Cl_2)饱和在一定浓度的 KCl 溶液中的汞电极,其电极反应为:

$$2Hg + 2Cl^- = Hg_2Cl_2 + 2e$$

甘汞电极的电极电位随温度和氯化钾的浓度变化而变化。在25℃时,饱和 KCl 溶液中的甘汞电极的电位值是最常用的(0.2444V),此时的电极称为饱和甘汞电极(saturated calomel electrode,SCE)。甘汞电极通过其尾端的烧结陶瓷塞或多孔玻璃与指示电极相连,这种接口具有较高的阻抗和一定的电流负载能力,因此甘汞电极是一种很好的参比电极。

2. 银-氯化银电极 是浸在氯化钾中的涂有氯化银的银电极,其电极反应为:

$$Ag + Cl^- = AgCl + e$$

银-氯化银电极也是随温度和氯化钾浓度的变化而变化。在有些实验中,银-氯化银电极丝(涂有 AgCl 的银丝)可以作为参比电极直接插入反应体系,具有体积小、灵活等优点。

另外,银-氯化银电极可以在高于60℃的体系中使用,甘汞电极不具备这一优点。

(二)指示电极

根据电位的大小指示溶液离子的浓度。指示电极常与参比电极组成工作电池。指示电极(indicator electrode)电位随待测物溶液浓度变化而变化,故可通过测定电池电动势(电位)推算溶液浓度。作为指示电极应符合以下条件:①电极电位与溶液离子的浓度或活度关系符合 Nernst 方程式;②响应快、重现性好;③结构简单、便于使用。用于电位分析的指示电极较多,常用的指示电极有离子选择电极和一些金属或非金属电极,如 Au、Cu、Pt、石墨电极。

三、离子选择电极

离子选择电极(ion-selective electrode,ISE)是对离子有选择性的指示电极。它具有特制的敏感膜,对溶液特定离子进行响应产生相应电位,其电位值与溶液离子活度的关系符合 Nernst 方程。

$$E = K \pm \frac{2.303RT}{nF} \cdot \lg a_x \tag{3-1}$$

式中:K 为常数(测量条件恒定时);+ 代表阳离子选择电极;– 代表阴离子选择电极;R 为气体常数 8.31441J/(K·mol);T 为热力学温度;n 为离子电荷数;F 为法拉第常数 96.487kJ/(V·mol);a_x 为离子活度。

1. 离子选择电极基本结构　如图 3-2 所示,ISE 由四个基本部分组成:①电极腔体,由玻璃或高分子聚合物材料做成;②内参比电极,通常为 Ag/AgCl 电极;③内参比溶液,由氯化物及响应离子的强电解质溶液组成;④敏感膜,对离子具有高选择性的响应膜。

2. 离子选择电极的分类　离子选择电极的种类较多,基于离子选择电极大多为膜电极,1976 年,IUPAC依据膜的组成和结构、膜电位的响应机制,将离子选择电极分为原电极和敏化电极两大类(图 3-3)。原电极是指敏感膜直接与待测溶液接触的电极,敏化电极是在原电极的基础上装配而成的电极。

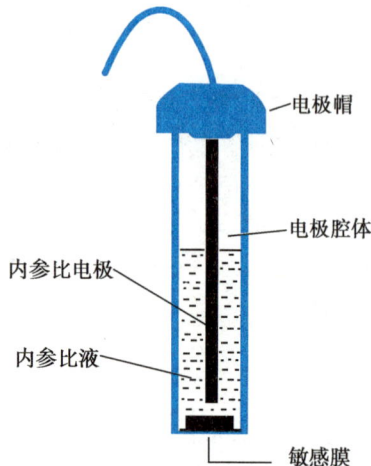

图 3-2　离子选择电极的基本结构

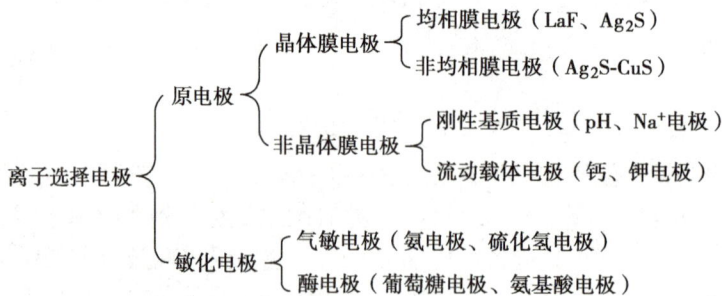

图 3-3　离子选择电极的分类

(1)晶体膜电极(crystalline membrane electrode,CME):晶体膜电极的响应机制是晶格空穴引起离子的扩散产生电位,其特异性取决于空穴只能容纳一种离子移动,其他离子不能出入。按敏感膜结构分为均相晶体膜电极(单晶膜电极、多晶膜电极)和非均相膜电极(沉淀膜电极)。单晶膜电极由难溶解盐单晶压制而成,如 LaF_3 氟电极;多晶膜电极由难溶盐多晶粉末,如氯电极用 AgCl 粉末高压抛光而成;沉淀膜电极由电活性物质(难溶盐)均匀分布于惰性粘合材料中,经加热加压制成,它可以改善晶体的导电性,易于加工,不易破损或擦伤。

(2)玻璃电极(glass electrode,GE):属于刚性基质电极。以 pH 玻璃电极为例,其结构由电极腔体(玻璃管)、内参比溶液、内参比电极及敏感玻璃膜组成,厚度约 0.1mm,内装有 0.1mol/L 的 HCl 溶液作内参比溶液,插入涂有 AgCl 的银丝作为内参比电极(图3-4)。玻璃膜对氢离子活度有选择性响应,玻璃电极依据玻璃球膜材料的特定配方不同,可以做成对不同离子响应的电极,如对 H^+ 响应的玻璃电极及对 K^+、Na^+ 响应的 pK、pNa 玻璃电极等。不少商品的 pH 玻璃电极制成复合电极,它集指示电极和外参比电极于一体,使用起来甚为方便和牢靠。

pH 玻璃电极在使用前将电极放在蒸馏水或缓冲液中浸泡 24 小时以上,称为 pH 电极的水化,干玻璃网格中由 Na^+ 所占据,当水化时,H^+ 与 Si—O 的结合力大于 Na^+,玻璃结构中的 Na^+ 与 H^+ 发生交换,Na^+ 所占据的点位被 H^+ 所替换(图3-5),形成很薄的水化硅胶层。在玻璃膜内表面与稀酸接触,按上述机制也形成一层水化硅胶层。检测样本时,电极浸入待测试液,由于待测试液 H^+ 与水化硅胶层 H^+ 活度不同,在玻璃内外与溶液之间产生跨膜电位,玻璃的电极电位与溶液的 pH 成线性关系。

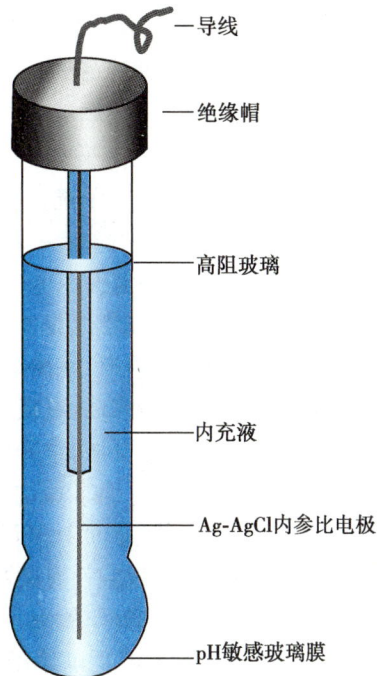

图3-4 pH 玻璃电极

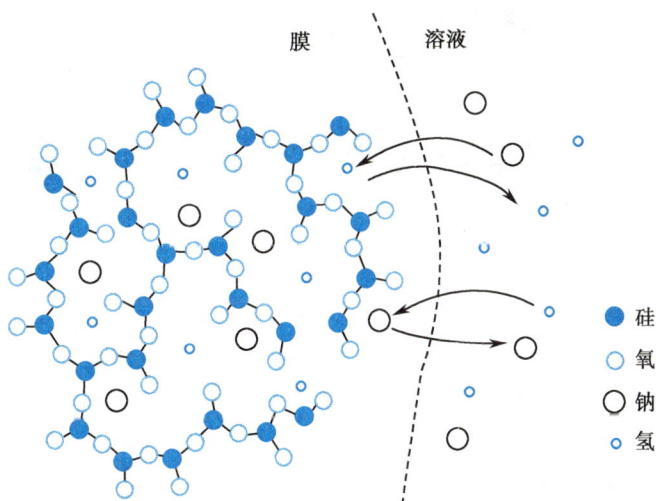

图3-5 硅酸盐玻璃结构示意图

pH 玻璃电极的响应机制与下列因素有关:①硅酸盐玻璃中含有金属离子、氧和硅,Si—O 键在空间构成固定的带负电荷的三维网格骨架,金属离子与氧原子以离子键的形式结合,存在并活动于网格之中承担着电荷的传导;②玻璃膜浸泡于纯水或稀酸后,敏感玻璃膜水化胶层的形成;③电极浸入待测试液中,玻璃膜内外界面与溶液之间均产生界面电位,形成膜电位及电极电位。

电位分析时应注意 pH 玻璃电极的"钠差"和"酸差"。当测量 Na^+ 或 pH 浓度超出高限时,测得的 pH 偏低,称为"钠差"或"碱差","钠差"的生成原因是 Na^+ 参与响应。"酸差"是当测量 pH 小于 1 的强酸或某些非水溶液时,会使 pH 测定偏高,称为"酸差"。"酸差"的原因是酸性太强,玻璃膜表面过多地吸附 H^+,当测定非水溶液时,溶液中氢离子活度变小。

(3)流动载体电极(electrode with a mobile carrier):是一种液体敏感膜,由电活性物质(载体)、有机溶剂、支撑膜(微孔膜)三部分组成。根据液体敏感膜电活性载体性质分为三种类型:阳性液膜电极(载体带正电荷,对阴离子响应)如硝酸根离子选择电极、阴性液膜电极(载体带负电荷,对阳离子响应)如钙离子选择电极、中性液膜电极(载体含未成键的电子,对阳离子响应)如钾离子选择电极。

(4)气敏电极(gas sensing electrode):是一种气体传感器,以原电极作为指示电极,如 pH 玻璃电极与参比电极一起插入电极管内组成复合电极,电极管中充有特定的电解质溶液称为中介液,在电极管的端部紧贴离子选择电极敏感膜处,用透气膜将中介液与外部试液隔开,构成气敏电极。测量时,待测溶液中的气体通过透气膜进入中介液内发生反应,引起中介液某种离子化学平衡移动,电极电位也发生变化。该离子可用指示电极测定,从而可以测定待测溶液气体组分的分压,常用的气敏电极是 O_2 电极和 CO_2 电极。

(5)酶电极(enzyme electrode):指示电极的敏感膜上覆盖一层生物活性的酶物质,酶膜被固化在基础电极的敏感面上,当酶接触待测物质时,该膜对待测物质的基质做出响应,利用酶的特殊催化作用,反应使有关物质明显减少或增加,该变化再转换为电极中的电位或电流变化。基础电极的选择与酶促反应中产生或消耗的电极相应活性物质有关:如果一个酶促反应是耗氧的过程,就可以使用 O_2 电极或 H_2O_2 电极作为基础电极;如果酶促反应存在 H^+ 改变,则可使用 pH 电极。

酶电极的基础电极主要包括电流型电极和电位型电极。电流型酶电极利用测得的电流信号与被测物质活度或浓度的函数关系,计算某一生物组分的活度或浓度,常用的电流型基础电极是 O_2 电极和 H_2O_2 电极,也可采用碳、铂、钯和金等固体电极或化学修饰电极。电位型电极是将酶催化反应所引起的物质量的变化转变成电位信号输出,信号的大小与检测浓度的对数成线性关系,常用的电位型基础电极是 pH、CO_2 和 NH_3 电极。表 3-1 为常用的酶电极。

表 3-1 常用的酶电极

检测物质	敏感膜(酶)	基础电极
葡萄糖	葡萄糖氧化酶	O_2,H_2O_2,Pt
葡萄糖	葡萄糖氧化酶 + 过氧化氢酶	I_2,pH
尿素	脲酶	O_2,H_2O_2,NH_3,CO_2,pH
青霉素	青霉素-β-内酰胺酶	pH
胆固醇	胆固醇氧化酶	O_2,H_2O_2
氨基酸	氨基酸酶	$O_2,H_2O_2,NH_4^+,CO_2,pH$
乙醇	乙醇氧化酶	O_2
麦芽糖	淀粉酶	Pt
苦杏仁苷	苦杏仁苷酶	CN^-

3. 离子选择电极的性能参数

(1)线性范围和检测下限:根据 Nernst 方程,离子选择电极的电极电位与被测离子活度的对数成线性关系,而在实际测量过程中,当离子选择电极的电位值降低到一定程度时,便开始偏离 Nernst 方程。电位值 E 对 $\lg a_x$ 作图,所得的曲线称为校准曲线,校准曲线的直线部分所对应的离子活度范围称为 ISE 响应的线性范围。校准曲线的直线部分与水平部分延长线的交点所对应的离子活度称为离子选择电极的检测下限。

(2)响应斜率:在 Nernst 响应范围内,离子选择电极对离子活度增加 10 倍时的电位变化值称为实际响应斜率。实际响应斜率与理论响应斜率存在一定偏差,这种偏差常用转换系数 K_{tr} 表示,K_{tr} 越接近 1 越好。当 $K_{tr} < 90\%$ 时,离子选择电极的灵敏度可能太低不宜再用。离子电荷数越大,实际响应斜率越小,则测定灵敏度越低,故电位法测定多用于低价离子测定。

(3)选择系数:表明 ISE 抵抗其他干扰离子的能力,ISE 对待测离子的响应不是唯一的,对溶液中其他离子也会作出响应。Nernst 方程的修正式(或称扩充式)可以描述待测离子和干扰离子产生的电位大小,修正式中相关的常数(K_{ij})称为 ISE 的选择系数,可从相关手册查找 ISE 的选择系数,此系数可估计干扰离子存在时产生的测定误差。

(4)响应时间:ISE 响应时间是指 ISE 和参比电极一起接触试液到电极电位趋于稳定数值(波动小于 1mV)所需的时间。它是电池电动势达到动态平衡的时间。响应时间的影响因素包括膜电位平衡时间、敏感膜的结构、被测溶液的浓度、参比电极的稳定性、共存离子的种类、试液温度等。对于商品化的离子选择电极,要求响应时间在 30 秒左右。

四、直接电位分析法与电位滴定分析法

电位分析法(potentiometry)是利用电极电位与溶液中待测物质离子的活度(或浓度)的关系进行分析的一种电化学分析法。电位测定是将一支指示电极(对待测离子响应的电极)及一支参比电极构成一个测量电池,在溶液平衡体系不发生变化及电池回路零电流的条件下,测得电池的电动势(或指示电极的电位)。

(一)直接电位分析法

直接电位分析法是在相同条件下,分别将标准液和试样作为工作电池溶液,测定其电位值,与标准溶液比较推算出试样溶液中特定离子活(浓)度。有以下几种测定方法。

1. 标准比较法(直读法)　以 pH 计测定为例,选择一个 pH 与试样溶液浓度接近的标准溶液,在 25℃ 条件下,玻璃电极作为测量溶液氢离子活度的指示电极,饱和甘汞电极作为参比电极,测定两溶液的电动势,得到两个 Nernst 方程式,减去常数,推算可得下列公式:

$$\mathrm{pH_X} = \mathrm{pH_S} + \frac{E_X - E_S}{0.0591} \tag{3-2}$$

在临床检验电解质和血气分析测定中,常选用两个不同浓度(两点定标)的标准溶液 C_A、C_B,且 $C_A < C_X < C_B$,分别用两个标准溶液对离子计进行斜率校正,然后测定未知溶液,从仪器上直接读出 C_X 值。公式如下:

$$C_X = C_S \times \mathrm{EXP}\left[\,(E_X - E_A/S)\,\right] \tag{3-3}$$

其中
$$S = (E_B - E_A)/\log(C_B/C_A) \tag{3-4}$$

C_X、E_X 表示样品的浓度和电位;C_A、E_A 表示 A 标准液的浓度和电位;C_B、E_B 表示 B 标准液的浓度和电位;S 表示由两种标准液测得的电极实际斜率。

2. 标准曲线法　测定时用纯物质按浓度递增的规律先配制一系列标准溶液(一般为 5 个),然后将某一离子选择电极和参比电极插入各标准溶液中构成原电池,测出相应的电动势 E,然后以 E 为纵坐标,其对应的 $\lg C_i$ 为横坐标作图,绘制标准曲线。在相同的条件下用同一支电极测定试样溶液的电动势,从标准曲线上即可查到试样溶液的活(浓)度。标准曲线法适用于大批量的(非线性)试样分析。

3. 标准加入法　也称添加法,高浓度(为试样溶液浓度的 50~100 倍)的标准液少量加入试样溶液中,分别测量标准液加入前后的电动势,从而求出 C_X。标准加入法可分为单次

标准加入法和连续标准加入法两种。

（二）电位滴定分析法

电位滴定法是利用滴定过程中电动势突跃变化来确定终点的滴定分析法。可用于中和滴定、氧化还原滴定和沉淀滴定。电位滴定法与直接电位分析法比较,不需要准确地测量电极电位,温度、接界电位等因素的影响并不重要,比普通滴定法灵敏度高,准确度也较理想,适合于混浊、有色、稀浓度溶液及指示剂难以完成的滴定。

1. 滴定终点确定　电位滴定法是靠电极电位的突跃来指示滴定终点。在滴定到达终点前后,滴液中的待测离子浓度往往连续变化 n 个数量级,引起电位的突跃,被测成分的含量仍然通过消耗滴定剂的量来计算。电位滴定曲线即是随着滴定的进行,电极电位值(电池电动势)E 对标准溶液的加入体积 V 作图所得到的曲线。根据作图的方法不同,电位滴定曲线有三种类型,即 E-V 滴定曲线、一级微商曲线和二级微商曲线。

2. 自动电位的滴定　目前已设计有自动电位滴定装置,滴定管末端的开关由电磁阀控制,在自动滴定电位仪上设置电位终点控制值(理论值或实验值)。滴定开始时,电位测量信号为电位终点控制值,电磁阀断续开关,滴定继续自动进行。电位测量值达到突跃值时,电磁阀自动关闭,滴定停止。自动电位滴定广泛采用计算机控制,自动绘出滴定曲线,自动寻找滴定终点,控制滴定速度,自动给出消耗体积,滴定过程快捷方便。

第二节　电解质分析仪

电解质分析仪(electrolyte analyzer)是对各种不同体液中的钾(K)、钠(Na)、氯(Cl)、钙(Ca)、锂(Li)等离子浓度(活度)测定的检验分析仪器。根据测定原理的不同,有化学法、火焰光度法、原子吸收法、离子选择电极法等。为适应自动化测定发展的需求,配备有离子选择电极的电解质分析仪已广泛应用于临床。基于离子选择电极法的电解质分析仪具有设备简单、操作方便、灵敏度高以及选择性好、成本低、微量和连续自动测定等特点,可与血气分析仪、自动生化分析仪进行联合检测。电解质分析仪在临床有重要的应用价值,在如肾功能衰竭、糖尿病酸中毒、腹泻、严重呕吐、渗出性胸膜炎或腹膜炎等许多疾病时需要测定患者的电解质。本节所叙述的分析仪器是指以离子选择电极为传感器的电解质分析仪。

一、电解质分析仪的分类与工作原理

（一）电解质分析仪的分类

电解质分析仪的分类方式有多种:按结构分类有便携式和台式;按测量方法分类有直接测量法和间接测量法;按自动化程度分类有全自动、半自动和手动;按电极检测方式分类,又可以分为探头状电极分批式分析仪和流动贯穿状电极的流动式分析仪。许多厂家生产的全自动电解质分析仪可以分析血清、血浆、全血和经稀释的尿液标本,采用直接进样而无需适配器,具有自动定标和连续监控功能,还具有强大的数据处理功能。此外,含检测离子的血气分析仪和含离子模块的全自动生化分析仪也可以测定电解质。

（二）离子选择电极

离子选择电极是电解质分析仪的重要部件。仪器配置相应的电极,才能检测相应的检验项目。钾、钠、氯三种电极是临床电解质分析仪器上首先需要配备的电极。

对于钾电极敏感膜,不同厂家的仪器选用的制造材料可能不同,有些是用中性载体(如缬氨霉素)制成,有些是用玻璃敏感膜制成。多数仪器的钠电极是一种含铝硅酸钠的玻璃电极,其工作原理和 pH 玻璃电极相似,产生电位的大小和钠离子浓度成比例。但 pH 低于 5 时,它会受到氢离子的干扰,故尿液分析时需要加入缓冲剂。氯电极的敏感膜常用的是金属氯化物材料,其基本结构与钾、钠电极相似。参比电极多采用甘汞电极。

根据《国家计量检定规程》中对于电解质分析仪的计量性能要求,钾、钠、氯三种离子选择电极计量性能要求一般是批内重复性≤1.5%,示值误差(平均偏倚)≤±4%,10 分钟内稳定性≤2%。

（三）电解质分析仪的工作原理

电解质分析仪的钾、钠、氯等离子选择电极一般采用标准比较法进行分析。仪器利用一个毛细管测试管路,让待测样品与测量电极相接触。测量电极通常为离子选择电极(ISE),其响应机制是由于相界面上发生了待测离子的交换和扩散,而非电子转移。离子选择电极的电极电位与样品中相应离子之间的作用符合 Nernst 关系式。电解质分析仪通过仪器的电路系统,把电极产生的电位放大、模数转换后给出相应的结果(图 3-6)。

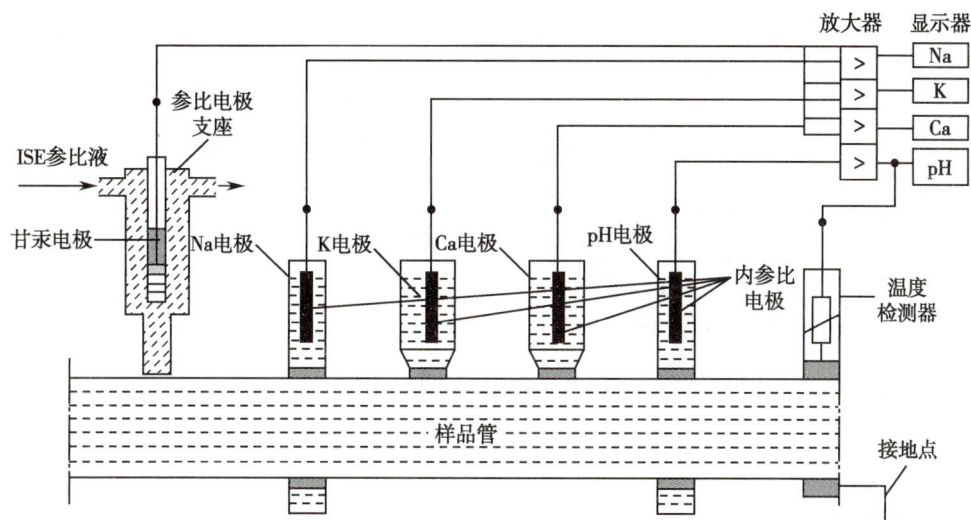

图 3-6　电解质分析仪的工作原理

仪器将测量电极与测量毛细管做成一体化的结构,使各电极对接在一起自然形成测量毛细管。当样品通过测量毛细管时,各离子选择电极膜与其相应的离子发生作用,与参比电极产生相关的电位差 E,通过标准曲线与待测离子电位差值进行比较,即可求得各离子的浓度值。

二、电解质分析仪的基本结构

临床上常用的电解质分析仪主要由电极系统、液路系统和电路系统组成。

1. 面板系统　不同的电解质分析仪在仪器面板上都有人机对话的操作键。在分析检测样品时,操作者可以通过按键操作分析检测过程。

以 AVL-9181 型钠钾氯电解质分析仪为例,各项参数既可在面板上的液晶显示器显示,也可通过设在仪器顶部的打印机打印出来。面板上有"Yes"和"No"两个键,其中"Yes"键用来接收显示屏上的提问,"No"键用来否定显示屏上的问话。全部操作都可以利用这两个按键以人机对话方式进行。

2. 电极系统　电极系统是测定样品结果的关键,决定测定结果的准确度和灵敏度,包括指示电极和参比电极。指示电极包括 pH、Na^+、K^+、Li^+、Cl^-、Ca^{2+}、Mg^{2+} 等离子选择电极;参比电极一般是甘汞电极。新型仪器的测量电极采用流动式离子感应透明膜电极,参比电极采用流动式透明接头电极。

不同厂家生产的电极形状各有不同,一般仪器安装后,各电极对接在一起自然形成毛细管测量室(图 3-7)。先进的仪器采用免维护电极,使日常的维护变得极为简单。仪器设有自动电极维护系统,无需人工保养,极大地延长了电极的使用寿命。

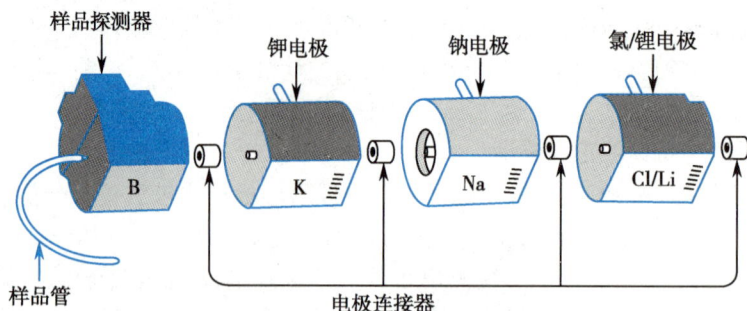

图 3-7 电极间连接示意图

3. 液路系统 不同类型的电解质分析仪具有的液流系统稍有不同,但通常都由样本盘、溶液瓶、吸样针、三通阀、电极系统、蠕动泵等组成。蠕动泵为各种试剂的流动提供动力,样本盘、三通阀和蠕动泵的转动、转换均由微机自动控制。

液路系统直接影响到样品浓度测定的准确性和稳定性,包括仪器吸样量的准确性、清除管路与电极表面的蛋白、保证管路系统的畅通等。

在液路系统中,其通路由定标液(calibration solution)/冲洗液(rinse solution)通路、标本通路、废液通路、回水通路、电磁间通路等组成。

4. 电路系统 各种分析仪采用的电子元件各不相同,通常由测量电路将电极产生的微弱信号经反对数放大器放大,然后进入 A/D 转换,最后送到三位 LED 数字显示器显示并可打印出结果。各种分析仪的电子部件各不相同,但一般由五大模块组成:电源电路模块、微处理器模块、输入输出模块、信号放大及数据采集模块、蠕动泵和三通电磁阀控制模块。

5. 软件系统 软件系统是控制仪器运作的关键。它提供仪器微处理系统操作、仪器设定程序操作、仪器测定程序操作和自动清洗等操作程序。

第三节 血气分析仪

血气分析仪(blood gas analyzer)是利用电极对人体血液中的酸碱度(pH)、二氧化碳分压(PCO_2)和氧分压(PO_2)进行测定的仪器。根据所测得的 pH、PCO_2、PO_2 参数及输入的血红蛋白值,血气分析仪可进行计算而求出血液中的其他参数,如血液中的实际碳酸氢根浓度(AB)、标准碳酸氢根浓度(SB)、血液缓冲碱(BB)、血浆二氧化碳总量(TCO_2)、血液碱剩余(BE blood)、细胞外液碱剩余(BE ecf)、血氧饱和度(SO_2)等。血气分析仪广泛应用于昏迷、休克、严重外伤等危急患者的临床诊疗中。

一、血气分析仪的工作原理

血气分析仪是由 pH、PCO_2 和 PO_2 等测量电极和一支参比电极构成的毛细管测量室,其中 pH 电极和 pH 参比电极共同组成对 pH 的测量系统。血液样品进入毛细管测量室后,管路系统停止抽吸,样品中 pH、PCO_2 和 PO_2 同时被这些电极检测。电极分别产生对应于 pH、PCO_2 和 PO_2 三项参数的电信号,电信号经放大、模数转换,再分别被送到各自的显示单元显示并打印。测量系统所有部件的动作均由微机控制。血气分析仪的工作原理如图 3-8 所示。

一般的血气分析仪使用四支电极,分别是 pH 电极、PCO_2 电极、PO_2 电极和 pH 参比电极。

1. pH 电极和 pH 参比电极 血气分析仪用毛细管 pH 玻璃电极和甘汞电极测量溶液

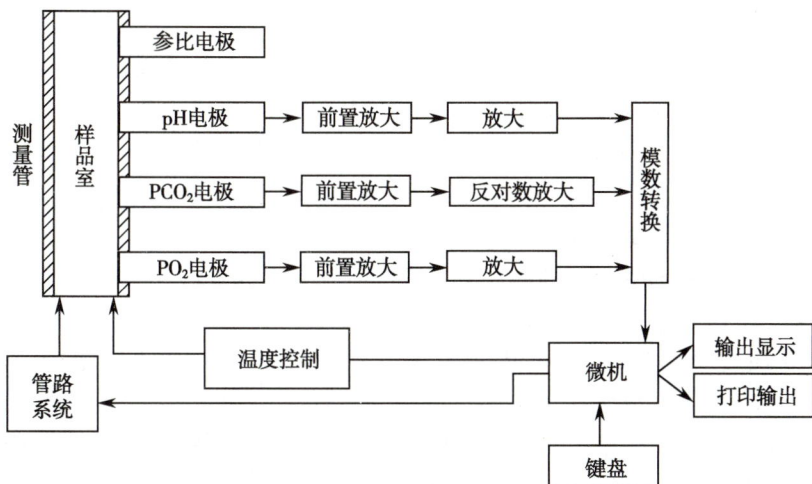

图 3-8 血气分析仪的工作原理图

的酸碱度。pH 玻璃电极毛细管直径约为 0.5mm,膜厚为 0.1mm 左右,由钠玻璃或锂玻璃熔融吹制而成。电极支持管由绝缘的铅玻璃制成,其膨胀系数与玻璃毛细管一致。内参比电极是 Ag/AgCl 电极,具有稳定的电位值。电极内充有磷酸盐和 KCl 的混合液。

pH 参比电极为甘汞电极,内充 KCl 溶液,有的采用饱和型,有的采用非饱和型。为了向甘汞电极内添加 KCl 液体,有些仪器专门配有一个蠕动泵,自动添加及排除 KCl。

标本用量一般不超过 100μl,pH 测定范围为 0~10,37℃时电极的 98% 响应时间不超过 15 秒,pH 玻璃电极的使用寿命一般为 1~2 年。

2. PCO$_2$ 电极 PCO$_2$ 电极是一个气敏电极,又是个复合电极。结构中包括 CO$_2$ 通透膜、PCO$_2$ 电极液、外电极壳、pH 敏感的玻璃电极(指示电极)、参比电极,外壳与内壳之间分别填充 PCO$_2$ 电极液和测量电极液,如图 3-9 所示。

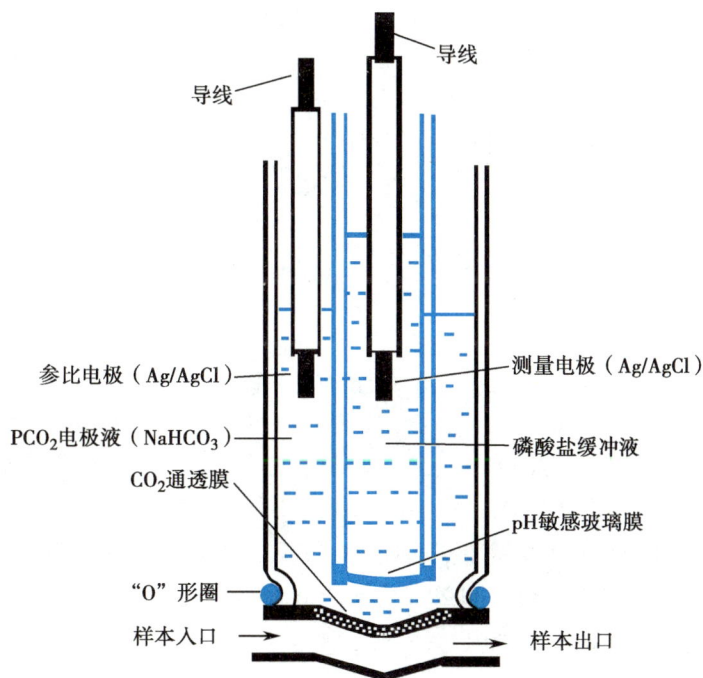

图 3-9 PCO$_2$ 电极示意图

PCO_2 电极液的主要成分是 $NaHCO_3$、蒸馏水和 $NaCl$ 溶液,介于选择性 CO_2 通透膜和玻璃电极敏感膜之间,玻璃电极和参比电极浸于 PCO_2 电极液中;pH 敏感的薄层玻璃膜厚约 0.1mm,电极溶液为 KCl 的磷酸盐缓冲液,其中浸有杆状 Ag/AgCl 电极。选择性 CO_2 通透膜为聚四氟乙烯膜、聚丙烯膜或硅橡胶膜,位于外壳前端,与样品接触,只允许 CO_2 分子通过;它将测量室内的血液与玻璃电极及其外面的 HCO_3^- 溶液分隔开,让其溶解、水化,并建立电离平衡,使 PCO_2 电极液中氢离子(H^+)浓(活)度发生变化,因而使溶液 pH 改变,由 pH 电极测得 pH 的变化量,经反对数放大器转换为 PCO_2,再用数字显示。测定样品前,需用两种已知 PCO_2 的气体对仪器进行校准。

3. PO_2 电极 属于伏安型传感器,是一种气敏电极,其工作原理是基于电解氧过程中产生电极电流而实现。开放式氧电极的工作电极为铂丝(阴极),参比电极为 Ag/AgCl(阳极),将它们直接插入测试溶液中,并在两电极间加电解电压,产生还原电流,当电流趋于恒定时,电流与测试溶液中的氧含量成正比。开放式氧电极结构简单,铂丝(阴极)表面容易蛋白质沉积,产生下降漂移。

临床上使用的氧电极为一种疏水膜复合型氧电极,是由半通透膜将电极与测试溶液隔开的封闭式氧电极,也称 Clark 电极。由铂丝(阴极)、Ag/AgCl(阳极)、电极液(含 KCl 的磷酸盐缓冲液)和氧选择性通透膜等组成。这种电极采用铂丝,直径通常为 $20\mu m$ 的铂丝引出线点焊后封闭在玻璃柱中,前端抛光暴露作为阴极,Ag/AgCl 电极也浸入在电极液中。将此玻璃柱装在一有机玻璃套内,套的一端覆盖着 O_2 半透膜,套内空隙充满电极液(图 3-10)。O_2 半透膜用聚丙烯膜或聚四氟乙烯膜,也有用聚乙烯、聚酯作电极膜。

电极信号对温度变化非常敏感,测量室必须是一个恒温系统,电极与测量室保持恒定温度($37℃ \pm 1℃$)。当 PO_2 的值为零时,电极信号并不为零,存在一个微小的电流值,通常称其为基流。

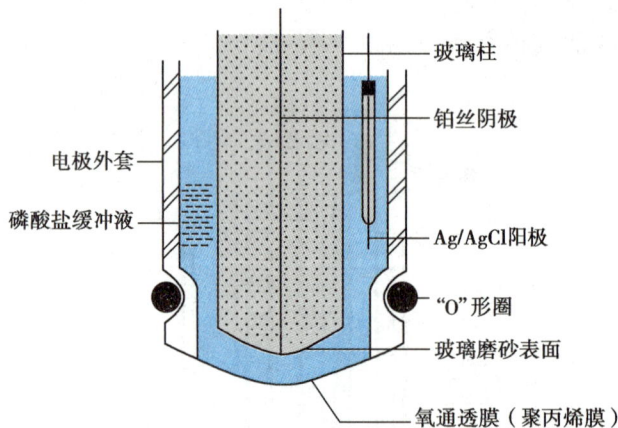

图 3-10 PO_2 电极示意图

血气分析方法是一种相对的测量方法。在测量样品之前,需用标准液及标准气体确定 pH、PCO_2 和 PO_2 三套电极的工作曲线。每种电极都要由两种标准物质进行定标。pH 系统使用 7.383 和 6.840 两种标准缓冲液进行定标。氧和二氧化碳系统用两种混合气体进行定标。第一种混合气中含 5% 的 CO_2 和 20% 的 O_2;第二种含 10% 的 CO_2,不含 O_2。亦有将上述两种气体混合到两种 pH 缓冲液内,然后对三种电极一起定标。

二、血气分析仪的基本结构

血气分析仪虽然种类、型号很多,但其基本结构大致相同,均可分为电极、管路和电路三大部分。

（一）电极

电极是血气分析仪的电化学传感器,主要包括离子型和伏安型传感器两大类,其中离子型传感器主要是 pH 和 PCO_2 传感器,伏安型传感器主要是 PO_2 传感器。由于大小和尺寸不同,不同公司生产的甚至同一公司不同时期生产的电极都不能通用,但它们的工作原理相同,结构也类似。

（二）管路

血气分析仪的管路在微机的控制下,完成自动定标、自动测量、自动冲洗等功能。通过智能化控制泵和电磁阀的转、停、开、闭和温度、定标气及定标液的调节等完成以上功能。管路系统通常由气瓶、溶液瓶、连接管道、电磁阀、正压泵、负压泵和转换装置等部分组成(图 3-11)。在工作过程中,管路系统出现的故障相对最多。

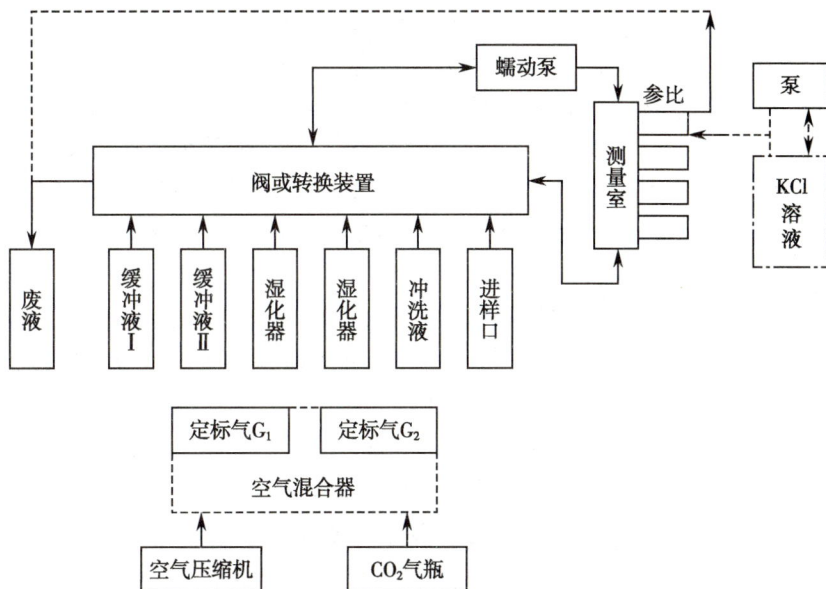

图 3-11 血气分析仪管路系统结构图

1. 气路 用来输送 PCO_2 和 PO_2 两种电极定标时所用的两种气体。血气分析仪的气路分为压缩气瓶供气方式(外配气方式)和气体混合器供气方式(内配气方式)两种类型。

(1)压缩气瓶供气方式:由两个压缩气瓶供气,一个含有 5% 的二氧化碳和 20% 的氧;另一个含 10% 的二氧化碳,不含氧。气瓶上装有减压阀,使用两个气压表显示压力,一个用来显示气瓶内的高压,另一个用来显示出气口的低压。经过减压后输出的气体,首先经过湿化器饱和湿化后,再经阀或转换装置送到测量室中,对 PCO_2 和 PO_2 电极进行定标。

湿化器是用水蒸气将定标气体饱和湿化的装置。因为气体里面的水蒸气不是一个恒定值,经饱和湿化后的水蒸气产生的压力为恒定值。湿化器里装有一半体积左右的蒸馏水。

(2)气体混合器供气方式:用仪器本身的气体混合器产生定标气。气体混合器将空气压缩机产生的压缩空气和气瓶送来的二氧化碳气体进行配比、混合,最后产生类似于上述气瓶内气体比例的两种不同浓度的气体。这两种气体也要经湿化器后,再传输给毛细管测量室。

2. 流路 流路具有两种功能:一是提供 pH 的定标缓冲液;二是自动冲洗毛细管测量室。血气分析仪至少有四个容器连接于液路末端,两个标准缓冲液、一个冲洗液、一个废液瓶。有些仪器另配有专用的清洗液。

血气分析仪内部装有真空泵和蠕动泵。真空泵用来产生负压,使废液瓶内维持负压,以吸引冲洗液和干燥空气,用于冲洗和干燥测量毛细管;蠕动泵在定标时用来抽取缓冲液到测量室,在测血样时用来抽样品。利用蠕动泵控制流体的流动速度,当用缓冲液定标与测量或样品未到达测量室时,蠕动泵快速转动;当样品到达测量室内时,蠕动泵变为慢速转动,以确保样品能够充满测量室而且没有气泡。

(三)电路

电路的工作是将仪器测量信号经各种频道被放大,再经模数转换后变成数字信号,经微机处理、运算后,由显示屏显示出测定结果或从打印机打印出结果。

(程 江)

本章小结

临床电化学分析仪属于电化学分析法中的一类检测仪器。本章用电化学理论阐述了各种电极的特点,尤其是离子选择电极及其敏感膜结构,它是仪器的核心部件,测定结果的稳定性和可靠性与该部件的性能有直接关系,掌握离子选择电极分类及敏感膜结构对理解仪器工作原理和结构非常重要。电化学分析法中需要掌握的概念较多,比如化学电池、参比电极、指示电极、离子选择电极、直接电位分析法、电位滴定分析法等。熟悉电解质分析仪和血气分析仪工作原理和基本结构,为在临床掌握此类仪器操作和维护保养打好基础。

临床使用的电解质分析仪广泛采用离子选择电极检测体液中的 K^+、Na^+、Cl^-、Ca^{2+}、Mg^{2+}、Li^+ 等电解质离子浓度。采用离子选择电极法的电解质分析仪测量池是流动式毛细管结构。电解质分析仪具有设备简单、操作方便、选择性好、快速准确、微量、直接测量等优点,适合于全血、血清、血浆、尿液和透析液等样品的测定。

血气分析仪利用电极直接测定人体血液中的酸碱度(pH)、二氧化碳分压(PCO_2)和氧分压(PO_2),其他参数指标则根据相关公式计算得出。血气分析仪的基本结构均可分为电极系统、管路系统和电路系统三大部分。血气分析方法是一种相对测量方法,需采用标准液和标准气体确定 pH、PCO_2 和 PO_2 的标准曲线方能得出测定结果。血气分析仪是急诊、危重患者检查的常用设备。

第四章

色谱分析仪器与技术

通过本章学习,你将能够回答下列问题:

1. 色谱法的基本原理是什么?
2. 色谱法的分类和特点是什么?
3. 色谱分析的常用术语和参数有哪些?
4. 气相色谱仪的基本结构是怎样的?
5. 气相色谱仪常用的检测器有哪些?
6. 高效液相色谱仪的构造和工作原理是什么?
7. 高效液相色谱仪常用的检测器有哪些?

色谱仪是发展迅速的精密分离分析仪器,主要用于多组分混合物的分离分析。随着材料学、计算机科学和自动控制技术的发展与应用,色谱仪的结构和性能都有了极大改进和明显提高。色谱仪已经成为实验室常用的分析仪器。

本章主要介绍色谱仪的工作原理、结构、性能、操作及其在临床检验中的应用。

第一节　色谱法的原理与分类

1903~1906年,俄国植物学家茨维特(Tswett)利用分离和分析技术进行植物色素的研究,并提出了"色谱"这一名称。色谱法(chromatography)是利用混合物中各组分在互不相溶的两相(固定相和流动相)之间的分配差异使混合物得到分离的一种方法。色谱仪(chromatograph)是利用色谱分离和检测技术,对混合物进行先分离后检测,从而实现对多组分混合物进行定性和定量分析的仪器。

一、色谱法的基本原理

色谱分离中的两相是指系统具有一个有大比表面积的固定相(stationary phase)和一个能携带待分离混合物流过固定相的流动相(mobile phase)。

色谱法利用待分离的样品组分在两相中分配的差异而实现分离。流动相携带样品混合物流过固定于柱中或平板上的固定相表面时,混合物中各组分与固定相发生相互作用。由于混合物中不同组分的性质和结构不同,因此它们与固定相之间产生的作用力的大小不同。随着流动相的流动,混合物在两相间经过反复多次的分配平衡,各组分被固定相保留的时间不同,从而按一定次序从固定相中先后流出,流出物再进行适当的检测,实现混合物中各组分的分离与检测。色谱法按照原理可以分为吸附色谱法、分配色谱法、离子交换色谱法、体积排阻色谱法和亲和色谱法等。色谱分离的要素是互不相溶的两相以及样品各组分在两相

45

中分配的差异,这是决定色谱最终分离效果的基础。

二、色谱法的分类与特点

(一)色谱法的分类

色谱法根据固定相和流动相的状态、分离机制、操作形式和色谱动力学过程等分为不同的类型。

1. 按流动相和固定相物理状态分类 流动相为气体的就是气相色谱,流动相为液体的即为液相色谱,流动相为超临界流体的称为超临界流体色谱。根据固定相是固定液(附着于惰性载体表面的有机化合物液体)还是固体吸附剂又可再分为气液色谱、气固色谱、液液色谱、液固色谱等。固定相以化学键合方式将固定液键合到载体表面的,称为键合相色谱,常见的反相高效液相色谱的固定相都是键合固定相。

2. 按所利用的物理化学原理分类

(1)吸附色谱(adsorption chromatography):包括气固吸附色谱和液固吸附色谱。吸附色谱的作用原理是通过固体表面对物质的物理吸附作用的差异实现分离的。

(2)分配色谱(partition chromatography):包括气-液分配色谱、液-液分配色谱。它是利用组分在两个不相混溶的相中分配系数的差别,达到彼此分离的目的。

除分配吸附原理之外,人们还采用了离子交换、凝胶渗透、形成络合物、亲和及利用离子在电场内有不同迁移速度等不同原理,发展出离子交换色谱、凝胶渗透色谱、络合色谱、亲和电色谱等技术。

3. 按操作形式分类

(1)柱色谱(column chromatography):是将固定相装在管柱中。如果固定相装满色谱柱则称为填充柱;如果柱管中心有流动相通过的通道则称为开管柱,毛细管色谱就是一种开管柱色谱。

(2)纸色谱(paper chromatography):是利用含水的滤纸作为固定相,在滤纸上直接用溶剂展开实现混合物的分离。

(3)薄层色谱(thin layer chromatography):将吸附剂研磨成粉末,均匀地涂在平板上,然后采取与纸色谱类似的操作进行分离。

(4)棒色谱(bar chromatography):是将吸附剂研碎后涂在石英棒上进行相应的分离操作。

4. 按色谱动力学过程分类

(1)冲洗色谱法(elution chromatography):是色谱法中经典和常用的方法。它是将试样加入色谱柱入口端,然后再用流动相冲洗柱子,由于各组分在固定相上的溶解能力不同,被流动相带出的时间也就不同,从而使各组分得以分离。这种方法的分离效能高,除去流动相后可得到多种高纯度(99.99%以上)的物质,可用于纯物质的制备。但该方法需要大量的流动相,而且各组分也经历了高度的稀释,因此冲洗法用于制备是不经济的。

(2)顶替色谱法(displacement chromatography):当试样加入色谱柱后,再将一种吸附能力比所有组分强的物质加入柱中。随后各组分依次顶替流出,吸附能力最弱的组分将首先流出色谱柱。

(3)迎头色谱法(frontal chromatography):将样品连续不断地通入色谱柱中,在柱后可得到台阶形的浓度变化曲线。这种方法根据台阶的位置定性,根据台阶的高度定量。

目前成熟的色谱仪器是气相色谱仪(gas chromatograph,GC)和高效液相色谱仪(high performance liquid chromatograph,HPLC)。两类仪器的组成相似,由流动相供给、进样、分离(色谱柱)、检测、数据处理记录、温度控制和其他控制系统等组成。按照操作形式,它们都属于柱色谱。从物理化学的原理看,主要是在上述两类仪器中采用吸附或分配两种方法。从动力学的角度看主要是采用冲洗法将样品从固定相上冲洗下来,从而体现出样品在两相中分配的差异,实现样品的分离和分析。

(二)色谱法的特点

根据色谱分离的基本原理可以看出,色谱法是先分离后检测或是边分离边检测的分析方法,可以对混合物进行多组分分析或全分析,且可同时得到每一组分的定性、定量结果。色谱法的特点是应用范围广、样品用量少、选择性高、效能高和灵敏度高。

气相色谱法具有分辨率高、速度快、灵敏度高和选择性好等优点。但只能用于被气化物质的分离和检测,而常压下可气化或可定量转变为气化衍生物的物质,其总的比例大约只占几百万种化合物的20%左右。

液相色谱的样品无需气化而直接导入色谱柱进行分离和检测,适用于气化时易分解物质的分离和分析。约有70%左右的有机物可用高效液相色谱法进行分析。通常认为有机物质分子量 <400Da 时,用气相色谱法;在 400 ~ 1000Da 时,用高效液相色谱法;>1000Da 时用凝胶色谱(排阻色谱)法。

高效液相色谱法与气相色谱法的另一个显著差异是流动相的选择。气相色谱法主要用氢气、氮气、氩气或氦气等几种气体作为流动相,而高效液相色谱法可供选择的溶剂多种多样,其极性、黏度、pH 和浓度等均可改变,这些都能调整样品在两相之间分配的差异,有效地改善分离条件,进而达到改善分离效果的目的。

三、色谱分析的常用术语和参数

1. 色谱图 色谱分离分析过程中,所记录的检测器响应信号随时间变化的曲线叫做色谱图(chromatogram),如图4-1。

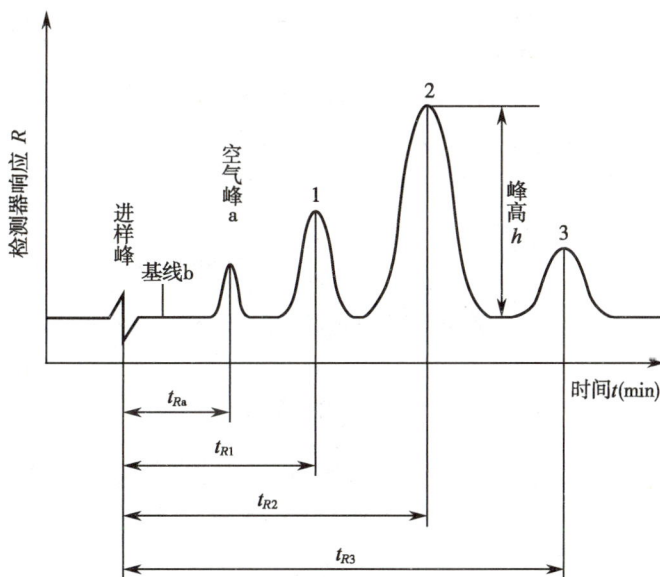

图 4-1 色谱图

2. 基线 图4-1 中与时间轴平行的记录线 b 即为基线(baseline)。它记录纯流动相流过检测器时所产生的响应,基线反映了检测器噪声随时间变化的情况。基线稳定性的判断是依据基线 b 与时间轴 t 平行或偏离的程度,稳定的基线应该是一条直线。

3. 色谱峰 混合物中分离出的各组分进入检测器,检测器的输出信号随流入组分的浓度或质量的变化呈现一个个的峰形曲线,即为色谱峰(chromatographic peak)。色谱峰所包围的面积称为峰面积,是色谱定量分析的基础,常用符号 A 表示。色谱峰最高点至峰底的垂直距离称为峰高(peak height),常用符号 h 表示。

4. 进样峰和空气峰 进样峰(injection peak)是进样时操作条件被干扰造成的,也可在进样时通过连动装置进行标记,是色谱分离过程中时间的起点。空气峰(air peak)是由于空气等物质不被固定相吸收,最先被流动相冲洗出来到达检测器而形成的峰形。

5. 保留参数

(1)保留时间(retention time):从进样开始到出现色谱峰最大值所需的时间,常用 $t_{R(组分名)}$(或简写为 t_R)表示,如 t_{R1}、t_{R2} 等,单位为分(min)。保留时间是组分在色谱柱内的总滞留时间。与保留时间有关的其他参数,如保留体积、校正保留时间等,统称保留参数。

(2)死时间(dead time):惰性物质组分从注入到出现峰的最高点所需的时间。若组分是空气,用符号 t_0 表示,单位为分(min)。

(3)死体积(dead volume):色谱柱内流动相的体积,在实际中包括从进样系统到检测器的体积。

6. 峰高 色谱峰顶点与基线之间的垂直距离称为峰高(peak height),单位为 mV。

7. 峰宽参数 峰宽参数有三种表示方式:

(1)峰底宽(peak base width):通过色谱峰两侧拐点所做的切线与基线交点之间的距离。

(2)半峰宽(half peak width):峰高一半处色谱峰的宽度。一般用半峰宽表示峰的宽度。

(3)标准偏差(standard deviation):0.607 倍峰高处色谱峰宽度的一半。

第二节 气相色谱仪

气相色谱仪主要由气路系统、进样系统、色谱柱、检测系统、温度控制系统、数据处理系统、显示系统及电源、电子线路等构成,其结构见图4-2。

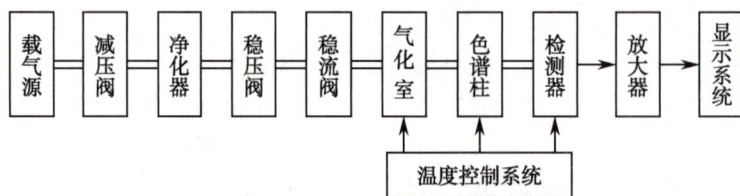

图 4-2 气相色谱仪结构框图

一、气路系统

气相色谱仪的气路系统通常由载气源、减压阀、净化器、稳压阀、稳流阀、色谱柱及全部连接管道构成。气路系统可以向色谱柱提供质地洁净、流动平稳的流动相。

(一)载气源和减压阀

气相色谱仪所用的气体分为载气和辅助气体,为永久性气体。载气一般选用氦气、氮气、氢气或氩气,贮存在高压气瓶中。减压阀的作用是把气体的压强从 10~15MPa 的高压降低到 0.2~0.4MPa 的工作压强。

(二)净化器

载气中一般含有水、碳氢化合物、二氧化碳和其他惰性气体。净化器主要对载气净化,去掉其中的水分、有机烃类杂质,其为两端有接口的金属管(铜、不锈钢管等),管内装填净化剂,两端口堵上玻璃棉。净化方法是先用变色硅胶,再用 0.4nm 或 0.5nm 的分子筛除去载气中的水分,再用活性炭去掉有机烃。

(三)稳压阀和稳流阀

用于控制载气流量和压强,保证载气的平稳性。其为机械负反馈形式,通过波纹管压缩、伸张或弹性膜片受力改变产生机械作用,带动入气口或出气口的改变,引起气体流量的变化,从而调整压强或流量,达到载气流量或压强恒定的目的。

二、进 样 系 统

在色谱分析过程中,首先要用微量注射器或自动进样器将样品定量引入色谱仪的气化室中蒸发成气体,然后被载气带入气相色谱柱里进行分离。进样系统由载气预热器、取样器、样品分流器和进样气化装置等组成。对进样系统的要求是:准确定量、迅速注入。气态或经气化的样品能在载气中形成一个窄带,集中地进入色谱柱。

(一)载气预热器与取样器

载气预热器是给载气加热的装置,是为了防止气化后的样品遇上冷的载气而被冷凝,影响样品的分离。

液体样品进入色谱柱的普通方法是使用微量注射器。样品量在 $1 \sim 10\mu l$ 之间,常用 $5\mu l$ 和 $10\mu l$ 注射器。如果是气态样品,必须有一个理想规格($0.1 \sim 5ml$)的气密注射器。

为了准确取样,常选用取样阀。按其结构分为膜片式、拉动式和旋转式取样阀,也可按样品和载气分为四通、六通、十通阀等类型取样阀。旋转式六通阀较为常用。

(二)进样气化装置

进样气化装置的功能是接收样品后,立即使样品气化。液体样品进入后应保证各组分能够瞬间完全气化,因而气化室温度比所有组分的沸点高出 $50 \sim 100℃$。气化室外套较大体积的金属块,使之具有较大热容量,保证组分瞬间完全气化,而又不至于完全分解。进样气化室和载气装置的结构设计应使样品在其中的扩散为最小,让样品集中地被带入色谱柱,即要求死体积和峰扩展尽量小。

三、气相色谱柱与温度控制

(一)气相色谱柱

1. 固定相 色谱柱是色谱仪的核心,混合物各个组分的分离在其中完成。在使用气相色谱仪的过程中,优良的色谱柱应具有适当的尺寸和固定相。柱子的液体固定相的选择可按下述规则进行:非极性液态固定相最适于分离链烷烃之类的非极性混合物,而极性固定相最好是分离极性化合物。在气固色谱中,常选用的填充吸附剂主要有强极性的硅胶、中等极性的氧化铝、非极性的活性炭以及分子筛等。

2. 柱管形状和尺寸 柱管形状一般有三种,即 U 形管、盘形管和螺线管,其中以 U 形管最常用。

色谱柱的尺寸应对容量和分析速度最佳化。为获得最大效率,可用内径较小、长度较长的毛细管柱。由于这些柱内径较小,需采用颗粒较小的固态载体或较薄的液膜作固定相,所需的样品量较少($10\mu g$ 左右)。如果分析的样品量较大且分离不困难时,可用内径较大、长度较短的填充柱。

(二)温度控制

必须对色谱柱箱、检测器和气化室等实行温度控制,其原因在于:用色谱仪分析样品时,必须使样品气化。操作时先要知道所用固定相温度的极限,使全部操作保持在临界温度以下 $10 \sim 15℃$ 进行,这将有助于延长柱子的使用寿命和避免检测器与其他装置受固定相的"流失"所造成的污染。其次,在气相色谱仪中,温度不仅对样品在色谱柱上的分离过程有很大影响,对许多检测器(如热导、电子捕获、示差折光等)的检测结果也有很大影响,即温度的测控与色谱仪的正常工作及其测量结果的可靠性有密切关系。

控温的关键在于温度条件的稳定性。它将直接影响色谱柱的分离效率,保留参数的重复性以及检测器的性能。

温度控制是通过控制一定体积的恒温箱内部的温度来实现的,对恒温箱要求为:①点温度的稳定性,即测量恒温箱内部任意一点的温度,其精度应保持在 $\pm 0.1 \sim \pm 0.5℃$;②温度场的均匀性,要求恒温箱内部色谱柱的上、下端和沿柱任意横断面平均温度的差值不超过 $\pm 1℃$;③恒温范围可以调节;④绝热性能好,从启动到稳定点的时间要短;⑤要有足够的可用恒温空间,供装色谱柱之用。

气相色谱仪的恒温箱通过提供电流的方式加热,用空气浴进行热交换。温度的调节与稳定用温度控制器实现。温度控制器主要有三种形式:开关式、比例调节器式和作用调节器式,其中常用的是比例调节器式。

四、程序升温控制系统

气相色谱仪的温度控制有恒温和程序升温两种方式。恒温是在整个工作过程中始终把温度控制在一个设定范围内。对于样品中各组分的沸点分布范围较窄时,用恒温操作可以得到较好的分离结果。

在样品中各组分的沸点相差较大时(一般沸点分布范围大于 $80 \sim 100℃$ 时),最好使用程序升温。

(一)恒温控制系统

恒温是指在整个工作过程中温度始终控制在设定的范围内。恒温控制系统是一种闭环负反馈自动控制系统,由恒温控制电路、恒温箱及测温、补偿等环节构成。

(二)程序升温控制系统

程序升温(temperature programming)就是使色谱柱的温度在分离的过程中按照预定的程序随时间呈线性或非线性增加,作用是使样品中每个组分都在最佳的温度条件下流出色谱柱,从而保持较好的峰形。常用的程序升温方式有两种:线性程序(单阶线性升温)和非线性程序(多阶线性升温)。

1. 线性程序　柱温 T 随时间成比例地升高,可表示为 $T = T_0 + rt$。式中 T_0 代表初温 (℃);t 代表时间(min);r 代表升温速度(℃/min)。

2. 非线性程序　线性-恒温适于高沸点组分较多的样品的分离;恒温-线性适于低沸点组分较多的样品的分离;恒温-线性-恒温适于组分沸点范围很宽的样品;多种升温速度适于复杂样品。

3. 程序升温控制方式　程序升温控制方式分为机电式与电子式两种。机电式是指机电式程序升温控制器通过振荡器和环形脉冲分配器控制步进电机,使它按程序控制单元所设置的时间线性地改变变阻器的阻值。将变阻器的阻值作为比例调节器式温度控制器的设定电阻,就可以实现程序升温。电子式控温由温度定值器和温度控制器构成。

4. 程序升温过程中应注意的问题

(1)升温方式:主要根据样品的性质决定。

(2)起始温度:主要根据样品中沸点最低组分的沸点决定,在其附近或稍低一点。

(3)升温速度:升温的快慢会影响到分离效率和分析时间,应根据具体样品性质决定。如内径为 $3 \sim 6mm$、长度为 $2 \sim 3m$ 的填充柱,升温速度一般选取 $3 \sim 8℃/min$;毛细管柱则一般选取 $0.5 \sim 2℃/min$ 为宜。

(4)终止温度:取决于固定液的最高使用温度及高沸点组分的沸点。可以其中较低的温度为依据来确定终止温度。

五、气相色谱仪常用检测器

检测器(detector)就是将样品组分的浓度或质量(含量)转换为电信号并进行信号处理的一种传感装置。检测器性能的好坏将直接影响到色谱仪分析结果的准确性。

(一)气相色谱仪检测器的分类

根据检测器的输出信号与物质含量的关系可以把气相色谱仪常用检测器分为两类,一类是积分型检测器,另一类是微分型检测器。

1. 积分型检测器 积分型检测器所给出的响应与色谱柱流出物的总量成正比,记录下来的色谱图是一种阶梯状曲线。每一个阶梯表示一种物质从色谱柱中分离出来,而阶梯的垂直高度则与该物质的总量成比例。

2. 微分型检测器 微分型检测器所给出的响应与已分离组分在载气中的浓度或质量流速有关,记录下来的色谱图就是常用的具有一个个峰形的曲线,每一个峰代表一种物质的出现,峰与基线所界定的面积与样品组分的含量成比例。

微分型检测器又分为浓度检测器(第一类)和质量流速检测器(第二类)两类。浓度型检测器的输出信号与被分离的组分在载气中的浓度成比例。色谱流出曲线上的每一点都对应于该瞬间组分在载气中的浓度。

假定用某种浓度型检测器测定某一样品,其色谱图如图 4-3 所示。图中峰 a 为某组分的响应曲线,峰面积为 A_1,组分全部质量为 M,系统工作在线性范围之内,K_1 为一常数,则检测器的响应为:

$$A_1 = \frac{K_1}{V}M \tag{4-1}$$

即峰面积与组分总量 M 成正比,与载气流速 V 成反比,所以用此类检测器进行准确定量时,载气流速必须保持恒定。

质量流速检测器的输出信号与被分离组分流过检测器的质量流速(单位时间内通过的组分质量)成比例。色谱峰上的每一点都对应于分离物质该瞬时的质量流速,系统工作在线性范围之内,K_2 为一常数,仪器的响应为:

$$A_2 = K_2M \tag{4-2}$$

峰面积与组分总量成正比而与载气流速无关,因此此类检测器对载气流速的要求不是很严格。但是,使用质量流速检测器时,会破坏样品的性质和状态。

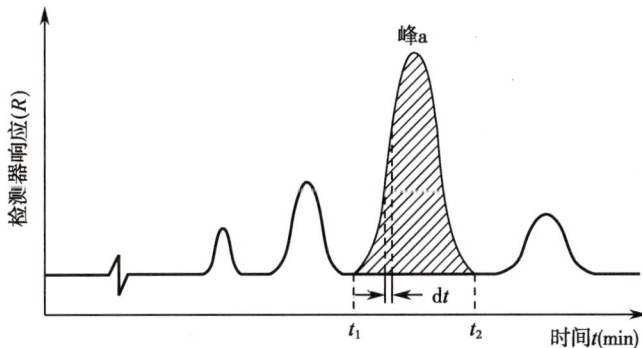

图 4-3 浓度型检测器的输出曲线

(二)气相色谱仪常用的检测器

1. 热导检测器 热导检测器(thermal conductivity detector,TCD)由热导池、测量桥路、热

敏元件、稳压电路、信号衰减及基线调节等部分组成,具有结构简单,线性、稳定性好,适用范围广等特点,还可与其他检测器联用。载气和样品各组分具有不同的导热系数是热导检测器最基本的特点,热导检测器基本上对所有的有机化合物都能检测,但由于样品量很小(最小检测量一般在 $10^{-6}g$ 至 $10^{-8}g$ 左右,线性范围为 10^4),样品组分变化带来的温度变化必然很小,同时电桥电压也不可能太大($20 \sim 50V$),因而热导检测器的灵敏度($10\,000mV \cdot ml/mg$)不够高。

2. 氢火焰离子化检测器 氢火焰离子化检测器(hydrogen flame ionization detector,FID)简称氢焰检测器,是电离检测器的一种,属第二类(质量流速类)检测器。其主要构成环节是:电极、电离室、离子源、极化电源、本底电流补偿环节以及静电计、记录仪等。氢焰检测器输出信号是电流,输出阻抗很大,其后所接的微电流放大器必须要有更高的输入阻抗,信号才能正常传递下去。一般采用绝缘栅场效应管作为输入极,同时采用较高放大倍数的负反馈放大器,以保证微电流放大器具有输入阻抗高、稳定性好等特点。

氢焰检测器是一种选择性检测器,对含碳有机物较敏感。由于氢焰检测器是通过电离的方式检测离子流,灵敏度高(约在 $10^{-10} \sim 10^{-12}g/s$),最小检测量可达 $10^{-11} \sim 10^{-13}g/s$,线性范围广(可达 $5 \times 10^6 \sim 5 \times 10^7$),稳定性好,响应时间快。除用于常规分析外,还常配合毛细管柱进行痕量、快速分析,已成为气相色谱仪中用途最广泛的检测器之一。

3. 电子捕获检测器 电子捕获检测器(electron capture detector,ECD)可以分为两类,一类是由一个阴极(内装圆筒状 β 放射源 ^3H 或 ^{63}Ni 的池体)和一个不锈钢阳极组成,其离子化源为放射性核素,称之为放射性电子捕获检测器;另一类是非放射性电子捕获检测器,其离子化源是低能电子,由于它的设备比较复杂,目前尚未广泛应用。

电子捕获检测器是一种浓度型检测器,它具有选择性,只对具有电负性的组分有响应,其灵敏度随电负性的增加而增加。电子捕获检测器灵敏度最高,最小检测量可达 $10^{-13} \sim 10^{-14}g/s$,线性范围较窄,常用于痕量分析。

4. 脉冲放电检测器 脉冲放电检测器(pulsed discharge detector,PDD)是一种氦光离子化检测器,当用纯氦作载气和放电气体时,它具有通用型检测器的功能,既能灵敏地检测无机气体(如 H_2、O_2、CO、CO_2、H_2O 等),又能灵敏地检测有机化合物(如烃,含氧、硫、卤素等杂原子化合物,农药,金属配合物等)。

此外,常用检测器还有氮磷检测器(nitrogen and phosphorus detector,NPD),是专门测定有机氮和有机磷的选择性检测器,又称热离子检测器;火焰光度检测器(flame photometric detector,FPD)对含硫含磷化合物的检测灵敏度很高,目前主要用于环境污染和生物化学等领域中。

六、气相色谱仪的工作原理

气相色谱仪的工作流程一般是:气源提供的载气减压后,经净化干燥器净化,再通过稳压和稳流环节,以保证得到流动平稳、洁净的流动相,进入色谱柱。当气化室、分离柱、检测器达到操作所需的温度且载气流量平衡时,将样品由进样器注入,则气态样品或经气化室气化了的液态样品被流动相带入色谱柱,开始分离过程。由于样品中各组分对两相的分配系数等方面的差异,在色谱柱中经过多次反复吸附—脱附或溶解—析出的分配过程后,依次流出色谱柱,进入检测器。检测器把流入的组分定量地转换成电信号,经放大处理后,送往显示与记录系统,就可得到被测样品各个组分的色谱图。

在使用气相色谱仪时要特别注意柱参数的合理选择。它对色谱的分离效果会产生很大的影响,可以认为柱参数就是有关色谱操作的所有参数的统称。

1. 色谱柱和填料 所有新色谱柱,使用前必须经老化处理。老化处理是指在比操作温度高20℃的情况下,将色谱柱"烘烤"12小时以上,有助于除去填料中的污染物和减轻对检测器的污染。

2. 色谱柱长 选择柱长的依据是分离度和分离速度。增加柱长可提高分离度,但分析时间也会加长。基本要求是在保证样品各个组分完善分离的条件下,尽量缩短柱长,以提高分析速度。填充柱则以 $1 \sim 3m$ 为宜。

3. 载气流速 以兼顾灵敏度和分辨率为出发点。外径为 3.175mm 的柱子,载气流速可在 $15 \sim 30ml/min$ 的范围内选择;外径为 6.35mm 的柱子,可在 $40 \sim 100ml/min$ 范围内选择流速。载气流速主要会影响样品的保留时间和峰高,应保持恒定。

4. 进样器和检测器的温度 进样器和检测器的温度比恒温箱最高温度高出 $25 \sim 50℃$,主要是为了防止样品组分冷凝。

5. 恒温操作 恒温操作的温度一般要求比样品最高沸点低40℃左右,也可以取样品组分的平均沸点或稍低一点的温度,还可视样品不同而上下调节。一般的原则是温度每上升1℃,保留时间缩短5%。温度每上升30℃,分配系数下降一半,分析速度加快一倍。

6. 程序操作 在样品沸点分布范围较宽、用恒温操作的方法很难完善地分离样品时,可用程序升温技术,保证在适当的范围内分离出低沸点和高沸点相差甚远的样品组分。具体操作中可根据组分沸点分布情况选择适当的升温方式,常用线性升温。

第三节 高效液相色谱仪

高效液相色谱仪依据分离的原理不同,有吸附、分配、离子交换、凝胶色谱等类型。仪器主要由溶剂输送系统、进样系统、分离系统(色谱柱)、温度控制系统、检测系统和数据处理与显示系统等构成。此外还有其他装置,其结构框图见图4-4。

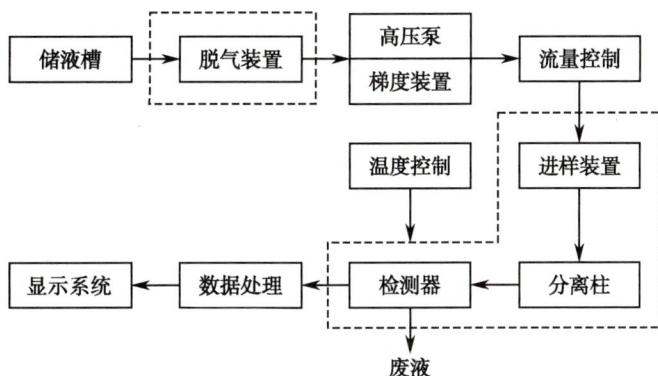

图 4-4 高效液相色谱仪结构框图

一、溶剂输送系统

溶剂输送系统应具备宽的流速范围和入口压力范围,并能适用于所有的溶剂。这里的溶剂就是高效液相色谱仪的流动相。

该系统主要由液源(储液槽)、脱气装置、高压输液泵、流量控制器和梯度洗脱装置等构成。储液槽是装溶剂的容器,必须能够容纳色谱连续工作所需要的较大量的溶剂。脱气装置主要用于除去溶解在溶剂中的空气和其他气体。对溶剂的预处理还应包括去杂质,一般是通过蒸馏和真空抽滤的方法进行。

（一）高压输液泵

高压输液泵将洗脱液连续不断地送入分离柱以完成色谱分离过程,其性能对分离和检测均有很明显的影响。

高效液相色谱仪中常用的高压泵大致分为两类,一类是恒压泵,常用的有直接气动泵和气动放大泵等;另一类是恒流泵,如机械注射泵、机械往复式柱塞泵等都属于恒流泵。目前常用的高压泵是机械往复式柱塞泵,过程是抽液和排液交替进行。

机械往复式柱塞泵通过调整凸轮的驱动电压来自动控制流量。在工作过程中,如果有管道堵塞或流量过大等原因造成压力过高而不能监测出来,就可能造成仪器有关部件的损坏,所以应该配有压力监测保护装置保证仪器的正常工作。

（二）梯度洗脱及洗脱方式

对高效液相色谱仪流动相的控制有等度洗脱和梯度洗脱两种方式。梯度洗脱与气相色谱仪中的程序升温具有相似的作用。

等度洗脱(isocratic elution)是在样品的分离过程中从始至终采用相同的流动相和相同的流量来完成样品分离。在样品各组分分配比的分布范围不是很宽时,可得到较好的分离效果。这种方法对色谱输出曲线的影响相对固定,得到的结果也最准确,一般情况下都采用这种操作方法。

对于一些复杂样品,各组分的分配比值对任意一种流动相都分布很宽时,分配比小的先出色谱柱,但往往分离不好,甚至不能完全分离。而最后出来的若干组分因时间太长,峰形扩散,致使检测器的灵敏度显著降低,甚至无法检出。此时可采用梯度洗脱、程序变流速、组合柱等方法,其中最常用的是梯度洗脱的方法。

梯度洗脱(gradient elution)是在色谱的分离过程中,把两种或更多的不同极性互溶的洗脱液随时间按某种变化的比例混合,使流入色谱柱的洗脱液组成作连续的改变,目的是让样品的每一个组分都在最佳分配系数的条件下分离出来,以获得较好的峰形。梯度洗脱对于复杂的、K值分布很宽的样品是一种有效的分离技术,缺点是设备较复杂。

梯度洗脱可分为内梯度洗脱(高压)和外梯度洗脱(低压)两类。外梯度洗脱是将洗脱液在常压下通过比例阀调整好所需比例,经混合器混合,送入高压泵加压后输送到色谱柱。内梯度洗脱则是通过两台或两台以上的高压泵的流量控制来调整所需各种洗脱液的比例,加压后经混合器混合,然后输往色谱柱。内梯度洗脱使用方便,并且可以很容易地实现程序控制,在高效液相色谱仪中常被采用。

（三）流量控制器

高压的流动相流经色谱柱时,与固定相产生相互作用,形成与流动相流动方向相反的作用力,即构成一个与流向相反的压力,称为柱反压,它阻碍流动相的正常流动。流量控制器是为消除色谱柱反压过高对分离造成的不良影响而设计的,主要是一个弹性开口,当色谱柱柱头流动相压力低于最高工作压力时,此弹性开口闭合,流动相全部在色谱系统内部流动。而当柱反压过高,色谱柱柱头流动相压力高于最高工作压力时,弹性开口打开,排出一部分流动相以降低柱压,保证流动相的正常流动。

二、进样系统

对高效液相色谱仪进样系统的要求是能将样品有效地注入到系统里去,且不破坏在色谱柱和检测器里所建立的流量平衡。理想的进样系统应能给系统带来最低限度的死体积,否则柱效率将受到损失。由于高效液相色谱仪是在高压的条件下进样,所以进样装置要求较为苛刻。

进样装置有多种,包括注射器、多通进样阀和自动进样器。当在高压条件下进样时,又有停流动相和不停流动相进样两种方式。

（一）注射器

高效液相色谱仪的进样量一般都比较少,因而注射器进样常采用微量注射器。可分为直接注射器与隔断式注射器两种。

进样时注射器直接插入色谱柱上端的进样器隔膜,将样品注入到色谱柱中固定相的顶端,可在不停流情况下进样。针头可顶到色谱柱口,因而死体积小,峰扩展小,有利于分离,但进样量重复性差。

隔断式进样器是在不进样时用隔断器将进样系统与流动相隔断开,进样时将隔断器提起,让进样系统与流动相连通,将注射器针头插到色谱柱顶端进样。流动相带着样品进入色谱柱,进样完毕马上关闭隔断器。隔断式的注射器进样既保留了直接注射器进样的优点,又能适应更高的工作压力,是目前高效液相色谱仪最常用的一种进样方法。

（二）高压进样阀

高压进样阀(多通进样阀)的原理与气相色谱仪所用进样阀完全一样,有四通、六通阀等,常用的也是旋转式六通阀。由于高效液相色谱仪是在高压的条件下进样,其工作压力可达到 19.61MPa,因而对其承受高压的能力和密封性要求更严格。进样量准确、重复性好是旋转式六通阀的最大优点,其缺点是死体积较大,峰的扩展也较注射器严重。一般适于在高压条件下且样品量较大时的自动进样。

如果是在流动相保持流动的情况下进样,称为不停流进样。为适应更高的工作高压,在进样瞬间停止流动相流动,称为停流进样。进样完毕后立即恢复流动相的流动。要求进样器尽量保持原压力,以利于进样后压力的迅速恢复。

三、分离系统和温度控制系统

分离系统包括色谱柱、填料。为达到好的分离效果,色谱柱的选择尤为重要。

（一）柱管材料、几何形状和尺寸

1. 材料　色谱柱管的材料有不锈钢、厚壁玻璃和石英。工作压力超过 3.92MPa 时,必须用不锈钢管柱。

2. 形状　柱管的形状有直管柱和螺旋柱。现在基本上都采用直管柱。

3. 尺寸　柱长和内径是由实际需要的分离度、压力降、分析时间以及样品量的大小综合决定的。要求柱管内壁经抛光处理,内径上下一致,以免引起流量变化。装柱时将柱内固定相上、下面与密封过滤片接触面顶紧,以免出现柱头下陷,影响柱效。

（二）固定相和流动相

在色谱分离中,起分离作用的主要是流动相和固定相,通过对其调整可改变样品各组分在两相间分配的差异,进而改善分离效果。固定相种类较少,性质的差异也不大,通过调整固定相来改善分离的效果往往不明显。可用作流动相的溶剂很多,不同溶剂的性质(包括极性、浓度、pH、黏度等)有较大的差异。选择适当的流动相,可使样品各组分在两相间分配的差异有较大的变化,而使分离效果得到更大改善。

流动相的选择:稳定性好,柱效率长期不变;适应所采用的检测器,溶剂不要在检测器中产生干扰信号;能溶解待分离样品;清洗方便;黏度小,太大会降低理论塔板数,即增加分离时间。

1. 液固吸附色谱法的固定相　其固定相是一些吸附活性强弱不等的吸附剂,大部分以硅胶为基体,此外,也有用氧化铝、分子筛等。从结构上看,吸附剂可以分为全多孔型及表面多孔型两类,实际都是一些颗粒。管柱的填充主要根据固定相的粒度大小分别采用干装法和湿装法。装填时要注意让固定相颗粒保持适当的松紧程度。重复性差是液固色谱吸附法的重大缺陷。任何类型的吸附剂,由于其表面积、多孔结构或吸附剂本质的微小变动,都会引起柱性能的很大差异。控制柱子适当的含水量对此缺陷的改善可取得一定效果。

干装法适用于粒度 $>20\mu m$ 的固定相颗粒的填充,颗粒 $<20\mu m$ 的用湿装法。湿装法有等比重、非等比重两种。常用等比重匀浆法。

2. 液液分配色谱法的固定相 是在载体上涂敷一层固定液作为固定相。载体的种类有可控表面多孔载体、全多孔型载体等,如用硅藻土、表面蚀刻微球等。分离形式有正向分离和反向分离两种。正向分离是用极性固定液和非极性流动相来分析极性化合物的色谱系统。反向分离是指用非极性固定液和极性流动相来分析非极性化合物的色谱系统,非极性的样品与固定液有很好的相互作用,它的保留就比极性强,可以用于分析长键化合物、稠环芳香化合物、脂溶性维生素和多氯联苯等。

在液液分配色谱中,系统的分配比(K 值)既可通过流动相又可通过固定相来调整,这也是它比气液分配色谱法灵活之处。由于固定液只有少数几种极性不同的物质,如 $\beta,\beta'-$ 一氧二丙晴(ODPN)、聚二乙醇(PEG)、三甲撑乙丙醇(TMG)、角鲨烷等。所以主要还是通过改变流动相来调整 K 值。

正确选择流动相主要凭经验。一般极性化合物用极性固定液和非极性流动相,非极性化合物用非极性固定液和极性流动相来分离,可得到较好的 K 值。一旦固定液确定,可通过改变流动相来改变 K 值,实现对样品各组分的完善分离。

(三)温度控制系统

高效液相色谱仪的操作约有 70% 以上可以在室温的条件下完成。控温装置是通过对恒温箱的温度控制来实现对色谱柱的温度控制,一般都采用闭环负反馈的温度控制方式。将色谱柱连同整个检测系统均放在恒温箱内,使之保持大致相同的温度,可得到较好效果。

四、检测器

(一)高效液相色谱检测器的基本要求和分类

对高效液相色谱仪检测器的特性要求与气相色谱基本是一致的,除了灵敏度、线性范围、响应时间等参数的要求外,以下两点也比较重要。

1. 对流动相的适应 在高效液相色谱仪中,从有机化合物到水及其他电解质溶液都可以充当流动相,再加上梯度洗脱就成为了多元物质,在设计及选用检测器时需注意。例如采用某种原理的检测器,如果流动相的特性参数与待分离物中某一组分相同,或者多元流动相对同一原理的检测器具有不同的参数值,都会使检测器无法正常工作。

2. 峰扩展问题 由于流动相的流速相对较慢,峰扩展的问题更为突出。对于死体积及测量系统时间常数的要求就更为严格,要求检测器的空间及测量系统的时间常数尽可能小。现在样品池体积一般都在 $10\mu l$ 以下。

(二)常用检测器

目前常用的检测器有两大类,一类是保持溶质在溶剂中,即流动相加已分离组分直接进入检测器检测,即对洗脱液和组分总体的物理性质(如折光率、电导率等)进行检测,称为总体型检测器,如示差折光检测器、紫外-可见光检测器、微量吸附热检测器等。另一类是把从色谱柱流出物的溶质和溶剂分开,让溶质单独进入检测器,称为溶质型检测器,如热导检测器、氢火焰离子化检测器、电子捕获检测器等。

1. 紫外-可见光检测器 紫外-可见光检测器(ultraviolet-visible detector,UVD)的具体结构与紫外-可见分光光度计基本相同。

紫外-可见光检测器是目前高效液相色谱仪中最常用的检测器。它具有灵敏度和检测精度高、线性范围宽、受流量和温度波动的影响小、适用于梯度洗脱及不破坏样品等特点,是一种选择性检测器,但是只能用于在工作波长范围内有吸收的样品。

2. 二极管阵列检测器 二极管阵列检测器(diode-array detector, DAD)是先让所有波长的光都通过流动池,然后通过后分光技术,使所有波长的光在接受器上被检出。它具有以下优点:可得任意波长的色谱图,极为方便;可得任意时间的光谱图,相当于与紫外联用;色谱峰纯度鉴定、光谱图检索等功能,可提供组分的定性信息。

3. 示差折光检测器 示差折光检测器(differential refractive index detector, RID)主要由光源系统、光路系统和接收、放大、记录系统构成。由于各种物质具有不同的折射率,一种混合物的折射率又是各组分折射率的平均值,而溶剂和样品各组分折射率存在一定差异,所以通过检测折射率的变化,就可以达到分析样品各组分的目的。

RID 是一种非选择性检测器。基本上对所有检测对象都有响应,且不破坏被测物质的性质。但 RID 灵敏度较低,不适于做痕量分析和梯度洗脱,并且因样品-洗脱液的折射率随洗脱液组成变化而变化,会产生干扰信号,对分析结果造成影响。按其作用原理不同,示差折光检测器还可分为反射式和偏转式两种。

4. 荧光检测器 某些物质在吸收了一定的光能后,会发射出频率较低、波长较长的荧光。荧光检测器(fluorescence detector, FD)就是用紫外光照射样品,通过光电倍增管检测样品所发出的荧光,记录色谱图。

根据单色器的不同,荧光检测器又分为多波长荧光检测器和荧光分光检测器。荧光检测器在选择性和灵敏度方面优于紫外检测器,但它检测的样品必须能够被激发出荧光,所以也是一种选择性检测器。

五、操作条件的选择

高效液相色谱仪操作条件的选择除前面介绍的色谱柱参数、流动相及固定相的选择外,以下参数也十分重要。

1. 流动相的流量 提高流量可缩短分析时间,但会降低分离度,增加柱压。应根据样品的性质、样品量大小、分离目的、选择的固定相和流动相以及色谱柱的尺寸等因素综合考虑流量。分析时一般选 10ml/min 以下流量,制备时流量可选大一些。

2. 柱温 70% 的高效液相色谱仪的工作是在室温下进行。提高温度可以提高分析速度,但会降低分离度,对固定相产生不利影响。因此在高效液相色谱仪中,一般通过流动相的选择而不是柱温的调整来提高分离能力。高温对固定相的影响也应充分考虑。

3. 压力 高效液相色谱仪分析速度提高的原因之一是采用了高压。一般可在 3.43 ~ 34.32MPa 之间选取,最高不能超过 49.03MPa。高压虽可增加分离速度,但会带来密封、固定相的强度等问题。除高压技术外,还可以通过采用高效固定相、缩短柱长的努力来提高分析速度。

4. 进样量 高效液相色谱仪主要追求的是分析速度及分离能力,常只允许极小的进样量,这将有利于这两项指标。进样量常用 1 ~ 25μg。一般随着样品体积的增加,柱效率会降低。

第四节 色谱仪的数据处理系统

色谱仪的数据处理主要包括色谱数据的处理、各种信息的处理、数据演算、程序控制等。色谱数据的处理由积分仪或色谱数据工作站完成,而色谱分析过程中产生的其他各种信息的处理、数据演算、程序控制、设备的监控等,则由计算机系统完成。

一、数据处理系统

得到混合物中各组分的定性与定量结果是色谱数据处理的最终目的,其最基本的方式是绘出色谱图。在计算机介入后,还可提供一些如输出保留时间、峰高、峰面积、成分比率等文字信息。传统的色谱数据后处理是用积分仪来完成的,现在普遍采用色谱数据工作站。

1. 积分仪　积分仪主要有两种:模拟积分仪和数字积分仪。其主要功能是自动计算色谱图上各峰的峰面积。在色谱分析时,被分析物的浓度和含量通常与峰面积存在线性关系。积分仪可以更准确地计算出色谱峰面积,为定量分析打下良好的基础。

2. 色谱工作站　积分仪已经逐渐被色谱工作站取代。色谱工作站包括硬件和软件两个部分,硬件是指信号采集单元,将色谱仪输出的电压信号转变为电脑能够接受的离散数字信号,起着电脑与色谱仪之间的接口转换作用。硬件部分除普通或专用的微型计算机外,还通过接口电路将色谱仪与微机联为一体。软件部分主要有系统软件、控制软件、采样软件和各种数据处理软件包,是接受色谱信号数据,并提供人机窗口界面,对色谱图进行各种处理的电脑程序集。软件除了进行色谱数据处理外,还参与仪器的自动控制。

二、计算机在色谱仪中的功能

色谱仪中计算机系统的功能主要体现在分析信息的处理、数据演算、程序控制等方面。

1. 分析信息处理　分析信息的处理主要包括:①峰的处理,包括波形处理、基线校正、不完全分离成分的分离、拖尾峰上峰的分析和线性化处理等;②计算峰高;③峰面积积分。此外还有斜率检测、电平检测、保留时间测定等。

2. 数据演算功能　可以进行总和校正、成分比率、移动平均、线性多项式演算等数据计算,采用的定量计算方法有归一化法、校正归一化法、内标法、外标法等。

3. 程序控制功能　可以实现程序升温、程序变流速、梯度洗脱、程序变压、阀门切换、流路切换、衰减程序、大气压平衡等一系列程序操作。还可以按照预先的设定,自动控制色谱工作过程中的操作条件。

4. 存储器的保存功能　内部电池支撑内存保存、磁盘内数据的输入和输出。

5. 自动标定功能　自动标定保留时间、死时间、峰高等基本参数。

6. 异常检出和显示功能　异常检出功能对信息处理器进行自检,包括分析器是否异常、信息处理器的自检、浓度上限监视等,以保证数据处理的准确性。一旦检测出各种异常工作情况,微机即给出提示信息,报警并自动关闭仪器。

7. 外部输出功能　①记录器输出各种图;②数据计算机输出并打印记录;③报警输出并自动停机。

第五节　色谱仪在临床实验室的应用

一、气相色谱仪在临床实验室的应用

气相色谱仪常用于人体微量元素的测定、血与尿等体液中各种化合物的测定、人体代谢产物的分析、药物的组成和含量分析与鉴定等。气相色谱仪和质谱仪的联用技术可以分析百余种违禁药品。

二、高效液相色谱仪在临床实验室的应用

1. 激素水平测定　高效液相色谱紫外检测法可以区分内源性胰岛素和外源性胰岛素,

研究各种来源胰岛素的构型变化。

2. 治疗药物监测　体内治疗药物疗效的高低主要取决于血液中药物的浓度,而非单纯地取决于给药剂量。因此通过测定血液中相应药物的浓度更能客观评价药物的治疗效果,并避免或减少因药物剂量过大而带来的毒性作用或副作用,这对治疗浓度范围较窄的药物尤为重要。需要进行浓度监测的药物主要是抗癫痫类药物、抗忧郁类药物、治疗心血管病的某些药物、巴比妥类药物、免疫抑制剂、抗肿瘤药物等。

色谱分析法如高效液相色谱法、气相色谱法、气相色谱-质谱联用技术等都已经成为常用的治疗药物浓度分析方法。

3. 生物胺的检测　生物胺是一类有生物活性的含氮有机物的总称,根据其组成分为两类:单胺和多胺。单胺中的儿茶酚胺、5-羟色胺(5-HT)在神经系统信号传导中起着重要的作用。采用高效液相色谱-质谱联用技术检测血浆、尿液或组织中儿茶酚胺类物质代谢浓度的变化,由于其高灵敏度、高特异性、样品用量小、干扰因素少、可同时测定5-HT及其分解代谢物等特点,成为多胺类物质分析的最常用的方法,临床上可用于协助诊断高血压、嗜铬细胞瘤等疾病。

组胺是组氨酸脱羧基后产生的胺类物质,当血液中的组胺浓度达到一定水平时将产生过敏性休克甚至死亡。因此,高效液相色谱法分析组胺可作为过敏性疾病诊断的一项辅助性指标。

4. 其他生化指标的测定

(1)高效液相色谱法分析红细胞膜磷脂成分的变化,为预防糖尿病血管并发症、糖尿病的治疗监测提供必要的辅助诊断参考。

(2)糖化血红蛋白的浓度与红细胞寿命(约120天)和该时期内血糖的平均浓度有关,而不受短期血糖浓度波动的影响,因此糖化血红蛋白测定可为过去较长时间段的血糖浓度提供回顾性评估。临床上常以HbA1c代表总的糖化血红蛋白水平。2010年美国糖尿病协会在新修订的《糖尿病治疗指南》中将HbA1c作为糖尿病的诊断指标。HbA1c的测定方法有多种,离子交换高效液相色谱法是测定HbA1c的标准方法。

(3)用高效液相色谱法测定血浆总胆固醇、脂蛋白能有效避免其他甾醇对测定结果的干扰。

(4)用反相高效液相色谱法可分离白血病细胞和慢性粒细胞性白血病细胞中的差异蛋白,对白血病的诊断有一定的帮助;高效液相色谱法还可测定恶性血液病患者血液中的假尿嘧啶核苷,对恶性血液病的诊断有一定价值。

(谢国明)

本章小结

样品被送入色谱仪后,经过流动相的冲洗到达色谱柱,根据样品各组分在固定相和流动相之间分配系数的差异,实现对样品的分离。分离出的组分经检测器检测,输出对应的色谱图,完成对样品的色谱分离分析过程。色谱仪工作的显著特点是必须根据样品的性质选择适当的两相和相关操作参数。

气相色谱仪和高效液相色谱仪是两种常用的色谱仪器。气相色谱仪的流动相为气体,要求其流速必须稳定,样品为气态或是液态。气化过程中容易分解的样品不适宜用气相色谱仪进行分离分析。气相色谱仪温度的操作以恒温为主,当样品各组分沸点分布范围较宽时,可采用程序升温来分离样品。常用的检测器有热导检测器、氢火焰离子化检测器和电子捕获检测器。

　　高效液相色谱仪的流动相为液体,它检测的样品是液态的,溶剂的选择范围远远超过了载气,其分离分析过程可以在室温下完成,适合自然状态下大多数样品的分析。高效液相色谱仪一般采用等度洗脱的方法来分离分析样品,但当样品分配系数分布范围比较宽的时候,可以用梯度洗脱或组合柱等特殊操作方法来改善分离效果。高效液相色谱仪常用的检测器有紫外-可见光检测器、二极管阵列检测器、荧光检测器和示差折光检测器。

　　色谱仪的数据处理主要包括色谱数据的处理、各种信息的处理、数据演算、程序控制等。色谱数据的处理由积分仪或色谱数据工作站完成,而色谱分析过程中产生的其他各种信息的处理、数据演算、程序控制、设备的监控等,则由计算机系统完成。

　　色谱仪在临床实验室有广泛的应用。气相色谱仪常用于人体微量元素和各种化合物和代谢产物的分析、药物的组成和含量分析与鉴定等。气相色谱仪和质谱仪的联用技术可以分析百余种违禁药品。

　　高效液相色谱仪可用于测定某些激素、治疗药物浓度、糖化血红蛋白等具有重要临床意义的项目。高效液相色谱法、气相色谱法、气相色谱-质谱联用技术等都已经成为常用的治疗药物浓度分析方法。

第五章

生物质谱仪器与技术

通过本章学习,你将能够回答下列问题:

1. 质谱仪的工作原理是什么?
2. 质谱仪有哪些主要部分? 其主要作用是什么? 对质谱仪的性能有何影响?
3. 质谱仪中的质量分析器主要有几种? 各自有什么特点?
4. 质谱仪中常见的离子源有哪些? 它们的主要特点是什么?
5. 质谱联用技术有哪些? 各有什么主要特点?
6. 质谱仪在生物医学领域中有哪些主要应用?
7. 同位素稀释-质谱法(ID-MS)的原理和主要特点是什么?
8. 什么叫 MALDI-TOF-MS? 它有什么主要应用?

以离子的质荷比(m/z)为序排列的图谱称为质谱(mass spectrum),或称质谱图。将分析物形成离子后按质荷比分开进行成分和结构分析的方法称为质谱法(mass spectrometry,MS),或称质谱技术,通常也简称为质谱。实现质谱技术的仪器即为质谱仪(mass spectrometer),又称质谱计。

从 1886 年戈德施坦(Goldstein)发明早期质谱仪器常用的离子源、1919 年阿斯顿(Aston)成功研制出第一台聚焦性能较高的质谱仪证实了放射性核素的存在,至 1988 年田中(Tanaka)发明改进的飞行质谱法对生物大分子进行确认和结构分析,质谱法现已成为具有里程碑意义的后基因组学研究技术。目前,质谱仪已广泛应用于化学、化工、环保、地质学、原子能、医药、食品、刑侦科学、材料科学和生命科学等各个领域。

第一节　质　谱　仪

本节主要介绍质谱仪的工作原理、基本结构,质谱仪的分类及性能指标。

一、质谱仪的工作原理

质谱仪离子源中的样品,在极高的真空状态下,在电子、电场、光、热和激发态原子等能量源作用下,将物质气化并电离成正离子束,经电压加速和聚焦导入质量分析器中,利用离子在电场、磁场中运动的性质,由质量分析器分离后按离子质荷比的大小顺序进行收集和记录,得到质谱图(图5-1)。

质谱图纵坐标一般为离子相对强度,即以离子强度最强峰为100,其他的峰则以此为标准,确定其相对强度,又称相对丰度、丰度,或为离子强度(离子流强度);横坐标为质荷比(m/z),也可以按质荷比(m/z)-相对强度或离子强度列表,得到质谱表。

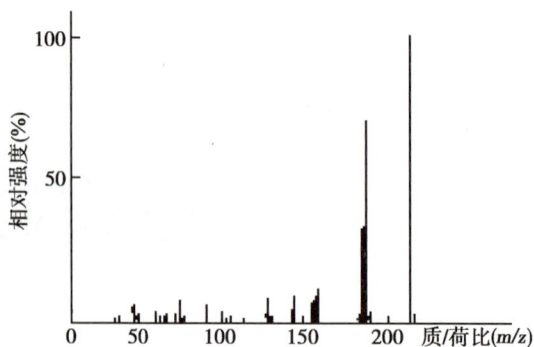

图 5-1 质谱图

从本质上说,质谱是物质带电粒子的质量谱,而不是波谱,与电磁波的波长无关,更不是光谱。质谱仪不属于波谱仪器。

二、质谱仪的组成

质谱仪主要由真空系统、进样系统、离子源、加速器、质量分析器、检测器及计算机系统等组成(图5-2),以离子源和质量分析器为核心。

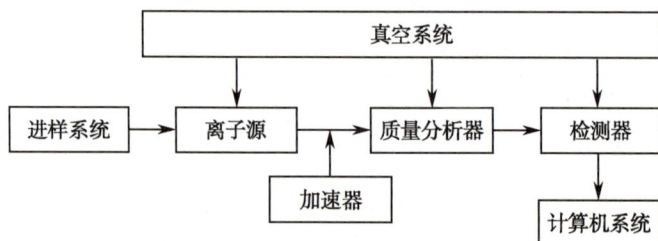

图 5-2 质谱仪的基本结构示意图

(一)真空系统

为了降低背景和减少离子间或离子与分子间碰撞所产生的干扰(如散射、离子飞行偏离、质谱图变宽等)及延长灯丝寿命(残余空气中的氧会烧坏离子源的灯丝),在质谱仪中凡是有样品分子和离子存在的区域都必须处于真空状态。质谱仪的真空度一般保持在 $1.0 \times 10^{-4} \sim 1.0 \times 10^{-7}Pa$,特别是质量分析器要求高真空度。

(二)进样系统

进样系统将样品(一般为处理后的样品)引入到离子源中并且不可造成真空度的降低。根据是否需要接口装置,进样系统一般分为直接进样和通过接口进样两种方式。

1. 直接进样 直接进样有三种类型:①气态、高沸点液态样品:通过可调喷口装置导入离子源;②吸附在固体上或溶解在液体中的挥发性样品:通过顶空分析器富集样品上方的气体,利用吸附柱捕集,再采用程序升温的方式使之解吸附,经毛细管导入质谱仪;③固体样品:常用固体直接进样杆(盘)导入。

2. 通过接口进样 将气相色谱(GC)的载气或液相色谱(LC)的溶剂去除使分析物导入质谱。主要包括各种喷雾接口(电喷雾、离子喷雾和热喷雾等)、粒子束接口和粒子诱导解吸附接口等。

(三)离子源

使气化样品中的原子、分子或分子碎片电离成离子的装置称为离子源(ion source),也称为电离源。离子源是质谱仪中最重要的组成部件之一,它的性能直接反映质谱仪的性能。

样品分子失去一个电子而电离所产生的自由基阳离子,称为分子离子($M^{+}_{\cdot}$)。分子离子进一步发生键的简单断裂而产生质量数较低的碎片,即失去游离基(自由基)后的正离子A^{+},称为碎片离子。碎片离子峰A^{+}在质谱图上位于分子离子峰$M^{+}_{\cdot}$的左侧。样品分子 M 常见的破碎过程为:

$$M \rightarrow M^{+}_{\cdot} \rightarrow A^{+} + B.$$

除了分子离子、碎片离子以外,还有准分子离子、同位素离子和重排离子等。

准分子离子常由软电离产生,如$(M + H)^{+}$、$(M - H)^{+}$、$(M + Na)^{+}$等。当元素具有非单一的同位素组成时,产生同位素离子,包括稳定同位素离子和放射性同位素离子。在质谱图中除了最轻同位素组成的分子离子峰$M^{+}_{\cdot}$外,还会出现一个或多个重同位素组成的分子离子峰,如$(M + 1)^{+}_{\cdot}$、$(M + 2)^{+}_{\cdot}$和$(M + 3)^{+}_{\cdot}$等,其对应的m/z为 $M + 1$、$M + 2$ 和 $M + 3$。通常把某元素的同位素占该元素原子质量分数称为同位素丰度。

任何一离子如果经过进一步电离产生某离子,那么前者称为母离子,后者称为子离子。一般也将除分子离子以外的所有离子泛称为碎片离子。

几种常见离子源电离方式的基本原理和主要特点如下:

1. 电子电离(electronic ionizaton,EI)　能量一般为 70eV(电子伏特,$1eV = 96.48kJ/mol$)的电子束,远大于大多数有机化合物的电离能($7 \sim 15eV$),可以使样品充分离子化,产生广义上的各种碎片离子。电子电离的优点是结构简单、稳定,电离效率高,最常用于挥发性样品小分子;质谱图再现性好,便于与计算机数据库中标准质谱图比较;碎片离子种类多,可提供较多的分子结构信息。缺点是只适用于易气化的有机物样品分析;当样品分子稳定性不高时,分子离子峰的强度低,甚至不存在。

2. 化学电离(chemical ionization,CI)　在 EI 基础上加入一种反应气体,通过气体离子-样品分子反应使样品离子化。反应气体有甲烷、异丁烷、氨等。优点是准分子离子峰强度高,便于推算相对分子质量;色谱-质谱联用时,载气不必除去,可作为反应气体;反映异构体的差别较 EI 谱好。缺点是碎片离子峰少、强度低,结构信息就少;质谱图不标准,不能进行库检索。

3. 场电离(field ionization,FI)　样品蒸气邻近或接触带高正电位的金属针时,在很强的电位梯度下被电离。场电离的优点是电离快速,适合于气质联用(GC-MS)。缺点是灵敏度低,因而应用逐渐减少。

4. 场解吸(field desorption ionization,FD)　样品被沉积在电极上,在电场作用下(或再辅以温和加热),样品不经气化而直接电离得到准分子离子。适用于难气化的、热不稳定样品,如肽类、低聚糖、天然抗生素、有机金属络合物等。FD 的准分子离子峰比 FI 的强,碎片离子也很少。但是碎片少,结构信息就少。

5. 快原子轰击(fast atomic bombardment,FAB)　样品多调匀于含基质(如甘油、硫代甘油、3-硝基苄醇和三乙醇胺等)的靶(载体)上,靶材为铜,被高能快原子流 Ar(或 Xe)轰击产生样品离子。快原子轰击的优点是适用于质量大(可达 7kDa)、难气化、热稳定性差的样品分析;有较强的准分子离子峰,碎片少;快速;分辨率高。其缺点是灵敏度较低,特别是质量数高时灵敏度下降严重;碎片少,结构信息就少;样品必须能溶于基质,但基质多峰,干扰结果分析;非极性物质难以离子化。

6. 电喷雾电离(electrospray ionization,ESI)　溶解在溶剂中的样品通过喷嘴喷出,在大气压下、在喷口高电压作用下被喷嘴外层大流量的喷射气体(如 N_2)分散形成带电荷的液滴,最后变成蒸汽,使样品离子化,致使分析物带单电荷或多电荷。电喷雾电离的优点:没有施加直接的外界能量,因此分子结构较完整,十分有利于分析生物大分子;小分子通常能得到带单电荷的准分子离子,而大分子则得到多种多电荷离子,通过计算平均值能得到更准确的质量数,达 70kDa;灵敏度高达飞摩尔(fmol,10^{-15})级。缺点:样品需先气化;不能分析混合物及未经纯化的样品,比如在含有缓冲液和盐时,能与待测物形成加合物,产生杂峰甚至无测定峰。

7. 大气压化学电离(atmospheric-pressure chemical ionization,APCI) 在 ESI 后增加一个放电电极,使溶剂分子也被电离,通过气体离子-样品分子反应使样品化学电离。APCI 是 ESI 的补充,主要产生单电荷离子,特别适合分析中等极性的小分子化合物。很少有碎片离子,主要是准分子离子。ESI 与 APCI 统称为大气压电离(API)。

8. 基质辅助激光解吸电离(matrix-assisted laser desorption ionization,MALDI) 将样品溶液和基质混匀,干燥成为晶体或半晶体,在激光(如 337nm 紫外氮激光)照射下,基质吸收能量后瞬间由固态转化为气态,将质子转移给样品分子使其离子化。常用的基质如 α-氰基-4-羟基肉桂酸(α-CHC)、3,5-二甲氧基-4-羟基肉桂酸(SA)、龙胆酸(2,5-二羟基苯甲酸,DHB),分别适用于多肽、蛋白质、聚合物的电离。优点:可使一些难电离的样品电离,特别是生物大分子,质量数可达 300kDa;准分子离子峰很强,碎片离子峰很少;MALDI 产生的离子特别适合用飞行时间质谱(time of flight mass spectrometry,TOF-MS)来检测,以准确高效地分析生物大分子。缺点:分辨率低;有 1kDa 以下的基质峰干扰;激光解吸离子化时有可能使样品光降解;如没有反射飞行装置,不能分析多肽修饰。

9. 电喷雾解吸电离(desorption electrospray ionization,DESI) 前期同 ESI,但不含样品。样品放置在聚四氟乙烯的固相表面上,ESI 生成的呈喷雾状的带电小液滴被喷射到样品表面,液滴中含有的溶剂(如甲醇、水等)立即对待测物进行萃取、溶解后,液滴从表面反弹形成更加细小的液滴,导致溶剂快速蒸发,而电荷残留在待测物分子中,使其气相离子化。电喷雾与以上各种方式有明显区别:无需进行样品预处理,在常压下在相对开放的空间内能对固体表面的痕量物质进行快速质谱分析,是原位、实时、在线、非破坏、高通量(大量样品的快速筛选)、低耗损、无污染的质谱学方法,开发潜力巨大。

综上所述,离子源命名方式为:电离方式 + "源"。能给样品较大能量的电离称为硬电离,而给样品较小能量的电离称为软电离。软电离适用于易破裂或易电离的样品,易得到准分子离子峰;硬电离一般只能得到碎片离子。在以上所介绍的电离方式中,EI 属于硬电离,其他都属于软电离。

需要指出的是,为得到较多的结构信息,需进行碰撞诱导断裂(collision induced dissociation,CID)或另进行源后衰变(post-source decay,PSD)。两者都是装在离子源后面的一种碰撞装置,前者含有碰撞气体如 N_2、He、Ar、Xe、甲烷等,后者含碰撞粒子。具有一定质量的母离子从离子源出来后进入到碰撞室,分别发生离子-分子碰撞、离子-粒子碰撞反应,从而产生子离子,得到子离子质谱。

(四)加速器

在离子源中产生的各种不同动能的正离子,在加速器的高频电场中加速,增加能量后,因其轨迹半径不同而初步分开。加速器包括回旋加速器、直线加速器等。

(五)质量分析器

一般在电磁场的作用下将离子源产生的离子按照质荷比的大小分离聚焦的装置称为质量分析器。很多时候是根据所使用的分析器类型来划分质谱仪,其种类很多,常见的质量分析器的基本原理和主要特点介绍如下。

1. 单聚焦分析器 离子进入分析器后,在一扇形磁场作用下沿着不同的曲率半径轨道运行而被分离,进行速度(或能量)聚焦。单聚焦分析器结构简单,操作方便,但由于其只作速度(或能量)聚焦,分辨能力很低。一般将单聚焦分析器称为磁分析器。单聚焦质谱仪结构示意图见图 5-3。

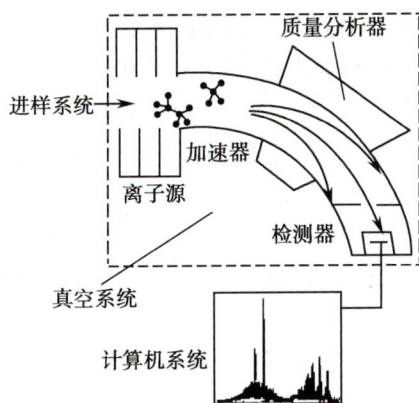

图 5-3　单聚焦质谱仪示意图

2. 双聚焦分析器　离子先后通过一个静电分析器和一个磁分析器,前者使质量相同而速度不同(即能量不同)的离子作分离聚焦,符合一定偏转大小即速度相同的离子才能通过狭缝进入后者,再按 m/z 大小作方向聚焦。双聚焦分析器的优点是同时作分离(速度或能量)聚焦和方向聚焦,分辨能力较高,能准确测定相对分子质量。缺点是扫描速度慢,操作、调整比较困难,灵敏度较低,造价昂贵。有时也将单、双聚焦分析器统称为磁分析器。

3. 四极杆分析器　由四根平行的棒状电极对角相连组成。当恒速的离子流通过电极时,在直流电压 U_1/射频电压 U_2 比值不变时改变 U_2 值,在某一特定的 U_2 时,只允许某一 m/z 的离子通过四极杆电场到检测器,其他离子不稳定而被吸收。将 U_2 由低到高扫描就可按 m/z 从小到大排列得到质谱图。四极杆分析器结构简单、体积小、重量轻、价格便宜,仅用电场而不用磁场,扫描速度快,操作时能容忍相对低的真空度,特别适合 LC-MS,也适合于跟踪快速化学反应等。但是,四极杆分析器的分辨率不够高,对较高质量离子有质量歧视效应(即对同样浓度的大质量样品比小质量样品的信号强度显得低)。

4. 离子阱分析器　一般由一个环形电极和上下两个呈双曲面形的端盖电极围成一个离子捕集室。某一质量的离子在一定电压下,可以处在稳定区而留在阱内。改变电压后,离子可能处于不稳定区,振幅很快增长,撞击到电极即消失。在直流电压和射频电压比值不变时用射频电压扫描,即可以将离子从阱内引出而获取质谱图。离子阱分析器的优点是结构简单、价格便宜,性价比(性能价格比)高;仅用电场而不用磁场;灵敏度高,较四极杆分析器高 10～10 000 倍;质量范围大,可达 6kDa,非常适合多级质谱(一般指几种质量分析器串联检测)定性鉴定物质的结构。但是对小质量离子有质量歧视效应(1/3 效应:1/3 的 m/z 丢失),而对大质量离子响应反而准确。

5. 飞行时间分析器　离子在加速电压 V 作用下获得电势能(zV)转化为动能:$\frac{1}{2}mv^2 = zV$,以速度 v 进入到长度为 L 的离子漂移管(drift tube)或称飞行管,飞行时间为 T,据 $T = L/v$,两式合并后有:$T = L(m/2zV)^{1/2}$。即 V、L 恒定时,离子飞行时间与其质荷比的平方根成正比。质荷比最小的离子最先到达检测器,最大的则最后到达,从而产生质谱图。适当增加漂移管的长度可以增加分辨率。飞行时间分析器可用质量范围宽,扫描速度快,既不需要电场也不需要磁场。但是由于进入漂移管之前离子产生的时间先后、空间前后和初始动能大小不同,即使质量相同,到达检测器的时间也不相同,因而分辨率较低。目前,通过采取 MALDI 方式、离子延迟引出技术和离子反射技术等与两次飞行时间分析器联用可以解决上述问题,使分析器的分辨率达到 20 000 以上,最高可检质量超过 300kDa,并且具有很高的灵敏度。

6. 傅里叶变换离子回旋共振分析器 用线性调频脉冲来激发离子,离子在磁场中三对相互垂直的平行板电极作用下做回旋运动、螺旋运动的频率与相应质量的离子数目成正比,得到质谱图。此分析器性能十分稳定可靠,可以和任何离子源相连,同时非常适合多级质谱。但是其碰撞能量低,产生的碎片不完全,需要超导磁场,因此价格昂贵。

(六)检测器

检测器用来接收和检测分离后的离子,常用的有以下几种:

1. 电子倍增器 电子倍增器(管)是最常用的检测器。由质量分析器出来的离子,具有一定的能量,打到电子倍增器的第一个阴极产生电子,电子再依次撞击电子倍增器的倍增极,电子数目呈几何倍数放大,最后在阳极上可以检测到放大后的电流。其特点是快速、灵敏、稳定。

2. 光电倍增管 离子发射撞击荧光屏,荧光屏发射光电子由电子放大器检测。电子放大器密封在容器中,光电子可穿透密封玻璃,能避免表面污染。

3. 电荷耦合器件(charge coupled device,CCD) 利用离子在感光板上的感光来观察质量谱线的位置和强度。在光谱学中广泛使用的半导体图像传感器在质谱仪器中的应用日益增多,能检测出用一般电检测法难以检测到的极小量的样品和寿命短的离子。

离子阱、傅里叶变换器本身也就是一个检测器,此外还有离子计数器、法拉第杯和低温检测器等其他检测器也有一定应用。

(七)计算机系统

质谱仪中计算机系统的功能是运用工作站软件控制样品测定程序,采集数据与计算结果、分析与判断结果、显示与输出质谱图(表)、数据储存与调用等。

三、质谱仪的分类

质谱仪种类非常多,分类方法也较多。最基础的是按所使用的质量分析器类型可分为磁质谱仪(单聚焦质谱仪、双聚焦质谱仪)、四极杆质谱仪(Q-MS)、离子阱质谱仪(IT-MS)、飞行时间质谱仪(TOF-MS)和傅里叶变换质谱仪(FT-MS)等。按其应用范围分为同位素质谱仪、无机质谱仪和有机质谱仪。其中,数量最多、用途最广的是有机质谱仪,这种质谱仪较多地与色谱联用,如GC-MS、LC-MS。另外,串联质谱仪是两个或以上的质量分析器与碰撞活化室联合在一起所组成的质谱仪。

此外,质谱仪还可以按性能指标如分辨率高低等进行分类。

四、质谱仪的性能指标

质谱仪的主要性能指标是分辨率、灵敏度、质量范围、质量稳定性和质量精度等。

(一)分辨率

质谱仪的分辨率是指把相邻两个质谱峰分开的能力。它是指当质量接近的 M_1 及 M_2 ($M_2 > M_1$)两个相邻离子峰之间的谷高 h 刚刚为两个峰平均峰高 H 的 10% 时,可认为两峰已经分开(图5-4),则该质谱仪的分辨率(resolution,R)为 $R = M/\Delta M$。其中,$M = \dfrac{M_1 + M_2}{2}$,$\Delta M = M_2 - M_1$。

还有一种定义分辨率的方式:质量为 M 的质谱峰其峰高 50% 处的峰宽即半峰宽为 ΔM,则分辨率为 $R = M/\Delta M$。

质谱仪的分辨率由离子源的性质、离子通道的半径、狭缝宽度与质量分析器的类型等因素决定。质谱仪的分辨本领几乎决定了仪器的性能和价格。分辨率在 500 左右的质谱仪可以满足一般有机分析的需要,仪器价格相对较低;若要进行同位素质量及有机分子质量的准

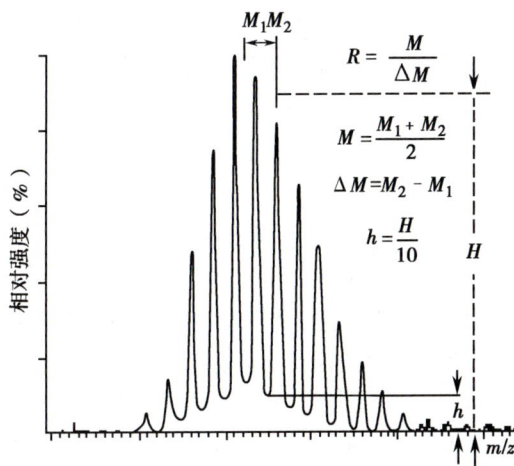

图 5-4 质谱图的分辨率示意图

确测定,则需要使用分辨率在 5000 ~ 10 000 以上的高分辨率质谱仪。

(二)灵敏度

质谱仪的灵敏度有绝对灵敏度、相对灵敏度和分析灵敏度等几种表示方法。绝对灵敏度是指产生具有一定信噪比(signal to noise ratio, SNR, S/N)的分子离子峰所需的样品量;相对灵敏度是指仪器可以同时检测的大组分与小组分含量之比;分析灵敏度则是指仪器在稳态下输出信号变化与样品输入量变化之比。

常用绝对灵敏度表示质谱仪的灵敏度。其中,信噪比 = 检测信号:背景噪声,一般要求信噪比大于 10:1。

GC-MS 的灵敏度举例:通过 GC 进样参考测试样品六氯苯 1pg,质谱全扫描完成后,测定其 m/z 283.8 信噪比,如果信噪比大于 10,则该仪器的灵敏度可表示为 1pg 六氯苯(信噪比大于 10:1),即 1pg 六氯苯(m/z 283.8),S/N > 10:1。如果仪器的信噪比达不到 10,即灵敏度达不到 1pg,则要加大进样量,直到有合适大小的信噪比为止,再用此时的进样量及信噪比表示灵敏度。

LC-MS 的灵敏度举例:配制一定浓度(如 10pg/μl)的利血平,通过 LC 进样,以水和甲醇各 50% 为流动相(加入 1% 乙酸),测定利血平质子化分子离子峰 m/z 609 的质谱图和信噪比。用进样量和信噪比规定灵敏度指标:如 1pg 利血平(m/z 609),S/N > 10:1(峰对峰)。

此外,灵敏度还可以同时对检测信号的绝对值作要求,如峰高或峰面积下限。

(三)质量范围

质谱仪的质量范围是指质谱仪所检测的离子质荷比(m/z)范围。如果是单电荷离子即表示质谱仪检测样品的相对原子质量(或相对分子质量)范围,采用以 ^{12}C 定义的原子质量单位(atomic mass unit, amu, 1amu = 1u = 1Da)来度量。

质量范围的大小取决于质量分析器的不同。使用时要根据分析对象来选择。对于 GC-MS 来说,分析的是挥发性有机物,其相对分子质量一般不超过 500,最常见的是 300 以下。因此,GC-MS 质谱仪质量范围达到 800 就足够了。有机质谱仪一般可达几千质量单位,而生物质谱仪可测量几万到几十万质量单位的生物大分子样品。

(四)质量稳定性和质量精度

质量稳定性主要是指仪器在工作时质量稳定的情况,通常用一定时间内质量漂移的幅度来表示。例如,某仪器的质量稳定性为 0.1amu/12h,意思是该仪器在 12 小时之内,质量漂移不超过 0.1amu。

质量精度是指质量测定的精确程度,常用相对百分比表示。例如,某化合物的质量为1 520 473amu,用某质谱仪多次测定该化合物,测得的质量与该化合物理论质量之差在0.003amu 之内,则该仪器的质量精度约为十亿分之二(2ppb)。质量精度只是高分辨质谱仪的一项重要指标,对低分辨质谱仪没有太大意义。

第二节　质谱联用技术

色谱技术、毛细管电泳技术等都是很好的分离手段,可以将复杂混合物中的各种组分分离开,但是这些技术的定性、鉴定结构的能力较差。质谱技术是一种很好的定性鉴定用仪器,但需要高纯度的单一样本组分(对混合物的不同离子化方式和质量分析技术有其局限性),否则杂质形成的本底对样品的质谱图产生干扰,不利于质谱图的解析。二者结合起来,兼容配置,则能发挥各自专长,使分离和鉴定同时进行。

为了增加未知物分析的结构信息,采用串联质谱技术(质谱-质谱联用),也是目前质谱技术发展的一个方向。

一、气相色谱-质谱联用技术

气相色谱-质谱联用技术(gas chromatography-mass spectrometry,GC-MS)的系统主要由三部分组成,包括气相色谱部分、质谱部分和计算机系统。在气相色谱部分,混合样品在合适的色谱条件下被分离成单个组分,然后逐一进入质谱仪进行鉴定。GC-MS 适宜分析小分子、易挥发、热稳定、能气化的化合物,通过 EI 得到的谱图,可与标准谱库比对。

气相色谱部分是利用一定温度下样品中不同化合物在流动相和固定相中分配系数的不同,先后在色谱柱中流出而分离。保留时间是气相色谱进行定性的依据,而色谱峰高或峰面积是定量的手段。

色谱仪是在常压下工作,而质谱仪需要高真空,因此,如果色谱仪使用填充柱,必须经过接口装置将色谱载气去除,使样品气化进入质谱仪。如果色谱仪使用毛细管柱,则不需要接口装置,可以将毛细管直接插入质谱仪离子源,因为毛细管载气流量比填充柱小得多,不会破坏质谱仪真空。

质谱部分作为下游检测器,将气化后的样品离子按质荷比测定各成分的相对分子质量、分子式、结构信息及定量分析。GC-MS 的离子源主要是 EI 源和 CI 源。质量分析器目前使用最多的是四极杆质谱仪。

计算机系统控制 GC-MS 的主要操作,包括利用标准样品校准质谱仪,设置色谱和质谱的工作条件,数据的收集和处理以及库检索等。所有信息都由计算机储存,根据需要,可以得到混合物的色谱图、单一组分的质谱图和质谱的检索结果等。同时根据色谱图还可以进行定量分析。因此,GC-MS 是有机物定性、定量分析的有力工具。

GC-MS 被广泛应用于有机物的分离与鉴定,已应用于遗传代谢性疾病的筛查和诊断,可同时筛查氨基酸、有机酸、糖代谢异常及脂肪代谢紊乱等共 100 余种疾病,样本可以是血液、尿液、脑脊液、唾液、汗液等,其中产前诊断的样本可来自羊水、母亲尿液等;GC-MS 还可用于尿液类固醇激素的谱分析等。

二、液相色谱-质谱联用技术

液相色谱-质谱联用技术(liquid chromatography-mass spectrometry,LC-MS)的系统主要由四部分组成,包括高效液相色谱部分、接口装置(同时也是离子源)、质谱部分和计算机系统。LC-MS 适宜分析不挥发性化合物、极性化合物、热不稳定化合物、大分子化合物(包括蛋白质、多肽、多聚物等),但是没有商品化的谱库可对比查询,只能自己建库或解析。

高效液相色谱部分,是在高压下利用样品中不同化合物在流动相和固定相中分配系数的不同,得以先后在色谱柱中流出而分离。色谱产物再导入质谱仪作进一步定性、定量分析。

由于液相洗脱剂的流量较气相色谱的载气要大得多,因而 LC-MS 联用必须通过接口(装置)。它的主要作用是去除溶剂并使样品离子化。因此,接口是液质联用的关键部分。目前,比较常用的 LC-MS 接口是电喷雾接口和大气压化学电离接口,兼作电喷雾电离(ESI)和大气压化学电离(APCI)的离子源。

LC-MS 的质谱部分和计算机系统类似 GC-MS。

LC-MS 可用于新生儿遗传疾病筛选,老年痴呆症的早期实验室诊断,癌症疾病筛查如乳腺癌等,激素、抗排斥药物、磷酸酯、变异血红蛋白、糖化血红蛋白、血药浓度的检测等。

三、毛细管电泳-质谱联用技术

毛细管电泳-质谱联用技术(capillary electrophoresis-mass spectrometry,CE-MS)是一种基于样品各组分间淌度和分配行为差异而实现分离的电泳新技术与单一样本离子组分的质荷比不同的质谱检测技术的联用。CE-MS 综合了毛细管电泳和质谱的优点,在蛋白质组学、化学药物研究、医学检验以及法医学等领域均已显示了广阔的应用前景。

CE-MS 系统主要由四部分组成:毛细管电泳部分、接口装置、质谱部分和计算机系统。

在各种 CE 与质谱联用中,区带毛细管电泳(CZE)最常用。ESI 是 CE-MS 首选的离子源。

由于 CE 需要较高离子强度、挥发性低的缓冲液,而 ESI 需要相对较低的盐浓度才能获得好的雾化及离子化,因此接口技术必须优化。CE/ESI-MS 接口共有三种类型:同轴液体鞘流、无鞘接口、液体连接。

CE-MS 联用的质量分析器中,最常见的是四极杆质量分析器。

四、串联质谱技术

为了得到更多的有关分子离子和碎片离子的结构信息,两个及两个以上的质量分析器与碰撞活化室串联使用,称为空间串联质谱技术(space tandem mass spectrometry)。如Q-TOF、TOF-TOF、Q-Q-Q 等,实现多级(n)质谱,常表示为 MSn,比如二级串联(MS-MS,MS/MS)的两个分析器之间有一个碰撞活化室,目的是将前一级质谱仪(MS1)选定的前体离子打碎,再由后一级质谱仪(MS2)分析。而时间串联质谱技术(time tandem mass spectrometry)如 IT-MS、FT-MS 只有一个质量分析器,前一时刻选定离子,在分析器内打碎,后一时刻再进行分析。

前体离子的裂解可以通过碰撞诱导解离(CID)、亚稳裂解、表面诱导解离、激光诱导解离等方式实现。

串联质谱技术可以通过产物离子扫描、前体离子扫描、中性丢失扫描及选择反应检测等方式获取数据。

当使用 GC-MS、LC-MS 时,若色谱仪未能将化合物完全分离,串联质谱技术可以通过选择性测定某组分的特征性前体离子,获取该组分的结构和量的信息,而不会受到共存组分的干扰。因此,GC-MS/MS、LC-MS/MS 均可降低对样品处理的选择性要求,测定快速、节省材料。

串联质谱技术在未知化合物的结构解析、复杂混合物中待测化合物的鉴定、碎片裂解途径的阐明以及低浓度生物样品的定量分析方面具有很大优势。采用产物离子扫描可用于7

肽和蛋白质碎片的氨基酸序列检测。采用中性丢失扫描可用于寻找具有相同结构特征的药物代谢物分子。采用选择反应离子检测可消除生物基质对低浓度待测化合物定量分析的干扰,从而实现对待测物特别是血药浓度的高特异、高灵敏分析。

通过串联质谱技术检测血液氨基酸、有机酸、脂肪酸、肉碱含量,可综合判断多种遗传代谢病。

第三节 质谱仪在生物医学领域的应用

最初的质谱仪主要用来测定元素或同位素的原子量。随着质谱技术的发展,由于其具有灵敏度高、样品用量少、分析速度快、分离和鉴定能同时进行等优点,应用范围不断扩大,已广泛应用于化合物的相对分子质量测定、化学式与结构式的确定、痕量分析、同位素丰度的测定和混合物的定量分析等。当然,化合物结构的最终确定必须结合其他手段,如质子磁共振谱、全合成研究等方法。

质谱仪在生命科学领域的广泛应用,反过来又促进了质谱的发展,为其注入了新的活力,形成了独特的生物质谱。

生物质谱是指生物样品离子化,以电喷雾电离(ESI)、基质辅助激光解吸电离(MALDI)和电喷雾解吸电离(DESI)等为代表的质谱。生物质谱在生物标志物检测、微生物鉴定和治疗药物监测(therapeutic drug monitoring,TDM)等检验医学领域的应用日益广泛。

一、小分子生物标志物检测

质谱在检验医学中应用最早最多的是同位素稀释-质谱法(isotope dilution mass spectrometry,ID-MS),它是测定无机离子、单糖类、脂类、小分子含氮化合物等小分子生物标志物的决定性方法,其一级参考测量程序能溯源至 SI 单位。ID-MS 的原理是在经准确称量的待分析样品中加入另一经准确称量且含量已知的与待测物为同位素的稀释剂混匀,成为混合样品,再进行消化、分离、浓缩等处理。用质谱测定终样品中的同位素丰度,即可根据质量守恒定律计算出样品中待测物的浓度。ID-MS 方法是一种计数原子的方法,只要确保样品与稀释剂混匀,混合样品各部分便有相同的同位素组成,测定前的样品损失、不定量分离不会影响测定结果。由于基质效应、仪器噪声对一个元素的同位素引起的信号漂移是一致的,所以这些因素不会影响分析的准确度。ID-MS 方法有以下优点:①具有绝对测量性质;②混合样品在预处理时无需对待测元素严格定量分离;③可测元素种类多;④测量准确度极高;⑤检测灵敏度高,达 $10^{-11} \sim 10^{-12}$g。目前临床实验室用 ID-MS 区别患者血液中的维生素 D_2 和维生素 D_3。

二、大分子生物标志物检测

常见的大分子生物标志物包括蛋白质、核酸、复合脂类等,而质谱在这些大分子生物标志物研究方面也显示出了其应用潜力。

(一)质谱与蛋白质组学研究

随着人类第一张基因序列草图的完成和发展,生命科学的研究进入了后基因组学时代,其新兴学科和热点领域是蛋白质组学。正如基因草图的提前绘制得益于大规模全自动毛细管测序技术一样,蛋白质组学的研究借助于高通量的生物质谱为代表的分析技术得到迅猛发展。

蛋白质组是指一个基因组或一个细胞、组织所表达的所有蛋白质。蛋白质组学的研究是从整体水平研究细胞或有机体内蛋白质的组成及其活动规律,包括细胞内所有蛋白质的分离、蛋白质表达模式的识别、蛋白质的鉴定、蛋白质翻译后修饰的分析以及蛋白质组数据库的构建。

1. 蛋白质的鉴定 对复杂蛋白质的分离、鉴定和定量是蛋白质组学研究的基础。生物质谱鉴定蛋白质的方法主要有三种：肽质量指纹图谱法（peptide mass fingerprinting，PMF）、串联质谱法和梯形肽片段测序法。下面简单介绍一下 PMF。

PMF 是指对蛋白质酶解或化学降解后所得多肽混合物进行质谱分析（常用 MALDI-TOF-MS 或 MALDI-Q-MS），再与多肽数据库中理论肽段进行比较，从而绘制蛋白质的"肽图"。PMF 技术现已成为蛋白质组研究中较为常用的鉴定方法。但蛋白质的翻译后修饰可能会使质谱测定的质量数与理论值不符，这时就需要结合序列信息进行判断。研究显示，PMF 方法比氨基酸组成分析更为可靠，这是因为 MALDI 测定肽质量的准确度为 99.9%，而氨基酸组成分析的准确度仅为 90%。另外，MALDI 可以耐受少量杂质的存在，对于纯度不是很高的样品也能得到理想的结果。

对于那些数据库中不存在的蛋白质，则需要对肽段进行从头测序，通常使用串联质谱法，如配有 ID 或 PSD 装置的 MALDI-TOF-MS，或者用梯形肽片段测序法测序。梯形肽片段测序法的原理是用化学降解或酶解使蛋白质或肽从 N 端或 C 端降解出相对较长的肽片段，再用 CID 或 PSD 产生包含有仅相差 1 个氨基酸残基的系列肽，呈梯形肽片段。经质谱检测，由相邻肽峰的质量差而得知相应氨基酸残基。但由于降解速度不一，易受干扰，故效果不甚理想。

2. 蛋白质的定量分析 用放射性核素标记蛋白质再经酶解后用 LC-MS 作定量分析。

3. 蛋白质的翻译后修饰 真核生物蛋白质翻译后修饰类型主要有磷酸化、糖基化等。修饰会增加质量数，如磷酸化后产生的分子质量比理论值增加 80Da，通过解析质谱测得离子质谱图，便可识别蛋白质翻译后的修饰信息。一般常用二维电泳-免疫印迹-质谱技术研究蛋白质磷酸化。

4. 蛋白质的相互作用 大部分蛋白质的功能执行是通过蛋白质之间的相互作用而实现的，是功能蛋白质组学的主体。一般通过生物化学的方法纯化蛋白质复合体，然后用质谱鉴定其组分。

虽然质谱技术已在蛋白质组研究中获得了很大成功，但对低丰度蛋白质的检出能力仍存在不足，其灵敏度有待进一步提高。

（二）质谱与基因组学研究

基因组是指一种生物体具有的所有遗传信息的总和。基因组学的研究包括以全基因组测序为目标的结构基因组学和以基因功能鉴定为目标的功能基因组学（即后基因组学）。生物质谱技术的临床应用能为一些疾病提供新的诊断和治疗方法，主要表现在以下方面：

1. 单核苷酸多态性（single nucleotide polymorphism，SNP）**分型** SNP 是指在基因组 DNA 某个位置处存在有单个碱基的差异。人类基因组 DNA 序列 90% 的多态性是由 SNP 造成的。

研究 SNP 位点处的等位基因频率，便可以区分正常人群和疾病人群、不同种族人群等，这往往需要分析成千上万个样本，工作量非常巨大，生物质谱技术（如 MALDI-TOF-MS 或 MALDI-Q-MS）的高通量、高准确度、低成本等特点，已经成为目前 SNP 分型的主流技术。特别是准确度方面，由于它检测的是寡核苷酸本身的一个物理性质——相对分子质量，而不像其他检测方法是间接的方式（如荧光强度、荧光偏振、寡核苷酸的迁移率等），这就使得其准确度较其他方法更高。此外，所检测的寡核苷酸片段不需要进行特殊修饰，并且还可以同时对多个 SNP 位点进行分析（多重分析），大大提高了工作效率，降低了分析成本。

2. 短串连重复序列（short tandem repeats，STRs）**分析** STR 是由数个碱基对作为核心单

位串联重复形成的一类具有长度多态性的 DNA 序列。人类基因中平均每 15kb 就有一个 STR 基因座,能提供丰富的遗传标志来源。STR 在法医学、基因作图和疾病治疗上应用广泛。

只包含一种重复序列的两个非一致性等位基因 STR 之间至少差一个核苷酸的相对分子质量(约 300Da),因此可以方便地通过 MALDI-MS 或 ESI-MS 进行分析。若含有复杂的 STR 序列,可采用更高分辨率和质量精度的质谱如 ESI-FT-MS。

3. 寡聚核苷酸片段的序列分析 人工合成的寡核苷酸及其类似物作为反义治疗剂在病毒感染和一些癌症的治疗方面有潜在的应用前景。寡核苷酸还是 DNA 体外合成的引物,在合成前必须对其结构特征进行确证。传统的凝胶技术分析 DNA 序列尽管已经很完美,但是还存在一定的缺点,例如操作烦琐、容易受单链 DNA 结构的影响,尤其是富含 GC 的片段往往不能得到明确的结果。而 ESI 和 MALDI 质谱技术的出现则为寡核苷酸及其类似物的序列分析提供了强有力的方法。

DNA 的序列分析是科学研究乃至临床样本分析所需要的重要技术,质谱在核酸序列分析中也得到应用。质谱对寡核苷酸的序列分析通常有三种方法:①用质谱代替凝胶电泳,分析双脱氧法合成的混合寡核苷酸片段。现已用延迟提取-基质辅助激光解吸-质谱(DE-MALDI-MS)法测定混合碱基 DNA,获得了高分辨率的 DNA 质谱图。延迟提取(delay extraction,DE)是指在离子源出射离子进入飞行管之前冷却并聚焦离子大约 150 纳秒,与经未冷却的离子相比,冷却离子具有较低的动能分布。当冷却离子进入 TOF 分析器时,离子时间展宽降低,结果增加了质谱分析的分辨率和准确度。②分别用外切核酸酶水解 3′- 或 5′-端进行部分降解切割寡核苷酸片段,在不同时间分别取样进行质谱分析,可以读出寡核苷酸的序列。③运用串联质谱直接分析寡核苷酸的序列。通过研究 MS1 母离子和 MS2 子离子的裂解关系,可以获得寡核苷酸的序列信息。

但生物质谱分析核酸同样也存在缺点:由于带有磷酸基的核酸分子和容易断裂的碱基与基质或痕量碱金属离子生成加合物,核酸分子在离子化过程中易于碎裂,特别是随着寡核苷酸链长度(一般不超过 45bp)的增加,质谱的准确度和分辨率都下降。因此,生物质谱分析核酸要远落后于分析蛋白质和多肽。

(三)质谱与肿瘤标志物研究

肿瘤标志物的测定是生物质谱技术在检验医学应用中最为突出和有价值的领域,生物质谱技术最有希望成为肿瘤(代谢产物)的一种早期检测方法。飞行时间质谱(TOF-MS)技术对艾滋病、老年痴呆症、乳腺癌等恶性肿瘤疾病的研究都已有前所未见的创新性进展。生物质谱技术对乳腺癌等 12 种肿瘤的血清及尿液检测结果已证实,其灵敏度为 82%~99%,特异度为 85%~99%。因此,用质谱分析肿瘤在实验室诊断中具有十分重大的意义。

三、微生物鉴定

通过每种细菌分离物的生物质谱,可得到每种细菌唯一的肽模式或指纹图谱来鉴定细菌,例如用串联质谱可鉴定出沙门菌。由于蛋白质在细菌体内的含量较高,生物质谱可用于细菌属、种、株的鉴定。已有研究显示,采用 PMF 方法可对酵母、大肠埃希菌等多种微生物的蛋白质组进行研究。对大肠埃希菌经膜转印的蛋白质研究表明,三个肽段即可达到对蛋白质的正确识别。串联质谱还可针对脂类的脂肪酸、糖类组成进行鉴定。此外,通过对生物样本进行处理,串联质谱也可从单细菌水平发现和确定病原菌及孢子。对特殊脂质成分的分析则可了解样本中病原菌的活力和潜在感染。

用同位素质谱的方法检测微生物代谢物中同位素的含量也可以达到检测该病原菌的目的,同时也为同位素质谱在医学领域的应用开辟了一条思路。如用 ^{13}C 或用放射性核素标记的^{14}C-尿素呼气试验和^{15}N-排泄试验已成为临床检测胃幽门螺杆菌(HP)的有效手段。

四、治疗药物监测

以前主要使用免疫化学技术和 HPLC 进行治疗性药物浓度的监测(TDM)。免疫化学技术虽然简单易行,但是所测定药物种类比较少;HPLC 技术虽能测定较多的药物种类,但定性的可靠性较差。LC-MS 检测药物准确、快速,几乎可以用于所有药物检测,如抗癌药、免疫抑制剂、抗生素以及心血管药,有望成为药物浓度监测的最强有力的工具。

(谢圣高)

本章小结

质谱仪是将分析物气化形成离子后按质荷比(m/z)分开而进行定性、定量和结构分析的仪器,主要由真空系统、进样系统、离子源、加速区、质量分析器、检测器及计算机系统所组成,其核心部件是离子源和质量分析器。离子源使气化样品中的原子、分子电离成正离子。质量分析器将离子源产生的离子按照质荷比的大小分离聚焦。质谱仪通常按质量分析器的种类分为五种。

质谱仪的主要性能指标是分辨率、灵敏度、质量范围、质量稳定性和质量精度等。其定义与常见的临床检验仪器性能指标有所不同,要注意区别。

质谱联用技术如 GC-MS、LC-MS、CE-MS,先将混合物分离成纯组分后再进入质谱仪分析,充分发挥色谱、毛细管电泳技术的分离特长与质谱技术的定性鉴定特长,使分离和鉴定同时进行。串联质谱技术(MS/MS)是时间上或空间上两级或以上的质量分析器的联合,可以得到有关分子离子和碎片离子的更多结构信息。

质谱在检验医学中应用最早的是同位素稀释-质谱法(ID-MS),它是测定许多小分子物质的决定性方法。

生物质谱是指对生物样品以 ESI、MALDI 和 DESI 等离子化为代表的质谱。生物质谱在生物标志物的检测、微生物鉴定和治疗药物监测等检验医学领域的应用日益广泛。由于其具有极高的灵敏度和特异度,有望成为一种肿瘤早期的检测方法。

以 DESI 为代表的新一代直接离子化技术,无需进行样品预处理,常压下在相对开放的空间内可以对固体表面上的痕量物质进行快速质谱分析,是原位、实时、在线、无破坏、高通量、低耗损、无污染的质谱学方法,除了能用于生物体的原位活体分析,还在食品药品、环境安全、刑侦、直接质谱成像等诸多领域具有广阔的发展前景。

生物质谱分析技术有望对复杂混合物进行快速、高通量的直接分析,将成为更多检验项目的参考测量程序,在检验医学中发挥越来越重要的作用。

第六章
电泳仪器与技术

通过本章学习,你将能够回答下列问题:

1. 电泳技术的基本原理是什么?
2. 影响电泳的因素有哪些?
3. 电泳技术按分离的原理可分为哪几类?
4. 不连续聚丙烯酰胺凝胶电泳分离的原理是什么?
5. SDS-聚丙烯酰胺凝胶电泳测定蛋白质相对分子质量的基本原理是什么?
6. 聚丙烯酰胺凝胶等电聚焦电泳的基本原理是什么?
7. 毛细管电泳的基本原理是什么? 毛细管电泳仪的基本结构有哪些?
8. 常用电泳仪的基本结构有哪些?
9. 电泳技术在临床上可应用于哪些方面?

电泳(electrophoresis)是指带电荷的溶质或颗粒在电场中移动的现象。电泳技术(electrophoresis technique)是利用电泳现象将多组分物质中各组分进行分离的技术,而电泳仪则是采用电泳技术分离多组分物质的仪器。电泳技术最早由瑞典 Uppsala 大学物理化学系的 Svedberg 教授提出,1937 年由瑞典科学家 Arne Tiselius 应用于血清样本的检测,创建了电泳技术在临床应用的里程碑。他利用"U"形管建立"移界电泳法",成功地将血清中的主要蛋白分离成 5 种:清蛋白和 α_1、α_2、β、γ 球蛋白。50 年代开始,在生物学研究中普遍使用纸上电泳和聚丙烯酰胺凝胶电泳。80 年代后,临床实验室相继采用多种自动化电泳仪。电泳技术发展迅速,种类及方法繁多,成了基础生物医学研究和临床医学检验中的重要工具。目前在临床上已广泛用于蛋白质、多肽、氨基酸、核酸、无机离子,甚至病毒颗粒或细胞器等成分的分离和鉴定。

本章主要介绍电泳的基本原理、影响因素,常用的电泳技术和电泳方法,常用电泳仪的基本结构及技术参数和电泳技术在临床中的应用等内容。

第一节　电泳技术的基本原理与分类

电泳技术基于电泳的基本原理,受到电泳颗粒内部因素和电场外部因素的影响。电泳技术种类繁多,可以按照分离原理和支持介质的不同来进行详细的分类。

一、基 本 原 理

物质分子在正常情况下一般不带电荷,即所带正负电荷量相等,显示为电中性。但是由于其自身的解离作用或在其表面上吸附其他带电粒子而带上负电荷或正电荷,该物质在电场中便会向正极或负极泳动。带电物质颗粒种类很多,可以是离子,也可以为生物大分子,例如蛋白质、核酸、病毒颗粒甚至是细胞器等。

蛋白质分子是由氨基酸组成的,氨基酸是典型的两性电解质,在溶液中可解离为带正电荷的氨基($—NH_3^+$)和带负电荷的羧基($—COO^-$)。蛋白质分子带电的性质和所带电荷的多少主要取决于其性质及溶液的离子强度(ionic strength,I)和 pH。在某一特定的 pH 条件下,蛋白质分子的正负电荷数正好相等,蛋白质分子所带的净电荷为零,此时溶液的 pH 即为该蛋白质的等电点(isoelectric point,pI)。当溶液的 pH = pI 时,蛋白质分子不带电荷,在电场中不移动;当溶液的 pH > pI 时,蛋白质分子带负电荷,向正极移动;当溶液的 pH < pI 时,蛋白质分子带正电荷,向负极移动(图 6-1)。

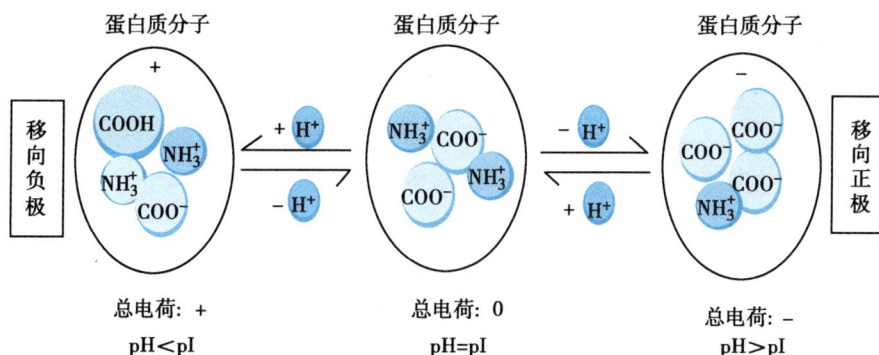

图 6-1　不同 pH 条件下蛋白质分子在电场中运动状态示意图

核酸与蛋白质类似,也是两性电解质。DNA 和 RNA 分子的多核苷酸链上既有酸性的磷酸基,又有碱性的碱基,但因其磷酸基的酸性比碱基的碱性强,故在中性或偏碱性的溶液中,核酸分子通常表现为酸性,带负电荷,在直流电场中向正极泳动。

在溶液中,带电物质颗粒在电场中所受到的力(F)等于物质颗粒所带净电荷量(Q)与电场强度(E)的乘积。

$$F = QE \tag{6-1}$$

其中,电场强度是指在电场方向上单位长度的电位降,也称电位梯度或电势梯度。如滤纸电泳时,若滤纸两端相距 30cm 处测得电位降为 240V,则电场强度为 240/30 = 8V/cm。

根据 Stoke 定律,液体中的球状粒子运动时所受到的阻力(摩擦力)F'为:

$$F' = 6\pi r \eta v$$

式中:η 为介质黏度,r 为粒子半径,v 为带电粒子的移动速度。稳态运动时,粒子所受的电动力与阻力相等,即

$$F = F'$$

故

$$QE = 6\pi r \eta v$$

可推导出

$$\frac{v}{E} = \frac{Q}{6\pi r \eta} \tag{6-2}$$

式中:$\frac{v}{E}$ 为电泳迁移率(u),是指粒子在单位电场强度(1V/cm)中的泳动速度。

故

$$u = \frac{Q}{6\pi r \eta}$$

可见,粒子的电泳迁移率不仅与本身性质有关(即与粒子本身所带净电荷的数量成正比,与颗粒的大小成反比),并且还受到其他外界因素的影响(与溶液的介质黏度成反比)。

二、影 响 因 素

（一）内在因素

电泳速度与粒子本身特性相关,如电荷的正负和大小、粒子的大小和形状、解离趋势、两性性质、水化程度等。一般说来,粒子所带的净电荷愈多,颗粒愈小,形状愈接近球形,则在电场中粒子运动速度愈快;反之则愈慢。一般说来,线状双链 DNA 分子不存在影响电泳速度的复杂构象,在凝胶电泳中,其相对分子量的常用对数与电泳速度成反比关系;但质粒 DNA 电泳的速度受分子空间构象的影响较大,相同分子量的质粒 DNA 电泳速度的相对快慢是:闭环型 > 线型 > 半开环型。RNA 分子是局部双螺旋结构的单链,故 RNA 分子的电泳速度不仅取决于其分子的大小,而且主要取决于其空间构象。

（二）外界因素

1. 电场强度 电场强度越大,带电粒子受到的电场力越大,泳动速度越快,反之亦然。据电场强度的差异,可将电泳分为两类:①常压电泳(2 ~ 10V/cm):电压一般为 100 ~ 500V。适合分离蛋白质、核酸等大分子物质,分离时间较长,从数小时到数天。②高压电泳(50 ~ 200V/cm):电压一般为 2000 ~ 10 000V。多用于分离小分子物质,如氨基酸、多肽、核苷酸、糖类等,所需电泳时间很短,甚至只需几分钟。

2. 溶液性质 主要包括电极缓冲液和样品液的 pH、离子强度和介质黏度等。

（1）溶液的 pH:电泳时必须采用缓冲液作为电极液,以保持稳定的溶液 pH。溶液的 pH 决定了带电粒子的解离程度,也决定了该物质所带电荷数的多少。对蛋白质、氨基酸、核酸等两性电解质而言,缓冲液的 pH 距待分离物质的 pI 越远,粒子所带的电荷越多,电泳速度也越快;反之则越慢。因此,选择合适的 pH,使欲分离的物质所带的电荷数量有较大的差异,有利于电泳时彼此的分开。蛋白质电泳大多数采用 pH 为 8.2 ~ 8.8 的巴比妥或硼酸缓冲液,此时血清蛋白一般带负电。核酸电泳时常采用以下三种缓冲体系之一:TAE 缓冲液[三羟甲基氨基甲烷(Tris)-乙酸-乙二胺四乙酸(EDTA)]、TBE 缓冲液(Tris-硼酸)或 TPE 缓冲液(Tris-磷酸)。DNA 分子在这些缓冲液中带负电。

（2）溶液的离子强度:所有类型的离子所产生的净电力称为离子强度。离子强度的高低取决于离子电荷的总数,与其性质无关。溶液的离子强度越高,带电粒子泳动速度越慢;反之越快。其原因是带电粒子吸引带相反电荷的离子聚集于其周围,形成离子氛(ionic atmosphere)。离子氛降低了颗粒的带电量,增加了颗粒运动的阻力,从而降低电泳速度。而且离子强度太高,当大量的电流通过时产生的热量可致水分大量蒸发。但离子强度太低,会降低缓冲液的总浓度及缓冲容量,不易维持溶液的 pH,从而影响颗粒的带电量,致使电流下降、扩散现象严重、电泳分辨力降低。电泳时一般选择溶液的离子强度为 0.02 ~ 0.20mol/L 较适宜。

稀溶液的离子强度可用如下公式表示:

$$I = \frac{1}{2}\sum_{i=1}^{s} C_i Z_i^2 \qquad (6-3)$$

式中:I 为离子强度,s 为离子的种类,Z 为离子的价数,C 为离子的摩尔浓度(mol/L)。因此,可根据各种离子的浓度计算离子强度。

例 某缓冲溶液中含有 0.03mol/L 的 Na_2HPO_4 和 0.01mol/L 的 NaH_2PO_4,试计算此溶液的离子强度。

解
$$Na_2HPO_4 \rightarrow 2Na^+ + HPO_4^{2-}$$
$$NaH_2PO_4 \rightarrow Na^+ + H_2PO_4^-$$
$$Na_2HPO_4 \text{ 中}: [Na^+] = 0.03 \times 2mol/L; [HPO_4^{2-}] = 0.03mol/L$$

$$NaH_2PO_4 \ 中：[Na^+] = 0.01 mol/L；[H_2PO_4^-] = 0.01 mol/L$$

在此忽略$[HPO_4^{2-}]$与$[H_2PO_4^-]$进一步解离所产生的离子强度。

$$I = \frac{1}{2}\left[(0.03 \times 2 \times 1^2) + (0.03 \times 2^2) + (0.01 \times 1^2) + (0.01 \times 1^2)\right]$$

$$= \frac{1}{2}[0.06 + 0.12 + 0.01 + 0.01]$$

$$= \frac{1}{2} \times 0.2$$

$$= 0.1 mol/L$$

（3）溶液黏度：前面已经提到粒子的电泳迁移率与溶液的介质黏度成反比关系。因此，溶液的黏度过小或过大，必然影响电泳速度的快慢。

3. 电渗作用　在电场中，溶液对于固体支持介质的相对移动称为电渗（electro-osmosis）。当支持介质不是绝对惰性物质时，常常使靠近支持介质的溶液相对带电，溶液移动的同时携带颗粒一起移动。因此，带电粒子的表观泳动速度是粒子本身泳动速度与溶液携带粒子泳动速度的矢量和，二者方向一致时加快粒子的泳动速度，方向相反时则降低粒子的泳动速度。电渗对电泳的影响见图6-2。

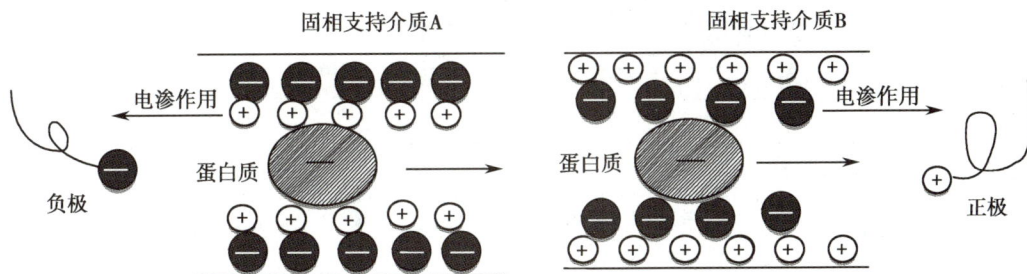

图6-2　电渗作用示意图

4. 吸附作用　支持介质的表面对样品具有一定的吸附作用，可以滞留待分离的物质而降低电泳速度，从而导致样品的拖尾现象，降低分辨率。

5. 焦耳热　电泳时因电流通过而产热，称为焦耳热，其值与电流强度的平方成正比。焦耳热可致缓冲溶液温度升高，介质黏度下降，分子运动加剧，分辨率下降。焦耳热过高时还会烧毁滤纸、融化琼脂糖凝胶或烧焦聚丙烯酰胺凝胶支持介质。可通过控制电压或电流，或者采用安装冷却散热装置的措施，降低热效应对电泳的影响。

三、分　　类

电泳技术通常按照电泳实验条件的某一特征，如分离目的、分离原理、分离方式、所用载体介质、电源控制等来分类。其中，依据分离原理和载体介质，是目前主要的分类方式。

1. 按分离原理分类　可分为区带电泳（zone electrophoresis，ZEP）、移界电泳（moving boundary electrophoresis，MBEP）、等速电泳（isotachophoresis，ITP）、等电聚焦电泳（isoelectric focusing electrophoresis，IEF）、免疫电泳（immuno-electrophoresis，IEP）等。

（1）区带电泳：区带电泳是应用最广泛的电泳技术。在均一的缓冲液（或称载体电解质）系统中，待分离物质中不同的离子成分被分离成独立的区带，并可以用染色等方法显示出来，用光密度计扫描可得到相互分离的峰（图6-3）。

（2）移界电泳：移界电泳是 Tiselius 最早建立的电泳方法，该方法只能对不同的离子成分部分分离，电泳时最前面和最后面的部分是纯的离子，其他部分则为各种离子成分的互相重叠(图 6-3)。移界电泳因分离效果差已逐渐被淘汰。

（3）等速电泳：采用不连续的电解质溶液，样品组分夹在前导和尾随电解质之间，根据有效迁移率的不同而分离。当电泳达到平衡后，各组分的区带相随，形成清晰的界面，并以等速向前移动。这种分离物质的电泳方式称为等速电泳（图 6-3）。等速电泳需使用毛细管电泳仪。

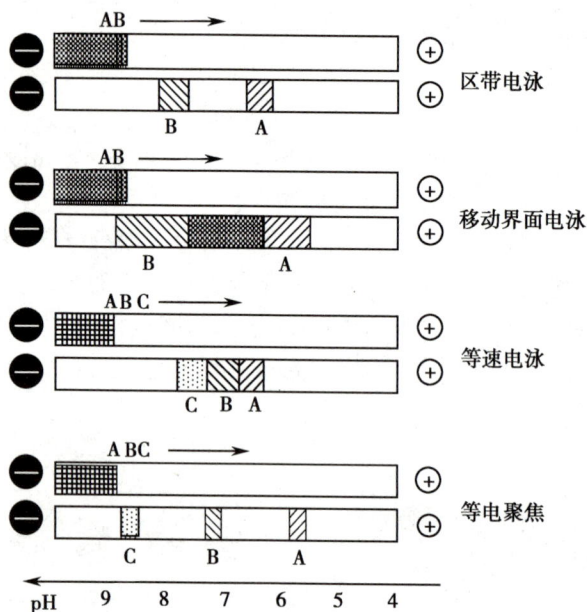

图 6-3 不同电泳法的原理示意图

（4）等电聚焦电泳：从电泳分离图形上看，等电聚焦与区带电泳差别不大，但二者在电泳原理上有实质性差异。首先经预电泳或其他方法将不同 pI 的多种两性电解质载体形成 pH 梯度，被分离组分移动聚集到其 pI 处形成很窄的区带。这种利用被分离组分 pI 的不同分离物质的电泳方法称为等电聚焦电泳，分辨率很高。

（5）免疫电泳：是以琼脂糖凝胶为支持介质，与免疫扩散相结合的一种常用的免疫学实验技术。在直流电场中，利用电流加速抗原与抗体的扩散，产生特异的沉淀线、弧或峰。免疫电泳的优点是既具备电泳分离技术的高分辨率和快速微量的特性，同时又结合了抗原抗体反应的高度特异性，主要包括对流免疫电泳、火箭电泳、免疫固定电泳、放射免疫电泳及双向定量免疫电泳。免疫固定电泳在临床上可以用于鉴别单克隆免疫球蛋白血症和多克隆免疫球蛋白血症，是目前应用最广泛的 M 蛋白鉴定方法。

2. 按有无固体载体介质分类 根据是否在固体载体介质上进行，电泳可分为自由电泳（无固体支持介质）和支持介质电泳（有固体支持介质）两大类。前者包括：①显微镜电泳（或细胞电泳），即显微镜下直接观察细胞或细菌的电泳行为；②柱电泳，即于层析柱中利用密度梯度保持分离区带不再混合，若再结合 pH 梯度则为等电聚焦柱电泳；③移动界面电泳；④等速电泳等。

第二节 常用电泳分析方法

电泳技术的发展日新月异，种类名目繁多，但其检测流程大体相同，主要有以下几个操作步骤：①点样；②电泳；③染色；④结果分析。由于大部分被检测的物质是无色的，需经染色处理才可确定电泳后的位置和相对含量。蛋白质染色常用丽春红、氨基黑、考马斯亮蓝等;氨基酸一般采用茚三酮染色;脂蛋白用苏丹黑或品红亚硫酸染色;糖蛋白则用甲苯胺蓝或过碘酸-Schiff试剂染色。定量检测时可将染色后的区带或斑点剪下,用溶剂洗脱下各组分,采用比色法测定各组分的相对含量。或者将支持介质透明化处理,直接进行光吸收扫描测定,根据曲线下的峰面积判断各组分含量。

一、醋酸纤维素薄膜电泳

醋酸纤维素薄膜电泳(cellulose acetate membrane electrophoresis)是以醋酸纤维素薄膜为支持介质的电泳。醋酸纤维素是由纤维素的羟基经乙酰化形成的纤维素的醋酸酯。醋酸纤维素溶于丙酮等有机溶剂中,即可涂布成均一细密的微孔薄膜,厚度约0.1~0.15mm。此膜若太厚则吸水性差,分离效果不理想;膜片太薄则机械强度低而易碎。

醋酸纤维素薄膜电泳具备以下优点:

1. 染色条带清楚 滤纸中含有较多羟基,因此对蛋白质的吸附作用较大。而醋酸纤维素薄膜中部分羟基已被乙酰化,故对蛋白质样品吸附少,几乎无"拖尾"现象,染色后背景能完全脱色,染色带分离清晰。

2. 快速省时 醋酸纤维素薄膜的亲水性较小,容纳的缓冲溶液也较少,电渗作用小,大部分电流由样品传导,故分离速度快、电泳所需时间短。电泳一般需45~60分钟,再经染色、脱色处理,整个电泳过程仅需90分钟左右。

3. 灵敏度高,样品用量少 血清蛋白电泳仅需0.1~2μl血清,便可得到清晰的分离区带,适合微量异常蛋白的检测。

4. 结果可长期保存 醋酸纤维素薄膜经染色与透明处理后,可扫描定量并可长期保存。

5. 应用广泛 醋酸纤维素薄膜电泳可分离滤纸电泳无法分离的蛋白质,如甲胎蛋白、溶菌酶、胰岛素、组蛋白等。

二、琼脂糖凝胶电泳

琼脂糖凝胶电泳(agarose gel electrophoresis)是以琼脂糖为支持介质进行的电泳。琼脂糖是由半乳糖及其衍生物(3,6-脱水-α-D-吡喃半乳糖)重复交替而成的中性线状多糖,不带电荷。

琼脂糖凝胶电泳具有如下特点:

1. 具有大量微孔,其浓度决定孔径大小。低浓度的琼脂糖形成较大的孔径,高浓度的琼脂糖形成较小的孔径。琼脂糖的机械强度较高,允许1%或更低浓度下使用,此时仍具有分子筛和抗对流的特性。

2. 结构均匀,含水量达到98%~99%,近似自由电泳,琼脂糖对样品吸附极微,故电泳图谱清晰、分辨率高、重复性好。

3. 可进行定性或定量检测。

目前,常用1%琼脂糖凝胶电泳分离和鉴定血清蛋白、血红蛋白、糖蛋白、脂蛋白、碱性磷酸酶、乳酸脱氢酶等同工酶。琼脂糖凝胶电泳也常用于核酸的分离与鉴定。DNA样品经含荧光染料的琼脂糖凝胶电泳后,荧光染料可嵌入到DNA双螺旋结构的碱基对之间,与DNA分子形成一种荧光络合物,在254~365nm的紫外光下可观察到DNA条带。

三、聚丙烯酰胺凝胶电泳

聚丙烯酰胺凝胶是由单体丙烯酸胺(acrylamide,Acr)与交联剂N,N'-甲叉双丙烯酰胺(methylene-bisacrylamide,Bis)在加速剂N,N,N',N'-四甲基乙二胺(N,N,N',N'-tetramethyl ethylenediamine,TEMED)与催化剂过硫酸铵(ammonium persulfate,AP)或核黄素(riboflavin，即维生素 B_2）的共同作用下，聚合交联成的三维网状结构的凝胶。以此凝胶作为支持介质的电泳称为聚丙烯酰胺凝胶电泳（polyacrylamide gel electrophoresis，PAGE）。

（一）聚丙烯酰胺凝胶特性

1. Acr 单体可通过两种催化体系，在加速剂 TEMED 的作用下发生聚合反应

（1）AP-TEMED 为化学聚合作用：TEMED 催化 AP 生成硫酸自由基，硫酸自由基的氧原子激活 Acr 单体，使之活化形成多聚长链，在交联剂 Bis 的作用下，单体长链形成网状结构。

（2）核黄素-TEMED 为光学聚合作用：核黄素在 TEMED 及光照条件下，被还原成无色核黄素，后者被痕量氧原子氧化形成自由基，从而引发聚合作用。

2. 凝胶的孔径、浓度与被分离物质分子量之间有密切的关系　PAGE 的性能包括凝胶的有效孔径、机械性能、弹性、透明度、黏度，取决于凝胶的总浓度和单体 Acr 与交联剂 Bis 之比。

$$T = \frac{a+b}{V} \times 100\% \qquad C = \frac{b}{a+b} \times 100\% \tag{6-4}$$

式中：T 为凝胶浓度，即凝胶中单体 Acr 与交联剂 Bis 的总质量浓度；V 为体积；a 为 Acr 质量（g）；b 为 Bis 质量（g）；C 为交联度，交联剂 Bis 占单体 Acr 与交联剂 Bis 总质量的百分比。

（二）不连续 PAGE 的分离原理

早期的 PAGE 技术是采用连续电泳系统完成的，电泳系统中凝胶孔径、缓冲液的离子成分及缓冲液的 pH 均相同，故无明显的分子筛效应，其分辨率较低。1963 年，Hjerten 改进该系统为不连续系统，将凝胶孔径大小、缓冲液的成分、pH 及电位梯度均改进为不连续的，从而将样品浓缩在一个极窄的起始带，通过浓缩效应、分子筛效应以及电荷效应，PAGE 的分辨率和区带清晰度得以极大地提高。

1. 浓缩效应

（1）凝胶孔径的不连续性：PAGE 采用大小不同孔径的浓缩胶和分离胶。样品在电场作用下先进入大孔径的浓缩胶，泳动时受到的阻力小，因而移动快；进入小孔径的分离胶后，阻力大而移动慢。在两层凝胶的交界处，因凝胶孔径的不连续性使样品迁移受阻，样品被压缩成很窄的区带。

（2）缓冲体系的离子成分及 pH 的不连续性：缓冲体系存在三种离子：三羟甲基氨基甲烷（Tris）、甘氨酸（Gly）及 HCl。Tris 起维持溶液的电中性及 pH 的作用，是缓冲平衡离子（buffer counter ion）。HCl 可解离出 Cl^-，Cl^- 迁移率最快，泳动在最前面，为前导离子（leading ion）或快离子。Gly 的 pI 为 6.0，在 pH 为 6.7 的浓缩胶缓冲体系中解离度很小，迁移很慢，为尾随离子（trailing ion）或慢离子。蛋白质分子在此缓冲体系中带负电荷，向正极移动，其迁移率介于快、慢离子之间，于是蛋白质分子在快、慢离子之间被压缩成为极窄的区带（图 6-4）。

（3）电位梯度的不连续性：电泳开始后，快离子的迁移率最快，其后形成低离子浓度的区域即低电导区。已知电位梯度（E）＝电流强度（I）/电导率（η），E 与电导率成反比，故低电导区就会产生较高的电位梯度，促使样品和慢离子在低电导区加速移动，形成了一个迅速移动的界面。样品的有效迁移率介于快、慢离子之间，因而被压缩为一个狭小的区带。

2. 分子筛效应　不同相对分子质量或不同分子大小和形状的物质通过一定孔径的分离胶时，受阻滞程度不同而表现出不同的迁移率，这就是分子筛效应（molecular sieve effect）（图 6-5）。经浓缩胶压缩后的样品进入小孔径分离胶后，相对分子质量小且形状为球形的分子所受阻力小，在电场中泳动速度快；相反，相对分子质量大且形状不规则的分子所受阻力大，在电场中泳动速度慢。这样分子大小和形状各不相同的组分在分离胶中得以分离。

3. 电荷效应　进入分离胶后，由于各组分所带的净电荷、分子量等各不相同，在电场中有不同的迁移率而得以分离。表面电荷多，分子量小，则迁移快；反之则慢。

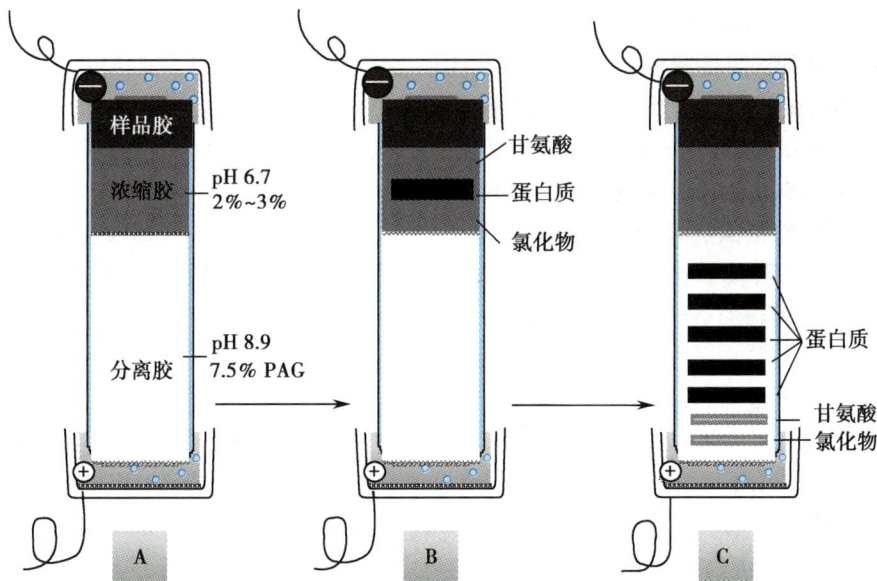

图6-4 缓冲体系的离子成分及 pH 的不连续性浓缩效应示意图

A. 样品胶、浓缩胶和分离胶中均有快离子,慢离子放在两个电极槽中,缓冲配对离子存在于整个体系中;B. 电泳开始后,蛋白质样品夹在快、慢离子之间被浓缩成极窄区带;C. 蛋白质样品被分离成数个区带

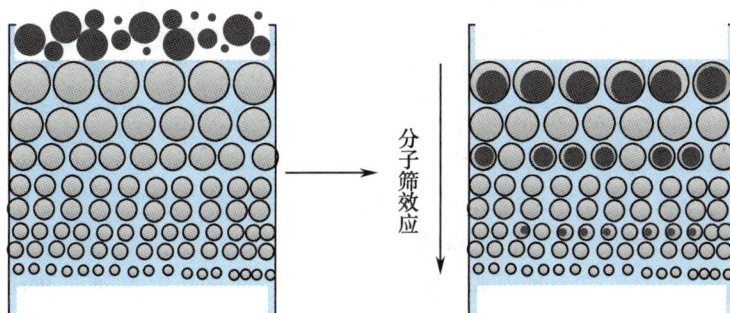

图6-5 分子筛效应的基本原理

(三)常用的聚丙烯酰胺凝胶电泳技术

1. 十二烷基硫酸钠-聚丙烯酰胺凝胶电泳 为消除净电荷和分子形状对蛋白质分子迁移率的影响,在整个电泳体系中加入十二烷基硫酸钠(sodium dodecyl sulfate,SDS)和 β-巯基乙醇,使电泳迁移率主要依赖于蛋白质的相对分子质量,与所带的净电荷和形状无关,这种电泳方法即为 SDS-聚丙烯酰胺凝胶电泳(SDS-PAGE),主要应用于蛋白质相对分子质量的测定。SDS 作为一种阴离子表面活性剂,当与蛋白质结合成复合物时,由于 SDS 带有大量的负电荷,大大超过了蛋白质原有的负电荷,掩盖了不同种类蛋白质间原有的电荷差异,使蛋白质均带有相同密度的电荷,因而可忽略蛋白质间荷电量的差异,仅根据蛋白质不同的分子质量进行分离。而 β-巯基乙醇作为一种强还原剂,使蛋白质分子半胱氨酸残基之间的二硫键断裂,被解离为单个亚单位。同时,SDS 也可以使蛋白质的氢键、疏水键打开,引起蛋白质构象的改变。蛋白质-SDS 复合物在水溶液中的形状近似雪茄形的长椭圆棒状,其短轴长度相同,而长轴长度的差异决定了蛋白质的泳动速度,这一速度与蛋白质的相对分子量成正比关系。

SDS-PAGE 测定蛋白质分子量具有样品用量少、操作简便、耗时少、分辨率高、重复性好等优点,其不足之处是电荷或结构异常的蛋白质、具有较大辅基的蛋白质(如糖蛋白)等测出的分子质量不太可靠。

2. 聚丙烯酰胺梯度凝胶电泳 SDS-PAGE 测定蛋白质相对分子质量时,使用 SDS 及 β-巯基乙醇将天然蛋白质解离为亚基或肽链,故不适用于天然蛋白质的相对分子质量的测定。准确测定天然蛋白质相对分子质量应采用聚丙烯酰胺梯度凝胶电泳(pore gradient PAGE,PG-PAGE),它采用孔径梯度的聚丙烯酰胺凝胶分离、鉴定蛋白质组分。

PG-PAGE 是在梯度混合器及蠕动泵的作用下,将高浓度(16% 或 30%)与低浓度(2% 或 4%)的聚丙烯酰胺溶液混合,配制成从浓到稀排列的线性梯度聚丙烯酰胺凝胶。在 pH > pI 的缓冲液中,蛋白质分子带负电荷,从负极向正极移动,即向着凝胶浓度增加(孔径逐渐减小)的方向移动。蛋白质在凝胶中的迁移速度同样受其自身的净电荷和相对分子质量大小的影响:电荷密度愈高,相对分子量愈小,迁移速度愈快。当蛋白质分子遇到足够大的阻力时,则完全停止泳动。此时,大小相似的低电荷密度的蛋白质将赶上高电荷密度的蛋白质。图 6-5 形象地表示出大、中、小三种不同相对分子质量的蛋白质分子经过一段时间电泳后,分别滞留在与分子大小相当的凝胶孔径中,形成三个区带。因此,在 PG-PAGE 中,蛋白质的最终迁移位置取决于其本身分子大小,与蛋白质本身的净电荷无关。

聚丙烯酰胺梯度凝胶电泳的优点为:①梯度凝胶的不连续性可使样品中各组分浓缩,对于浓度很低的蛋白质可多次点样;②可作为 SDS-PAGE 技术的补充,直接测定天然蛋白质相对分子质量;③可用于蛋白质纯度的鉴定;④一块凝胶可同时测定相对分子质量相差很大的蛋白质。

3. 聚丙烯酰胺凝胶等电聚焦电泳 等电聚焦电泳是一种利用具有 pH 梯度的介质分离 pI 不同的蛋白质的电泳技术。以 PAGE 为支持介质,加入两性电解质载体(ampholyte carrier),在电场的作用下,pI 不同的各种蛋白质在 pH 梯度凝胶中泳动,当迁移至 pI = pH 处,则蛋白质不带电荷而不再泳动,被浓缩成狭窄的区带,这种分离蛋白质的方法称为聚丙烯酰胺凝胶等电聚焦电泳(isoelectrofocusing-PAGE,IEF-PAGE)。

两性电解质载体一般是一系列 pI 相近的多氨基多羧基的脂肪族混合物。在两性电解质载体正极端引入酸性溶液(如硫酸、磷酸或醋酸等),负极端引入碱性溶液(如氢氧化钠、氨水等)。预电泳开始后,混合物中 pI 最低的分子(pI_1)所带负电荷最多,向正极移动最快,当移动至 pH 接近 pI_1 的酸性溶液界面时,此分子不再泳动而滞留于该区域。pH 稍高的第二种分子(pI_2)也向正极移动,但因 $pI_2 > pI_1$,故第二种分子滞留于第一种两性电解质之后。一段时间后,两性电解质载体依照 pI 的不同形成由正极到负极 pI 递增的线性 pH 梯度。此时,无论样品点样于凝胶的任何位置,各组分迁移到各自的 pI 处而得到分离,如图 6-6 所示。

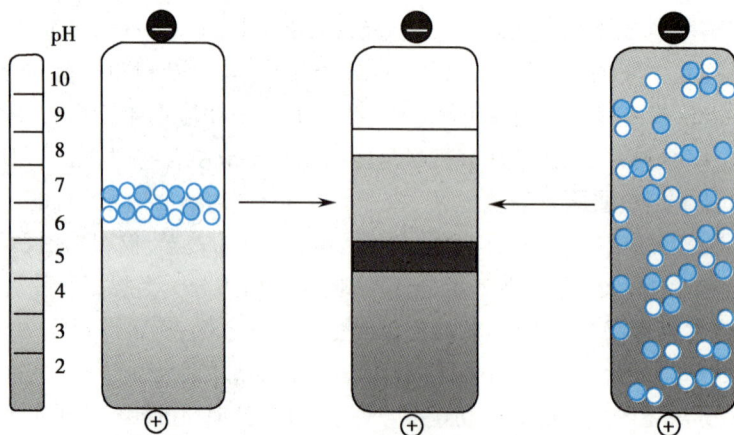

图 6-6 聚丙烯酰胺凝胶等电聚焦电泳的基本原理

IEF-PAGE的特点为:①使用两性电解质载体,在电极之间形成稳定、连续、线性的pH梯度;②两性载体电解质对蛋白质具有"聚焦效应",少量的样品也能获得清晰、鲜明的区带界面,可用于测定生物分子的pI;③样品可加于任何位置,电泳速度快,分辨率高;④适用于分离大、中分子量生物组分,如蛋白质、肽类、同工酶等。

4. 聚丙烯酰胺凝胶双向电泳 聚丙烯酰胺凝胶双向电泳(two dimensional electrophoresis,2-DE)又称二维电泳,是由两种不同的PAGE组合而成,样品经第一向电泳后,再以垂直方向进行第二向电泳。可根据生物分子间pI及分子量不同的特点,建立双向PAGE,第一向为等点聚焦电泳,第二向为SDS-PAGE电泳。经过双向电泳后,可以得到pI及相对分子质量的参数。聚丙烯酰胺凝胶双向电泳的图谱不是条带,而呈斑点状。染色后的电泳图谱需经图像扫描、计算机数字化处理,以分辨和确定蛋白质斑点的pI及相对分子质量。目前,聚丙烯酰胺凝胶双向电泳是所有电泳技术中分辨率最高、信息数量最多的一种电泳技术,已经成为蛋白质组学研究的重要工具。

四、毛细管电泳

毛细管电泳(capillary electrophoresis,CE)又称高效毛细管电泳(high performance capillary electrophoresis,HPCE),是以内径20~200nm的柔性毛细管柱作为分离通道,以高压直流电场作为驱动力,对各种小分子、大分子或细胞等进行高效分离、检测或微量制备等有关技术的总称。

毛细管电泳实现了电泳技术的整体化和仪器化。熔融石英毛细管(fused silica capillary)的引入,奠定了现代CE的基础,融合了高效分离、柱上检测(on-column detection)以及将高压电源所产生的焦耳热去除的过程。商品化毛细管电泳仪的推出,等电聚焦电泳、凝胶电泳等技术的引进,使CE在分析领域有了很大的发展,在蛋白质、氨基酸、DNA和多糖的分析、蛋白质序列和DNA序列的测定以及离子、病毒和细胞等检测方面的应用日趋广泛,有些方法已经成为质量控制标准。

(一)基本原理

毛细管电泳所用的石英毛细管柱,其表面含有大量的硅醇基(—Si—OH),在pH>3的溶液中硅醇基解离而使其内表面带负电荷(—Si—O⁻)。随后,解离的硅醇基吸附溶液中的阳离子,聚集在液固相交界面形成双电层。在高压电场作用下,双电层中的水合阳离子带动管内液体向负极方向移动,产生了电渗流(electro-osmotic flow,EOF),如图6-7所示。

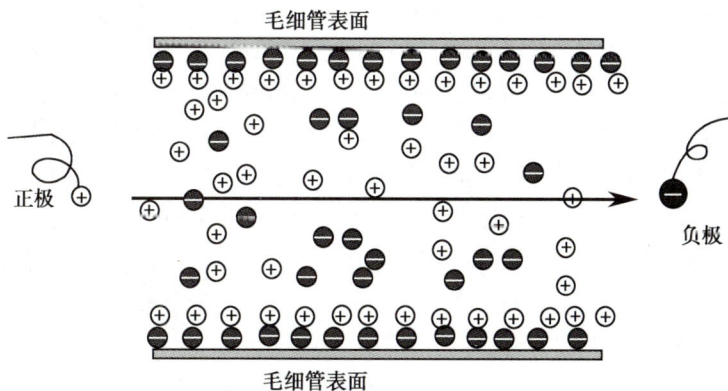

图6-7 毛细管电渗流示意图

在毛细管电泳中,EOF是推动流动相的驱动力,对物质的分离起着重要作用。一般情况下,EOF是由正极向负极移动,待分离组分的迁移速度(v)为电泳速度(v_{ep})与电解质溶液

$EOF(v_{eo})$ 的矢量和：$v = v_{ep} + v_{eo}$。带正电荷的粒子电泳方向与 EOF 方向一致,其迁移速度为二者之和；中性组分电泳速度为零,其移动速度相当于 EOF 速度；带负电荷的粒子电泳方向与 EOF 方向相反,但 EOF 速度一般大于电泳速度,因此,负粒子迁移速度最慢。

(二)优点

毛细管电泳的优点表现为：①热效应低:毛细管内径很小,电泳时使用电流很小,产生的焦耳热相对较少,可有效防止热效应引起的扩散增加致区带变宽的弊端。②高灵敏度、高分辨率:紫外光检测极限为 $10^{-13} \sim 10^{-15}$ mol/L,激光诱导荧光检测可达 $10^{-19} \sim 10^{-21}$ mol/L,检测的分辨率也很高。③所需样品少、检测速度快:毛细管的内径很小(一般 $< 100\,\mu m$),进样体积仅为数纳升(nl),样品浓度可低于 10^{-4} mol/L。分离操作可以在很短的时间内完成,多数在 30 分钟内,最快仅需数秒。④自动化程度高、操作简便、成本低。

(三)毛细管电泳的分类

毛细管电泳可以看作常规电泳在毛细管内进行,因此许多常规电泳同样适用于毛细管中电泳。毛细管电泳含有许多常规电泳如区带、凝胶、等电聚焦电泳的分离模式,同时也结合了层析原理产生的亲和毛细管电泳和毛细管电色谱等。以下介绍几种主要的毛细管电泳。

1. 毛细管区带电泳　毛细管区带电泳(capillary zone electrophoresis,CZE)也称为毛细管自由溶液区带电泳,是毛细管电泳中使用最为广泛的一种技术。被分离物质中带正、负电荷和不带电荷的中性组分在充满电解质溶液的毛细管中,因电渗作用致迁移率不同而达到分离的效果。

2. 毛细管凝胶电泳　毛细管凝胶电泳(capillary gel electrophoresis,CGE)是以凝胶填充至毛细管中作为支持介质进行分离的一种电泳模式。与常规凝胶电泳一样,除电荷效应外还具有分子筛效应。不同分子大小的生物分子依照相对分子质量大小的不同排列在毛细管内而得以分离。CGE 适用于分离测定肽类、蛋白质、DNA 类物质,目前此技术已应用于 DNA 测序仪中。

3. 毛细管等电聚焦　与常规等电聚焦相同,毛细管等电聚焦(capillary isoelectrifocusing,CIEF)也是根据蛋白质、多肽 pI 的差异进行分离的一种技术。它是在毛细管内填充含两性电解质载体的凝胶溶液,在电场作用下,在毛细管内形成一个连续变化的 pH 梯度,待分离的各组分按自身 pI 的差异而彼此分开。

4. 胶束电动毛细管色谱　胶束电动毛细管色谱(micellar electrokinetic capillary chromatography,MECC)又称毛细管胶束电泳。MECC 同时具有电泳与层析的双重分离机制。将阴离子 SDS 或阳离子十二烷基三甲基季胺(DTAC)等离子型表面活性剂加入到缓冲液中,其浓度达到临界胶束浓度(critical micelle concentration,CMC)时,表面活性剂按疏水端朝凝胶中心、亲水端朝凝胶表面的方式排列,形成具有疏水内核、外部带电荷的亲水微胶粒,称之为胶束。在电泳分离中,胶束起到假固定相的作用,因此在 MECC 中实际存在两相:水相和胶束相。在电场的作用下,各组分根据其在两相之间的分配系数的差异完成有效的分离。

MECC 的应用范围包括蛋白质、氨基酸、核酸、核苷酸、药物、芳烃化合物、维生素等物质的分离,可分辨所带电荷或荷质比差异小而分子极性有差异的分析物。

5. 毛细管电色谱　毛细管电色谱(capillary electrochromatography,CEC)是通过在毛细管中填充或在毛细管壁上涂布、键合、交联固定相微粒,构成毛细管色谱柱,依靠电渗流推动流动相,携带样品迁移,使各组分依照其在固定相和流动相之间分配系数的差异而得以分离。CEC 目前主要用于芳香族化合物、药物、染料、多肽、寡核苷酸以及一些难以分离的离子化合物的分离和分析。

6. 毛细管等速电泳　毛细管等速电泳(capillary isotachophoresis,CITP)是一种毛细管中待分离组分与电解质等速向前移动进行分离的电泳方法。下面以分离负离子 A⁻ 和 B⁻ 为例,说明 CITP 分离的原理(见图 6-3)。CITP 在毛细管中的电渗流为零,缓冲系统由前后两种不同浓度的电解质组成:一种为前导电解质(leading electrolyte,LE);另一种为终末电解质(terminating electrolyte,TE)。将前导电解质离子 LE 充满整个毛细管柱,终末电解质离子 TE 则仅置于负极端的电泳槽中,样品负离子 A⁻ 和 B⁻ 置于负极端的进样装置中。接通电源后,LE、TE、负离子 A⁻ 和 B⁻ 开始朝检测器移动。开始时按界面电泳分离,即 LE、B⁻、A⁻ 和 TE 依次越过初始区带界面,经一段时间后,形成新的界面体系,此时已有纯 A⁻ 区带和纯 B⁻ 区带。继续电泳混合区带 A⁻B⁻ 缩小。再经过一段时间,混合区带消失。此时电泳进入稳态,各区带具有相同的迁移速率,都以与 LE 相同的速度(等速)向前移动,故而得名毛细管等速电泳。在平衡状态下,如果有离子改变速度进入相邻区带,由于它的速度和这一区带上主体组分离子的速度不同,它被迫立即返回原先所处的区带,从而产生非常清晰的区带边界,此为区带锐化效应(zone sharpening effect),此效应为 CITP 最突出的优点。CITP 适用于蛋白质、肽类、小分子及小离子的分离,但目前应用得并不很多。

第三节　电泳仪的基本结构

常用电泳设备一般可分为主要设备(分离系统)和附加装置(辅助设备与检测单元)。主要设备指电泳仪电源、电泳槽,电源的作用是建立电泳电场,辅助设备指恒温循环冷却装置、伏时积分器、凝胶烘干器等。分析检测装置包括染色和扫描等检测单元。

一、常用电泳仪的基本结构

（一）电源

1. 常用电源分类

(1)普通直流电源:由整流电路和滤波电路组成。交流电经变压和整流滤波后,输送给电泳槽。普通直流电源结构简单、成本低,但电流波动较大,已基本被淘汰。

(2)直流稳压电源:交流电压或负载电流变化时,能使输出电压保持不变。

(3)直流稳流电源:输入的电网电压、负载电流和温度发生变化时,能使输出电流保持不变,减少温度波动对电泳的影响。

(4)双稳电源:输出电压和电流皆稳定。

(5)三恒电源:输出电压、电流与功率皆稳定。

2. 主要技术指标

(1)输出电压、输出电流与输出功率:电泳仪输出的直流电压、直流电流与直流功率范围一般为 0～6000V、1～400mA、0～400W。

(2)电压、电流与功率的稳定度:稳定度是指输出变化量与输出本身大小的比值。稳定度越小,其性能越高。

(3)输出组数:可同时提供几组输出电流。

(4)保护措施与连续工作时间:电源电路采取过流、过压保护的方式,一般可连续正常工作 24 小时。

(5)显示方式与定时方式:可对工作电流、电压、频率与功耗采用指针式仪表或数字式显示。电泳时间常由电子石英钟控制,也可用预设的功率值控制。

（二）电泳槽

电泳槽是样品分离的场所,是电泳仪的一个主要部件。槽盖可防止缓冲液的蒸发及避免触电的危险。槽内装有电极、缓冲液槽、电泳介质支架等。

电泳槽的种类很多,按电泳的形式可分为:自由界面电泳槽、管状电泳槽以及板状电泳槽。电极多为细丝状耐腐蚀的金属,以铂金丝性能最好而广为应用。缓冲液槽通常有一组或多组,每组有两个缓冲液槽。支持介质两端分别浸入槽内的缓冲液中,在介质上上样后进行电泳。支持介质要求结构均一而稳定、无电渗、不带电荷且不导电、分离后的成分易于析出等特点。以 Grassmann-Hanning 型滤纸电泳槽为例,说明常见电泳槽的结构(图6-8)。

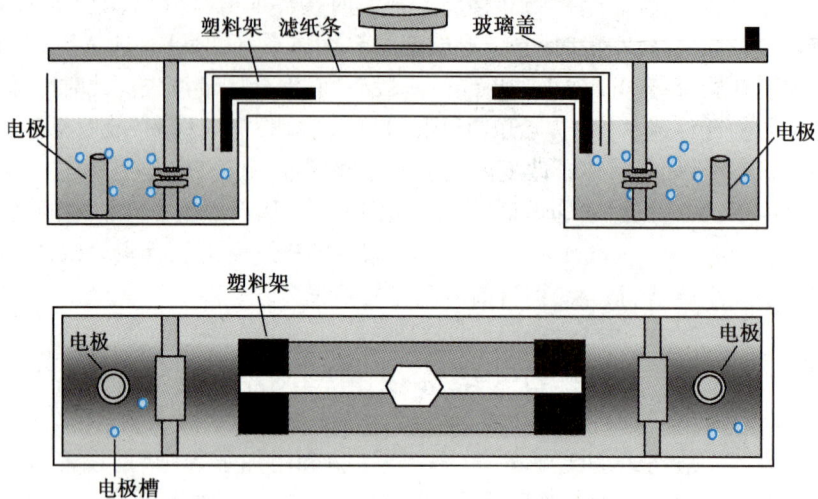

图6-8 Grassmann-Hanning 型滤纸电泳槽

(三)附加装置

1. 恒温循环冷却装置 提供循环冷却水,可将电泳槽的冷却板温度控制在一定范围内。

2. 电泳图谱分析设备 扫描或检测设备可分为可见光源、紫外光、荧光和激光光源等。可见光源和激光光源能对染色的凝胶进行扫描,紫外光源可以扫描不经染色的凝胶,而荧光测量的灵敏度最高。通过扫描电泳条带,可得出各组分(条带)的相对百分比,或绘制曲线图,通过计算条带相对面积得出各组分的相对量。

二、毛细管电泳装置的基本结构

毛细管电泳装置主要有高压电泳仪、毛细管柱、检测器以及缓冲液槽。输出信号和记录装置相连,记录装置可以是一个普通的记录仪、积分仪,也可以是有控制功能的计算机工作站。毛细管电泳仪的结构见图6-9。

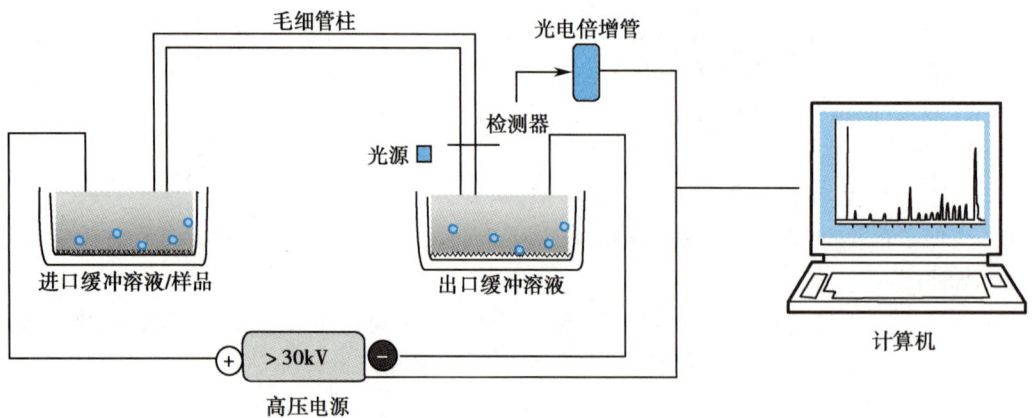

图6-9 毛细管电泳仪示意图

1. 高压电泳仪 毛细管电泳需要施加高电场强度(>400V/cm)与高电压(20~50kV),因此使用的电泳仪是一种超高压电器装置,应具备良好的绝缘性和稳定的输出功率。最高电压可达50kV,最大电流一般为200~300mA。

2. 毛细管柱 毛细管柱是毛细管电泳仪的核心部件。毛细管柱一般是圆管形的,具有化学惰性、电惰性、紫外及可见光透过性等特性,并且有一定的柔韧性,其材料可以是聚四氟乙烯、玻璃和弹性石英等。聚四氟乙烯的主要缺点是难以制得内径均匀的管柱,对样品有吸附作用,热传导性差且易变形,因此其应用受到一定的限制。玻璃毛细管价格便宜,电渗大但吸附作用也大。石英毛细管柱性能稳定,电渗大,有一定的吸附,其内壁表面含有硅醇基,构成氢键吸附并导致毛细管内电介质产生电渗流。

目前使用的毛细管内径一般为25~75μm。细管柱的最大优点是一方面可减小电流以减少自热,另一方面可增大散热面积,即可以大大降低管柱中心和管壁的温差,以利保持高效的分离。但是直径过小不利于对吸附的抑制,同时也会造成进样、检测和清洗等技术上的困难。常用毛细管柱的长度一般在30cm左右。毛细管柱长度增加,电阻增大,电流减小,有利于减少自热,但电场强度降低,分析时间延长。较短的毛细管柱能明显缩短分析时间,但容易造成毛细管过热。除了内径和长度,毛细管壁的厚度也是一个重要参数。管壁由石英本身及涂在外壁的聚酰亚胺两部分组成。由于聚酰亚胺的热导率很低,厚管壁有助于改善散热环境,减少聚酰亚胺对散热的不利影响。

3. 检测器 CE装置配有高灵敏的检测器,实现了在线自动化检测,避免了谱峰变宽。CE结合紫外-可见光检测器的灵敏度可达10^{-17}g,应用最广泛;CE结合激光诱发荧光检测器的灵敏度可达10^{-19}g;CE结合质谱检测器和核磁共振检测器灵敏度高达10^{-21}g。

4. 进样系统 大多数毛细管电泳系统具有自动进样的功能,能连续处理批量的标本。样品常用电动式和气动式两种进样方式。电动进样也称为电迁移进样,于短时间内施加进样电压,在溶质电泳迁移和毛细管电渗流的作用下,样品进入毛细管。电气动进样也称为压差进样,是最常用的进样方法,可采用在进样端加压或出口端减压或虹吸作用的方式,将样品加入毛细管。

5. 冷却系统 毛细管电泳装置配备有空气或液体制冷设备,以降低焦耳热的影响。一般采用在毛细管分析室内输入冷空气,或者向毛细管的夹层内输入制冷液体,使毛细管迅速冷却。

第四节 电泳技术在临床检验中的应用

电泳技术在临床检验领域的应用非常广泛,主要有:血清蛋白电泳、血红蛋白电泳、糖化血红蛋白电泳、血清脂蛋白电泳、尿蛋白电泳、脑脊液蛋白电泳、乳酸脱氢酶同工酶电泳、肌酸激酶同工酶电泳、肌酸激酶同工酶亚型电泳等。

一、血清蛋白电泳

人血清含有一百种以上的蛋白质,如载体蛋白质、抗体、酶、酶抑制剂、凝血因子等。新鲜血清经醋酸纤维素薄膜或琼脂糖凝胶电泳、染色后,通常可见清蛋白和α_1、α_2、β、γ球蛋白5条电泳带。血清蛋白电泳图谱能辅助某些疾病的诊断及鉴别诊断。例如:慢性肝病或肝硬化时白蛋白显著降低;急性时相反应或急性炎症时常以α_1、α_2区带加深为特征;妊娠时,α_1区带峰增高的同时伴有β区带峰的增高;肾病综合征、慢性肾小球肾炎时呈现白蛋白下降,α_1、β球蛋白升高;缺铁性贫血因转铁蛋白的升高而呈现β区带峰增高;多发性骨髓瘤会出现异常的γ球蛋白带。

二、尿蛋白电泳

尿蛋白电泳检测的目的是为了确定尿蛋白的来源以及了解肾脏病变的严重程度(区分选择性与非选择性蛋白尿),从而协助临床判断肾脏的主要损害,有助于肾脏病变的诊断和预后。尿蛋白电泳出现中、高分子蛋白区带时主要反映肾小球病变;出现低分子蛋白区带见于肾小管病变或溢出性蛋白尿(如本周蛋白);混合性蛋白尿中可见到各种分子量区带,提示肾小球和肾小管均受累。

三、血红蛋白电泳

用于鉴别患者血液中血红蛋白(hemoglobin,Hb)的类型和含量,辅助临床鉴别贫血类型。HbA2 增高见于 β-轻型地中海贫血,而 HbA2 降低见于缺铁性贫血及其他 Hb 合成障碍性疾病(如 α-地中海贫血)。血红蛋白电泳发现异常 Hb,如 HbC、HbD、HbE、HbK 和 HbS 等时,可诊断为相应的 Hb 分子病。

四、糖化血红蛋白电泳

在酸性条件下进行血红蛋白电泳,可将糖化血红蛋白的不同组分 HbA1a、HbA1b 和 HbA1c 分离开来,HbA1c 的形成与红细胞内葡萄糖有关,可特异地反映患者测定前 6~8 周体内葡萄糖的平均水平。

五、免疫固定电泳

免疫固定电泳可对各类免疫球蛋白(Ig)及其轻链进行分型,最常用于 M 蛋白的分型与鉴定。一般用于单克隆 Ig 增殖病、单克隆 Ig 病、本周蛋白和游离轻链病、多组分单克隆 Ig 病、重链病、脑脊液寡克隆蛋白鉴别、多克隆 Ig 病的诊断和鉴别诊断。

六、同工酶电泳

临床上同工酶电泳常用于乳酸脱氢酶同工酶和肌酸激酶同工酶的检测。乳酸脱氢酶(LD/LDH)同工酶可分离出 5 种同工酶区带(LD1~LD5),主要用于急性心肌梗死(AMI)(LD1>LD2)及骨骼肌疾病(LD5 升高)的诊断和鉴别诊断。恶性肿瘤、肝硬化时可见 LD5明显升高,或在胸腹腔积液中出现一条异常 LD6 区带。肌酸激酶(CK)同工酶可分离出 3 种CK 同工酶。

七、脑脊液蛋白电泳

脑脊液蛋白电泳的原理和血清蛋白电泳相同,也是利用各种蛋白质在电场作用下的迁移率不同进行检测。在碱性环境里,脑脊液蛋白皆带负电荷,在电场中向正极移动。因各蛋白质等电点和分子量有差异,分子量小、负电荷多的泳动快;分子量大、负电荷少则泳动较慢,从而将各蛋白质区分开。

脑脊液蛋白质电泳通常用醋酸纤维素薄膜或琼脂糖凝胶作为载体,若采用等电聚焦电泳可提高电泳图谱的分辨率。由于脑脊液中蛋白质含量少,因此在电泳前须将脑脊液标本在高分子聚乙二醇或右旋糖酐透析液中浓缩。

八、脂蛋白电泳

脂蛋白电泳检测各种脂蛋白,包括乳糜微粒、极低密度脂蛋白、低密度脂蛋白、高密度脂蛋白等,主要用于临床高脂血症的分型,冠心病风险评估,动脉粥样硬化及相关疾病的发生、发展、诊断、治疗及疗效的观察。

九、毛细管电泳

毛细管电泳技术适用于以上常规电泳技术临床应用的方方面面,但其分辨率高、重复性更好。

采用毛细管电泳分离血清蛋白能准确计算各种蛋白质的相对浓度,避免了凝胶电泳法染色、脱色过程中多种影响因素造成的误差。血清中前清蛋白的浓度可表明机体的营养状态,且是确定恶性肿瘤、炎症、肝硬化、霍奇金淋巴瘤的重要指标,但常规电泳法难以分辨,而毛细管电泳法很易分离定量。毛细管电泳法还可将 α_1 区细分为 α_1-酸性糖蛋白与 α_1-抗胰蛋白酶。

毛细管等电聚焦电泳和区带电泳可分离十几种 Hb 变异体,还可快速分离急性心肌梗死患者尿中低浓度肌红蛋白,并可将血浆脂蛋白分离出 14 个亚组分,如在分离缓冲液中加入表面活性剂,可在短时间内对两个主要组分——高密度脂蛋白(HDL)和低密度脂蛋白(LDL)进行定量。

毛细管电泳能分离数种糖蛋白的糖基构型,可鉴别糖化血红蛋白 A1 和其异构体,对糖尿病的监控具有重要意义。

近年来应用高效毛细管电泳法进行脑脊液蛋白质电泳分析,可进一步提高分辨率且脑脊液标本无需预先经过浓缩。

毛细管电泳分离 DNA 分子需多聚物交联剂如聚丙烯酰胺、聚乙二醇、甲基纤维素等材料作为分子筛,能对大小仅为 4bp 差别的 DNA 分子进行高效分离。

毛细管电泳还可简便快速地分析生物样品中各种形式的药物成分,并能在 3~4 分钟内分离出血和尿样品中血管造影剂含量、草酸盐等离子,检测尿样中十几种卟啉物质和维生素 C 异构体。在药理学、法医学和临床毒理学等方面均有广泛应用。

(郑 芳)

本章小结

电泳是指带电荷的溶质或粒子在电场中移动的现象。利用电泳将物质分离、分析的技术叫电泳技术。

影响电泳速度的因素包括内在因素(粒子本身特性)和外在因素(电场强度,电极缓冲液和样品液的 pH、离子强度、黏度和电渗等)。电泳技术按分离的原理可分为区带、移界、等速、等点聚焦、免疫电泳等;根据支持介质的不同,可分为自由电泳(无固体支持介质)和支持介质电泳(有固体支持介质)两大类。常见的电泳分析方法有醋酸纤维素薄膜、琼脂糖凝胶、聚丙烯酰胺凝胶和毛细管电泳。PAGE 通过浓缩效应、分子筛效应以及电荷效应,极大地提高了分辨率和区带清晰度。利用 SDS 带有大量的负电荷消除或掩盖蛋白质间原有电荷的差异,建立了 SDS-PAGE。采用孔径梯度的 PAGE 能准确测定天然蛋白质相对分子质量,建立了 PAGE 梯度凝胶电泳。利用各种蛋白质的 pI 不同,以加入两性电解质载体的 PAGE 为支持介质,建立了蛋白质在 pH 梯度凝胶中泳动的 PAGE 等电聚焦电泳。将两种不同的 PAGE 方法结合到一起,建立了 PAGE 双向电泳。

毛细管电泳以内径 20~200nm 的柔性毛细管柱作为分离通道,以高压直流电场作为驱动力,可对各种小分子、大分子以致细胞等进行高效分离、检测或微量制备。毛细管电泳含有许多常规电泳的分离模式,如毛细管区带电泳、毛细管凝胶电泳、毛细管等电聚焦电泳,同时也结合了层析原理与电泳原理产生了亲和毛细管电泳和毛细管电色谱等。毛细管等速电泳是一种待分离组分与电解质在毛细管中一起向前等速移动进行分离的电泳方法。

电泳仪的基本结构主要包括电泳仪、电泳槽、恒温循环冷却装置、伏时积分器、凝胶烘干器等及分析检测装置。目前用于临床医学检验的电泳主要有血清蛋白、血红蛋白、糖化血红蛋白、血清脂蛋白、尿蛋白、脑脊液蛋白、乳酸脱氢酶同工酶、肌酸激酶同工酶、肌酸激酶同工酶亚型电泳等。毛细管电泳技术除可以应用于以上成分的分析外,还可以用于 DNA 片段和染色体分析,在治疗药物监测及小分子/离子的检测中也发挥着作用。

第七章
流式细胞分析仪器与技术

通过本章学习,你将能够回答下列问题:

1. 什么是流式细胞术?
2. 流式细胞仪分析检测和分选的原理各是什么?
3. 流式细胞仪的基本结构包括哪几个部分?各部分的作用分别是什么?
4. 流式细胞仪的性能指标有哪些?
5. 流式细胞仪检测过程中的技术要点有哪些?
6. 什么是同型对照?设置同型对照的意义是什么?
7. 什么是 Luminex 技术?有哪些技术特点?
8. 流式细胞仪在生命科学研究与临床诊断方面各有哪些应用?

流式细胞术是一种对处在快速直线流动状态中的细胞或生物颗粒进行多参数、快速定量分析和分选的技术。流式细胞仪(flow cytometer,FCM)是在流式细胞术基础上发展起来的一种仪器,它整合了包括流体力学、激光技术、细胞荧光染色技术、免疫学技术、计算机分析技术和最近发展起来的 Luminex 技术等在内的多项技术。FCM 不仅可以检测细胞膜表面、细胞质和细胞核内的成分,而且能定量分析血清和体液等液体中的多种可溶性物质。近年来,FCM 除了功能不断增加和性能不断提高外,其应用范围也逐渐扩大,已成为临床诊断和生命科学研究的重要工具。本章主要介绍 FCM 的类型、原理、结构、性能指标、技术要求和应用。

第一节　流式细胞仪的工作原理

流式细胞仪(FCM)根据其功能分为分析型 FCM 和分选型 FCM 两种。分析型 FCM 只具有分析功能没有分选功能,而分选型 FCM 既有分析功能也有分选功能。

一、分析型流式细胞仪的工作原理

经过特异荧光素染色的单细胞悬液样品,在气体压力的作用下进入 FCM 的流动室,与此同时,鞘流液也由专门的管道进入流动室,两者混合形成层流,自喷嘴口逐一连续射出,被与其垂直的特定波长的激光束照射,细胞表面的荧光素产生特定波长的荧光,同时产生光散射。这些混合的光信号经光电倍增管(photomultiplier tube,PMT)和光电二极管转变为电子信号,并经过模数转换器以电子脉冲的形式被计算机系统接收,最后计算机通过相应的软件分析得出细胞的生物学特征。

二、分选型流式细胞仪的工作原理

分选型 FCM 是在分析型 FCM 的基础上增加了分选系统。要对细胞进行分选，首先要对样品中的细胞进行分析，确定哪些细胞是需要分选的细胞，所以分选型 FCM 一定含有分析功能，其分析原理与分析型 FCM 相同。

由于分选的细胞还要进行后续的研究，所以分选的过程必须无菌和保持细胞活性。分析型 FCM 的目的只是检测，检测后的样品直接丢弃，因此不需要无菌操作，同时对细胞活性的要求没有分选型那么严格，这是分选型和分析型 FCM 的主要差别。待分选的单细胞悬液经过检测区时，仪器必须从所有细胞中判断出哪些细胞是待分选的细胞，即目标细胞。依据试验目的的不同，目标细胞可以是一种细胞或几种细胞。

要对目标细胞进行分选，必须得使细胞形成独立的液滴。在流动室上方有一压电晶体，在几十千赫的电信号作用下发生振动，从而带动流动室发生振动，振动使得流经检测区的连续液流在下段形成独立的液滴。仪器根据之前测定的液滴的性质，即是否为目标细胞以及属于哪一种目标细胞做出相应处理。如果样品液滴不需要分选，液滴则不带电，直接进入废液槽中；如果液滴需要分选，液滴就被施加相应电量的正或负电荷，带有相应电荷的独立液滴进入到下段的强电场中发生偏移，进入到相应的收集管中。由于不同的细胞带有不同的电荷和电量，它们在电场中偏转角度不同，从而进入不同的收集管，最终达到分选的目的。分选型 FCM 的工作原理如图 7-1 所示。

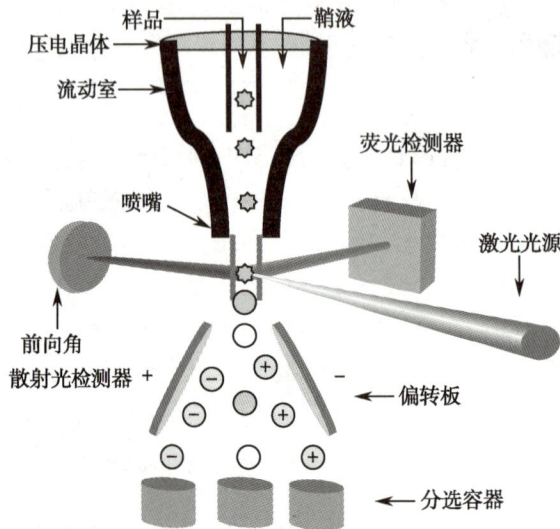

图 7-1 分选型流式细胞仪工作原理示意图

第二节 流式细胞仪的基本结构

分析型流式细胞仪的结构主要由液流系统、光路系统、信号检测系统、数据分析与显示系统组成。与分析型 FCM 相比，分选型 FCM 多一个分选系统。

一、液 流 系 统

流式细胞仪的液流系统由鞘液流和样品流组成。鞘液在压力作用下从鞘液桶中流经专门的管道进入流动室；同时，含有经特异荧光染色的单细胞悬液样品在大于鞘液的压力下自样品管经过另一特定管道进入流动室，两种液流在流动室会合。在流动室，因两种液流的压力不同而形成层流,样品流在中间,鞘液流在外围。一般情况下,样品流的压力大于鞘液流的压力,这有利于层流的维持。流动室是 FCM 的重要部件,其主要功能是形成细的液流使细胞以单个串状排列形式通过。鞘液流的作用是使样品流处于液流的轴线方向,保证每个细胞经过激光照射区时位置正确和时间相等,从而保证获得正确的光信号。

二、光 路 系 统

流式细胞仪的光路系统由光学激发系统和光学收集系统组成。

(一)光学激发系统

光学激发系统由激光器和透镜组成。光路系统始于激发器,其发出的激光是一种单波长、高强度和高稳定性的光源。透镜使激光器发出的激光束成形并聚焦,使激光束固定于检测点上。样品流中的细胞经激光照射后会产生散射光,如果细胞结合有荧光素,而这种荧光素刚好可以被这种波长的激光激发的话,荧光素则同时还会发射出荧光信号。FCM 采集的光信号包括散射光信号和荧光信号。

1. 散射光信号 是细胞的物理参数,也称固有参数。散射光信号包括正对激光光源方向接收的前向角散射光(forward scatter,FSC)和与激光光源方向在同一水平面并与激光成90°角的侧向角散射光(side scatter,SSC)。FSC 与细胞的大小有关,SSC 与细胞的颗粒性及其内部复杂程度有关,反映细胞内的精细结构和颗粒性质等信息。

2. 荧光信号 细胞的荧光信号一般有两种。一种是细胞自身在激光照射下发出的微弱荧光信号,称为细胞自身发光;另一种是细胞标记的荧光素受激光激发而发出的荧光信号,这种荧光信号反映的是所研究细胞的数量和生物颗粒等情况。

细胞产生的荧光信号是向四周发射的,但为了仪器设计方便,是在与激光光源方向同一水平面并与其成90°角的方向检测荧光信号,即与检测方向相同。FCM 在侧面90°角接收到的 SSC 和荧光信号是混合在一起的,由于 SSC 和各种荧光信号的波长不同,分别由不同的通道接收,不会相互干扰。仪器结合细胞的 FSC、SSC 和荧光信号的数值进行综合分析。

不同的荧光素由于分子结构不同,其荧光激发光谱和发射光谱不尽相同,所以试验时选择哪种荧光素标记的抗体要考虑使用的仪器所配备的激光器类型。目前,FCM 最常配置激发波长为 488nm 的激光器,它可激发藻红蛋白(phycoerythrin,PE)和异硫氰酸荧光素(fluorescein isothiocyanate,FITC)等荧光素,其他的激光器包括波长为 635nm 的红激光器、波长为 532nm 的绿激光器、波长为 405nm 的紫激光器、波长为 355nm 的紫外激光器、波长为 560nm 的黄激光器和波长为 610nm 的橙激光器。在实际检测中常碰到需要同时测定多个指标,不同指标用不同的荧光素标记,这就要求这些荧光素的发射波长不要靠得太近,以免信号间相互干扰。

(二)光学收集系统

光学收集系统由收集透镜、一系列光镜及滤光片组成的光学系统构成。收集透镜收集激光激发后细胞发出的光信号,包括前向角散射光、侧向角散射光和被激发的荧光。收集透镜收集前向角散射光后,光信号直接被送至光电二极管转换成电流并记录;侧向角散射光和被激发的荧光由收集透镜收集后,经过分色镜和滤光片改变光的方向后再进入不同的光电倍增管(PMT),一个 PMT 就是一个检测通道。滤光片位于 PMT 前面,只让适合波长的光信号进入相应的 PMT。滤光片只允许很窄范围波长的光信号通过,相当于光信号的峰值部分。FCM 是利用滤光片的不同组合达到分离各种光信号的目的,根据其功能不同,滤光片主要分为长通滤光片、短通滤光片和带通滤光片三种。

1. 长通滤光片 长通滤光片使波长大于特定波长的光可以通过,波长小于该特定波长的光不能通过。

2. 短通滤光片　短通滤光片与长通滤光片相反,当混合光射至短通滤光片时,只有小于特定波长的光可以通过,波长大于滤光片波长的光不能通过。

3. 带通滤光片　带通滤光片是允许波长在特定范围里的光通过,该范围之外的光不能通过。带通滤光片一般位于光路系统最靠近接收通道的位置,是混合光进入接收通道的最后一个滤光片,用于缩小进入通道的光信号波长范围,提高进入通道的光信号质量。

三、信号检测系统

光电检测器将光信号转变为电脉冲信号,主要有光电二极管和 PMT 两种:光电二极管用于检测信号较强的 FSC,PMT 用于检测信号较弱的 SSC 和荧光信号。通常情况下,需要将电脉冲信号放大,才能进行正确的检测。

电脉冲信号的放大方式有两种,一种是增强电压,另一种是增大电流。通过增强电压,可以把电脉冲信号适当放大到可以被检测的范围内,光电检测器本身就具有调节电压的功能,能够把原始的光信号直接放大,并转换成足够大的电脉冲信号,在流式细胞仪上,光电检测器电压都有一定的可调节范围。通过增大电流,也可以实现对电脉冲信号的增强。电流的放大有两种模式——线性放大模式和对数放大模式。顾名思义,通过线性放大的信号,输入信号和输出信号间成线性关系,对数放大则二者间成对数关系。线性放大模式主要用于测定值本身变化不大或者其变化成线性的信号,如前向角散射光(FSC)的测定和细胞 DNA 含量、RNA 含量和总蛋白质含量等;对数放大模式主要用于测定信号变化幅度比较大且光谱信号较为复杂的信号,如测定免疫细胞膜抗原。

散射光信号和荧光信号经 PMT 转变为电子信号时是以电子脉冲或电子波的形式被计算机系统接收而进行分析的。计算机系统可根据电子波的高度、宽度或面积这三个参数来反映光信号的大小,光信号越强,这三个参数的数值就越大,但相比较而言,以面积代表光信号的大小比用高度和宽度更加准确。目前多数流式细胞仪在默认的情况下都是以面积参数来表示信号大小,但是在某些特殊情况下,也需要利用高度或宽度参数来表示信号大小,如利用荧光信号的宽度来区分粘连的细胞,因为粘连的细胞所得到荧光信号的宽度明显大于单个细胞。

四、数据分析与显示系统

目前的流式细胞仪一般都能达到每秒上万细胞的分析速度。每个细胞包含有 FSC 和 SSC 等基本信号,如果标记了荧光抗体,则增加了荧光信号。信号又有多种表现方式,比如宽度、高度和面积等。要从如此多的信息中筛选出有价值的信息,必须采取有效的数据分析方法,其中设门是流式数据分析中最常用的技术手段。设门指的是在细胞分布图中指定一个范围,对其中的细胞进行进一步的分析,门的形状可包括线性门、矩形门、椭圆门、多边门、任意门和十字门等。流式数据分析按照实验要求的不同分为单参数分析、双参数分析和多参数分析,分析后的数据目前主要是通过流式图的方式全面客观地展示,最常用的是流式直方图、流式散点图和流式等高图。

(一)单参数分析

单参数分析指的是对检测对象单个参数的统计分析,常以流式直方图表示,此图只能显示一个参数的信息,其制作原理与统计学中的直方图相似,如图 7-2。直方图的 x 轴一般为散射光或荧光强度,y 轴为颗粒计数。直方图一般采用设置线性门的手段进行分析,流式直方图可以用于定性和定量资料的分析。

(二)双参数分析

双参数分析指的是结合检测对象两个参数进行分析,常以流式散点图和等高图表示,使

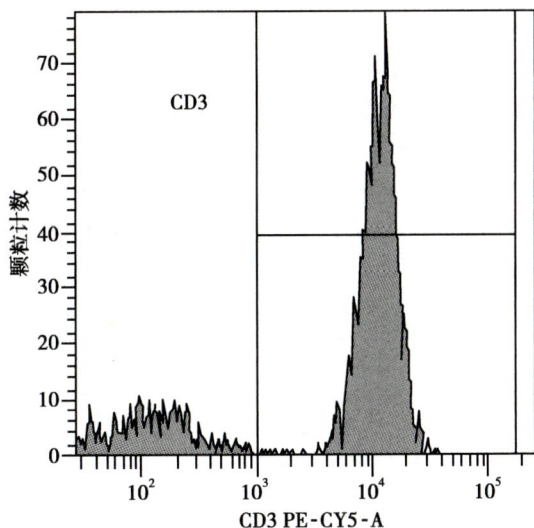

图7-2 单参数直方图

用的参数可以是前向角散射光信号、侧向角散射光信号和各种不同荧光素标记所产生的荧光信号间的两两组合。图7-3为流式双参数散点图,同时显示红色荧光信号(CD3)和绿色荧光信号(CD4)两个参数的信息,采用设置十字门的手段将细胞分成四群,即 CD3⁻CD4⁻ 细胞群、CD3⁻CD4⁺ 细胞群、CD3⁺CD4⁻ 细胞群和 CD3⁺CD4⁺ 细胞群,同时可计算出各群细胞所占百分比和平均荧光强度等数据。

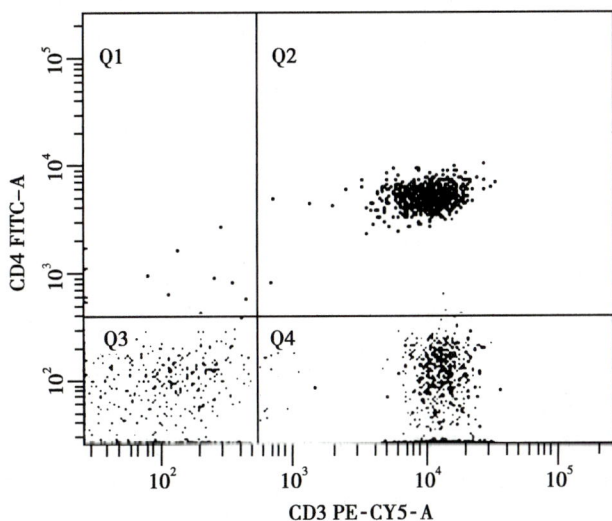

图7-3 双参数散点图

(三)多参数分析

多参数分析指的是结合检测对象三个及三个以上参数进行综合分析。多种荧光素标记的细胞经激光激发后可产生 FSC、SSC 及多种荧光信号,可通过信号间的不同组合分析,帮助研究者从更多角度分析细胞的异质性,从而提高分析的准确性。多参数分析在基础研究中应用较多,在临床诊断方面一个典型例子是用于白血病免疫表型的分析。

五、分 选 系 统

细胞的分选系统由液滴形成、充电和偏转三部分组成。首先,通过分析样品中的细胞,在激光照射点处判断液滴是否需要分选。需要分选的细胞在成为独立液滴时带上相应电量的正或负电荷,然后在电场中发生不同程度的偏移,进入不同的分选通道;如果不是需要分选的细胞就不带电荷,直接进入废液槽。

理想情况下,一个液滴中只含有一个细胞,但在实际分选过程中,有可能出现细胞在液滴中分布不均的情况,也就是说,有的液滴中不含细胞,有的液滴中含有多个细胞。没有细胞的液滴可以不加处理进入废液中,含有多个细胞的液滴如何处理,目前的分选仪根据分选要求有三种模式供选择——纯化模式、富集模式和单细胞模式。

1. 纯化模式 是最常见的模式,只有液滴中的细胞均为目的细胞时才分选,目的细胞和非目的细胞同时存在则不分选。这种模式主要是保证分选纯度,而不保能证细胞的得率。

2. 富集模式 指的是不管液滴中是否含有非目的细胞,只要含有目的细胞就分选。此种模式主要考虑细胞的得率,但不考虑纯度,主要用于目的细胞所占比例较低的样本的分选,即先用富集模式富集细胞,然后再用纯化模式纯化。

3. 单细胞模式 指的是液滴中只有一个细胞且是目的细胞时才进行分选的模式。与纯化模式和富集模式相比,单细胞模式可以做到精确计数,所以只有当实验要求精确计数分选细胞时才采用这种模式。

第三节　流式细胞仪的主要性能指标

流式细胞仪在基础研究和临床诊断中的应用越来越普及,为了保证其检测结果的准确性和可靠性,需要合理评价仪器的性能。流式细胞仪的主要性能指标包括灵敏度、分辨率、表面标志物检测准确性和重复性、分析速度、分选相关指标、荧光线性和仪器稳定性等。

一、灵　敏　度

(一)荧光灵敏度

荧光灵敏度是衡量 FCM 检测荧光信号的重要指标,指的是仪器能检测到单个微球上标有 FITC 或 PE 等荧光分子的最小值,通常用等量可溶性荧光分子(molecules of equivalent soluble fluorochrome,MESF)来表示。FCM 对 FITC 的荧光灵敏度要求是 <200MESF,对 PE 的荧光灵敏度要求是 <100MESF,换句话说,对 PE 而言,只要细胞上含有 100MESF 就能被 FCM 检测出来。

(二)FSC 检测灵敏度

此灵敏度是指流式细胞仪能够测到的最小颗粒大小,以颗粒直径表示,应不大于 $1\mu m$。目前仪器检测的颗粒直径为 $0.2 \sim 0.5\mu m$。

二、分　辨　率

分辨率是衡量仪器测量精度的指标,通常用变异系数(coefficient of variation,CV)来表示。

如果一群含量完全相等的样本用 FCM 来测量,理想的情况下 CV 应该为零,但是在整个检测过程中会带入一定的误差,包括样本含量的误差、样本进入流动室时照射激光的微弱变化以及仪器本身的测量误差等,实际上 CV 很难等于零。CV 值越小,曲线分布越窄、越集中,测量误差越小。一般要求流式检测的 CV 值不大于 2%。

CV 值的计算还可以用半高峰宽来计算。半高峰宽是指在峰高 1/2 的位置测得的峰宽,它与 CV 的关系是:

$$CV = \frac{半高峰宽}{\mu} \times 0.4236 \times 100\%$$

需要注意的是,此公式成立的基础是用于分析的数据符合正态分布,但是,实际情况所得到的数据有时不呈正态分布,这时用半高峰宽来计算 CV 大小将出现一定的偏差。

三、表面标志物检测准确性与重复性

流式细胞仪最基本也是最重要的一个功能就是进行细胞表面标志物的检测。在准确性方面,通过检测已标记 CD3、CD4 和 CD8 的质控血液样本,各表面标志物的百分比应处于给定的范围内;在重复性方面,将一个样本重复检测 20 次,各表面标志物百分比的 CV 应不大于 10%。

四、分析速度

流式细胞仪的分析速度以每秒分析的细胞个数来表示。目前流式细胞仪的分析速度一般为 3000~6000 个细胞/秒,性能好的仪器可达到每秒数万个细胞的分析速度。

五、分选指标

分选指标主要包括分选速度、分选纯度和分选收获率。

(一)分选速度

目前一般 FCM 的分选速度为 1×10^4 个细胞/秒左右,高性能的 FCM 最高分选速度能达到 7×10^4 个细胞/秒。由于分选后细胞还要进行后续研究,所以在分选中应尽可能保持细胞活性。分选速度是影响细胞活性的一个重要因素,分选速度的控制比分析速度的控制更严格,在保证分选纯度和收获率的前提下,应尽可能在最短时间内完成分选。分选速度还与分选模式密切相关,如果采用纯化模式分选,其速度不应超过仪器最高分选速度的 50%;如果采用富集模式分选,不应超过最高分选速度的 80%;如果采用单细胞模式分选,则不应超过最高分选速度的 30%。

(二)分选纯度

分选纯度是指 FCM 分选的目标细胞占分选出细胞的百分比。分选纯度主要与分选细胞和其他细胞间有无相似的生物学特性以及仪器本身的性能有关,一般 FCM 的分选纯度可以达到 98% 以上。分选纯度是评价纯化模式分选的重要指标。

(三)分选收获率

分选收获率是指被分选出的细胞占原来溶液中该细胞的百分比,一般 FCM 的分选收获率可达 95% 以上。通常情况下,分选纯度与分选收获率互相影响,二者不可能同时达到最佳,纯度提高则收获率降低,反之亦然。分选收获率是评价富集模式分选的重要指标。

六、其他指标

除了上述性能指标以外,还有一些参数对于流式细胞仪同样十分重要:①荧光线性:FCM 荧光强度的线性相关系数应不低于 0.98;②稳定性:在环境温度变化不超过设定温度的 5% 时,仪器在 8 小时内检测 FSC 及所有荧光通道峰值的波动范围应不超过 10%;③携带污染率:应不大于 1%。

第四节　流式细胞仪应用的技术要点

流式细胞仪是一种集多学科知识综合应用的复杂仪器,要得到准确的分析结果,除了仪

器的性能指标要达到相应的要求外,在样品制备、荧光素标记、对照设置和仪器操作等方面也有严格要求。

一、样 品 制 备

流式细胞仪检测分析的对象是细胞或者是细胞样的颗粒性物质,如果细胞粘连或混有过多的组织或细胞碎片,将影响检测结果的真实性,因此检测样品必须制备为单细胞悬液。不同的样品有不同的制备方法,如果检测对象是外周血中的单个核细胞,可通过 Ficoll®-Hypaque 密度梯度离心法提取或直接用红细胞裂解液去除红细胞,然后在数据分析时通过设门选定待分析的细胞。用红细胞裂解液以去除红细胞的操作相对简单,已成为临床用流式细胞术检测单个核细胞的常规方法。如果检测对象是悬浮细胞,直接离心并重悬浮细胞即可;如果是检测贴壁细胞,需先用胰酶消化,然后再用培养基或磷酸盐缓冲液吹打使之形成单个细胞;如果是检测实体脏器样本细胞,需要先将脏器剪碎,再用胶原酶消化、研磨,最后用磷酸盐缓冲液洗涤,使形成单个细胞悬液。

二、荧 光 素 标 记

荧光信号是流式细胞仪接收处理的重要信号,它来源于结合在样品细胞上的荧光素。不同的荧光染料有其特定波长的激发光和发射光,这些发射光被不同的通道接收,仪器通过检测这些光线的有无和强弱来检测细胞的性质,分析时可以通过标记不同的荧光素同时检测多项指标。

1. 荧光素 用于流式细胞仪检测的荧光素种类很多,例如,用于抗原分子检测常用的有 FITC、PE、花青素 5 和 7、多甲藻叶绿素蛋白和别藻青蛋白等;用于示踪用的有绿色荧光蛋白等;用于 DNA 分析的有烟酸已可碱 33342 和碘化丙啶(propidium iodide,PI)等;用于游离离子钙测定的有 Fluo4 等。在众多的荧光素中,FITC 是最常用的荧光素,PE 适用于弱表达抗原的分析,双色分析时 FITC 和 PE 是最常见的组合。流式细胞术检测时最常用的是荧光素偶联抗体,抗体一般是单克隆抗体,但是荧光素偶联的抗体不稳定,因此忌反复冻融。

2. 抗体标记 抗体的基本结构包括抗原特异结合的 Fab 段和相对保守的 Fc 段,有些细胞如 B 淋巴细胞和巨噬细胞等细胞表面表达 Fc 受体,会非特异地结合荧光素偶联抗体而影响测定结果。由于荧光素偶联抗体多是 IgG 型抗体,所以在加入特异的荧光素偶联抗体之前先加入无关的 IgG 抗体,与细胞表面可能存在的 Fc 受体预先反应,再加入特异的荧光素偶联抗体时此抗体便不会再与 Fc 受体反应而只与特异抗原反应,从而避免了 Fc 受体的干扰,此过程称为封闭。封闭可有效避免非特异反应的干扰。但是,并非所有反应都需要预先封闭,因为如果使用的偶联抗体和被检测细胞的种属来源不同,被检测细胞表面的 Fc 受体不一定会与偶联抗体的 Fc 结合。

荧光素偶联抗体的标记主要有两种方法:直接标记法和间接标记法。直接标记法即用荧光素偶联抗体直接标记细胞,此方法操作简单,是临床常用的标记方法;间接标记法采用生物素偶联抗体,先以荧光素偶联亲和素,再利用生物素和亲和素能特异性结合的特性实现检测的目的,此法大多在多通道分析要求通道搭配时使用。

三、对 照 设 置

细胞的自身也会发出荧光,相对于荧光素产生的荧光更弱一些,是非特异性荧光,细胞的非特异性荧光与细胞的大小相关,体积越大,自发荧光越强。因此,流式细胞仪检测到的荧光信号包含细胞本身的非特异性荧光和荧光素特异性荧光两部分。只有当流式检测结果分析时得到的荧光信号大于非特异性荧光时,才能说明得到的荧光信号是来源于荧光素的特异性荧光,因此,实验中设置对照对于流式细胞检测来说至关重要。

（一）阴性对照

设置阴性对照的目的就是确定细胞的非特异性荧光。阴性对照分为三类:①不加任何抗体时细胞产生的荧光信号,作用是了解细胞本身产生的非特异荧光信号;②加了不偶联荧光素的特异性抗体产生的荧光信号,作用是排除抗体的影响;③加入偶联荧光素的非特异性抗体产生的荧光信号。

如果偶联荧光素的特异性抗体为 IgG1 类抗 CD3-PE,那么使用的对照抗体为 IgG1 类的 PE 标记的非特异性抗体(IgG1-PE),这种对照称为同型对照,目的是消除荧光素的影响。在流式细胞仪的具体操作中,多采用同型对照作为阴性对照,所有流式细胞的分析结果都必须设置同型对照。同型对照的选择要正确,必须与特异性抗体标记的荧光素和抗体亚型一致,否则将产生错误结果。

（二）阳性对照

设置阳性对照的作用是在使用某种荧光素偶联抗体之前先检测该荧光素偶联抗体是否有效。需要设置阳性对照的情况包括使用新的荧光素偶联抗体之前、抗体储存时间较长后重新使用或更换荧光素偶联抗体的批号时。

四、仪 器 操 作

（一）仪器的校准

1. 光路和流路的校准　通过测定标准化的荧光微球如 Flow-Check 微球计算 CV 值,来判断激光光路和样品流路是否处于正交状态。CV 越小说明仪器性能越好,检测时信号越稳定,一般要求此 CV 在 2%～3% 。

2. PMT 校准　PMT 是 FCM 中一个非常重要的部件,其主要作用是将检测到的荧光信号转变为电子信号,同时能按照一定比例提高电子信号的强度。随着仪器使用时间的延长,PMT 的放大功率会发生改变,使得检测灵敏度受到影响。采用标准的荧光微球如 Flow-Set 微球进行校准,可监控 PMT 的电压和增益(即信号的放大),起到保证实验一致性的作用,必要时可进行电压补偿,保证检测的灵敏度。

（二）补偿调节

调节各个荧光通道之间的补偿是流式细胞术非常重要的一个环节。流式荧光通道之间需要调节补偿是因为荧光素在某一激发光激发后发射的荧光波长并不是完全集中于一个很小的范围,如 FITC 荧光素被 488nm 激光激发后发射的荧光信号大部分被 510～550nm 的 FL1 通道接收,但小部分被 565～595nm 的 FL2 通道接收;PE 荧光素被 488nm 激光激发后发射的荧光信号,大部分被 FL2 通道接收,但小部分被 FL1 通道接收。所以,如果进行 FITC 和 PE 双标记检测时,FL1 通道中检测到的信号是由大部分的 FITC 信号和小部分的 PE 信号组成,FL2 通道中检测到的信号则是由小部分的 FITC 信号和大部分的 PE 信号组成。由于目前无法分辨各通道中 FITC 和 PE 信号的比例,所以为了让 FL1 通道的信号只代表 FITC 荧光素的荧光信号,FL2 通道的信号只代表 PE 荧光素的荧光信号,仪器主要是通过设置补偿调节的方法来解决:设置 FITC-PE 的补偿值,使 FL1 完全代表 FITC 的荧光信号;设置 PE-FITC 的补偿值,使 FL2 完全代表 PE 的荧光信号。这些补偿值可通过一定的试验获得,荧光通道之间补偿的大小主要与仪器型号、荧光素偶联抗体和样品细胞有关,一般波长相近的荧光通道之间需要补偿调节,波长相隔较远的荧光通道之间则一般不需要补偿调节。有时实验需要多色标记时,就需要三色和四色分析补偿调节。

（三）阈值设定

流式细胞仪在样本处理和上样过程中会产生少量的细胞碎片,但是仪器本身不会识别检测对象是细胞还是碎片,所以需要采取措施来消除这些碎片对测定的干扰。细胞在检测时会产生散射光和荧光,其中 FSC 与细胞的大小密切相关,完整的细胞和碎片在大小上有明显区别,所以常选择 FSC 指标来设定阈值。阈值常用百分数来表示,如 3%,含义为每检测100 个对象,仪器会筛选去除 FSC 值最小的 3 个数据。阈值设得太高,会把部分目标细胞排除出去;设得太低,结果中会混入非目标信号。阈值设定的具体数值不是一个固定值,只是经验值,需根据具体情况调节阈值大小,它与细胞的性质、状态和处理等密切相关。

(四)上样速度

流式细胞仪的液流系统由样品流和鞘液流组成,两者相互独立,分别由样品压和鞘流压控制。一般鞘流压是不变的,仪器是通过控制样品压的大小来调节上样速度。在进行流式细胞的检测时,上样速度越低,分析得到的数据越可靠;而上样速度越快,分析得到的数据偏离真实数据的可能性就越大。所以,检测时不能只强调上样速度而忽略了数据的准确性,上样速度要依据样本中目标细胞的数量和检测时间予以综合考虑。

第五节　Luminex 技术

Luminex 技术是新一代诊断技术平台,其核心技术包括 xMAP 技术和 xTAG 技术。目前 xMAP 技术既可以检测蛋白质也可以检测核酸,xTAG 技术仅用于检测核酸。由于 xMAP 技术已广泛应用于生命科学研究和临床诊断领域,所以本节主要介绍 xMAP 技术。

xMAP 技术在国内又称为"液相芯片技术"和"流式荧光技术"等,它整合了荧光编码微球技术、激光分析技术、流式细胞技术和计算机技术等多学科技术,是在后基因组时代发展起来的新一代高通量多指标检测平台。

一、基本原理

把直径为 5.6μm 的聚苯乙烯微球用两种或三种分类荧光染色,通过调整两种或三种荧光素的比例,获得最多 100 种或 500 种具有不同特征荧光谱的微球,将每种编码微球共价交联上针对特定检测物的抗原、抗体或核酸探针等捕获分子作为检测试剂。由于最多可有 500种不同类型的微球,所以一份样本最多可以同时定量检测 500 个项目。检测样本时,先把针对不同检测项目的编码微球混合,再加入待检样本,在悬液中靶分子与微球表面交联的捕获分子发生特异性结合,结合有待测物的微球通过一定的反应与含有另一种荧光物质的报告分子结合,最后,微球在检测仪中单个依次通过红绿两束激光,红激光用于判定微球的荧光编码,以确定检测的项目,而绿激光则用于测定微球上报告分子的荧光强度,以确定样本中相应待检物质的含量。xMAP 技术原理如文末彩插图 7-4 所示。

二、技术特点

与现在用于临床诊断的检测技术如 ELISA 和化学发光技术等相比,xMAP 技术具有许多独特的优点:

1. 高通量 如果使用两类分类荧光对微球进行分类,单次反应最多可以检测 100 个项目;如果使用三类分类荧光对微球进行分类,单次反应最多可以检测 500 个项目,这是其他常规检测方法无法做到的。

2. 高速度 最快每小时可完成 1 万个测试,现有的临床检测仪器依据其不同原理,每小时的检测量仅为数十到数百个测试。

3. 重复性好 由于反应在液体环境中进行,所以稳定性较好。其次,还由于每个检测项目在一个反应体系中有 1000～5000 个反应微球(即反应复本),测定时选择其中 100～500

个微球,取其平均值,因此反应体系有良好的重复性。

4. 线性范围宽 有效检测范围可达 3~5 个数量级。

5. 敏感性高 检测下限可达 0.01pg/ml,敏感性与化学发光技术相近,高于 ELISA 法。

6. 检测物质广泛 xMAP 技术既能检测病原微生物的抗原或抗体、肿瘤标志物等蛋白质类标志物,还能对人乳头瘤病毒 DNA、HLA 基因等具有多亚型或高度多态性的核酸分子进行分型。

7. 标本用量少 由于 xMAP 技术在一个反应体系中能同时检测多个项目,所以相比于 ELISA 和化学发光技术来说,每个项目的平均标本用量要少得多。

8. 平台具有拓展性 国内外已有 50 多家公司在开发和推广 xMAP 技术相关产品,已有 50 多种试剂盒(含 1000 多项指标)得到美国食品药品监督管理局的批准。在基础研究领域,也有利用 xMAP 技术平台从事研究的报道,并研发相关产品。

三、应 用

xMAP 技术因其高通量、高速度等众多的优点在近几年得到了迅速的发展,不仅在临床诊断领域如传染病诊断、遗传病诊断、个性化用药检测和人白细胞抗原检测等方面,以及基础研究领域如基因表达、蛋白质分析、新药开发和肿瘤研究等方面应用广泛,而且还涉及生物防御、食品安全和动物健康等特殊领域。

第六节 流式细胞术的应用

流式细胞术具有快速、灵敏度高、特异性强和可定量分析等特点,应用流式细胞术既可以检测细胞表面分子又可以检测胞内分子,既可以检测蛋白质又可以检测核酸,既可以分析细胞又可以分选细胞,因而使得流式细胞术在生物医学研究和临床诊断方面有着广泛的应用。

一、生物医学研究中的应用

1. 细胞群比例测定 细胞表面含有多种抗原,不同类型细胞具有特征性的抗原组合,利用不同荧光素标记的相应抗体结合流式技术能有效区分不同类型细胞,这是流式细胞仪最基本的用途。如 T 淋巴细胞特征性抗原为 CD3,$CD3^+CD4^+$ 为辅助性 T 细胞,$CD3^+CD8^+$ 则为杀伤性 T 细胞。由于具有不同特征性抗原的细胞性质不同,所以通过流式细胞术测定各细胞群的比例从而确定不同细胞的性质是基础研究的一个主要方面。淋巴细胞亚群的测定也是临床判断患者细胞免疫功能的一个重要指标。

2. 细胞凋亡检测 细胞凋亡是细胞主动的、有序的死亡,是细胞的一种基本生物学现象,细胞凋亡与个体发育、衰老、肿瘤发生和自身免疫性疾病等有关。检测细胞凋亡的方法很多,用流式细胞术检测的方法有 annexin V/PI 法、TUNEL 法和线粒体损伤检测法等多种方法。目前最重要和最常用的是 annexin V/PI 法,可有效区别活细胞、凋亡细胞和坏死细胞。

3. 细胞周期检测 细胞周期是指细胞分裂结束开始到下一次细胞分裂形成子细胞为止的过程,分为 G_0 期、G_1 期、S 期、G_2 期和 M 期。由于不同期 DNA 含量不同,利用非特异核酸荧光素与 DNA 结合,根据细胞荧光强度的不同,通过流式细胞术检测来区分不同期的细胞比例。目前常用的非特异核酸荧光素有 PI 和吖啶橙等。细胞周期的检测对研究细胞增殖、分化和肿瘤发生有重要意义。

4. 细胞分选 利用目的细胞的特征性标志物从一群细胞中分离出目的细胞是流式细

胞仪的一个重要功能,分选出的细胞既可以用于科学研究也可以用于临床诊断。目前运用最广的是干细胞分选,造血干细胞是具有自我更新能力且能在一定条件下分化为所有类型造血细胞的细胞,深入研究造血干细胞对提高骨髓移植成功率和阐明白血病发病机制有重要意义,目前常用于造血干细胞分选的表面标志有 CD34、Sca-1 和 c-kit 等。除造血干细胞分选外,在基础研究领域还有侧群干细胞、间充质干细胞和肿瘤干细胞的分选等。

5. 其他应用　在生物医学研究领域,FCM 除以上应用外,还常用于分析细胞增殖、胞内细胞因子、细胞杀伤能力、细胞吞噬功能、基因表达、胞内离子(钙离子和锌离子等)浓度、端粒长度和细胞水平组蛋白修饰情况等的研究,在表观遗传学研究、细胞间通信研究等方面也有应用。

二、临床诊断中的应用

(一)在感染性疾病诊断中的应用

基于 xMAP 技术开发的产品越来越多地应用于感染性疾病的临床诊断。目前已获得注册证可用于临床诊断的产品包括人乳头瘤病毒 DNA 基因分型、TORCH(抗巨细胞病毒 IgG 和 IgM 抗体、抗风疹病毒 IgG 和 IgM 抗体、抗弓形虫 IgG 和 IgM 抗体、抗单纯疱疹病毒 1 型和 2 型 IgG 和 IgM 抗体)检测和抗 EB 病毒抗体检测等。其中人乳头瘤病毒 DNA 基因分型目前一次性可检测 27 型,包括 10 种低危型和 17 种高危型,人乳头瘤病毒 DNA 的检测已成为宫颈癌筛查的重要手段。

(二)在血液系统疾病诊断中的应用

1. 网织红细胞计数　传统的网织红细胞计数是通过煌焦油蓝或新亚甲蓝对网织红细胞进行染色,然后借助显微镜人工计数。此法操作复杂,重复性差。目前许多型号的全自动血液分析仪已整合了利用流式原理进行网织红细胞计数的模块,利用特定荧光染料对网织红细胞中的 RNA 染色,然后血液分析仪综合荧光信号、FSC 和 SSC 信号对网织红细胞进行识别。网织红细胞计数对贫血的诊断和疗效判断有重要意义。

2. 血小板计数　普通的全自动血液分析仪识别血小板主要是基于血小板大小与其他血细胞不同,其产生的电阻也与其他血细胞不同的原理。然而,仅仅依据大小进行计数,仪器往往无法分辨与正常血小板大小差不多的小红细胞、小淋巴细胞和细胞碎片等,易导致检测结果的假性增高;如果是大血小板则可能会导致检测结果呈假性降低。现已有实验室利用特异性荧光标记抗体在流式细胞仪上检测血小板表面膜蛋白 CD41 或 CD61,同时结合反映血小板大小的参数来进行血小板的测定,测定血小板的同时进行红细胞测定,计算出红细胞与血小板的比例,最后根据测定的红细胞含量来计算血小板的含量。

3. 白血病免疫分型　白血病的分型早期主要是采用依据原始细胞数量和形态的 FAB 分型法,但此法存在主观影响因素大、重复性差的问题。随着单克隆抗体技术和遗传学技术的发展,白血病分型逐步发展为依据以形态学、免疫学和细胞遗传学为基础的分型技术,其中的免疫学分型就是通过荧光标记的单克隆抗体利用流式细胞仪测定血细胞表面或胞内特定的抗原来确定细胞的性质从而达到分型的目的。正常造血细胞发育过程中,不同系、不同阶段表达不同的标记分子,有其固有的规律,而白血病细胞在发育过程中,这些标记分子的质和(或)量发生改变,通过测定这些改变来确定白血病细胞的来源和性质,达到免疫分型的目的。白血病免疫分型是选择治疗方案和判断预后的重要依据。

4. 红细胞相关疾病的应用　目前可运用流式细胞术诊断红细胞相关的疾病,包括阵发性睡眠性血红蛋白尿症(PNH)、母胎输血综合征和遗传性球形红细胞增多症等。美国临床和实验室标准化学会制定了以上诊断试验的指南性文件 H52-A2,讨论了诊断的关键点和质控要点以及如何进行检测结果的解释。

（三）在肿瘤诊断和疗效判断中的应用

传统的 FCM 可以通过检测肿瘤细胞的细胞周期与 DNA 倍体、细胞凋亡以及多药耐药性来研究肿瘤的发生机制，还可以利用 xMAP 等技术检测患者的肿瘤标志物，对相应肿瘤的临床辅助诊断，特别是疗效监测和疾病预后判断具有重要意义。这些标志物包括甲胎蛋白、癌胚抗原、前列腺特异性抗原、CA125、CA242、CA15-3、CA19-9、CA72-4、神经元特异烯醇化酶和细胞角蛋白 19 片段等。

（四）自身免疫性疾病中的应用

目前已知强直性脊柱炎（ankylosing spondylitis，AS）与淋巴细胞 HLA-B27 的表达密切相关。HLA-B27 位于细胞表面，所以可用荧光标记的抗体与之结合，再利用 FCM 来检测。AS 患者 HLA-B27 阳性率明显高于一般人群，所以临床上常通过 HLA-B27 的检测并结合临床表现用于 AS 的早期诊断。此外，利用流式细胞术检测血细胞（红细胞、粒细胞和血小板）表面相关免疫球蛋白，对诊断免疫性血细胞减少有重要意义。目前也已研发许多与自身免疫病相关的基于 xMAP 技术的自身抗体检测试剂，包括抗核抗体、抗中性粒细胞胞质抗体和类风湿因子等，有助于相关疾病的诊断和疗效判断。

三、其 他 应 用

由于流式细胞术快速、敏感和特异的特点以及技术本身的不断发展，其应用领域变得越来越广：通过流式细胞术检测 T 淋巴细胞亚群评估机体的免疫功能，可用于艾滋病感染者和发病者的鉴别诊断；利用流式细胞术交叉配型和群体反应性抗体检测，在供者选择、减少移植排斥反应和提高移植物存活率方面有重要意义；另外，流式细胞术在药物研发、个体化医疗、白血病相关融合基因检测等方面也有很好的应用前景。

（郑培烝）

本章小结

本章主要介绍流式细胞术的基本概念以及流式细胞仪的类型、原理、结构、性能指标、技术要求和应用。

流式细胞术指的是对于处在快速直线流动状态中的细胞或生物颗粒进行多参数、快速的定量分析和分选的技术。流式细胞仪就是在流式细胞术基础上发展起来的一种仪器。流式细胞仪根据其功能分为分析型流式细胞仪和分选型流式细胞仪两种：分析型流式细胞仪的结构主要由液流系统、光路系统和检测分析系统组成；分选型流式细胞仪比分析型流式细胞仪多一个分选系统。流式细胞仪的主要性能指标包括灵敏度、分辨率、表面标志物检测准确性和重复性、分析速度、分选相关指标（分选速度、分选纯度和分选收获率等）、荧光线性和仪器稳定性等。流式细胞仪的技术要点主要体现在样品制备、荧光素标记、对照设置和仪器操作等方面。

Luminex 技术的核心技术包括 xMAP 技术和 xTAG 技术，其中 xMAP 技术在国内又称为液相芯片技术和流式荧光技术等，是在后基因组时代发展起来的新一代检测平台。

流式细胞仪广泛应用于生物医学研究与临床诊断：在生物医学研究方面的应用主要包括细胞群比例测定、细胞凋亡检测、细胞周期检测和干细胞分选等；在临床诊断方面的应用主要包括感染性疾病诊断、血液系统疾病诊断、自身免疫性疾病诊断和患者免疫功能的评价等。

第八章

临床血液学检验仪器与技术

通过本章学习,你将能够回答下列问题:

1. 电阻抗(库尔特)血细胞检测的原理是什么?其基本结构如何?
2. 联合检测型血细胞分析仪白细胞分类计数的原理是什么?有何特点?
3. 血凝仪常用检测原理有哪些?
4. 光学法和双磁路磁珠法血凝仪的测定原理有何不同?各有何优缺点?
5. 毛细管式和旋转式血液黏度计的检测原理是什么?如何评价血液黏度计?
6. 自动红细胞沉降率测定仪的原理是什么?其基本结构有哪些?
7. 血小板聚集仪的检测原理是什么?其基本结构有哪些?
8. 自动血型鉴定仪的基本结构有哪些?
9. 自动血型鉴定仪有哪些性能评价指标和特点?

　　血液在维持人体正常的生理活动中起重要作用。人体生理和病理的变化,必将会引起血液组分(如血细胞、凝血因子等)的改变。及时发现这些变化,可为临床医师诊断、治疗、疗效判断和预后的估计提供重要依据。临床血液学检验仪器就是利用血液检验相关技术检测这些变化最常用的分析仪器,也是临床实验室最基本的分析仪器。它包括血细胞分析仪、血液凝固分析仪、血液流变分析仪、自动红细胞沉降率测定仪、血小板聚集仪以及自动血型鉴定仪等。本章着重介绍这些分析仪的基本原理、基本结构、性能评价和临床应用。

第一节　血细胞分析仪

　　血细胞分析仪(blood cell analyzer, BCA)又被称为血细胞自动计数仪(automated blood cell counter, ABCC)、血液自动分析仪(automated hematology analyzer, AHA)等,是对一定体积全血内血细胞种类、数量和异质性进行自动分析的常规检验仪器。血细胞分析仪的主要功能是血细胞计数、白细胞分类计数、血红蛋白测定、相关参数计算等。

　　1947年美国科学家库尔特(Coulter WH)先生发明了电阻法计数微粒子的专利技术。1956年他成功将这一技术应用于血细胞计数,这种方法称为电阻法或库尔特原理。20世纪60年代末,血细胞分析仪除可进行血细胞计数外,又增加了血红蛋白测定功能,70年代,单独的血小板计数仪问世。随着各种新技术在血细胞分析仪上的应用,80年代研制出了白细胞的三分群和五分类血细胞分析仪,90年代研制出了可对网织红细胞进行计数的血细胞分析仪,同时白细胞五分类和幼稚细胞检测更加成熟,并进一步发展成为血细胞分析流水线。

　　血细胞分析仪种类很多。按自动化程度可分为半自动血细胞分析仪、全自动血细胞分析仪、血细胞分析流水线。血细胞分析流水线由一台或多台全自动血细胞分析仪-机器人

（完成条码识别、开盖混匀等）-单台或多台推片染色仪-轨道-计算机组成。按检测原理可分为电阻抗型、激光型、电容型、光电型、联合检测型、干式离心分层型、无创型等；按对白细胞分类的水平可分成两分群、三分群、五分类、五分类-网织红细胞分析仪（为高端 BCA 血细胞分析仪）。

一、血细胞分析仪的检测原理

（一）血细胞分析仪的血细胞计数原理

血细胞与等渗的电解质溶液（稀释液）相比为不良导体，其电阻值比稀释液（diluent）大；当血细胞通过检测器［又称传感器（transducer）］微孔的孔径感受区时，使其内外电极之间的恒流电路上的电阻值瞬间增大，产生一个电压脉冲信号，脉冲信号数等于通过的细胞数，脉冲信号幅度大小与细胞体积成正比（图 8-1）。

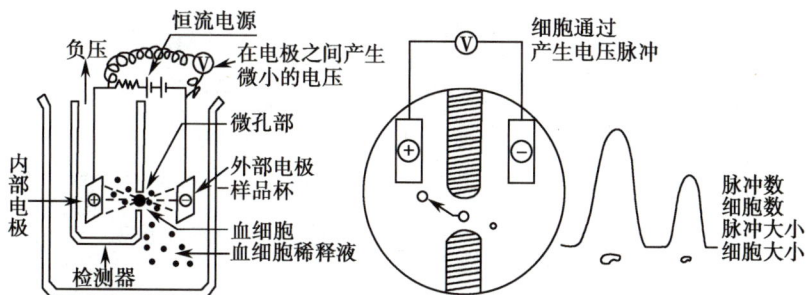

图 8-1 电阻抗血细胞计数原理示意图

根据欧姆定律，在恒电流电路上，电压变化与电阻变化成正比，电阻值又同细胞体积成正比。血细胞体积越大，电压越高，产生信号的脉冲幅度就越大，各种大小不同细胞产生的脉冲信号分别送入仪器的检测通道，由检测器产生的脉冲信号，经计算机分析后以体积直方图（histogram）显示特定细胞群中的细胞体积和细胞分布情况。最后得出白细胞（WBC）、红细胞（RBC）、血小板（PLT）等的相关参数。该原理也称电阻抗血细胞检测原理、库尔特血细胞检测原理。

血细胞分析仪在进行血细胞分析时分为两个检测通道分别进行计数分析。白细胞为一个检测通道，红细胞和血小板为一个检测通道。

白细胞检测分析时，需要先加溶血素溶解红细胞再送入检测通道进行分析。因库尔特细胞计数原理是以细胞体积的大小来计数和区分细胞的，所以该法仅能将白细胞按体积的大小分为三群（图 8-2）：以中性粒细胞为主的大白细胞群；以单核细胞为主，还包括嗜酸性

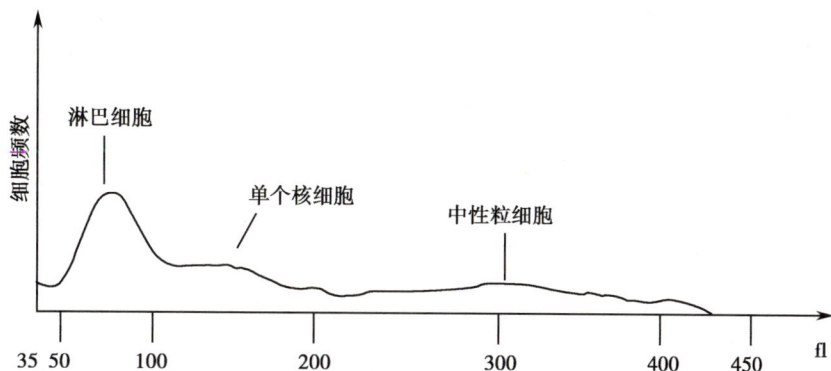

图 8-2 电阻抗血细胞分析仪白细胞体积直方图

粒细胞、嗜碱性粒细胞、核左移白细胞、原始或幼稚阶段白细胞等的中白细胞群;以淋巴细胞为主的小白细胞群。这种白细胞的分类计数是较粗的筛选方法,难以完成准确的白细胞分类。

红细胞和血小板共用一个检测通道,正常人红细胞体积和血小板体积间有明显的差异,因此,仪器中的计算机系统很容易将红细胞和血小板依体积大小区分计数(图 8-3)。

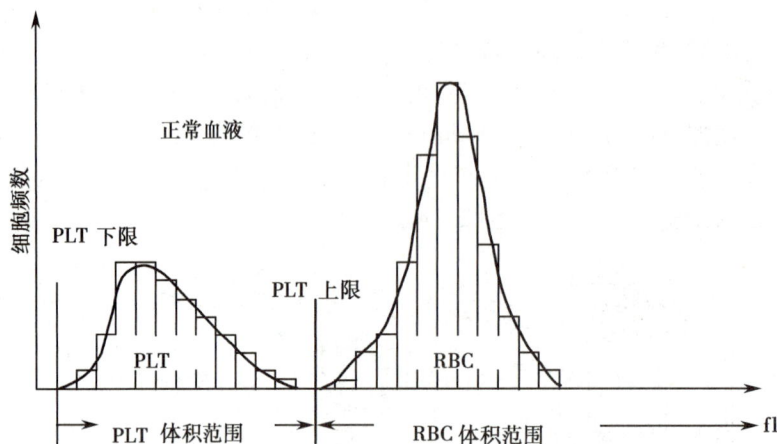

图 8-3　正常人红细胞体积和血小板体积分界示意图

(二)血细胞分析仪的白细胞分类计数原理

电阻抗血细胞分析仪只能依据白细胞体积的大小将其分为大、中、小三群,分类准确性很差,不能为临床提供更有价值的检验信息。为了满足临床需求,随着科技的进步,诞生了使用多项技术的联合检测型血细胞分析仪。它主要体现在白细胞分类部分的改进,实质是选用较特异的方法检测出血中含量较少的嗜酸性、嗜碱性粒细胞,完成较准确的五分类并检出血液中的异常细胞。

目前,世界众多的生产血细胞分析仪厂家大致使用了四大白细胞分类技术,即选用流式、激光、射频、电导、电阻抗、细胞化学染色等两种以上技术同时分析一个细胞,综合分析检测数据,从而得出较为准确的白细胞"五分类"结果。其共有特点是均使用了流式细胞技术,使血细胞形成单细胞流,在鞘液的包裹下通过流体动力聚焦的流式通道,将细胞间的重叠限制到最低限度(图 8-4)。

1. 多角度激光散射与电阻抗联合检测技术　多角度激光散射、电阻抗联合检测技术是用多个角度的激光同时照射同一个白细胞,通过测定不同角度下的散射光强度对白细胞进行分类,再用电阻抗法计数红细胞、血小板或某一类白细胞。不同型号仪器检测激光散射角度有一定差异,但其基本原理都是基于白细胞的大小、折射率、核形、核质比值以及颗粒的性质等,这些参数都可影响不同角度下的散射光强度。由于不同的白细胞上述参数完全一致的概率很小,计算机用特定程序综合分析同一个细胞在不同角度下的散射光强度,并将其定位于细胞散点图上,就能完成血液中五种白细胞的分类。这种技术对异常样本的筛查也有较高的灵敏度。

CD-3700、CD-4000 型血细胞分析仪使用多角度偏振光散射技术,就是通过四个角度测定细胞的散射光强度(见图 8-4):①前向角(0°)光散射强度,反映细胞的大小和数量;②小角度(10°)光散射强度,反映细胞结构和核质复杂性的相对特征;③垂直角度(90°)光散射强度,反映细胞内颗粒和分叶状况;④垂直角度(90°)消偏振散射强度,利用嗜酸性颗粒可以将垂直角度的偏振光消偏振的特性,将其与其他颗粒细胞区别开来。

通过计算机综合分析,用小角度和垂直角度光散射强度把白细胞分为单个核(淋巴细

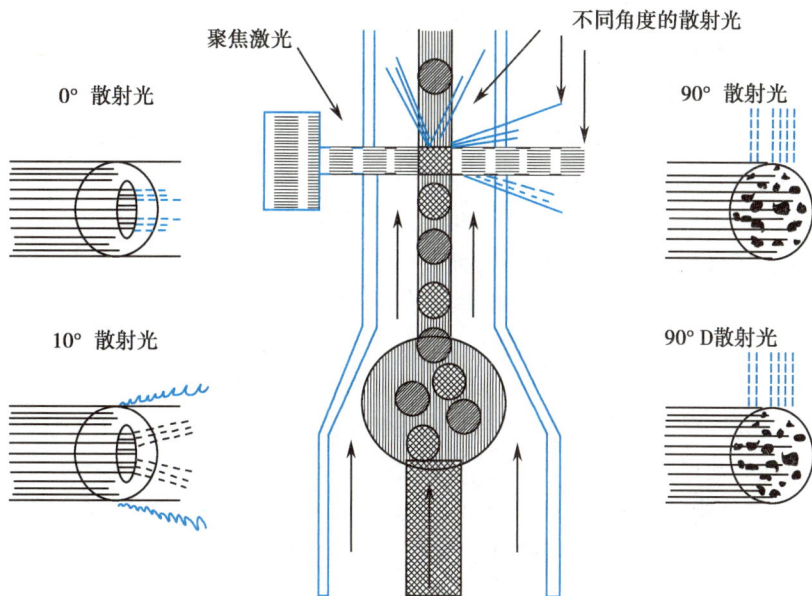

图 8-4 鞘流与多角度偏振光散射技术示意图

胞、单核细胞、嗜碱性粒细胞)细胞群和多个核(中性粒细胞、嗜酸性粒细胞)细胞群。用前向角和小角度光散射强度,将单个核细胞群分为:体积小、核质比值大的淋巴细胞;体积大、核质比值中等的单核细胞;体积中等、有颗粒、核质比值小的嗜碱性粒细胞。另外还用垂直角度和垂直角度消偏振光散射强度将多个核细胞群中的嗜酸性粒细胞和中性粒细胞分开。

2. 容量、电导、光散射联合检测技术 容量、电导、光散射联合检测技术又称 VCS(volume conductivity light scatter)技术。体积(volume,V)表示应用电阻抗原理测定的细胞体积。电导性(conductivity,C)是根据细胞内部结构能影响高频电流传导的特性,采用高频电磁探针测量单个细胞,反映不同细胞内核质比例、质粒的大小和密度的差异,从而区分体积完全相同而性质不同的两个细胞。例如,根据细胞内部颗粒和核型的不同能区别同体积大小的淋巴细胞和嗜碱性粒细胞。光散射(scatter,S)表示对细胞颗粒的构型和颗粒质量的鉴别能力。细胞内较粗颗粒的光散射强度要比细颗粒更强,通过测定单个细胞的散射光强度,可把粒细胞(中性粒细胞、嗜碱性粒细胞、嗜酸性粒细胞)区分开。

使用 VCS 技术后,每个细胞通过检测区时,接受三维分析,不同的细胞在细胞体积、表面特征、内部结构等方面完全一致的概率很小(图 8-5)。仪器根据细胞体积、电导性和光散射

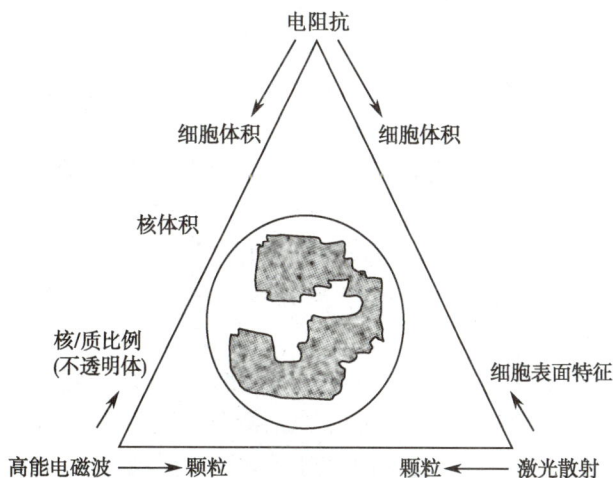

图 8-5 VCS 技术检测原理示意图

的不同,综合分析三种检测方法的测定数据,定义到三维散点图的相应位置,全部单个细胞在散点图上形成了不同的细胞群落图。某一群落占所有被检白细胞的百分比即为白细胞分类值。使用该技术的仪器如 ACT·5diff、HmX、GEN·S 等。

3. 光散射与细胞化学联合检测技术　本技术是应用激光散射与细胞化学染色技术对白细胞进行分类计数。此白细胞分类原理是利用细胞大小不同,其散射光强度也就有差异,再结合五种白细胞结合化学染料的差异,由计算机综合分析同一细胞在不同角度下的散射光强度和染色差异,得到较准确的白细胞分类结果。

例如,使用光散射和过氧化物酶染色技术的 ADVIA-2120 血细胞分析仪,根据白细胞中过氧化物酶活性的差异(嗜酸性粒细胞 > 中性粒细胞 > 单核细胞,淋巴细胞和嗜碱性粒细胞无此酶),计算机对测得的光散射强度和过氧化物酶含量数据统计分析,得到较准确的四群细胞(图 8-6):淋巴细胞群(含嗜碱性粒细胞)、单核细胞、中性粒细胞、嗜酸性粒细胞,再结合嗜碱性粒细胞计数通道结果,计算出五种白细胞的总数及分类。该仪器还可同时提供异型淋巴细胞、幼稚细胞的比例及网织红细胞分类。不同厂家所使用的光散射角度和细胞化学染料有所不同,如 XT-2000i 使用的是光散射和荧光核酸染色技术进行细胞计数和分类。

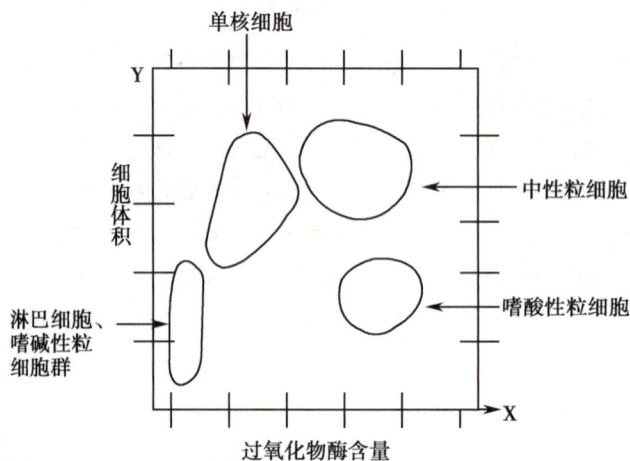

图 8-6　光散射与过氧化物酶染色技术检测白细胞分布示意图

4. 电阻抗、射频与细胞化学联合检测技术　电阻抗、射频与细胞化学联合检测技术利用电阻抗、射频这一成熟细胞计数技术结合细胞化学技术,通过四个不同检测系统对白细胞、幼稚细胞进行分类和计数。

(1)淋巴细胞、单核细胞和粒细胞(中性、嗜碱性、嗜酸性)检测系统:采用电阻抗和射频联合检测将白细胞分为淋巴细胞区、单核细胞区和粒细胞区(中性、嗜碱性、嗜酸性)。

测定时使用较温和的溶血剂,使白细胞形态变化不大,在小孔内外有直流和高频两个发射器,小孔周围有直流和射频两种电流。直流电测定细胞的大小和数量,射频测量核的大小和颗粒的多少,细胞通过小孔产生两个不同的脉冲信号,分别代表细胞的大小(DC)和核内颗粒的密度(RF)。以 DC 为横坐标,RF 为纵坐标,将一个细胞定位于二维细胞散射图上,由于各类细胞 DC 及 RF 值不同,因而各自位于相应的散射区域。淋巴细胞和单核细胞与粒细胞的大小、细胞质含量、核形与密度均有较大差异,被分布在细胞散射图的不同区域,再通过计算机处理得出各区细胞的比例。

(2)嗜酸性粒细胞检测系统:将血液与特殊溶血剂混合,使除嗜酸性粒细胞以外的所有细胞被溶解或萎缩,含有完整嗜酸性粒细胞的悬液则通过检测器微孔时以电阻抗原理计数。

(3)嗜碱性粒细胞检测系统:用特殊的溶血剂将嗜碱性粒细胞以外的其他细胞溶解,再用电阻抗原理计数完整的嗜碱性粒细胞。

（4）幼稚细胞检测系统：幼稚细胞的细胞膜上脂质比成熟细胞少，在细胞悬液中加入硫化氨基酸，幼稚细胞因能结合较多硫化氨基酸而形态不受破坏，加入溶血剂后，仪器通过电阻抗原理计数幼稚细胞。

（三）血细胞分析仪的网织红细胞计数原理

目前，不论是专用的网织红细胞分析仪，还是高档多功能的血细胞分析仪，在进行网织红细胞计数分析时的基本原理都是相同的。采用激光流式细胞分析技术与细胞化学荧光染色技术联合对网织红细胞进行分析，即利用网织红细胞中残存的嗜碱性物质——RNA，在活细胞状态下与特殊的荧光染料（新亚甲蓝、氧氮杂芑 750、碱性槐黄 O 等）结合，激光激发产生荧光，荧光强度与 RNA 含量成正比。用流式细胞技术检测单个网织红细胞的大小和细胞内 RNA 的含量及血红蛋白的含量，再由计算机数据处理系统综合分析检测数据，即可得出网织红细胞数量及其他参数（图 8-7）。

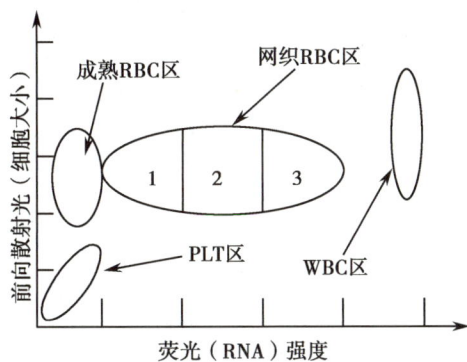

图 8-7　自动网织红细胞分析计数原理示意图
1. 低荧光强度网织红细胞区；2. 中荧光强度网织红细胞区；
3. 高荧光强度网织红细胞区

（四）血细胞分析仪的血红蛋白测定原理

除干式离心分层型、无创型外，各型血细胞分析仪对血红蛋白测定都采用光电比色原理。血细胞悬液中加入溶血剂后，红细胞溶解并释放出血红蛋白，后者与溶血剂中有关成分结合形成血红蛋白衍生物，进入血红蛋白测试系统。在特定波长（多为 530~550nm）下进行光电比色，吸光度值与所含血红蛋白含量成正比，经仪器计算显示出血红蛋白浓度。

不同型号血细胞分析仪配套的溶血剂配方不同，形成血红蛋白衍生物也不同，吸收光谱也有差异，但最大吸收峰都接近 540nm。因为国际血液学标准化委员会（ICSH）推荐的氰化高铁（HiCN）法的最大吸收峰在 540nm，仪器血红蛋白的校正必须以 HiCN 值为准。

（五）干式离心分层型血细胞分析仪检测原理

干式离心分层型血细胞分析仪与上述细胞计数原理不同，它是将血液充入到含特殊试剂（抗凝剂、荧光染料）的毛细管内，使不同的血细胞被吖啶橙染成不同的颜色。根据各种血细胞成分的比重不同经专用离心机离心后分层亦不同的原理，各层细胞带有明显的颜色差异。将毛细管放在特殊的判读机上，对不同细胞层进行定量分析，得到红细胞、中性粒细胞、单核细胞、淋巴细胞、血小板、血红蛋白等参数。

QBC 型血细胞分析仪就是基于干式离心分层型原理的血细胞分析仪。此分析仪不需要液体试剂，小巧便于携带，非常方便外出使用，适合于仅对红白细胞、血小板、血红蛋白以及中性粒细胞与淋巴细胞计数等常用参数分析的用户。

二、血细胞分析仪的基本结构

虽然各类型血细胞分析仪原理、功能不同,结构亦有差异,但除了干式离心分层型血细胞分析仪外,基本都由机械系统、电学系统、血细胞检测系统、血红蛋白测定系统、计算机控制系统以不同形式组合而成。

(一) 机械系统

机械系统包括机械装置(全自动血细胞分析仪置有进样针、分血器、稀释器、混匀器、定量装置等)和真空泵,用于样本的定量吸取、稀释、传送、混匀,以及将样本移入各种参数的检测区。机械系统还兼有清洗管道和排除废液的功能。

(二) 电学系统

电学系统包括主电源、电子元器件、控温装置、自动真空泵电子控制系统,以及仪器的自动监控、故障报警和排除等。

(三) 血细胞检测系统

国内常用的血细胞分析仪使用的检测系统可分为电阻抗检测系统和流式光散射检测系统两大类。

1. 电阻抗检测系统 由检测器、放大器、甄别器、阈值调节器、检测计数系统和自动补偿装置组成。这类检测系统主要应用于"二分群"、"三分群"仪器中。

(1)检测器:由测样小孔管(个别仪器为微孔板片)、内外部电极等组成(见图8-1)。仪器配有两个小孔管,其中一个的微孔直径约为 $80\mu m$,用来测定红细胞和血小板;另一个的微孔直径约为 $100\mu m$,用来测定白细胞总数和分类计数。外部电极上安装有热敏电阻,用来监视补偿稀释液的温度,温度高时会使其导电性增加,从而发出的脉冲信号较小。

(2)放大器:将血细胞通过微孔产生的微伏(μV)级脉冲电信号进行放大,以触发下一级电路。

(3)甄别器与阈值调节器:脉冲幅度(电平)处理器(甄别器)的作用是将初步检测的脉冲信号进行幅度甄别和整形,根据阈值调节器提供的参考电平值,将脉冲信号接收到特定的通道中,每个脉冲的振幅必须位于对应通道参考电平之内。白细胞、红细胞、血小板先由它们各自的甄别器进行识别,再作计数。

(4)补偿装置:理想的检测是血细胞逐个通过微孔,一个细胞只产生一个脉冲信号,以进行正确的计数。但在实际测定中,常有两个或更多重叠的细胞同时进入孔径感应区内,此时电子传导率变化仅能探测出一个单一的高或宽振幅脉冲信号,引起一个或更多的脉冲丢失,使计数结果较实际偏低,这种脉冲减少称为复合通道丢失或重叠损失。现代血细胞分析仪都有补偿装置,在白细胞、红细胞、血小板计数时,能对复合通道丢失进行自动校正,也称重叠校正,以保证结果的准确性。

2. 流式光散射检测系统 由激光光源、检测装置和检测器、放大器、甄别器、阈值调节器、检测计数系统和自动补偿装置组成。这类检测系统主要应用于"五分类"、"五分类+网织红细胞计数"的仪器中。

(1)激光光源:多采用氩离子激光器、半导体激光器提供单色光。

(2)检测装置:主要由鞘流形式的装置构成,以保证细胞悬液在检测液流中形成单个排列的细胞流。

(3)检测器:散射光检测器系光电二极管,用以收集激光照射细胞后产生的散射光信号;荧光监测器系光电倍增管,用以接收激光照射荧光染色后细胞产生的荧光信号。

(四) 血红蛋白测定系统

本系统和分光光度计基本相同,由光源、透镜、滤光片、流动比色池和光电传感器等组成。

（五）计算机控制系统

计算机在血细胞分析仪中的广泛应用,使得检测报告的参数不断增加。微处理器 MPU 具有完整的计算机中央处理单元(CPU)的功能,包括算术逻辑部件(ALU)、寄存器、控制部件和内部总线四个部分。此外还包括存储器、输入/输出电路。输入/输出电路是 CPU 和外部设备之间交换信息的接口。外部设备包括显示器、键盘、磁盘、打印机等。键盘是血细胞分析仪的控制操作部分,通过控制电路将键盘与内置电脑相连,主要有电源开关、选择键、重复计数键、自动/手动选择、样本号键、计数键、打印键、进纸键、输入键、清除键、清洗键、模式键等。

（六）血细胞分析仪检测流程

全自动和半自动血细胞分析仪的工作流程大致相同,如图 8-8 所示。

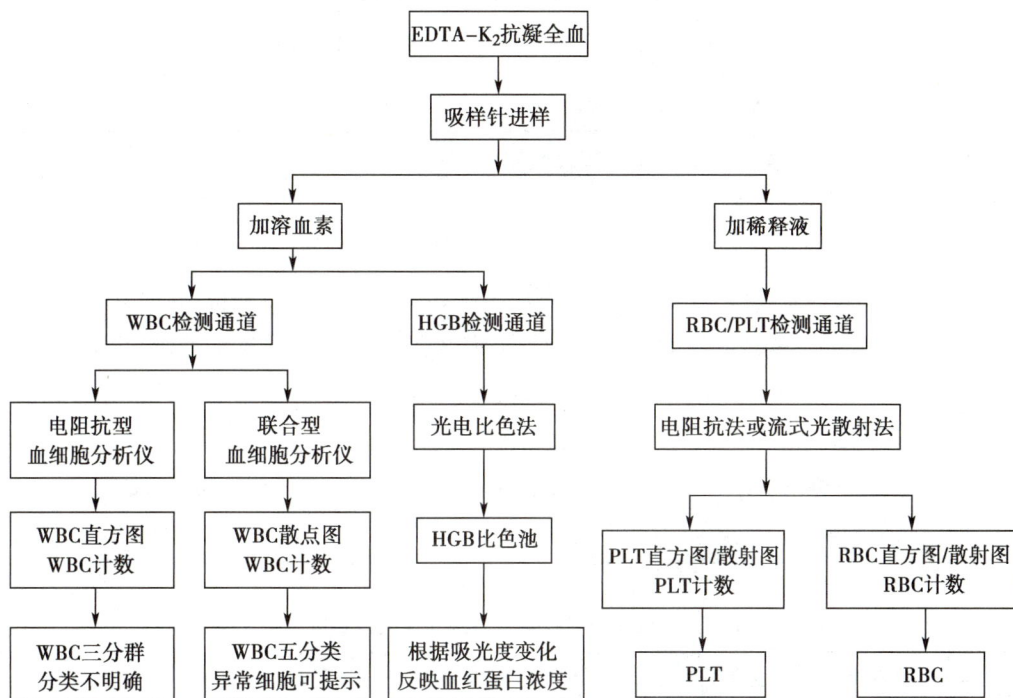

图 8-8 血细胞分析仪的工作流程图

三、血细胞分析仪的性能指标与评价

（一）血细胞分析仪的性能指标

1. 测试项目 包括实际测试项目 WBC、HGB、RBC、HCT(有的仪器先以单个细胞高度测得 MCV,再乘以 RBC 换算出 HCT)、PLT、PCT 和计算项目 MCV、MCH、MCHC 等。测试项目数有 16 ~ 46 个不等。相对于低端仪器的报告项目,高端仪器报告的项目更多。

2. 细胞形态学分析 半自动血细胞分析仪除了白细胞两分群及 RBC、WBC、PLT 三个直方图外,无其他指标。低端全自动血细胞分析仪可做白细胞三分群计数及三种细胞直方图,高端仪器除能做白细胞五分类及幼稚血细胞提示外,还可进行网织红细胞计数分析。但必须明确,迄今为止,无论多么先进的血细胞分析仪,进行的血细胞分类都只是一种过筛手段,并不能完全取代人工镜检分类。

3. 测试速度 一般在 40 ~ 150 个/小时不等。

4. 样本量 样本用量一般为 20 ~ 250μl,用量的多少与仪器设计有关,除能用静脉抗凝血进行测试外,还能用末梢血进行计数,以适应不同人群的需求。

5. 工作条件与基本功能　我国对血细胞分析仪的工作条件和基本功能要求见表8-1。

表8-1　血细胞分析仪的工作条件与基本功能

项目	基本要求
工作条件	电源:220V±22V;50Hz±1Hz;环境温度18~25℃;相对湿度≤80%;大气压力符合厂家要求
基本功能	提供中文报告功能,文字清晰可见;有内置打印机或外置打印机,报告单除报告众多的血细胞参数外,有的还可打出血细胞直方图或散点图;有异常报警功能;有与实验室信息系统链接功能;安全符合 GB 4793.1 要求;环境试验符合 GB/T 14710 要求

6. 技术要求　我国对血细胞分析仪的技术要求见表8-2~表8-4。

表8-2　血细胞分析仪的空白计数和线性误差要求

参数	仪器空白计数	线性范围	线性误差
HGB	≤2g/L	20~70g/L	不超过 ±2g/L
		71~240g/L	不超过 ±3%
RBC	≤0.05×10^{12}/L	(0.30~1.00)×10^{12}/L	不超过 ±0.05×10^{12}/L
		(1.01~7.00)×10^{12}/L	不超过 ±5.00%
WBC	≤0.5×10^9/L	(1.00~10.00)×10^9/L	不超过 ±0.50×10^9/L
		(10.10~99.90)×10^9/L	不超过 ±5.00%
PLT	≤10×10^9/L	(20~100)×10^9/L	不超过 ±10×10^9/L
		(101~999)×10^9/L	不超过 ±10%

表8-3　半自动血细胞分析仪的重复性与携带污染率及偏差要求

参数	检测范围	不精密度(%)	携带污染率(%)	偏差
HGB	120~160g/L	≤2.5	≤1.0	不超过 ±2.5%
RBC	(4.00~5.50)×10^{12}/L	≤3.0	≤1.0	不超过 ±2.5%
WBC	(4.00~10.00)×10^9/L	≤6.0	≤1.5	不超过 ±5.0%
PLT	(100~300)×10^9/L	≤10.0	≤3.0	不超过 ±8.0%
MCT	30%~50%	≤3.0		不超过 ±3.0%
MCV	80~100fl	≤3.0		不超过 ±3.0%

表8-4　全自动血细胞分析仪的重复性与携带污染率及偏差要求

参数	检测范围	不精密度(%)	携带污染率(%)	偏差
HGB	120~160g/L	≤2.5	≤1.0	不超过 ±2.5%
RBC	(4.00~5.50)×10^{12}/L	≤2.0	≤1.0	不超过 ±2.5%
WBC	(4.00~10.00)×10^9/L	≤4.0	≤1.5	不超过 ±5.0%
PLT	(100~300)×10^9/L	≤8.0	≤3.0	不超过 ±8.0%

（二）血细胞分析仪的评价

国家公布了血细胞分析仪的评价方案,对全血细胞计数的分析质量要求及验证方法进行了规定,要求对仪器的本底计数、携带污染率、批内精密度、日间精密度、线性范围、正确度、不同吸样模式的结果可比性、实验的结果可比性和准确度等进行规范评价,以确保检测系统的可靠性。评价时按照中华人民共和国卫生行业标准——《临床血液学检验常规项目分析质量要求》（WS/T 406—2012）进行评价。

血细胞分析仪主要用于检测血液样本,除对血细胞及相关成分进行定量分析外,还可对血液中白细胞进行分类。因此,白细胞分类的评价对于五分类仪器至关重要。评价方案按美国临床实验室标准化协会（CLSI）发布的 CLSI-H20 文件"白细胞分类计数（百分率）参考方法和仪器方法评价"制定,包括样本制备、比较分类计数不准确度和不精密度、临床灵敏度、统计学方法。该文件建议使用已知精密度和偏倚的白细胞分类计数参考方法评价血细胞分析仪的白细胞分类计数性能（灵敏度和特异性）,具体分类计数的评价见表8-5。

表8-5 白细胞分类计数评价

评价内容	评价方法
分类计数	每张血涂片应该计数 200 个白细胞,如白细胞减少,应该同时增加血片数量
血片检查量	熟练检验技师按每张涂片分类计数 200 个细胞,一般每天 15 ~ 25 张血涂片
评价用血涂片	血涂片①:含分叶核中性粒细胞、杆状核中性粒细胞、正常淋巴细胞、异型淋巴细胞、单核细胞、嗜酸性粒细胞、嗜碱性粒细胞;血涂片②:含少量有核红细胞;血涂片③:含少量未成熟白细胞

（三）血细胞分析仪的校准

血细胞分析仪在出厂前已经过厂方技术鉴定合格,由于运输振动或因故障维修后或长时间停用后再启用等原因,以及正常使用半年以上或认为有必要时,都必须对仪器进行校准及性能测试,这对了解仪器性能、发现问题、确保检验质量有重要意义。

校准时,最好使用有溯源性的国际公认参考方法标定的健康人新鲜血液,或按说明书要求用厂家的配套校准物进行校准。应特别强调,不得混用不同厂家或型号不配套的非新鲜血校准物,更不能用所谓定值的全血质控物校准仪器。详细校准方法应参考《中华人民共和国医药行业标准:血细胞分析仪用校准物（品）》（YY/T 0701—2008）。

（贺志安）

第二节　血液凝固分析仪

血液凝固分析仪（automated coagulation analyzer, ACA）是对血栓与止血有关成分进行自动检测分析的临床常规检验仪器。在血栓/止血实验室中最基本的设备就是血液凝固分析仪（简称血凝仪）。血凝仪按自动化程度可分为半自动和全自动血凝仪以及全自动血凝检测流水线。

1. 半自动血凝仪　操作简便、应用检测方法少、价格便宜,但需手工加样（包括样本和试剂）,检测速度较慢,测量精度优于手工操作但低于全自动血凝仪,主要检测一些常规凝血项目。

2. 全自动血凝仪　自动化程度高、检测方法多,通道多、速度快、可任意组合检测项目,测量精度好、易于质量控制和操作标准化。另外还具有智能化程度高、功能较多、价格昂贵的特点,对操作人员的要求也相对较高。除能检测常规的凝血、抗凝、纤维蛋白溶解系统等项目外,还能对抗凝、溶栓治疗效果进行监测。

3. 全自动血凝检测流水线　一台或多台全自动血凝仪和离心机用轨道传递系统连接,可组成全自动血凝检测流水线。在计算机控制系统的指令下,该系统可进行样本自动识别和接收、自动离心、自动放入分析仪、自动检测分析、自动进行分析后样本的管理等。全自动血凝检测流水线还可与其他检测模块或平台相连接,以实现全实验室自动化。

一、血液凝固分析仪的检测原理

血液凝固分析仪使用的主要方法有凝固法、底物显色法、免疫学法、干化学法等。凝固法是血栓/止血试验中最基本、最常用的方法,半自动血液凝固分析仪基本上以凝固法检测为主。全自动血液凝固分析仪除了使用凝固法外,还使用底物显色法和免疫学法等其他分析方法。

(一) 凝固法

凝固法是通过检测血浆在凝血激活剂作用下一系列物理量(光、电、超声、机械运动等)的变化,再由计算机分析所得数据并将之换算成最终结果,故也称生物物理法。按测量原理可分为电流法、光学法、磁珠法和超声分析法四种。

1. 电流法　利用纤维蛋白原无导电性而纤维蛋白具有导电性的特点,将待测样本作为电路的一部分,根据凝血过程中电路电流的变化来判断纤维蛋白的形成。由于该法的不可靠性及单一性,所以很快被更灵敏、更易扩展的光学法所取代。

2. 光学法(比浊法)　根据血浆凝固过程中浊度的变化导致光强度变化来测定相关因子。根据不同的光学信号测量原理,又可分为散射比浊法和透射比浊法两类。

散射比浊法中光源、样本与接收器成一定的角度,即不在一条直线上,接收器得到的完全是浊度测量所需的散射光;而在透射比浊法中,光源、样本与接收器成一直线排列,接收器得到的是很强的透射光和较弱的散射光,仪器进行信号校正后,按经验公式换算得到透射光浊度。经比较可看出散射比浊法优于透射比浊法。

用光学法进行凝血检测的优点在于灵敏度高、仪器结构简单、易于自动化;缺点是样本的光学异常、测试杯的光洁度、加样中的气泡等都会成为测量的干扰因素。对此各厂家已采取不同先进技术予以弥补。

3. 磁珠法　是根据磁珠运动的幅度随血浆凝固过程中黏度的增加而变化来测量凝血功能的方法。根据仪器对磁珠运动测量原理的不同,又可分为光电探测法和电磁珠探测法。

(1)光电探测法检测原理:测试时,永久磁铁在测试杯的下方旋转,带动测试杯中磁珠沿杯壁旋转,测试杯的侧壁外安装有红外反射式光电探测器元件来监测磁珠运动变化。依运动力学原理,磁珠的旋转随血浆黏度的增大逐渐向测试杯中心靠拢,光电探测器记录磁珠的这一运行规律,据此来判定血浆凝固终点。在该法中光电探测器的作用与前述的光学法中接收器的作用不同,它与血浆的透光度无关,只是监测血浆凝固过程中磁珠的运动规律。

(2)电磁珠探测法检测原理:电磁珠探测法又称为双磁路磁珠法,其中一对磁路产生恒定的交替电磁场,使测试杯内磁珠保持等幅振荡运动;另一对磁路利用测试杯内磁珠摆动过程中对磁力线的切割所产生的电信号,监测磁珠摆动幅度的变化,将磁珠摆动幅度与起始相比衰减到50%时判定为血浆凝固终点。双磁路磁珠法检测原理见图8-9。

磁珠法凝血检测的优点是不受溶血、黄疸、高脂血症标本及加样中微量气泡等因素的干扰,试剂用量少,磁珠运动还有利于血浆和试剂的充分混匀;缺点是磁珠的质量、杯壁的光滑程度等因素,均会对检测结果造成影响。

4. 超声分析法　是一种利用超声波测定血浆在体外凝固过程中发生变化的半定量方法。在血浆凝固分析过程中,以频率为 $2.0 \sim 2.7 \text{MHz}$ 的石英晶体传感器作为信号的发射器

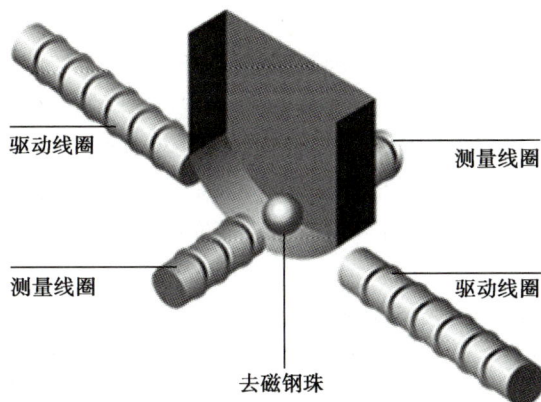

图 8-9　双磁路磁珠法检测原理示意图

和接收器,当血浆样品加入试剂后,其凝固过程可使石英传感器的发射波发生变化,仪器记录和分析这些变化即可得到所测结果。超声分析法现在已较少使用,主要用于 PT、APTT 和 FIB 的测定。

(二)底物显色法

底物显色法是通过测定产色底物的吸光度变化来推断所测物质的含量和活性,故也称生物化学法。其实质是利用光电比色原理,以一个卤素灯为检测光源,检测波长一般为 405nm。探测器与光源呈直线,与比色计相仿。由人工合成的与凝血因子天然蛋白底物氨基酸排列顺序相似、并且有特定作用位点的多肽,其作用位点与产色的化学基团相连。测定时由于凝血因子具有蛋白水解酶的活性,它不仅能作用于天然蛋白质肽链,也能作用于人工合成的肽链底物,从而释放出产色基团,使溶液呈色。呈色深浅与凝血因子活性成比例,因此可以进行精确的定量。

目前人工合成的多肽底物有几十种,最常用的是对硝基苯胺(PNA),呈黄色,可用 405nm 波长单色光进行测定。底物显色法灵敏度高、精密度好,而且易于自动化检测,为血栓／止血检验的临床应用开辟了新途径。

(三)免疫学方法

以纯化的被检物质为抗原,制备相应的抗体,然后利用抗原抗体反应对被检物进行定性或定量测定。实验室使用的方法有:免疫扩散法、火箭电泳法、双向免疫电泳法、酶标法、免疫比浊法。血液凝固分析仪主要使用免疫比浊法,因其操作简便,准确性好,便于自动化。

(四)干化学技术

干化学技术(dry reagent technology)是将惰性顺磁铁氧化颗粒(paramagnetic iron oxid particles,PIOP)结合在可产生凝固反应或纤溶反应的干试剂中,在以固定垂直磁场的作用下使颗粒来回移动。当加入血样本后,血液通过毛细管作用进入反应层,使干试剂溶解,发生相应的凝固反应或纤溶反应,导致干试剂中 PIOP 摆动幅度减小或增加,间接地反映出纤维蛋白的形成或溶解的动态过程。仪器的光电检测器可记录 PIOP 摆动所产生的光亮变化,这些变化再通过信号放大、转换、运算而得到检测结果。目前干化学技术主要应用于便携式血凝分析仪。

二、血液凝固分析仪的基本结构

(一)半自动血液凝固分析仪的基本结构

主要由样本和试剂预温槽、加样器、检测系统(光学、磁场)及微机组成。有的半自动仪器还配备了发色检测通道,使该类仪器同时具备了检测抗凝及纤维蛋白溶解系统活性的功能。

针对半自动血液凝固分析仪受人为因素影响多、重复性较差等缺陷,有些仪器配有自动计时装置,以告知预温时间和最佳试剂添加时间。有些仪器在测试位添加试剂感应器,在移液器枪头滴下试剂后,感应器立即启动混匀装置,使血浆与试剂得以很好地混合。有些仪器在测试杯顶部安装了移液器导板,在添加试剂时由导板来固定移液器枪头,从而保证了每次均可以在固定的最佳的角度添加试剂并可以防止气泡产生。这些改进提高了半自动血液凝固分析仪检测的准确性。

(二)全自动血液凝固分析仪的基本结构

全自动血液凝固分析仪的基本结构包括样本传送及处理装置、试剂冷藏位、样本及试剂分配系统、检测系统、计算机控制系统及附件等。

1. 样本传送及处理装置　血浆样本由传送装置依次向吸样针位置移动,多数仪器还设置了急诊位置,使急诊样本优先测定,常规样本在必要时暂停检测。样本处理装置由样本预温盘和吸样针构成,前者可以放置几十份血浆样本,吸样针吸取血浆并将其放于预温盘的测试杯中,供重复测试、自动再稀释和连锁测试用。

2. 试剂冷藏位　可以同时放置几十种试剂进行冷藏,以避免试剂变质。

3. 样本及试剂分配系统　包括样本臂、试剂臂、自动混合器。样本臂会自动提起样本盘中的测试杯,将其置于样本预温槽中进行预温。试剂臂将试剂注入测试杯中(为避免凝血酶对其他检测试剂的污染,性能优越的全自动血液凝固分析仪有独立的凝血酶吸样针),由自动混合器将试剂与样本充分混合后送至测试位,已检测过的测试杯被自动丢弃于特设的废物箱中。

4. 检测系统　是仪器的关键部件。血浆凝固过程通过前述多种凝固反应检测法进行检测。

5. 计算机控制系统　根据设定的程序指挥血凝仪进行工作并将检测得到的数据进行分析处理,最终得到测试结果。系统还可对患者的检验结果进行储存、质控统计和记忆操作过程中的各种失误报警等工作。通过计算机很方便地与 LIS 和 HIS 连接,通过打印机输出测试结果。

6. 附件　主要有系统附件、带盖穿刺吸样系统、条码扫描仪、阳性样本分析扫描仪等。

三、血液凝固分析仪的性能指标与评价

(一)主要性能指标

1. 测试参数　目前,血液凝固分析仪测试参数的多少一般与仪器的自动化程度相关,半自动仪器测试参数相对较少,全自动仪器测试参数多。

半自动仪器测试参数一般有:凝血酶原时间(PT)、活化部分凝血活酶时间(APTT)、纤维蛋白原定量(Fbg)、凝血酶时间(TT)等项目。

此外,全自动仪器测试参数还有:D-二聚体(D-Dimer)、纤维蛋白(原)降解产物(FDP)、外源凝血因子(Ⅱ、Ⅴ、Ⅶ、Ⅹ)、内源凝血因子(Ⅷ、Ⅸ、Ⅺ、Ⅻ)、蛋白 C(PC)、蛋白 S(PS)、抗凝血酶(AT)、血管性假性血友病因子(vWF)、肝素(普通/低分子)等。用户可以根据需要自定义测试项目。

2. 测试速度　仪器的测试速度一般与仪器的自动化程度相关,全自动分析仪的测试速度比半自动仪器更快,但不同厂家、不同型号仪器的测试速度还有一定的差别。全自动血液凝固分析仪的检测速度大致为:PT 180~360 测试/小时,APTT 80~160 测试/小时,Fbg 60~120 测试/小时,D-Dimer 90~202 测试/小时不等。

3. 样本量　不同厂家、不同型号的仪器样本用量会有不同,不同项目的样本需要量差

异也很大,这与厂家设计有关。PT、APTT 的样本用量一般为 50μl,TT 的样本用量为 100μl,Fbg 的样本用量为 10μl,D-Dimer 的用量为 25μl。

4. 常规项目的精密度和示值范围 PT、APTT、Fbg、TT 的批内不精密度($CV\%$)≤1/4 CLSI 标准,批间 $CV\%$ ≤1/3 CLSI 标准;PT 的示值范围为 5～180 秒;APTT 为 5～300 秒;TT 为 5～180 秒;Fbg 为 0.25～10g/L。

5. 打印 包括测试结果、质控数据、质控图、标准曲线等在内的所有重要信息,都可以通过外接打印机或传入实验室信息系统进行打印。

(二)性能评价

由于血液凝固分析仪检测的项目多为酶活性测定,所以选择高质量的血凝仪对于保证出血与血栓检验的质量至关重要。血液凝固分析仪的评价通常包括两个方面:一般性能评价和技术性能评价。

1. 一般性能评价 包括:①产品质量,包括仪器应具有的特征、仪器自动化程度、免费维护保养能力;②价格;③厂商评估;④担保;⑤售后服务;⑥可接受性。

2. 技术性能评价 对血液凝固分析仪的性能评价可参考《临床血液学检验常规项目分析质量要求》(WS/T 406—2012)中凝血试验的分析质量要求及验证方法,包括精密度、线性范围、正确度、准确度以及抗干扰性等。

(1)精密度:包括批内精密度和批间(日间)精密度。采用仪器配套试剂、校准品及相应的测定程序,对质控血浆或患者新鲜血浆在相同或不同时间内进行重复性测定。评价时分别采用高、中、低值三个水平的样本(n≥15)进行批内、批间及总重复性测定。每个项目重复测定 10 次,计算其平均值、标准差、变异系数。表 8-6 列出的是常用凝血试验项目测定的 CV 值。

表 8-6 常用凝血试验项目测定的 CV 值要求

项目名称	不精密度($CV\%$ ≤)	
	正常样本	异常样本
PT(s)	3.0	8.0
APTT(s)	4.0	8.0
TT(s)	10.0	15.0
Fbg(g/L)	8.0	15.0
凝血因子活性	10.0	15.0
D-Dimer(μg/L)	15.0	15.0
AT	10.0	15.0

(2)正确度:使用两个水平(正常值和异常值)的定值质控品分别测定各项目,每个项目连续测定 3 次,计算算术平均值及相对偏倚,均值应在质控血浆标示的范围内,相对偏倚应符合表 8-7 的要求。也可以使用正常人混合的新鲜血浆和异常值血浆标本,与已通过注册、具有相同预期用途、原理与结构相似的检测系统进行方法学比较,其相对偏倚也应满足表 8-7 的要求。

(3)携带污染:即评价不同样本对测定结果的影响,包括高值样本对低值样本的污染和低值样本对高值样本的污染两个方面。

1)高值样本对低值样本污染的评价:将低值样本置样本架 1 和 3 位置,高值样本置于 2 位置,每个样本分别测定 3 次并记录结果:N1、N2、N3、A1、A2、A3、N4、N5、N6。计算携带污

表8-7 常用凝血试验项目测定的正确度要求

项目名称	相对偏倚(% ≤)	
	正常样本	异常样本
PT(s)	5.0	10.0
APTT(s)	5.0	10.0
TT(s)	10.0	20.0
Fbg(g/L)	10.0	20.0
D-Dimer(μg/L)	15.0	15.0
AT	10.0	15.0

染率 $k1 = [N4 - Mean(N1,N2,N3)]/Mean(N1,N2,N3)$。

2)低值样本对高值样本污染的评价:将高值样本置样本架1和3位置,低值样本置于2位置,每个样本分别测定3次并记录结果:A1、A2、A3、N1、N2、N3、A4、A5、A6。计算携带污染率 $k2 = [A4 - Mean(A1,A2,A3)]/Mean(A1,A2,A3)$。携带污染率($k1$ 和 $k2$)的相关要求见表8-8。

表8-8 常用凝血试验项目携带污染率的要求

项目	携带污染率(% ≤)
PT(s)	5
APTT(s)	5
Fbg(g/L)	10

(4)线性范围:线性范围的评价可参考《临床化学设备线性评价指南》(WS/T 408)的要求进行。取已知定值的质控物、定标物或新鲜混合血浆,在不同稀释度(4~5个浓度)时,测定各相关分析参数,观察其是否随血浆被稀释而发生相应变化。理想结果是经不同程度稀释后,稀释度与其相应检测结果在直角坐标纸上可以形成一条通过原点的直线。

(5)抗干扰性:抗干扰性的评价是指血凝仪在样本异常或有干扰物存在时的抗干扰能力。如观察高溶血、高黄疸、高乳糜标本对试验结果有无影响,可以使用溶血样本、黄疸样本及脂血样本,按一定比例加入正常混合血浆中,以原空白混合血浆作为对照,分别测定PT、APTT、Fbg等项目,每个样本重复检测2次取均值,计算偏倚。

3. 血凝仪之间的比对 目前,随着检验项目的增多及样本量的增加,很多临床实验室都会同时使用两台或以上、相同或不同型号的全自动血凝仪。为保证检测结果的准确性,用不同方法、不同分析系统检测同一项目时应定期(至少6个月)对检测结果进行比对。比对试验中,一般以室内质控达标、室间质评优秀的仪器作为基准仪器,以确认比对仪器分析系统的有效性和性能指标符合要求。

(1)样本的选择:选用临床正常、异常结果的标本40份,进行PT、APTT和Fbg等项目的比对。在基准仪器和比对仪器上分别检测这40份样本,计算比对仪器和基准仪器之间的结果偏倚百分比。

(2)要求:比对的偏倚应≤1/2 CLSI为满足要求,40份标本中至少应有32份(≥80%)满足表8-9中的要求为比对合格。

表 8-9　血液凝固分析仪比对要求

主要参数	PT	APTT	Fbg
偏倚（≤）	7.5%	7.5%	10%

（3）评价后处理：若比对的一致性可以接受，临床实验室方可使用多台仪器进行同一项目的检测。若参与比对的仪器与基准仪器在检测某项目时在某一医学决定水平的一致性不可接受，则应停止使用该仪器进行该项目的检测，并分析比对失败原因。采取的措施包括重新对仪器进行校准，或在必要时通知工程师进行检修后再进行比对。

四、血液凝固分析仪的应用

半自动血液凝固分析仪以凝固法测定为主，检测项目较少，而全自动血液凝固分析仪可使用多种方法进行凝血、抗凝、纤维蛋白溶解系统功能、用药的监测等多项目的检测。

1. 凝血系统的检测　常规筛选试验：如 PT、APTT、TT 测定；单个凝血因子含量或活性的测定：FIB，凝血因子 II、V、VII、VIII、IX、X、XI、XII。

2. 抗凝系统的检测　AT-III、PC、PS、APCR、狼疮抗凝物质（LA）等测定。

3. 纤维蛋白溶解系统的检测　PLG、α_2-AP、FDP、D-Dimer 等。

4. 临床用药的监测　当临床应用普通肝素（UFH）、低分子肝素（LMWH）及口服抗凝剂如华法林时，常用血液凝固分析仪对相关指标进行监测，以保证用药安全。

（贺志安）

第三节　血液流变分析仪

血液流变学分析仪器是指对全血、血浆或血细胞流变特性进行分析的检验仪器，主要有血液黏度计、红细胞变形测定仪、红细胞电泳仪、血液黏弹仪、血小板聚集仪、血液凝固分析仪、自动血沉仪等。目前，市场所用血液流变分析仪的实质是血液黏度计和血液流变分析软件系统整合而成的分析仪器，即把血液黏度计测得的血液黏度，与其他方法测得的血沉和血细胞比容通过分析软件系统进行综合分析，为临床提供有价值信息的分析仪器。本节主要介绍血液流变分析仪的核心部件——血液黏度计。

血液黏度计的分类：①按工作原理分为毛细管式黏度计和旋转式黏度计。毛细管式黏度计分为多电极式黏度计、红外多切变黏度计和压力传感式黏度计。旋转式黏度计又有锥板式、圆筒式，其中锥板式又分衰减式、稳态定切变速率式；圆筒式又分单圆筒式、双缝隙式，以及悬丝式、气浮式、磁浮式等。②按自动化程度分为半自动黏度计和全自动黏度计。后者与前者相比，主要是增加了自动进样、自动清洗、自动吹干、计算机控制等功能。

目前，市场上的血液黏度计分为三个档次：低档的毛细管式黏度计；中档的旋转式锥板黏度计；高档的旋转式悬丝或气浮式黏度计。其中，锥板式黏度计的占有量最大，以旋转式悬丝或气浮式黏度计的占有量最小，但后者的精确度好，它不仅能准确测定（1~200）/s 不同剪切率下的全血黏度，还可自动绘出流体的流动曲线和黏度时间曲线，能对血液的非牛顿特性进行更深刻的描述。

一、血液黏度计的工作原理与基本结构

（一）毛细管黏度计

1. 工作原理　牛顿流体遵循泊肃叶（Poiseuille）定律，即一定体积的液体，在恒定的压力驱动下，流过一定管径的毛细管所需的时间与黏度成正比。临床上常测定一定体积的血

浆与同体积蒸馏水通过毛细玻璃管所需要的时间之比,称为血浆的比黏度(ratio of viscosi-ty),即:血浆比黏度=血浆时间/蒸馏水时间。

2. 基本结构　包括毛细管、储液池、控温装置、计时装置等。

3. 仪器特点　测定牛顿流体黏度结果可靠,适用于血浆、血清等样本测定。但难以反映全血等样本非牛顿流体的黏度特性,也不能进一步研究 RBC、WBC 的变形性和血液的黏弹性等。

(二)毛细管微流量-压力传感式黏度计

1. 工作原理　仪器在一个模拟血流在人体内流动的密封毛细管内,加一定的压力,让血液在细管内流动,流动的同时压力也不断减小,血流动的速度随压力不同而发生变化;仪器通过计算机系统监测压力与流速变化的一组数据,测量出不同压力下的血液黏度。

2. 基本结构　由测量系统、计算机系统和自动进样系统三部分组成。

3. 仪器特点　在由高到低连续变化的剪切力的作用下,使流体(全血或血浆)在模拟人体血管的玻璃检测器中流动,实现了对全血或血浆黏度的检测。压力传感器式的毛细管黏度仪所测得的不同切变率下的黏度值,是通过数学换算、曲线拟合而得到的,其拟合公式一般为经验公式,目前主要应用于科研,是否通用于临床还需要验证。

(三)旋转式黏度计

1. 工作原理　旋转式仪器由两个同心的表面构成,其中一个可旋转。两个表面可为锥-板式,或为筒-筒式等。旋转法测定血液黏度的原理依据牛顿黏性定律,即:

$$\tau = \eta \times \gamma \tag{8-1}$$

式中:τ 为切应力,η 为流体的黏度系数,γ 为切变率。

锥-板式由同轴锥体与切血平板组成,其间充满被测样本,当切血平板以一定的角速度旋转时,力矩通过被测样本传递到锥体,再被力矩测量系统感知(图8-10)。而圆筒式是由两个同轴圆筒组成,圆筒间充满被测样本,当外筒以一定的角速度旋转时,力矩通过被测样本传递到内筒,再被力矩测量系统感知。样本黏度的大小与传入的力矩成正比。数据处理系统将测得的力矩大小进行处理,得出样本黏度结果。

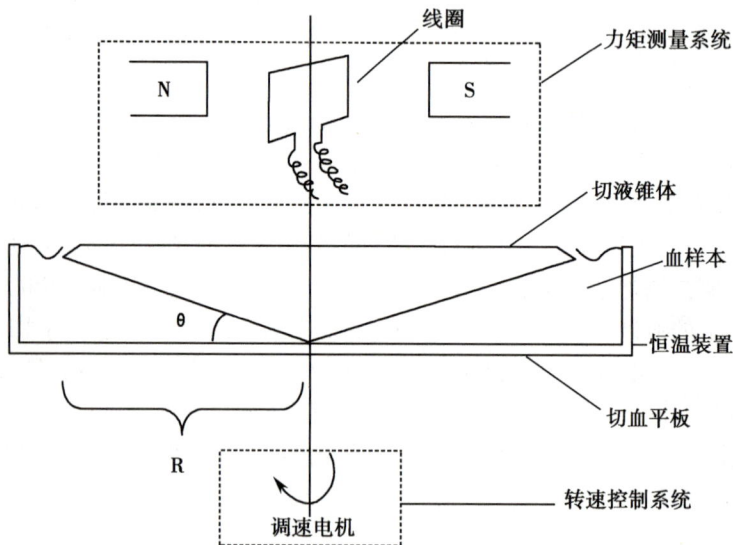

图 8-10　锥-板式黏度计原理示意图

2. 基本结构　旋转式血液黏度计主要由以下六个部分组成:①样品传感器,由同轴锥-板或同轴圆筒组成;②温度控制系统;③转速控制系统;④力矩测量系统,有一般轴承、空气轴承和悬丝式等几种方式,三者的灵敏度也按此顺序增高;⑤自动清洗系统;⑥计算机控制与数据处理系统。

3. 仪器特点　能在稳态下测定不同剪切率时全血等非牛顿流体的黏度,结果准确,可定量地了解全血的流变特性,RBC 与 WBC 的聚集性、变形性、时间相关性等很多流变特性。但不适于血浆、血清等牛顿流体样本黏度的测定,因其所得结果偏高。

二、血液黏度计的主要技术指标与性能评价

(一)主要技术指标

1. 性能指标　①黏度测试范围:0.7~30mPa·s;②剪切率变化范围:1~200/s,用户可参考使用手册自行设置,其分辨率为1/s,黏度转速误差≤3%;③黏度值 CV≤5%;④控温准确度:37℃±0.5℃,稳定性:±0.2℃;⑤样本用量0.8~2.0ml不等;⑥测试时间:稳态法多在3~5分钟/样本,而快速法多在20~30秒/样本。

2. 基本测试参数　血浆黏度、全血黏度(指全血表观黏度、相对黏度、还原黏度)等。

(二)性能评价

仪器在安装、维修及使用一定时间后,应对仪器的重复性、灵敏度与量程、准确度、分辨率、温度控制等性能进行评价。

1. 重复性　取比容在0.40~0.45范围内的同一血样本,或用同一种标准黏度油,按照仪器操作规程在一定的切变率时重复测量6~10次,计算 CV 值。在高剪切率时,血液表观黏度的 CV<3%;在低剪切率时,血液表观黏度 CV<5%。

2. 灵敏度与量程　不论是毛细管式还是旋转式黏度计,剪切应力的灵敏度与量程是血液黏度计的关键指标。力矩测量系统中的测力传感器应具有10mPa灵敏度才能测定1/s的血液黏度,对于一个恒定剪切应力的黏度计,这一控制范围应包括10~1000mPa。国际血液学标准化委员会(ICSH)对血黏度计提出的专业参考指标为:切变率1~200/s;切应力10~200mPa。

研究表明,1/s切变率下的黏度值反映的是患者初期的病变情况,10/s切变率下的黏度值反映的是患者中后期的病变情况,所以,观察低切变率下的黏度值对全面反映患者的病变过程有重要意义。

3. 分辨率　是指黏度计所能识别出的血液表观黏度最小变化量。一般以血细胞比容的变化反映仪器的分辨率。取比容在0.40~0.45范围内的正常人全血,以其血浆调节比容的变化。在高剪切率200/s状态下,仪器应能反映出比容相差0.02时的血液表观黏度的变化;在低剪切率5/s以卜状态,仪器应能反映出比容相差0.01时的血液表观黏度的变化。上述测量各测定5次以上取均值。

4. 正确度　①以国家标准物(GBW136标准黏度液)为准进行鉴定。先用9mPa·s左右的标准黏度油对黏度计进行标定。在剪切率1~200/s范围内分别用低黏度标准黏度液(3mPa·s左右)和高黏度标准黏度液(18mPa·s左右)测定其黏度,分别测定3~5次取均值,再与标准值比较。不同切变率下黏度测定的正确度一般应满足表8-10的要求。②选用37℃时的纯水在剪切率1~200/s范围内分别测定3~5次取均值,再与纯水标准黏度值0.69mPa·s比较。③要求实际测定值与真值的相对偏差<3%。

5. 仪器控制温度　温控误差的检测方法:①将仪器充分预热,当测量池温度稳定在设定温度37℃时,开始检测;②将标准温度计放置在测量池或测量孔内,等温度计显示稳定后每隔2分钟读一次数,连续读3~5次;③计算实际温度与设置温度(37℃)间的绝对误差;④计算最大温度测量值与最小温度测量值的差异。

表8-10　不同切变率下不同标准品黏度测定正确度的要求

切变率(1/s)	标准品黏度(mPa·s)相对偏倚(%)		
	5±1	10±2	20±4
1	<5	<5	<5
5	<5	<5	<5
10	<5	<5	<5
20	<5	<5	<5
60	<5	<5	<5
200	<5	<5	<5

血液黏度是随温度的变化而变化的,它与黏度呈负相关,特别是在低切率下温度对黏度测定的影响更大,故仪器温度控制的精度直接影响测定结果的准确度。国际上通常将37℃作为测试温度,ICSH对血黏度计温度控制提出的专业参考指标为:准确控制在37℃±0.5℃方能满足测定要求,所以,血液黏度计须有精密的温控系统,才能确保在37℃的条件下进行测量。

6. 切变率准确性的检测　全血为非牛顿性流体,其黏度随切变率的改变而变化,所以仪器切变率的准确性是保证血黏度测量准确性的一个重要因素。

切变率与黏度计测量台转速的关系为:

$$D = k\omega \tag{8-2}$$

式中:D 为切变率;k 为传感器系数;ω 为测量台转速。

力矩测量系统传感器系数 k 为常数,可从厂家或有关技术资料中获得该值。从切变率与黏度计测量台转速的关系可以得知:检测仪器切变率的准确性实际上就是检测黏度计测量台转速的准确性。

在仪器整个切变率范围内,选择3~5个点,包含高切变率和低切变率,用标准转速表逐点进行测量,得出各点切变率的相对误差。许多厂家在产品的技术指标中没有给出切变率的误差范围,但在产品的生产标准中,有的厂家定为≤2%。

三、血液黏度计的应用

1. 基本操作流程　血液黏度计的使用较为简单,其基本操作流程见图8-11。

2. 影响血液黏度测量准确性的因素　①仪器经移动或振动,工作台可能已处于非水平状态;②测量池清洗不彻底,样本被污染,产生测量误差;③样本预热时间不够或样本温度不均匀,引起测量误差;④标定值发生了改变,需用标准黏度油重新标定仪器;⑤仪器机芯孔内进入了血液、清洗液或其他异物等;⑥机芯有磨损。

3. 血液黏度测定的临床意义　测定全血和血浆黏度,对了解血液的流动性及其在生理和病理条件下的变化规律,评价微循环障碍形成的原因,诊断和防治由血液黏度异常所致的疾病有着重要的意义。

有资料表明,许多有明显微循环障碍的疾病都同时伴有全血、血浆黏度增高,并且微循环障碍程度和疾病的严重程度与全血、血浆黏度增高相平行。微循环障碍同时伴有全血或血浆黏度的增高常见于多种疾病,如脑卒中、心肌梗死、冠心病、肺源性心脏病等。如经过治疗,随着临床症状和微循环障碍的改善,血液黏度会有所降低。

近年来,血液流变性的改变与脑血管病的关系已经越来越引起重视。临床上影响血液流变性的因素主要包括血细胞比容、全血黏度与血浆黏度、红细胞电泳时间、血沉和纤维蛋

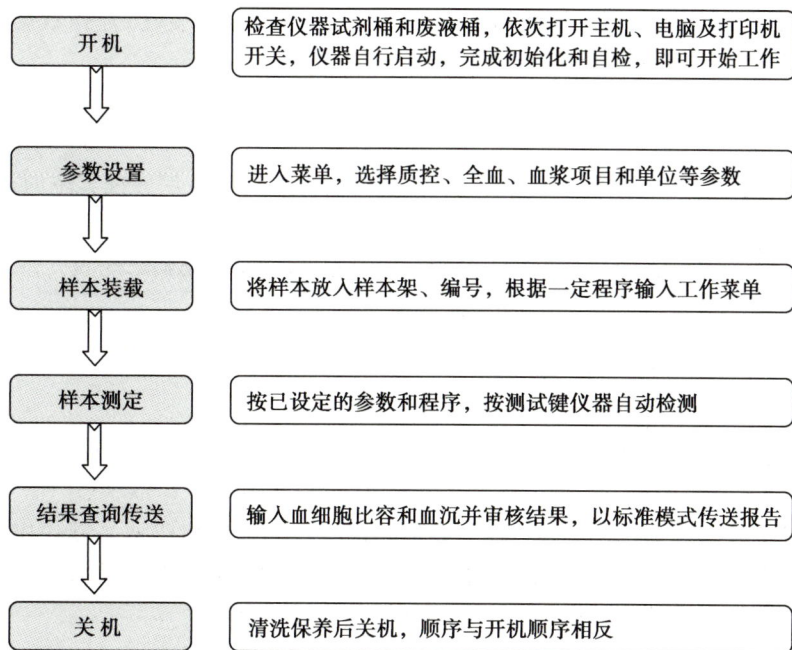

开机	检查仪器试剂桶和废液桶,依次打开主机、电脑及打印机开关,仪器自行启动,完成初始化和自检,即可开始工作
参数设置	进入菜单,选择质控、全血、血浆项目和单位等参数
样本装载	将样本放入样本架、编号,根据一定程序输入工作菜单
样本测定	按已设定的参数和程序,按测试键仪器自动检测
结果查询传送	输入血细胞比容和血沉并审核结果,以标准模式传送报告
关机	清洗保养后关机,顺序与开机顺序相反

图 8-11 血液黏度计基本操作流程图

白原等。这些指标的变化直接影响血液的流动性、黏滞性和凝固性,其变化超出一定范围就可能引起脑血管疾病。血液黏度测定,特别对缺血性和出血性脑卒中的鉴别诊断、疗效观察、预后判断有重要价值。在出血性脑卒中时,以全血黏度和血细胞比容降低为最明显,表现为血浆黏度和纤维蛋白原含量均降低,而红细胞电泳时间缩短,它预示将要有出血性血管病的发生。在缺血性脑卒中时,全血黏度和血浆黏度及其他血液流变学检验指标均增高,其中血细胞比容和全血黏度升高是造成缺血性血管病的主要原因。

(贺志安)

第四节 自动红细胞沉降率测定仪

红细胞沉降率(erythrocyte sedimentation rate,ESR)简称血沉,是指抗凝全血中红细胞在一定条件下沉降的速率。健康人的血沉数值波动于一个较狭窄范围内,但在许多病理情况下血沉明显增快。所以,血沉是临床实验室的常规检验项目,其结果对多种疾病的活动、复发、发展有监测作用,有较高的参考价值。以前,血沉的主要测定方法为传统的手工方法,即魏氏(Westergren)法,该法对血沉过程所涉及的测量、计算、记录均由人工完成,虽操作简便、设备简单易行,但测试过程较长、易产生人为误差,还不适应大批量检测。自 20 世纪 80 年代以来,诞生了自动血沉分析仪。仪器结构简单,自动化程度高,操作简便,检验结果准确,能和其他仪器联机使用,易在各级医院推广普及。

一、自动红细胞沉降率测定仪的工作原理

多数自动血沉测定仪的原理都是建立在魏氏法的基础上,根据红细胞下沉过程中血浆浊度的改变,采用红外线探测技术或其他光电技术定时扫描红细胞与血浆界面位置,动态记录血沉全过程,数据经计算机处理后得出血沉检测结果。

红细胞沉降前,血沉管内血液呈均一红色,可吸收红外线;沉降后,血液分为上、下两层,上层为透明的血浆层,可透过红外线;下层的红细胞等物质呈褐红色,可吸收红外线。监测

装置定时沿血沉管滑动,利用红外线扫描方法动态监控分界面的变化,监控数据传入计算机处理,通过计算得到红细胞沉降率。

二、自动红细胞沉降率测定仪的基本结构与性能

1. 基本结构 血沉自动分析仪由光源、沉降管、检测系统、数据处理系统四个部分组成。

光源 ⟹ 沉降管 ⟹ 检测系统 ⟹ 数据处理系统

(1)光源:多采用红外光源或激光。

(2)沉降管:即血沉沉降管,为透明的硬质玻璃管或塑料管。

(3)检测系统:一般仪器采用光电二极管阵列,其作用是进行光电转换,把光信号转变成电信号。

(4)数据处理系统:由放大电路、数据采集处理软件和打印机组成。其作用是将检测系统的检测信号经计算机的处理,驱动智能化打印机打印出结果。数据采集处理软件设有数据采集、数据分析、数据库、打印等模块,软件工作流程见图8-12。

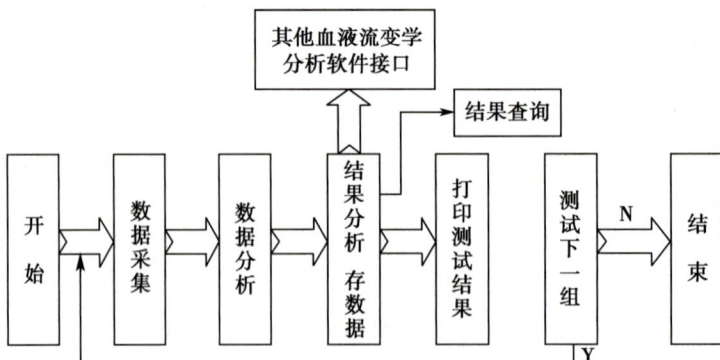

图 8-12 自动血沉分析仪工作流程图

2. 主要性能指标 自动血沉分析仪的主要性能指标见表8-11。

表 8-11 自动血沉分析仪的主要性能指标

参数	性能指标	参数	性能指标
检测时间	30 分钟	分辨率	±1mm/h
检测能力	20 个测试/小时	测试通道	5 ~ 20 孔不等
标本采集	真空管或普通管	显示器	LCD 402 带背景光的液晶显示器
采血量	1.28ml	打印机	针式或热敏打印机
环境条件	温度 15 ~ 30℃,湿度 <85%	数据接口	RS232C 可外接计算机
电源	220V/50Hz		

三、自动红细胞沉降率测定仪的应用

血沉测定的方法有多种,有魏氏法、库氏(Coulter)法、温氏(Wintobe- landsbrey)法、潘氏法等,它们之间的差别在于抗凝剂、用血量、血沉管、观察时间以及记录结果的方式不同。

库氏法每5分钟记录一次沉降结果,它除获得1小时沉降结果外,还可以看到这段时间

内的沉降曲线,对结核病灶活动与否及预后判断有一定价值。温氏法提出了贫血时的血沉校正曲线,或消除贫血对血沉结果的影响。潘氏法不需从静脉采血,仅需指端血即可,但常受组织液混入的影响。

上述各方法均有其优缺点,国际血液学标准化委员会以魏氏法为基础建立了新的血沉"参考方法",该法对血沉管的规格、抗凝剂的使用、血液标本的制备等进行了严格的规定。突出的优点是可以与血细胞分析仪检验共用一份抗凝静脉血,便于综合分析结果。

仪器的性能评价:评价以国际血液学标准化委员会推荐的改良魏氏法为准,主要评价仪器的重复性、分辨率、准确性、相关性和抗干扰性(异常标本)及温度控制的可靠性等指标。评价时注意抽取高、中、低三组血沉值各 10 份以上标本进行试验。

(贺志安)

第五节　血小板聚集仪

血小板的聚集功能在生理性止血和病理性血栓形成过程中起着至关重要的作用,因而血小板功能的检测对相关疾病的诊断、治疗方案的选择等有重要的指导价值。血小板聚集仪是检测血小板聚集程度相关指标的仪器。

一、血小板聚集仪的检测原理

血小板聚集检测仪器根据检测方法和原理的不同,分为光学比浊法、剪切诱导血小板聚集测定法、散射性粒子检测法、发色底物/发光物聚集法、转杯血小板计数法、微量反应板酶标仪比浊法、全血电阻抗法及全血流式细胞术等。其中光学比浊法是近年来在临床和研究中最常用的方法。

光学比浊法血小板聚集的检测原理:将富血小板血浆(platelet rich plasma,PRP)置于反应杯中,加入诱聚剂(主要有 ADP、肾上腺素、胶原、花生四烯酸等)后,用一硅化的小磁粒进行搅拌,血小板逐渐聚集,血浆浊度随之降低而透光度增加。仪器的光探测器接收反应杯中光强度的连续变化,经光电信号转换、放大,传入数据处理系统,最终将透射光强度的变化绘制成血小板聚集的动态曲线。

二、血小板聚集仪的基本结构

光学比浊法血小板聚集仪的结构主要包括:反应系统、光学检测系统、信号处理系统和数据处理系统等(图 8-13)。

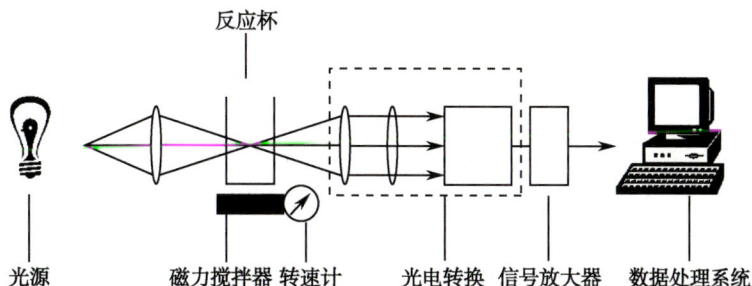

图 8-13　光学比浊法血小板聚集仪基本结构示意图

1. 反应系统　主要包括样品槽、恒温控制和磁力搅拌三个部分。①样品槽用于盛放样品反应比浊杯,不同厂家、不同型号仪器其样品槽的设计和数目不尽相同;②恒温单元的功能是保持样品槽始终处在37℃条件下,模拟人体的生理状态;③磁力搅拌单元包括磁力搅拌器和磁珠,磁力搅拌器位于样品槽的底部,磁珠放于样品杯内,作用是搅拌混匀,确保聚集反应充分。

2. 光电检测系统 检测系统分为透射光检测和散射光检测。透射光检测装置的光电接收器与样品杯、光源成180°,散射光检测装置的光电接收器与样品杯、光源成90°。光源滤光片的滤过波长一般为660nm,检测系统的光电传感器对血小板聚集反应过程中透射光(或散射光)的强弱变化进行连续监测,并将光信号转变为电信号。

3. 信号处理系统 由于检测到的电信号非常微小,需先经过放大单元的放大、甄别和波型处理,再传输至数据处理系统。

4. 数据处理系统 对信号处理系统传来的数据进行分析处理,得到血小板聚集的动态曲线和检测结果,将其直接打印或者传至实验室信息系统(LIS)。

三、血小板聚集仪的性能与应用

(一)仪器性能

环境要求:温度10～30℃,湿度45%～80%。电源:AC 220V±20V,50Hz。测试通道:一般为四通道,通道一致性误差≤3%,重复性误差(CV)≤5%。样品用量:300μl左右。软件系统:仪器配套的软件为主机和计算机之间建立双向通信数据传输,可实现图文数据实时显示、储存、发送、报告和既往图文数据查询等功能。

(二)临床应用

血小板聚集是指血小板之间相互黏着的能力,它在血栓与止血的临床应用中有重要价值。①用于血小板无力症、血管性假血友病、血小板增多症等疾病的诊断;②用于伴有高凝状态的疾病,如卒中、冠心病、糖尿病、肾病综合征等的辅助诊断;③用于伴有低凝状态疾病,如上消化道出血、流行性出血热等的辅助诊断;④用于药物的研究与治疗的评价,如各种血栓病药物治疗作用和中医活血化瘀药物对血小板聚集的抑制和解聚的研究等。

(贺志安)

第六节 自动血型鉴定仪

自动血型鉴定仪(automated blood grouping analyzer)是在凝胶微柱或玻璃微柱中进行抗原抗体反应试验,集机械原理、电子学、光学、计算机技术于一体,将血型鉴定、交叉配血、抗体筛选、抗体鉴定等试验的分析操作、反应级别评定、结果判定和打印以及试验后的清洗、废弃物的处理等环节实现自动化操作的仪器。由于自动血型仪具有操作简单方便、检测速度快、试剂用量少、判读结果准确等优点,现已得到广泛使用。

一、自动血型鉴定仪的工作原理

自动血型鉴定仪的工作原理是在凝胶微柱或玻璃微柱中进行反应。凝胶(或微玻璃珠)是不与样品发生反应的惰性物质,其中具有孔隙,能调节凝胶的浓度以控制凝胶孔隙的大小,只能允许游离红细胞通过其孔隙,而与相应抗体结合发生凝集的红细胞团块则无法通过。凝胶(或微玻璃珠)装在透明塑料管中,以便能观察和判读试验结果。当在含有标准血清抗体的凝胶微柱中加入待检红细胞,或在微柱中加入待检血清与标准红细胞,经低速离心后,发生凝集的红细胞悬浮在凝胶上层,而未凝集的管中红细胞则沉于凝胶管底部。所有操作由计算机控制自动进行。

根据自动化程度不同,自动化血型鉴定仪分为半自动和全自动两类。半自动血型鉴定仪的操作需要人工干预,如试剂(液体或试剂卡)和标本均需要人工传递,存在发生差错的可能。另外,不同厂家仪器的内部结构有转盘式载物架和直排式载物架的区别。

二、自动血型鉴定仪的基本结构

不同型号的自动血型鉴定仪的组成基本相同,包括分析系统、控制和显示系统。不同型号的仪器内部构造和软件不同,图 8-14 为 AutoVue Innova 全自动血型及配血分析仪器的外形图。

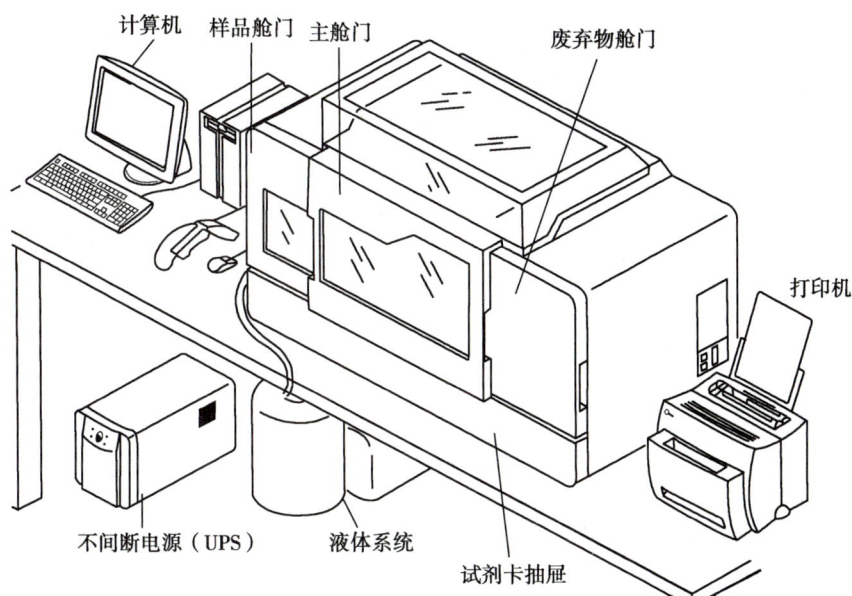

图 8-14　自动血型鉴定仪外形图

本节以转盘式样品架血型鉴定仪为例进行介绍。

(一)分析系统

分析系统即主机部分,包括资源装载区、液体输送装置、液体系统、孵育装置和离心机、检测系统、清洗装置、废弃物处理装置。

主机设计为样品舱、主舱、废弃物舱和试剂卡抽屉、液体系统五个功能区。样品舱内的样品架用以装载样品;主舱内部装有多种主要部件,主要有自动移液系统、样品装载装置、稀释液和稀释器、清洗站、孵育器、离心机以及自动读取器等部件;废弃物舱内可容纳使用过的试剂卡;试剂卡抽屉用来储存试剂卡;液体系统包括稀释液和洗涤液(图 8-15)。

1. 样本装载和输送装置　常见的样品装载装置类型有转盘式和直排式。

转盘式装载装置可容纳多个样本架,包括可移动样本架和固定样本架,样本架上用来放置样本管。样本架的类型非常重要,决定了系统准确检测样本量的能力,因为所用样本管的内径和特定样本架中移液器可向下移动的最大距离决定系统检测样本量的能力。样本管中的样本由自动移液系统转移,自动移液系统由移液器臂和移液器探针组成。

2. 加样装置　加样装置包括自动移液系统和试剂卡抓取器,自动移液系统包括自动移液器探针和移液器臂。在计算机指令下由步进马达驱动移液器臂运动,由液体泵带动探针精确定量吸取样品和试剂进行加样操作,控制样本的制备和转移、分配试剂及各种系统试液,将样本移至稀释板(若需要),并最终移至试剂卡。此外还负责液位检测、凝块和气泡检测,遇到空吸或探测到血凝块时,可通过自动报警及冲洗以避免探针损坏或错误发生。试剂卡抓取器用于抓取并转移试剂卡。

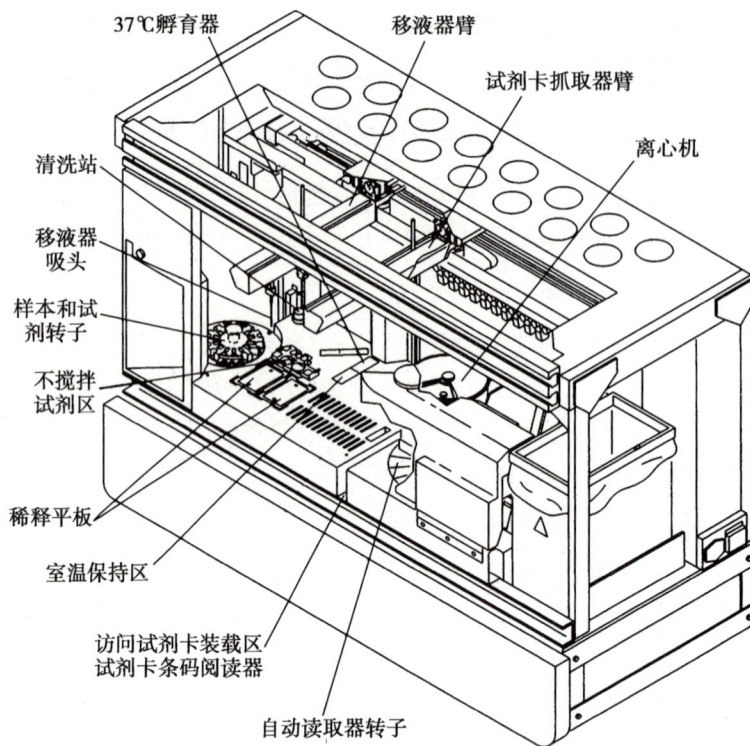

图 8-15　自动血型鉴定仪主机内部结构

（图中标注：37℃孵育器、移液器臂、试剂卡抓取器臂、离心机、清洗站、移液器吸头、样本和试剂转子、不搅拌试剂区、稀释平板、室温保持区、访问试剂卡装载区、试剂卡条码阅读器、自动读取器转子）

3. 试剂装置　不同种试剂分区储存。储存试剂瓶的试剂载架有直排式和旋转式。红细胞悬液试剂瓶放置在试剂载架上,将载架固定在试剂转子或装载区上。不需要搅拌的较大试剂瓶,如 0.8% 红细胞稀释液、BLLIS、菠萝蛋白酶试剂瓶储存在不搅拌试剂区试剂载架。

储存试剂卡的抽屉位于主机下部,用于容纳试剂卡套架,套架内放置试剂卡,不同型号仪器试剂卡抽屉内可容纳不同数量试剂卡套架。通常有两种试剂卡套架,即常规试剂卡套架和查看试剂卡套架。

试剂卡是用箔纸密封的一排塑料小管,内容物为加入了与试验内容相应的抗体成分的分子筛凝胶。试验过程中由仪器内的打孔机将箔纸打孔并从孔中加入样品进行反应。

试剂盒为含有不同细胞的标准细胞悬液。试剂系统还包括稀释剂,不同型号仪器使用不同形式的稀释剂容器。转盘式装载架仪器使用两种规格的稀释平板,浅反应孔稀释板为96孔的平底孔,而深反应孔稀释板为96孔的圆底孔。孔内盛放一定量的生理盐水作为稀释剂,试验时由加样探针加入一定量的红细胞悬液,即可配制所需浓度的样本。浅反应孔稀释板用于3% ~5%红细胞悬浮或稀释,深反应孔稀释板用于0.8%红细胞悬浮或稀释。孔的构造与加样探针针头的构造吻合,有利于准确定量并避免损坏。两种稀释板放入仪器中的位置不可错位。

4. 恒温反应装置　包括37℃孵育器和室温保持区。37℃孵育器为金属浴,用于孵育试剂卡,一般最多可容纳24张试剂卡。室温保持区放置不需要孵育的试剂卡,一般最多可容纳42张试剂卡。

5. 离心机　用于离心反应后的试剂卡,以加速沉淀未凝集的游离红细胞。不同型号仪器配置的离心机数量不同,一次可容纳试剂卡的数量也不同。

6. 液体容器　液体容器用于盛放洗液和稀释液,包括生理盐水容器、蒸馏水容器和废弃液体容器。由泵抽吸液体,抽吸液体的种类由软件通过容器与泵之间的阀门控制。常规检测期间仅抽吸生理盐水,关机期间转换为抽吸蒸馏水,重新启动时又由蒸馏水转换为生理盐水。每个容器的液位由软件通过压力检测进行监控,对生理盐水和蒸馏水容器,当液位较低时低压检测会生成警告信息,对于废弃物容器,废弃物装满时高压检测会生成警告信息。

7. 检测器 检测器由自动读取器和内设照相机组成。自动读取器由自动读取器转子、旋转抓取器和条码阅读器组成。自动读取器转子把来自离心机的试剂卡旋转到抓取器可捡取的位置,旋转抓取器将试剂卡移动并扫过条码阅读器,读取试剂卡位置标识,然后移至照相机面前(有的仪器照相机设置在离心机内,直接读取结果)读卡,最后根据结果读数将已读取的试剂卡移回自动读取器转子或滑道,将用过的试剂卡滑入废物篮。条码阅读器用于阅读试剂卡位置标识。试验结果可显示试剂卡各个柱中的反应级别,包括 ＋＋＋＋、＋＋＋、＋＋、＋、± 和 － 、IND ± 、混合视野、溶血、细胞太少以及其他各种信息。

8. 清洗装置 仪器内部的清洗站用于移液探针的清洗。清洗站有两个清洗位置,深反应孔用于清洗完整的探针;浅反应孔用于清洗探针的末端。清洗站内储有清洗液,清洗站中间有一个小孔,通过导管连接至废弃物容器。

(二)控制和显示系统

自动血型鉴定仪计算机系统控制试验的所有部件,包括访问设备的所有组件。计算机软件系统在 Windows 操作系统下运行软件,是自动血型鉴定仪的大脑,根据医生对患者的具体状况和实际需要,可在软件中设置试验组或单项试验,指明系统应对样本进行的试验类型。对于每项试验,软件将确定运行该试验所需的试剂和系统需要执行的操作。LIS(实验室信息系统)自动录入试剂、样本信息,查看样本、试剂情况及在进行的流程,例如试剂的添加、更换和识别,条码的识别,恒温控制,冲洗控制,资源的定位和运行,数据结果的记录打印,质控的监控,仪器各种故障的报警、仪器的维护提示等,都是由计算机控制来完成。

三、自动血型鉴定仪的性能特点

血液定型、抗体筛选与鉴定的手工检测已有数十年历史,技术成熟,被临床和实验室医疗技术人员接受和信任。但是,手工检测耗时长,效率低,工作强度大,难于规范化、标准化,人工判断凝集反应结果主观性强,反应分级前后不一致,重复性差,易产生人为错误。自动血型鉴定仪可以从多方面改善手工操作的不足,具有如下特点。

1. 自动化、规范化 全自动血型及配血分析系统可以根据设定的试验内容,由软件确定试验所需的试剂及系统需要执行的操作,自动识别试剂的有效日期、位置、剩余量等信息,自动加样、分配试剂,准确控制反应时间和离心转速、离心时间,客观判读结果,自动保存试验数据,实现试验全程自动化,使得试验操作更加规范。

检验人员只需根据医嘱在分析系统软件中设定要进行的单项试验或试验组,分析软件会提醒检验人员加载相关试剂盒、试剂,其余操作环节仪器自动执行。仪器每 6 分钟可完成一次 ABO/Rh 定型,每小时可完成 100～150 个样本的 ABO/Rh 定型,可以同时处理 224 个不同样本。

2. 精密度和准确度高 由于试验全程自动化,可以精确控制各环节,减少人为误差,所以试验结果的精密度明显提高。如 10μl 移液器容量的精确度可以达到 ±7%,移液器容量的准确度可以达到 ±5%,这在手工操作是难以达到的。试验结果用 CCD 照相记录,无人为干预,试验结果的准确度和客观性也大大提高。

3. 安全性能好 仪器配备多种不同组合的开卡器,确保每种卡均由专用的开卡器打开,可避免交叉污染;自动取样加试剂、自动处理废液和废弃试剂卡,避免了操作人员与试剂、样品及液体的直接接触,确保操作人员安全,也减少了环境污染。

4. 可检测项目多 一台仪器可以实现所有凝集法原理测试的项目。由于可以同时设定单项试验和组合试验,即一次加样可以同时进行多项试验,这样就提高了试验效率。另外,仪器还有急诊样本优先检测的功能,急诊标本可以随时插入,优先完成。

此外,自动血型鉴定仪试剂用量较手工操作少,仅微升级的试剂便可完成试验;自动定量吸样也减少了试剂的浪费。

5. 试验结果可长期保存　试验结果数据可随时保存在硬盘中,并可以 DVD 备份后长期保存,也可将试验结果数据上传至实验室信息系统(LIS),便于送主管人员复核结果。储存的资料便于备查和用于资料统计分析,有利于输血检测质控和电子配血工作。

自动血型鉴定仪和手工操作相比,仪器成本较高。对操作人员有更高的技术要求,不但需要掌握血型鉴定的原理,而且还需要具备计算机基础知识和操作技能,使用仪器前必需经过专业培训。

四、自动血型鉴定仪的应用

自动血型鉴定仪主要用于 ABO 血型鉴定、表型和 DAT 试验,抗体筛查和交叉配血,抗体鉴定等试验。

1. ABO 血型反定型、A1 亚型、A2 亚型、B 型、O 型的鉴定　由计算机发出指令,控制自动加样器向试剂卡上标注有 A1、A2、B、O 的微管中分别加入 $50\mu l$ A1、A2、B、O 型试剂红细胞。然后向各微管中分配 $50\mu l$ 患者血清或血浆。试剂卡抓取器将反应卡放在室温区培养 10 分钟,离心 10 分钟,相机读取结果,由判读软件进行判读。

2. Rh 血型鉴定(测定新生儿 ABO/Rh 血型)　根据设定的定型试验,系统自动制备 0.8% 的待检红细胞悬液,自动识别并选含有抗 A、抗 B、抗 AB、抗 D、ctl、DAT 的试剂卡,向所有微管中分别加入 $50\mu l$ 待检红细胞悬液,并向前五个微管(A、B、AB、D、ctl)加入 $25\mu l$ 稀释液,室温下培养 10 分钟,离心 10 分钟,由相机读取试验结果,判读软件进行判读。

3. 抗体筛选采用试剂谱红细胞库进行供体抗体筛查　系统向各微管中分别加入 $50\mu l$ 不同的诊断细胞,然后向各微管内加入 $25\mu l$ 供体血浆或血清,试剂卡抓取器将反应卡放在室温区培养 15 分钟,转入离心机离心 10 分钟,经照相机读取试验结果,由判读软件进行判读。

在抗体筛选中若检测到有不规则抗体存在时,必须进一步鉴定抗体的类型,以确保与患者配合的血液中不含有相应抗原。抗体鉴定的谱细胞包括 8~16 种红细胞,用于鉴定抗体筛选中发现的患者血浆中的不规则抗体。当抗体被鉴定后,需检测血液单位以确定其中不含有引起患者抗体形成的红细胞抗原。

4. 交叉配血试验如单克隆抗体相容性测试试验(主侧)　系统根据设定的交叉配血试验程序,自动向试剂卡微管中加入 $50\mu l$ 供体红细胞悬液,向含有供体红细胞悬液的各微管加入 $25\mu l$ 患者血浆或血清,并加入 $25\mu l$ 稀释剂,37℃下孵育 15 分钟,再离心 10 分钟,经照相机读取结果后再由判读软件进行判读。

5. 抗人球蛋白试验　抗人球蛋白试验用于检测自身免疫性溶血的自身抗体(IgG),分为直接抗人球蛋白试验(DAT)和间接抗人球蛋白试验(IAT),前者检测红细胞表面有无不完全抗体,后者检测血清中有无不完全抗体。直接试验应用抗人球蛋白试剂[抗 IgG、和(或)抗 C3d]与红细胞表面 IgG 分子结合,如出现凝集反应,则提示红细胞表面存在自身抗体。间接试验应用 Rh 阳性 O 型正常人红细胞与受检血清混合孵育,如血清中存在不完全抗体,红细胞致敏,再加入抗人血球蛋白血清,可出现凝集。

(王菊香)

本章小结

血细胞分析仪应用经典的电阻抗法,检测原理是依据血细胞与稀释液相比为不良导体,其电阻值大于稀释液;当血细胞通过检测器微孔时,使其内外电极间恒流电路上的电阻值瞬间增大,产生一个电压脉冲信号,脉冲信号数等于通过的细胞数,脉冲信号幅度大小与细胞体积成正比,经数据处理得出细胞数。联合检测型的原理主要体现在白细胞分类部分的改进,实质是联合使用多项技术同时检测一个细胞,综合分析有关数据,从而得出较为准确的白细胞"五分类"结果;其共有特点是均使用了流式细胞技术。目前有容量电导光散射联合检测技术、光散射与细胞化学联合检测技术、多角度激光散射电阻抗联合检测技术和电阻抗射频与细胞化学联合检测技术等。血红蛋白检测多采用光电比色原理。网织红细胞检测多采用激光流式细胞分析技术与细胞化学荧光染色技术联合对网织红细胞进行分析。血细胞分析仪主要由机械系统、电学系统、血细胞检测系统、血红蛋白测定系统、计算机控制系统组成。

血液凝固分析仪的主要检测方法有凝固法、底物显色法、免疫学法、干化学法等。凝固法是通过检测血浆在凝固过程中所致一系列物理量的变化来反映相关因子的活性,也称生物物理法。光学法是检测血浆凝固过程中光信号的变化,又分为透射比浊法(依血浆凝固过程中透射光强度的变化判断终点)和散射比浊法(依血浆凝固过程中散射光强度的变化判断终点),后者的准确性更高。磁珠法是检测该过程中磁电信号的变化或磁珠运动规律的变化,又分为光电磁珠法(用光电探测技术监测磁珠在血浆凝固过程中运动幅度的衰减程度来判断终点)和双磁路磁珠法(用电磁探测技术监测磁珠在血浆凝固过程中运动幅度的衰减程度来判断终点)。底物显色法是通过测定产色底物的吸光度变化来推测相关因子的含量和活性,也称生物化学法。免疫学方法是将被检物(抗原)与其相应抗体混合形成复合物,从而产生足够大的沉淀颗粒,使用光学法原理进行透射比浊或散射比浊进行测定的方法。

使用毛细管黏度计原理的血液流变分析仪是依据牛顿流体遵循泊肃叶定律,即一定体积的液体,在恒定的压力驱动下,流过一定管径的毛细管所需的时间与黏度成正比。仪器由毛细管、储液池、控温装置、计时装置等几个部分组成,有价廉、操作简便、速度快、易普及等特点。

使用旋转式黏度计原理的血液流变分析仪是以牛顿黏滞定律为依据而设计的锥-板式(或筒-筒式)仪器,锥-板间(或筒-筒间)充满被测样本,当切血平板(或外筒)以一定的角速度旋转时,力矩通过被测样本传递到锥体(或内筒),再被力矩测量系统感知,样本黏度的大小与传入的力矩成正比。数据处理系统将测得的力矩大小进行处理得出样本黏度结果。仪器由样本传感器、转速控制与调节系统、力矩测量系统、恒温系统等组成。

为保证黏度计测量精度和正常工作,在安装、维修及使用一定时间后,应对仪器准确度、分辨率、重复性、灵敏度与量程等进行鉴定。

自动红细胞沉降率测定仪是根据红细胞下沉过程中血浆浊度的改变,采用光学阻挡原理,扫描红细胞与血浆界面位置,动态记录红细胞沉降的全过程,数据经计算机处理后得出检测结果。仪器由光源、沉降管、检测系统、数据处理系统四个部分组成。仪器性能评价以国际血液学标准化委员会推荐的魏氏法为标准,主要评价仪器的重复性、分辨率、准确性、相关性和抗干扰性及温度控制的可靠性等指标。

　　血小板聚集仪常用的光学比浊法原理是将富血小板血浆置于反应杯中,加入诱聚剂后,在小磁粒的搅拌下,血小板迅速聚集,血浆浊度随之降低而透光度增加。光探测器接收反应杯中光强度的连续变化,经光电信号转换数据处理,将透射光强度的变化绘制成血小板聚集的动态曲线。其基本结构包括反应系统、光学检测系统、信号处理系统和数据处理系统等。

　　自动血型鉴定仪的原理是当红细胞与抗体结合发生凝集时不能通过凝胶微柱,从而完成各种血型鉴定、交叉配血、抗体筛选和鉴定等工作。自动血型鉴定仪是将血型分析过程中的取样、加试剂、混合与保温反应、检测、结果计算、数据处理、清洗与废弃物处理等工作整合为一体并自动操作的自动化仪器。仪器结构主要包括样本和试剂处理系统、检测系统、清洗系统和计算机控制和显示系统。血型鉴定仪的基本工作流程包括开机检查、设定试验内容和参数或条件、加装耗材和样品、运行试验、得出结果、运行质控、维护保养、备份数据等,其中除加装耗材和样品需人工操作外,其他工作步骤均由仪器自动完成。

第九章
临床尿液检验仪器与技术

通过本章学习，你将能够回答下列问题：

1. 尿液干化学分析仪是如何进行分类的？
2. 尿液干化学分析仪的检测原理是什么？
3. 尿液干化学分析仪的结构有哪些部分？各部分的功能是什么？
4. 尿液有形成分分析仪有哪些类型？
5. 流式细胞术尿有形成分分析仪的结构有哪些部分？
6. 流式细胞术尿有形成分分析仪的工作原理是什么？
7. 智能显微镜技术的尿沉渣分析仪的结构有哪些部分？
8. 智能显微镜技术的尿沉渣分析仪如何实现图形分析？

尿液分析（urinalysis）是指运用物理、化学等方法，结合显微镜及其他仪器对尿液样本进行分析，实现对泌尿、循环、消化、内分泌等系统的疾病进行诊断、疗效观察及预后判断等目的。随着现代医学科学技术的发展，特别是电子技术及计算机的应用，各种尿液干化学分析仪，特别是尿液有形成分全自动分析仪的相继问世，为尿液化学成分检查和尿液有形成分的自动化检查提供了可靠的手段。

第一节　尿液干化学分析仪

尿液检测是最古老的医学检验之一。公元前 400 年，古希腊学者 Hippocrates 就已注意到，人发热时尿液颜色和气味会有变化。16 世纪人们就开始用化学方法检测尿液中的蛋白质、红细胞、葡萄糖等。1827 年，Bright 最早把尿液检验用于患者的病情诊断和护理，成为尿液常规分析最早期的开拓者和支持者。20 世纪 40 年代，逐渐出现了尿液干化学试剂带法，并成为筛检健康人或患者尿液的首选方法。自 70 年代，半自动、全自动尿液分析仪相继问世，成为现代尿液分析的标志。80 年代，逐渐将色谱和免疫技术用于干化学试纸中，生产出具有检测敏感性和特异性极高的单克隆抗体的试剂带。90 年代以来，尿液干化学分析仪自动化程度和性能得到迅速发展。

我国尿液干化学试纸条的研制始于 20 世纪 60 年代，1980 年国产尿干化学试纸条问世，1985 年我国从日本引进当时具有国际先进水平的 MA-4210 型尿液分析仪和专用试纸条的生产技术及设备，由此填补了国内空白。在 90 年代尿液干化学分析仪就已达到全部国产化。目前我国已经能够生产功能齐全的各类尿液干化学分析仪。

一、尿液干化学分析仪的分类

尿液分析仪又称尿液干化学分析仪,随着科学技术的发展,尿液干化学分析仪的分类也在不断更新。按工作方式分类可分为湿式尿液分析仪和干式尿液分析仪,其中干式尿液分析仪主要用于自动评定干试纸法的测定结果,因其结构简单、使用方便,目前在临床普遍应用。按自动化程度分类,可分为半自动尿液干化学分析仪和全自动尿液干化学分析仪。

二、尿液干化学分析仪的检测原理

尿液干化学分析仪的基本工作原理是将试剂带浸入尿液样本后,试剂带上的试剂块与尿液中某种成分发生反应,产生颜色变化,通过仪器设备检测来反映尿液中各成分的含量。

(一)尿液干化学分析仪的试剂带

1. 试剂带的结构　单项试剂带以滤纸为载体,将各种试剂成分浸渍后干燥,作为试剂层,再在其表面覆盖一层纤维素膜作为反射层。将试剂层黏附于塑料条上构成试剂带。尿液浸入试剂带后,与试剂发生反应,可产生颜色变化。

多联试剂带是将多种项目试剂块集成在一个试剂带上,使用多联试剂带,尿液样本可同时测定多个项目。

2. 试剂带的反应原理(表9-1)。

表9-1 试剂带反应原理

项目	试剂带反应原理
pH	pH 指示剂原理。常用甲基红和溴麝香草酚蓝组成的复合型指示剂,从 pH $4.5 \sim 9$,颜色由橘黄色、绿色变为蓝色
蛋白质	利用 pH 指示剂蛋白质误差的原理。蛋白质离子与带相反电荷的指示剂离子结合,引起指示剂颜色变化
葡萄糖	常采用葡萄糖氧化酶-过氧化物酶法。葡萄糖被葡萄糖氧化酶氧化释放出过氧化氢,从而使色原物质显色
酮体	常采用亚硝基铁氰化钠反应测量酮体。在碱性条件下,尿中酮体和亚硝基铁氰化钠反应而显色
隐血	血红蛋白类过氧化物酶催化反应原理。血红蛋白具有类似过氧化物酶的作用,能催化过氧化氢与色原物质反应并显色
胆红素	重氮反应法原理。在强酸条件下,尿胆红素与重氮盐发生偶联反应,形成重氮色素
尿胆原	Ehrlich 醛反应原理。尿胆原与对二甲氨基苯甲醛在酸性条件下反应生成樱红色缩合物
亚硝酸盐	重氮-偶联反应原理。在酸性条件下,亚硝酸盐与芳香胺反应形成重氮盐,再与苯喹啉反应产生重氮色素。
白细胞	酯酶法。中性粒细胞的酯酶能水解吲哚酚酯生成吲哚酚和有机酸;吲哚酚可进一步氧化成靛蓝;或吲哚酚和重氮盐反应生成重氮色素而显色,颜色深浅与粒细胞量的多少有关
比重	基于某种预处理的多聚电解质在一定离子浓度溶液中 pKa 变化来测量比重。尿液中电解质离子可和聚甲乙烯顺丁烯二酸共聚体中的氢离子发生置换,换出的氢离子使溴麝香草酚蓝指示剂的颜色发生变化
维生素 C	磷钼酸缓冲液或甲基绿与尿中维生素 C 进行反应,形成钼蓝,颜色由蓝色变成紫色
颜色	反射法。不同类型的仪器采用不同的波长对空白块进行检测
浊度	透光指数原理。采用尿液与蒸馏水的透射和折射光相比较,计算出尿液的浊度

3. 试剂带的应用　不同型号的尿液干化学分析仪一般使用各自配套的专用试剂带。试剂块要比测试项目多一个空白块,有些仪器还多一个位置参考块。各试剂块中的试剂与尿液中被测定成分反应而呈现不同颜色。空白块是为了消除尿液本身的颜色及试剂块分布的状态不均等产生的测试误差,提高测量准确度而设置的。位置参考块是为了消除在测试过程中因每次放置试剂带的位置不同所产生的测试误差而设置的。每次测定前,检测头都会移到位置参考块进行自检,必要时,自动调整发光二极管的亮度和灵敏度,以提高检测的信噪比。

Uritest-100/200 型尿液分析仪使用 Uritest 系列试剂带,如 8A、10A、11A 等型号。8A 试剂带从左至右按顺序排列为尿胆素原、胆红素、酮体、尿潜血、蛋白质、尿葡萄糖、尿 pH 空白带及尿亚硝酸盐。试剂带结构见图 9-1。

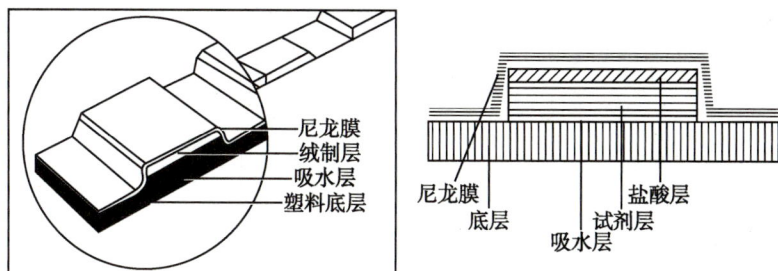

图 9-1　试剂带结构图

(二)尿液干化学分析仪的工作原理

试剂带浸入尿液后,除了空白块外,各检测试剂块都因和尿液相应成分发生化学反应而产生了颜色的变化。试剂块的颜色深浅决定光的吸收和反射程度,颜色越深,相应某种成分浓度越高,吸收光量值越大,反射光量值越小,反射率也越小;反之,反射率越大。因为颜色的深浅与光的反射率成比例关系,而颜色的深浅又与尿液中各种成分的浓度成比例关系,所以只要测得光的反射率即可以求得尿液中各种成分的浓度。

尿液分析仪一般由电脑控制,采用球面积分仪接收双波长反射光的方式测定试剂块的颜色变化。一种波长为测定波长,它是被测试剂块的敏感特征波长;另一种为参比波长,是被测试剂块不敏感的波长,用于消除背景光和其他杂散光的影响。各种试剂块都有相应的测定波长,其中亚硝酸盐、酮体、胆红素、尿胆素原的测定波长为 550nm,pH、葡萄糖、蛋白质、维生素 C、潜血的测定波长为 620nm。各试剂块所选用的参考波长为 720nm。

试剂块颜色的深浅除了随各被测成分浓度的不同而变化外,还与尿液本身的颜色有关。空白试剂块随着尿液的颜色而变化。试剂块的反射率 $R_{试剂}$ 由公式 9-1 计算而得:

$$R_{试剂} = \frac{T_m(试剂块对测量波长的反射强度)}{T_s(试剂块对参考波长的反射强度)} \times 100\% \qquad (9-1)$$

空白块的反射率 $R_{空白}$ 由公式 9-2 计算:

$$R_{空白} = \frac{C_m(空白块对测量波长的反射强度)}{C_s(空白块对参考波长的反射强度)} \times 100\% \qquad (9-2)$$

总的反射率 R 为试剂块的反射率与空白块的反射率之比,由公式 9-3 计算:

$$R = \frac{R_{试剂}}{R_{空白}} = \frac{T_m C_s}{T_s C_m} \times 100\% \qquad (9-3)$$

双波长检测法不仅仅是为了消除尿液颜色所引起的误差,还消除其他杂质成分与试剂反应产生的误差,可提高测量精度。

三、尿液干化学分析仪的基本结构

尿液干化学分析仪一般由机械系统、光学检测系统、电路系统三部分组成。其结构见图9-2。

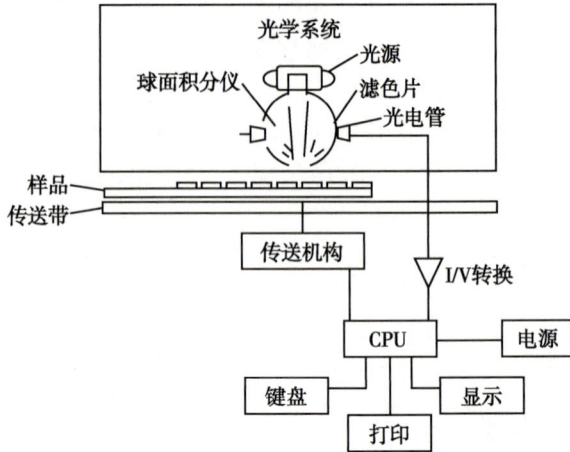

图9-2 尿液干化学分析仪结构示意图

（一）机械系统

机械系统包括传送装置、采样装置、加样装置和测量装置等,主要功能是将待检的试剂带传送到检测区,检测后将试剂带送到废物盒。

全自动尿液干化学分析仪的机械系统比较复杂,主要有两类:一类是浸式加样,由试剂带传送装置、采样装置和测量测试装置组成。首先由机械手取出试剂带,然后将试剂带浸入尿液中,再放入测量系统进行检测。此类分析仪取样需要将试剂带完全浸入尿液中,因此需要足够的尿液(约10ml)。另一类是点式加样,主要由自动进样传输装置、样本混匀器、定量吸样装置、试剂带传送装置和测量测试装置组成,这类分析仪在加样装置吸取尿液样本的同时,试剂带传送装置将试剂带送入测量系统,定量吸样装置将尿液定量加到试剂带上,然后进行检测,此类分析仪只需2ml的尿液。

（二）光学检测系统

光学检测系统是尿液分析仪的核心部件。光学检测系统包括光源、单色处理、光电转换三部分。光线照射到反应区表面产生反射光,反射光的强度与各个项目的反应颜色成反比。不同强度的反射光再经光电转换器或光电转换器件转换为电信号进行处理。

尿液干化学分析仪的光学检测系统通常有三种:滤光片分光系统、发光二极管(light emitting diode,LED)系统和电荷耦合器件(charge coupling device,CCD)检测系统。

1. 滤光片分光系统 采用卤钨灯发出的混合光通过球面积分仪的通光孔照射到试剂带上,试剂带把光反射到球面积分仪上,透过滤光片,得到特定波长的单色光,再照射到光电二极管上,实现光电转换。

2. 发光二极管检测系统 采用可发射特定波长的LED作为检测光源,检测头上有三个不同波长的光电二极管,对应于试剂带上特定的检测项目分别照射红、橙、绿单色光(波长分别为660nm、620nm、555nm),它们相对于检测面以60°照射在反应区上。作为光电转换器件的光电二极管垂直安装在反应区的上方,在检测光照射的同时接收反射光。因光路近,无信号衰减,使得用光强度较弱的发光二极管照射也能得到较强的光反射信号。

3. 电荷耦合器件检测系统 电荷耦合器件检测系统采用比较尖端的光学元件CCD技

术进行光电转换。把反射光分解为红、蓝、绿（610nm、540nm、460nm）三原色,又将三原色中的每一颜色分为2592色素,这样整个反射光分为7776色素,可精确分辨颜色由浅到深的各种微小变化。

（三）电路系统

电路系统是将转换后的电信号放大,经模/数转换后送至CPU处理,计算出最终检测结果,然后将结果输送到屏幕显示,并送打印机打印。其中CPU不但负责检测数据的处理,而且控制了整个机械、光学系统的运作,这些功能均能通过特定软件实现。

四、尿液干化学分析仪的临床应用

尿液干化学分析仪符合简单、快速、规范化初筛的条件要求,具有检测样本用量小、速度快、项目多、重复性好、灵敏度高、准确度高等优点,极大地减轻了人工显微镜镜检的工作量,适用于大批量样本筛查。但在检测过程中可能存在个别项目的假阳性、假阴性等,不能完全取代传统的显微镜检查,只能起到初筛作用。

尿液干化学分析仪的检测结果受试剂带质量和试剂带干燥程度、仪器灵敏度和稳定性等因素影响,也易受尿液中各种内源性和外源性物质的影响。

1. 试剂带检测尿液结果易被药物因素干扰,如临床大剂量使用青霉素常造成试剂带对尿蛋白检测出现假阴性现象。不同品牌的尿液干化学分析仪和试剂带受维生素C的影响程度不同,国外多采用抵抗维生素C干扰的试剂带。

2. 干化学法测定尿蛋白时易受尿液中精子和黏液丝的影响。

3. 干化学法对红细胞的测试是根据血红蛋白类过氧化物酶催化反应原理,如果尿液样本中含有对热不稳定的易热酶、肌红蛋白或某些细菌代谢物等,就易造成潜血结果假阳性。

4. 尿干化学分析仪检测白细胞阳性而镜检呈阴性可能是因为尿液在膀胱储存时间过长或其他原因致使白细胞破坏,中性粒细胞酯酶释放到尿液中所致。而尿液分析仪检测白细胞阴性而镜检阳性的尿液,多发生在肾移植患者发生排斥反应时,尿中以淋巴细胞为主。尿中以单核细胞为主时也会出现此结果。因为干化学法检测的是尿中完整的和溶解的白细胞,而淋巴细胞及单核细胞不起反应。此时应以显微镜检查为准。

干化学分析仪采用的化学法本身有一定的局限性,容易受一些因素的干扰,出现白细胞、红细胞的检测结果假阳性和假阴性,因此干化学法检测红细胞、白细胞只能起到过筛作用,检测结果有疑问时还应结合临床具体情况,必要时进行人工显微镜检测,以提高尿液分析的准确性。

尿液干化学分析仪对尿液中的上皮细胞、结晶、真菌、细菌、精子、管型、毛滴虫等有形成分无法检测,这些项目的检查需要依靠尿有形成分分析仪和显微镜共同完成。

第二节　尿液有形成分自动分析仪

尿液有形成分又称尿沉渣(urine sediments),是尿液离体后经离心沉降处理或自行沉降后的沉降物。尿液有形成分包括红细胞、白细胞、上皮细胞、类酵母细胞、管型、细菌、霉菌、结晶、药物和精子等。

1988年美国研制生产了世界上第一台高速摄影机式的尿有形成分自动分析仪。1995年日本将流式细胞术和电阻抗技术结合起来,研制生产出全自动尿有形成分分析仪。该仪器检测快速、操作方便,可同时给出尿液有形成分的定量结果和红细胞、白细胞、细胞散射光分布直方图,便于临床人员对疾病的诊治并能满足科研工作的需求。1998年,美国研制出一种基于尿有形成分显微镜检查的自动进样装置,随后又推出尿有形成分定量分析工作站。

2000年前后,我国开发、生产出了自动染色尿有形成分分析仪,实现了国产化的尿液有形成分检验的自动吸样、准确定量、自动染色等功能。它配合计算机的图像处理功能,综合干化学分析仪的分析数据,得出尿有形成分分析结果,最终打印输出彩色的尿常规图文报告单。

尿液有形成分分析仪的原理主要有两类,一类是流式细胞技术分析;另一类是尿有形成分通过智能显微镜检测再进行影像分析,得出相应的技术资料与实验结果。

一、流式细胞技术原理的尿液有形成分分析仪

(一)工作原理

全自动流式尿有形成分分析仪的测定是应用流式细胞分析技术、荧光核酸染色和电阻抗的原理进行的。

在测试进行前,先使用菲啶与羰花青染料对尿液中有形成分进行染色。这两种染料都有与细胞结合快,背景荧光低、细胞的荧光强度与细胞和染料的结合程度成正比等特点。菲啶使细胞核酸成分DNA着色,在480nm光波激发时,产生610nm的橙黄色光波,用于区分有核的细胞与无核的细胞,如白细胞与红细胞、病理管型与透明管型。羰花青的穿透能力强,与细胞质膜(细胞膜、核膜和线粒体)的脂质成分相结合,在460nm的光波激发时,产生505nm的绿色光波,主要用于区别细胞的大小,如上皮细胞与白细胞。

尿液样本被稀释并染色,由于液压作用进入鞘液流动池,被一种无颗粒的鞘液包围,使每个细胞、管型等有形成分以单个纵列的形式通过流动池的中心(竖直)轴线。在这里各种有形成分被氩激光光束照射,同时接受电阻抗检查,得到荧光强度(fluorescent light intensity,FI)、前向散射光强度(forward scattered light intensity,Fsc)和电阻抗信号三类数据。仪器将荧光、散射光等光信号转变成电信号,并对各种信号进行分析,最后得到每个尿液样本的直方图(histogram)和散射图(scattergram)。通过分析这些图形,即可区分每个细胞并得出有关细胞的形态。仪器测定原理简图见图9-3。

(二)仪器结构

流式细胞技术原理的尿液有形成分分析仪包括光学检测系统、液压系统、电阻抗检测系统和电子分析系统,其结构见图9-4。

1. 光学检测系统　光学检测系统由氩激光(波长488nm)、激光反射系统、流动池、前向光收集器和前向光检测仪组成。

激光发出的光束直接由两个双色反射镜反射,然后被聚光镜收集形成射束点汇聚于流动池中的样本上。通过流动池的尿有形成分被氩激光照射,产生前向光。前向光被前向光收集器收集,发送至前向光检测器,然后被双色过滤器分为前向散射光和荧光。光电倍增管为光电转换元件,接受光照后转化为电子流,电子流轰击倍增极,使电子按照指数递增,从而将电信号放大,然后输送到微处理器进行处理。

2. 液压系统　反应池染色样本随着真空作用进入鞘液流动池。为了使尿液中的细胞等有形成分不聚集成团,而是逐个纵向排列通过加压的鞘液输送到流动池,鞘液形成一股液涡流,包围在尿液样本外周。这两种液体相互不混合,保证了尿液有形成分在鞘液中心通过。鞘液流动机制提高了细胞计数的准确性和重复性,防止错误的脉冲,减少流动池被尿液样本污染的可能,降低了仪器的记忆效应。

3. 电阻抗检测系统　电阻抗检测系统包括测定细胞体积的电阻抗系统和测定尿液导电率的传导系统。当尿液细胞通过流动池(流动池前后有两个电极维持恒定的电流)小孔时,在电极之间产生的阻抗使电压发生变化。尿液中细胞通过小孔时,细胞和稀释液之间存在较大的传导性或阻抗的差异,阻抗的增加引起电压之间的变化,它与阻抗的改变成正比例。

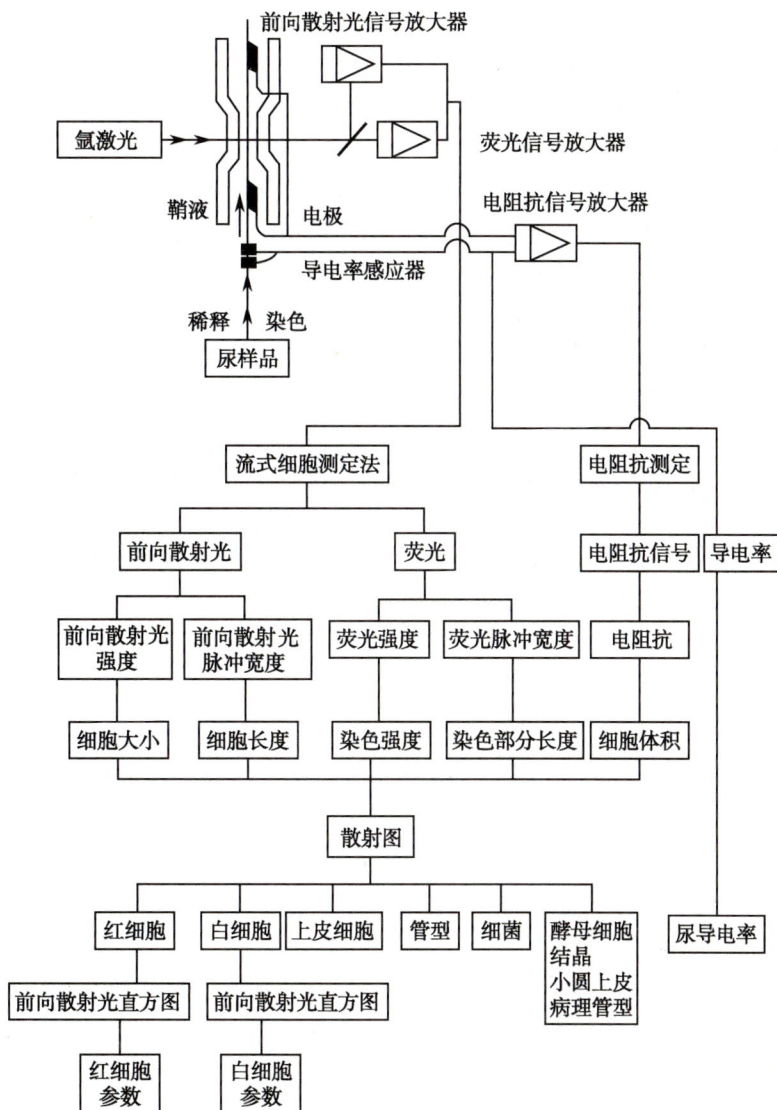

图 9-3 流式细胞技术原理的尿液有形成分分析仪测定原理简图

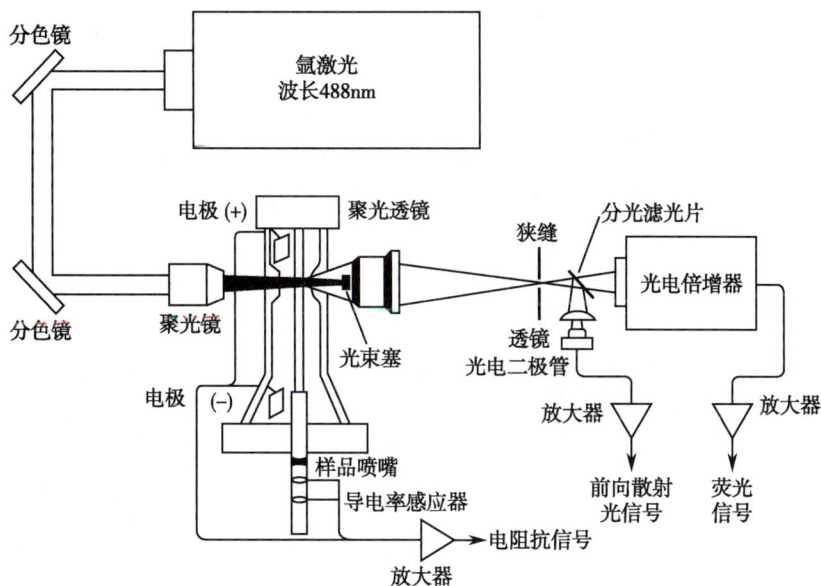

图 9-4 流式细胞技术原理的尿液有形成分分析仪结构示意图

139

电阻抗检测系统的另一功能是采用电极法测量尿液的导电率。样本进入流动池之前,在样本两侧各个传导性传感器接收尿液样本中的导电率电信号,并将电信号放大直接送到微处理器。这种传导性与临床使用的尿渗量密切相关。

4. 电子分析系统 从尿液细胞中获得的前向散射光很强,光电二极管能够直接将光信号转变成电信号。从尿液细胞中获得的前向荧光很弱,需要使用极敏感的光电倍增管将前向荧光转变成电信号并放大。从尿液中获得的电阻抗信号和传导性信号被传感器接收后直接放大输送给微处理器。所有这些电信号通过波形处理器整理,再输给微处理器汇总,得出每种细胞的直方图和散点图,通过计算得出每微升各种细胞的数量和形态。

(三) 尿液有形成分细胞的识别分析

仪器通过对前向散射光波形(散射光强度和散射光脉冲宽度)、前向荧光波形(荧光波长和荧光脉冲宽度)和电阻抗值大小的综合分析,得出细胞的形态、细胞横截面积、染色片段的长度、细胞容积等信息,并绘出直方图和散点图。仪器通过分析每个细胞信号波形的特性来对其进行分类。

前向散射光信号主要反映细胞体积的大小。前向散射光强度反映细胞横截面积;前向散射光脉冲宽度(Fscw)反映细胞的长度,Fscw 可通过公式 9-4 获得:

$$Fscw = \frac{CL + BW}{V} \tag{9-4}$$

式中:CL 为细胞长度;BW 为激光束宽度;V 为流动速度。

荧光信号主要反映细胞染色质的长度。前向荧光强度(FI)主要反映细胞大小;前向荧光脉冲宽度(FIw)反映细胞的长度,FIw 可用公式 9-5 计算:

$$FIw = \frac{NL + BW}{V} \tag{9-5}$$

式中:NL 为细胞核长度;BW 为激光束宽度;V 为流动速度。

(四) 检测项目和参数

1. 红细胞 仪器检测红细胞(RBC)的参数有:尿红细胞数量(每微升的细胞数和每高倍视野的平均红细胞数),均一性红细胞(isomorphic RBC)的百分比,非均一性红细胞(dys-morphic RBC)的百分比,非溶血性红细胞的数量(non-lysed RBC)和百分比(non-lysed RBC%),平均红细胞前向荧光强度(RBC-MFI),平均红细胞前向散射光强度(RBC-MFsc)和红细胞荧光强度分布宽度(RBC-FI-DWSD)。

2. 白细胞 仪器检测白细胞(WBC)的参数有:白细胞定量(每微升的细胞数和每高倍视野的平均白细胞数),平均白细胞前向散射光强度(WBC-MFsc)。

3. 上皮细胞 仪器检测上皮细胞(EC)的参数有:上皮细胞数,小圆上皮细胞数。

4. 管型 管型种类较多,形态各不相同,仪器不能完全区分开这些管型性质,只能检测出透明管型和标出有病理管型的存在。当仪器标明有病理性管型时,只有通过进一步的离心和人工镜检,才能确认是哪一类管型。

5. 细菌 由于细菌(BACT)体积小并含有 DNA 和 RNA,所以前向散射光强度要比红、白细胞弱,但荧光强度要比红细胞强,又比白细胞弱。

6. 其他检测 流式细胞术全自动尿液有形成分分析仪除检测上述参数外,还能标记出酵母细胞、精子细胞、结晶,并能够给出定量值。当尿酸盐浓度增多时,部分结晶会对红细胞计数产生影响。因此,当仪器对酵母细胞、精子细胞和结晶有标记时,都应离心人工镜检,才能真正鉴别出各种管型。

二、智能显微镜技术的尿液有形成分分析仪

基于智能显微镜技术的尿液有形成分分析仪是以影像系统配合计算机技术的尿液有形

成分的自动分析。数码摄影系统对样本摄像后,由计算机对图像进行分析,得到有形成分的大小、质地、对比度和形状特征,然后用形态识别软件进行自动识别和分类。根据检测技术和影像的拍摄方式,智能显微镜技术的有形成分分析仪可分为流动式有形成分分析仪和静止式有形成分分析仪。

(一)流动式尿液有形成分分析仪

1. 工作原理　流动式影像型尿液有形成分分析仪的工作原理见图9-5。尿液标本采用层流平板式流式细胞术,闪光灯为图像拍摄提供光源支持,显微镜物镜可将拍摄的尿中颗粒放大,尿液样本在鞘液包围的状态下通过仪器的流式细胞池,数字照相机对聚焦于显微镜头后面的呈平面流过的样本拍照,再将拍到的照片传至电脑中进行分析处理。

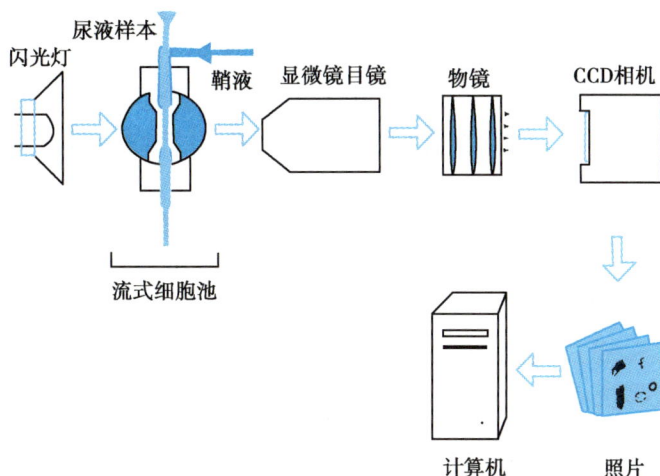

图9-5　流动式影像型尿液有形成分分析仪工作原理图

流动式影像型尿液有形成分分析仪的测定原理示意图见图9-6。尿液标本在上、下两层鞘液的包裹下进入系统中。仪器的流体力学系统由特别制作的薄层板构成,蠕动泵带动鞘液进入薄层板构成的流动池,双层鞘液流包裹在尿液标本外周,而尿液会以单层细胞颗粒的厚度进入薄层板,被高速拍摄照片后进入废液容器。

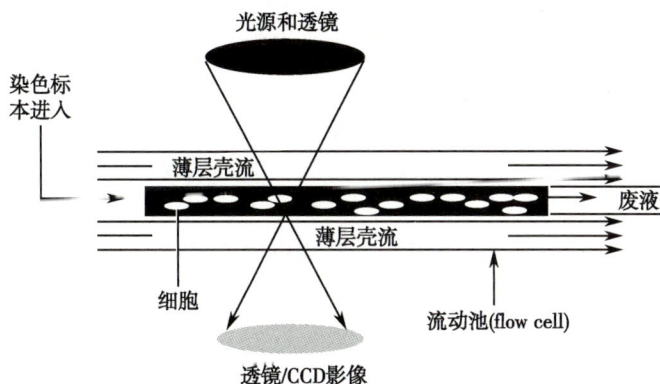

图9-6　流动式影像型尿液有形成分分析仪测定原理示意图

2. 仪器结构　流动式影像型尿液有形成分分析仪一般由四个模块构成。

(1)流动式显微成像模块:采用鞘流技术,被测样本进入系统,并在流动过程中应用全自动智能显微镜摄像镜头(CCD)高速拍摄有形成分照片。

(2)计算机分析处理模块:对图像结果的分析、处理、显示、存储和管理,包括电脑主机、显示器、键盘和鼠标等。

（3）自动进样模块：配备有自动进样装置，在样本架上可同时容纳多个专用试管架。

（4）干化学系统模块：可根据用户需求，接受其他类型的干化学分析系统结果。

3. 自动数码影像拍摄　尿液样本在鞘流液包裹下进入流动池，通过固定在薄层鞘流板一侧的显微镜物镜镜头，当每个显微镜视野被每秒 24 次的高速频闪光源照亮后，所经过的有形成分会瞬间被拍摄下来。图片结果被数字化和传递给计算机分析处理器。预先储存的背景空白图像被从每个观察视野中减去，以增强俘获粒子的形态学特点。

4. 粒子识别软件　数码相机拍到的图片输送至计算机，粒子识别软件对每张照片中的颗粒图片进行分隔。每个粒子根据颗粒的大小、形状、质地、对比度的特征分析进行分隔，它的特征通过换算被转换成数值（每种特性由 80 多种换算方法得到），再将这个数值与数据库里面保存的颗粒特征数据（每种颗粒超过 26 000 个数据）进行对比。神经网络是一种模仿动物神经网络行为特征进行分布式并行信息处理的算法数学模型。计算机系统可通过神经网络对颗粒进行自动识别和分类，目前可以将颗粒自动划分为 12 个类别，并可进一步扩展分为 27 个亚分类。这种分类方法能较准确地区分出细胞的形态且重复性好、灵敏度较高、线性误差小。

对于样本中含有的明显异常或病理表现的粒子，可通过屏幕上所显示粒子的形态学特征信息进行判别而对粒子进行确认或再识别。

5. 结果报告　尿有形成分结果用定量方式报告，用每微升含有量的方式表示，也可以换算成传统的每高倍/低倍视野表达方式报告。

（二）静止式尿有形成分分析仪

1. 工作原理　静止式尿有形成分分析仪的工作原理与人工显微镜下检查相似，将尿液样本注入专用的计数板上，经一定时间静止沉淀后，由数码照相机通过显微镜放大在计数板的不同部位拍摄一定数量的数字影像图片，再经计算机处理。能观察到的有形成分包括红细胞、白细胞、上皮细胞、管型、酵母菌、细菌和结晶等。

2. 仪器结构　主要由显微镜系统（具有内置数码照相机）、加样器和冲洗系统、图像显示处理系统等构成。

（1）显微镜系统：由传统光学显微镜与数码摄像头连接一体组成。可选配相位差显微镜，用以提高对异常有形成分的辨别分析能力。显微镜系统中另一个重要部件是固定在显微镜台上的流动计数池，是由经过高温、高压处理的光洁度极高的单块光学玻璃和合金铝质底座构成，其尺寸与标准显微镜载玻片相同。

（2）加样器和冲洗系统：可完成试管中样本的混匀、吸出、输送到显微镜上的计数池中；选择使用染色液；对管道和计数池进行冲洗；排除计数后的样本送到废液容器；选择性地对需要稀释的样本进行稀释。

（3）图像显示处理系统：显微镜上附带的数码摄像头拍摄一定数量视野下的照片后，将数码照片传入计算机进行处理和存储。

三、尿液有形成分分析工作站

近来国内外研制生产出尿液有形成分分析工作站，由样本处理系统、双通道光学计数池、显微摄像系统、计算机及打印输出系统、尿干化学分析仪等组成（图9-7）。

图9-7　尿液有形成分分析工作站示意图

（一）工作原理

尿液分析仪对尿样进行干化学分析,尿液干化学分析的结果传送到计算机中,再对离心后的尿液有形成分用显微镜进行检查,显微镜的图像被传送到计算机中,在屏幕上显示出来。

（二）仪器结构与功能

1. 样本处理系统　内置定量染色装置,在计算机指令下自动提取样本,完成定量、染色、混匀、冲池、稀释、清洗等主要工作。

2. 双通道光学计数池　计数池由高性能光学玻璃经特殊工艺制造,池内腔高度为0.1mm,池底部刻有标准计数格。

3. 显微摄像系统　包括光学显微镜、专业摄像头接口、摄像头等,用途是将采集到的有形成分图像的光学信号转换为电子信号输入计算机进行图像处理。

4. 计算机及打印输出系统　系统软件对主机及显微摄像系统进行控制,并编辑、输出检测报告等信息。

5. 尿液干化学分析仪　分析工作站的计算机主机内置有与尿液干化学分析仪连接的接口卡,接收来自干化学分析仪的数据,处理相关信息。

目前还有一种检测尿液样本的全自动尿液分析工作站,通常由尿液干化学分析仪和尿液有形成分分析仪以流水线形式组合在一起,共同完成尿液样本的检测,并将两部分检测结果组合后显示在同一份检验报告上。

四、尿液有形成分分析仪的临床应用评价

显微镜检查能真实展现细胞等有形成分形态,判断直观可靠,是尿液有形成分检查的"金标准"。但镜检法存在其无法克服的缺陷,如离心过程中细胞的丢失、溶解造成的假阴性、不同操作者之间的判断误差等。

尿液有形成分分析仪具有检测速度快、操作简单、批量进样、重复性好、样本不需要离心、极低的样本间污染率等优点。另外,操作规范化且易于质量控制,实现了尿液有形成分检测的自动化和标准化,大大加快了尿液有形成分的分析速度,提高了工作效率。

在临床应用过程中,由于尿液有形成分分析仪存在的干扰因素较多、敏感性高,特异性相对较差,所以在实际应用中应结合传统的人工显微镜镜检来验证、校准和补充,防止漏检。

由于尿液样本中各种有形成分较为复杂,特别是当样本中出现草酸钙、尿酸结晶、真菌等时,分析仪容易错判为红细胞而提示为混合性血尿,从而产生假阳性结果,导致红细胞计数可信度降低。

尿中的小圆上皮细胞(肾上皮细胞、移行上皮细胞)的大小及染色敏感度与白细胞类似而相互干扰,也会造成假阳性率升高。尿液有形成分分析仪对管型的检测主要受卷曲的上皮细胞、黏液丝、精子、真菌菌丝的影响,其中,黏液丝的干扰最大。尿液有形成分分析仪不能分析破碎的细胞,此时还必须结合干化学检查结果进行分析。

尿液有形成分分析仪对红细胞、白细胞及管型的检出率显著高于干化学法和显微镜人工镜检,其原因主要是由于尿液中有形成分的大小、内容物等并非始终均匀一致,各种病理情况、渗透压改变等因素均可能导致有形成分产生变化,从而导致各信号参数发生变化乃至重叠,对红细胞、白细胞和管型的计数产生干扰。

用尿液干化学分析仪和尿液有形成分分析仪对尿液样本进行联合检查,对于检查结果提示异常或出现结果间不相符时应进行人工显微镜镜检确认,方能有效避免尿液分析结果的错误。这是目前临床实验室采用的策略。

（侯　艳）

143

本章小结

目前临床尿液检查应用最广的仪器是尿液干化学分析仪和尿液有形成分分析仪。尿液干化学分析仪由机械系统、光学系统、电路系统三部分组成。工作原理是试剂带浸入尿液后会产生颜色的变化,试剂块所显示的颜色深浅与光的吸收和反射程度有关。只要测得光的反射率即可以求得尿液中各种成分的浓度。尿液干化学分析仪一般采用双波长法测定试剂块的颜色变化。

尿液有形成分分析仪的原理大致有两类,一类是流式细胞术分析,另一类是通过智能显微镜技术进行影像分析。流式细胞术全自动尿有形成分分析仪包括光学检测系统、液压系统、电阻抗检测系统和电子分析系统,其测定是应用流式细胞分析技术、荧光核酸染色和电阻抗的原理进行的。先用菲叮与羰花青染料对标本进行染色,然后在液压作用下进入鞘液流动池被鞘液包围,以单个纵列的形式通过流动池,在这里各种有形成分被氩激光光束照射,同时接受电阻抗检查,最后将光信号转变成电信号,并对各种信号进行分析,得出结果。智能显微镜技术尿液有形成分分析仪的检测原理与人工显微镜相似,根据检测技术和影像的拍摄方式可分为流动式尿液有形成分分析仪和静止式尿液有形成分分析仪。

在使用上述仪器进行临床尿液样本分析时,应考虑到仪器由于检测原理、性能等方面的限制对检查结果带来的影响。在必要时仍需要进行人工显微镜镜下检查,才能使检查结果更为准确。

第十章

临床生物化学检验仪器与技术

通过本章学习,你将能够回答下列问题:

1. 根据不同分类标准,可将自动生化分析仪分成哪些类别?
2. 分立式自动生化分析仪的基本结构有哪些?
3. 自动生化分析仪的分析参数有哪些?
4. 自动生化分析仪的检测分析方法有哪些?
5. 自动生化分析仪的校正方法包括哪些?
6. 自动生化分析仪的性能评价包括哪些?

自动生化分析仪(automatic biochemical analyzer)是集电子学、光学、计算机技术和各种生物化学分析技术于一体的临床生物化学检测仪器。自动生化分析仪是能把生物化学分析过程的取样、加试剂、去干扰、混合、保温反应、检测、结果计算以及试验后的清洗等步骤自动化的仪器。由于其测量速度快、准确性高、消耗试剂量小,现已得到广泛使用。这种仪器的出现,使检验人员从烦琐的手工劳动中解脱出来,提高了工作效率,而且减少了主观误差,提高了检验质量。

第一节　自动生化分析仪的分类与原理

世界上第一台用于临床生物化学检验的自动分析仪出现于 20 世纪 50 年代。1957 年,Technicon 公司按 Skeggs 教授提出的设计方案,生产了第一台单通道、连续流动式自动分析仪,这台仪器只能以光密度值形式报告结果,主要应用于临床实验室的比色分析。20 世纪70 年代中期,连续流动式自动生化分析仪问世,其由电子计算机控制,每小时可测上百份样本,每个样本可同时测定 20 个项目,自动生化分析仪的发展进入一个崭新的时期。随着科学技术和医疗事业的发展,各种各样的生化分析仪竞相问世,在临床化学分析中得到越来越广泛的应用。

自动生化分析仪种类繁多,根据不同的分类标准,可分成不同的种类:①根据其自动化程度不同,分为全自动化和半自动化。②根据可同时测定项目的数量,分为单通道和多通道,单通道每次只能检测一个项目,但项目可以更换;多通道每次可以同时检测多个项目。③根据仪器的复杂程度,分为小型、中型、大型和超大型。④根据仪器的反应装置不同,可分为连续流动式或管道式、离心式、分立式和干片式四类,这也是最常用的分类方法。目前连续流动式和离心式自动生化分析仪已很少见,本章着重介绍分立式和干片式生化分析仪。

一、分立式自动生化分析仪

分立式自动生化分析仪(vertical type automatic biochemical analyzer)于 20 世纪 60 年代问世,是目前国内外应用得最多的一类自动生化分析仪。它的特点是模拟手工操作模式,即利用计算机进行编程,以有序的机械臂代替手工操作。用加样探针将样品加入相应的反应杯中,试剂探针按一定时间自动定量加入试剂,经搅拌器充分混匀后,在一定条件下进行反应。反应杯同时也作为比色杯进行比色测定。仪器的各部件用传送带连接,按顺序依次操作,故也称为"顺序式"分析。分立式自动生化分析仪又可分为:普通分立式、反应杯转盘分立式和袋式等。

分立式自动生化分析仪的基本结构包括样本处理系统、检测系统、清洗系统和计算机软件系统。

(一)样本处理系统

1. 样本装载和输送系统 样品装载和输送装置常见的类型有样品盘式、传动带式或轨道式、链式等。

(1)样品盘(sample disk)式:为一放置样品的、可转动的圆盘状架子,通常为单圈或内外多圈,可单独安置,也可与试剂转盘或反应转盘相套合。在驱动装置带动下,样品盘按一定速度移动,使样本一个个地传递到加样针下,等待吸样,运行中与样品分配臂配合转动。有的采用更换式样品盘,分工作区和待命区,其中放置多个弧形样品架(sector)作转载台,仪器在测定中自动放置更换。样品盘上放置的样品杯或试管的高度、直径和深度均有一定要求,有的装载和输送装置只能用专门的样品杯,有的则可直接用采血试管。样品盘的装载数以及校准品、质控品、常规样品和急诊样品的放置位置,一般都是固定的。这些可根据具体工作需要进行选择。

(2)传动带式或轨道式(图 10-1):即试管架(rack)是不连续的,常为 5 个或 10 个试管作为一架。由步进马达(stepping motor)驱动传送带,将试管架依次前移,再以单架逐管横移的方式把试管移至固定位置,由样品分配臂采样。大多数仪器对于不同功能的试管架(如常规、急诊、校准、质控及保养等)常用不同颜色和编号标示,以示区分。

(3)链式:试管固定排列在循环的传动链条上,水平移动到采样位置。

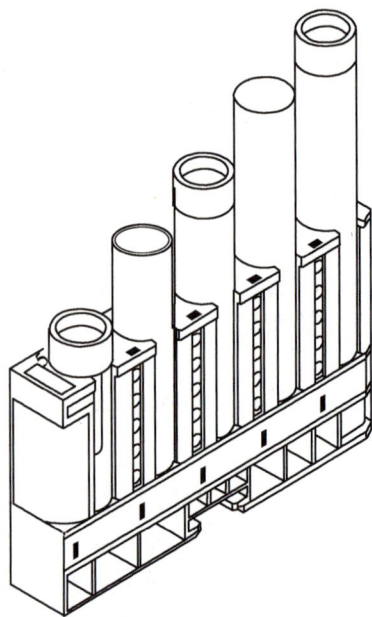

图 10-1 试管架

2. 加样装置 加样装置大都由注射器(syringe)、加样臂(sample arm)、步进马达或蠕动泵(peristaltic pump)、试剂探针(reagent probe)和样品探针(sample probe)等组成(图 10-2)。在计算机的指令下,加样臂由注射器精确定量吸取样品和试剂,再分别经样品针和试剂针转移至反应杯中。样品针和试剂针均设有液面探测器和防碰撞安全保护功能,可避免探针损坏,能够进行自我保护。此外,样品针和试剂针还具有凝块和气泡检测功能,遇到空吸或探测到血凝块时,可通过自动报警和冲洗来避免探针损坏或错误发生。目前,有些仪器采用了闭盖穿刺或自动开盖再闭盖装置,样品针可直接刺透真空采血管的胶塞进行取样,或仪器进行自动开盖闭盖操作,从而达到了减少潜在生物危害、减少损伤、减少实验室工作人员手工操作步骤以及减少样本交叉污染和蒸发引起检测结果产生偏差的目的。

3. 试剂系统 试剂系统(reagent area)指用来放置实验试剂的部分。大多数仪器通过冷藏装置将试剂仓设为冷藏室,温度为4~15℃,以保证线上试剂的稳定性。不同仪器配套试剂瓶的形状与规格也不尽相同,大多数自动生化分析仪都设有两个或两个以上试剂仓,有些是将测定同一项目的Ⅰ、Ⅱ试剂分仓存放,也有一些仪器是按不同检测项目分仓存放,即同一项目的Ⅰ、Ⅱ试剂放在同一试剂仓内。配套试剂常配有条形码,仪器配有条形码检查系统,可对试剂的类别、批号、存量、有效期和校准曲线等信息进行识别核对。有的仪器可在运行过程中添加、更换试剂,有的则需在待机状态下进行。仪器原则上能接受不同品牌的试剂,可根据不同试剂要求预先设置相应的项目参数,经校准后存入仪器,供检测样本时选择使用。

4. 搅拌装置 自动生化分析中的搅拌装置(mixer)用于搅拌混匀样品/试剂或混合溶液。目前比较流行的搅拌技术是模仿手工清洗过程的多组搅拌棒组成的搅拌单元。其工作原理是当第一组搅拌棒在搅拌样品/试剂或混合溶液时,第二组搅拌棒同时进行高速高效的清洗,第三组搅拌棒也同时进行温水清洗和风干过程。在单个搅拌棒的设计上,采用新型螺旋型高速旋转搅拌,旋转方向与螺旋方向相反,从而增加了搅拌的力度,并且溶液被搅拌时不起泡,可减少微泡对光的散射。搅拌棒表面常具有特殊的不粘涂层,可避免液体黏附,减少交叉污染。也有一些全自动生化分析仪采用超声波对样本与试剂进行混合(图10-3)。

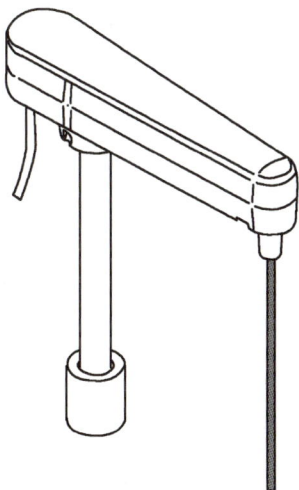

图 10-2 加样臂与加样针

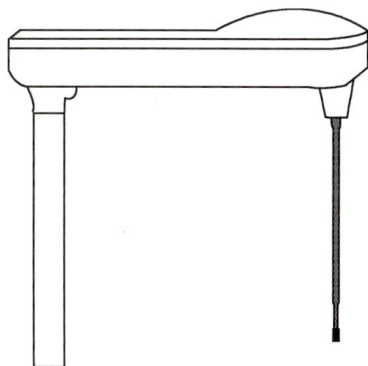

图 10-3 搅拌装置

5. 恒温反应系统 生化分析仪用于保持孵育温度的调控和恒定的恒温控制装置也是由计算机来控制的。理想的孵育温度波动应小于±0.1℃。保持恒温的方式有三种:①空气浴恒温:即在比色杯与加热器之间隔有空气。空气浴恒温的特点是方便、速度快、不需要特殊材料,但稳定性和均匀性较水浴稍差。Cobas 和 AU2700 系统采用的就是空气浴恒温模式。②水浴循环:即在比色杯周围充盈有水,由加热器控制水的温度。水浴恒温的特点是温度恒定,但需特殊的防腐剂以保证水质的洁净,且要定期更换循环水。日立系统生化分析仪采用的即是水浴循环恒温装置。③恒温液循环间接加热:结构原理是在比色杯的周围流动着一种特殊的恒温液(具有无味、无污染、惰性、不蒸发等特点),比色杯和恒温液之间有极小的空气狭缝,恒温液通过加热狭缝中的空气达到恒温。恒温液循环间接加热的温度稳定性优于空气浴恒温式,和水浴循环式相比不需要特殊保养。

(二)检测系统

"光的测量"是临床实验室最常应用的测量原理。大多数的化学反应都设计成能产生有颜色的终产物,便于检测。自动生化分析仪检测系统包括光源、分光装置、比色杯和信号检测器。

1. 光源 以往多数采用卤素灯,工作波长为 325 ~ 800nm。但卤素灯的使用寿命较短,一般只有 1000 ~ 1500 小时。所以目前多数生化分析仪使用寿命较长的氙灯,工作波长为 285 ~ 750nm,可检测需紫外光检测的部分项目。当灯的发光强度不够时,仪器会报警,提示应立即更换。

2. 分光装置 全自动生化分析仪的分光装置主要采用光栅分光。光栅分光主要分为前分光和后分光两种,目前大多数采用后分光测量技术。后分光测量是将一束白光(混合光)先照射样本杯,然后用光栅分光,再进行吸光度检测,可以在同一体系中测定多种成分(图 10-4)。后分光的优点是不需要移动仪器比色系统中的任何部件,可同时选用双波长或多波长进行测定,这样可降低比色的噪声,提高分析的精确度和降低故障率。

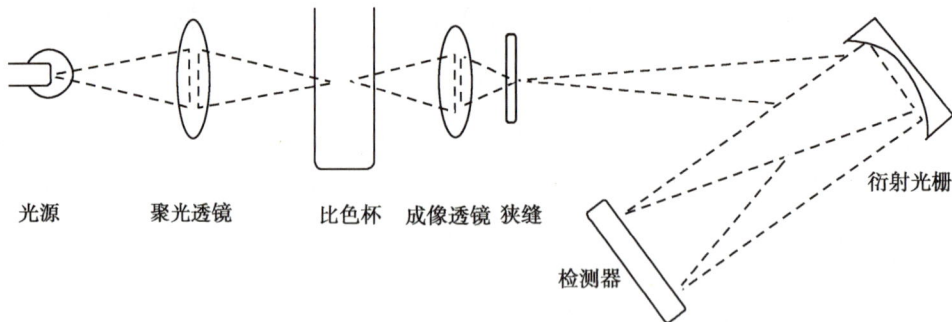

图 10-4 光栅后分光光路图

3. 比色杯 自动生化分析仪的比色杯(cuvette)也称为反应杯。通常由石英、硬质玻璃或不吸收紫外线的优质塑料制成,包括一次性和循环使用两种。自动生化分析仪的检测速度与比色杯的数量成正比,比色杯的数量越多,检测速度越快。比色杯的光径一般为 0.5 ~ 1.0cm 不等,小光径的比色杯更节省试剂,当比色杯光径小于 1.0cm 时,部分仪器可自动校正为 1.0cm。循环使用式比色杯在仪器完成比色分析后自动反复冲洗、吸干,比色杯在自动空白检查合格后继续循环使用。如未通过检查,仪器会报警或停止工作,提示要及时更换不合格的比色杯。

4. 信号检测器 大型自动生化分析仪的信号检测器(signal detector)采用光/数码信号直接转换技术,即将光路中的光信号直接转变成数码信号,完全消除电磁波对信号的干扰和信号传递过程中的衰减。信号的传输以光导纤维代替普通电缆,消除了电子噪声和静电干扰,增强了电子数据传输,使电信号更为稳定,数据传送速度更快,测试精度也更高。

(三)清洗系统

清洗系统(washing system)一般包括吸液针、吐液针和擦拭棒(图 10-5)。清洗工作流程为吸取反应液、注入清洗液、吸取清洗液、注入洁净水、吸取洁净水及擦干干燥等步骤。清洗液分酸性和碱性两种,不同分析仪的清洗与保养根据仪器厂家的要求或具体情况选择酸性或碱性清洗液。一般说来,在吸出反应液后,仪器先用碱性液冲洗,再用酸性液冲洗,最后用去离子水冲洗 3遍。使用过程中要注意擦拭棒是否有磨损。需要注意的是,对于常规清洗不能清除携带污染的实验要做特殊处理,以减少交叉或携带污染。按时正确清洁管道、探

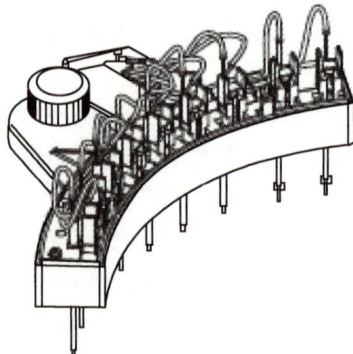

图 10-5 清洗针与擦拭棒

针及比色杯,既可以减少交叉污染,又不损伤管道,也是保证检测精密度与准确性的重要因素之一。

(四)计算机软件系统

自动生化分析仪的计算机系统是自动生化分析仪的大脑,样本和试剂的添加、更换和识别,条码的识别,恒温控制,冲洗控制,结果打印,质控的监控,数据的管理以及仪器各种故障的报警等都是由计算机控制来完成。随着仪器的发展与更新,其自动化程度越来越高,有的仪器基本可以完成部分自我日常保养程序。自动生化分析仪数据处理功能也日趋完善,数据管理器软件是仪器与实验室信息系统(LIS)之间的控制中心,可实时协调仪器与 LIS 之间的数据连通,可提供独立的质控数据管理,实施信息的备份和更新。

自动生化分析仪的计算机程序控制器是系统的硬件部分,主要包括:微处理器和主机电脑、显示器、系统及配套软件,以及与计算机或打印机联接传输数据的数据接口等。目前,有的全自动生化分析仪具有远程通信及监控功能,能遥控异地测试及维修检查,实现网络工作。

二、干化学式自动生化分析仪

干化学式自动生化分析仪(dry type automatic biochemical analyzer)于 20 世纪 80 年代问世,将待测液体样品直接加到已固化于特殊结构的试剂载体上,以样品中的水将固化于载体上的试剂溶解,再与样品中的待测成分发生化学反应,是集光学、化学、酶工程学、化学计量学和计算机技术于一体的新型生化检测仪器。

(一)工作原理

干化学式自动生化分析仪大多采用多层薄膜固相试剂技术,测定方法多为反射光度法(reflectance spectroscopy)和差示电位法(differential potentiometry)。反射光度法是指显色反应发生在固相载体,光反射率与固相层厚度、单位厚度的光吸收系数以及固相反应层的散射系数相关,当固相层的厚度与固相反应层的散射系数固定时,光吸收系数与待测物浓度成正比。差示电位法基于传统的湿化学分析的离子选择电极原理,用于测定无机离子。由于多层膜是一次性使用,因此它既具有离子选择电极的优点,又避免了通常条件下电极易老化和易受样品中蛋白质干扰的缺点。

(二)仪器类型与特点

根据反应原理不同,干化学式自动生化分析仪可分为反射光度法技术分析仪、胶片涂层技术分析仪和袋式分析仪。

1. 反射光度法技术分析仪 该系统采用反射光度法原理,使用的试纸条由三部分组成:①密码磁带区:位于试纸条背面,储存检测项目的全部检测程序和全部方法学资料,包括英文缩写符号、测试范围、血浆分离时间、波长选择、反应时间、换算因数和误差自检等。②血浆分离区:位于试纸条正面下部并标以红色,由玻璃纤维和纸层构成,用以阻截红细胞和白细胞等有形成分。③反应区:位于试纸条正面上部,血浆通过血浆分离区被转移介质运送到反应区底部,进行化学反应并检测。试纸条日常储存在密封的盒内,每条的表面贴有一层锡箔,使用时再揭去。

2. 胶片涂层技术分析仪 该系统使用的是试纸片(块),各种反应都在干片(多层膜片)内进行。其工作原理是应用涂层技术制作胶片基础的感光乳剂,将其呈层状均匀地涂布在支持层或下层上。试纸片(块)由分布层、中间层、指示剂层和支持层组成,作用分别是接受样品、改变样品的物理化学性质和对待测物进行测定。

3. 袋式分析仪 该系统使用的是袋式的干试剂包,由透明的双层塑料薄膜制成,大小为 100mm×80mm,每个袋均有各测定项目的英文缩写标记。测定开始时将试剂包放进仪器,样品及其稀释液由探针刺孔注入包内,在反应的不同阶段,试剂小袋经破裂器击碎,试剂经混合和保温,透明小袋随后经机械碾压形成比色杯用于测定反应后的吸光度,最后由计算机系统报告结果。

干化学式自动生化分析仪的特点是完全脱离了传统的分析方法,所有的测定参数均储存于仪器的信息磁块中,当编有条形码的特定试验试纸条、试纸片或试剂包放进测定装置后,即可进行测定。操作简便,测定速度快,并且不需要使用去离子水,没有复杂的清洗系统,使用后的反应单元可以焚烧处理,对环境没有太多污染。干化学式自动生化分析仪的灵敏度和准确性与经典的分立式自动生化分析仪相近,尤其适用于急诊检测和微量检测。但干片均为单人份一次性使用,所以成本较高。

第二节 自动生化分析仪相关参数的选择

仪器参数就是仪器工作的指令,参数的正确设置和合理使用是仪器正常工作的前提条件。操作者通过设置正确的参数控制仪器完成一系列复杂而有序的操作程序。

一、测定波长与温度

测定波长的选择有三个主要条件:①待测物质在该波长下的光吸收最大;②吸收峰处的吸光度随波长变化较小;③常见干扰物在该波长下的光吸收最小。试剂说明书中一般提供波长参数。

(一)测定波长

1. 单波长 单波长是用一个波长检测物质的光吸收强度的方法。当测定体系中只含有一种组分或混合溶液中待测组分的吸收峰与其他共存物质的吸收峰无重叠时,可选用单波长检测。如果一个物质有几个吸收峰,可选择吸光度最大的一个波长,或者选择在吸收峰处吸光度随波长变化较小的某个波长。单波长测定易受样本溶血、黄疸、脂浊等因素的干扰。

2. 双波长或多波长 用两个或多个不同波长检测。双波长由主波长和副波长构成,在计算时用主波长的吸光度减去副波长的吸光度。主波长是指测定某物质时,生成的产物颜色对光吸收的特有波长;副波长是指测定某物质时,为消除其他干扰物质在主波长造成测定干扰所设定的波长。根据光吸收曲线选择最大吸收峰作为主波长,副波长的选择原则是干扰物在主波长的吸光度与副波长的吸光度越接近越好。

选择双波长的主要目的是:①消除噪声干扰;②减少杂散光影响;③减少样品本身吸收的干扰,当样品中存在非化学反应的干扰物质如甘油三酯、血红蛋白、胆红素等时,会产生非特异性的光吸收,双波长方式可以减少或消除这类光吸收的干扰。选择双波长还需注意副波长不能设在有色物吸收的灵敏区域,否则会降低测定的灵敏度。

常见的双波长选择:如血红蛋白在 340nm 和 380nm 波长处的吸光度相同,以 NADH 或 NADPH 作为测定底物或产物的试验常采用 340/380nm,有的也采用 340/405nm。碱性磷酸酶(ALP)和 γ-谷氨酰胺转肽酶(GGT)常使用 405/476nm 波长,偶联终点比色法多选取 520/600nm 或 550/660nm,免疫比浊法常选用 340/700nm 波长等。

(二)温度

自动生化分析仪通常设有 25℃、30℃、37℃ 三种温度,为了使酶反应的温度与体内温度一致,一般固定在 37℃,可在系统参数中设置。

二、样品量与试剂量

各种自动生化分析仪的最小反应液总体积为 $80 \sim 500 \mu l$ 不等。样品量和试剂量的设置主要由样品体积分数(sample volume fraction, SVF)来决定,SVF 是样品体积(Vs)与反应总体积(Vt)的比值,即 SVF = Vs/Vt,Vt 包括了反应体系中所用的样品体积、样品稀释液体积、试剂(单、双试剂或多试剂)体积、试剂稀释液体积之和。

样品量与试剂量的设置一般可按照试剂说明书上的比例,并结合仪器的特性而定,如样品和试剂最小加样量和加样量范围、最小反应体积等。SVF 越大,线性范围越窄,但灵敏度越高。随意改变 SVF 不尽可靠,尤其是测定酶活性时,将酶样品稀释,SVF 减少,酶的变性失活、酶的抑制或激活、酶的聚合或解离等随之发生改变,因而酶活性并不与 SVF 成正比。如果根据手工法按比例缩减或重新设计,仍需考虑仪器的检测灵敏度、线性范围和样品中其他成分的影响。

三、试 剂

1. 单试剂法 反应体系中只加一种试剂的方法称为单试剂法。常见的有:①单试剂单波长法:指在选定的温度和特定波长情况下,读取反应一定时间时的吸光度,在单试剂法中最常见。反应时间应该根据反应特性和特定仪器而定,以不超过仪器的一个分析周期为佳。反应温度常选择 37℃。②单试剂双波长法:该法的主要目的是为了消除检测体系或样品的混浊,常用于终点分析。③样品空白法:该法使用单波长或双波长均可,当使用双波长法仍不能纠正混浊、色素、脂血等影响时,常用本法。

2. 双试剂法 在反应过程中试剂分开配制和加入反应系统,可以消除一些干扰和非特异性反应,确保检测结果的准确性。常见的有:①双试剂单波长一点法:检测试剂分成两部分加入,只读一次吸光度,在不宜采用单试剂时可用此法。②双试剂两点法:在加入第一试剂后读取吸光度(此时试剂与样本不发生反应,吸光度为样本或试剂所产生),再加第二试剂,反应一定时间后再读取吸光度,以两次吸光度之差计算结果。此法不但可以避免试剂不稳定造成的影响,还可以消除样本带来的某些影响,使检测结果更准确。目前较多的全自动生化分析仪的终点分析均可用双试剂单波长法。③双试剂双波长法:目前有的仪器用双波长,有的可自行设置。由于不同的仪器具有不同的功能,实际工作中应根据需要而定。

四、分析方法

半自动生化分析仪一般具备常用分析方法中的一点终点、两点终点(单试剂)和连续监测法(只能是一种固定方法)。全自动生化分析仪的功能比较全面,除具备前述的各种方法外,还可以根据仪器的分析项目和需要设置,选择相应的分析方法。

(一)终点分析法

终点分析法(end-point analysis method)是通过测定反应开始至反应达到平衡时的产物或底物浓度的总变化量,求出待测物质浓度或活性的方法。终点分析法根据时间-吸光度曲线来确定,同时要考虑待测物质反应终点结合干扰物的反应情况。目前多数仪器设置的终点时间为一个时间范围内的平均吸光度。时间范围一般为 $3 \sim 5$ 个时间点,如果选取的时间点内吸光度变化大,仪器会作出提示,以避免出现错误结果。

1. 一点终点法 指样品和试剂混合后发生反应,在时间-吸收度曲线上吸光度不再改变时,选择连续几个时间点测定吸光度,根据吸光度的平均值计算出待测物质浓度(图 10-6A)。

2. 两点终点法 在第二试剂加入以前,选择连续几个时间点计算吸光度平均值 A_1,此吸光度为试剂本身或第一试剂与样品发生非特异反应引起,相当于样本空白;加入第二试剂后经过一定时间反应达到平衡(终点)后,选择连续几个时间点计算吸光度平均值 A_2,$\Delta A =$

$A_2 - A_1$,据此计算待测物浓度(图10-6B)。此方法的优点是可以消除样品自身的吸光度,如溶血、脂血和黄疸,以及一些干扰物质对测定的干扰。

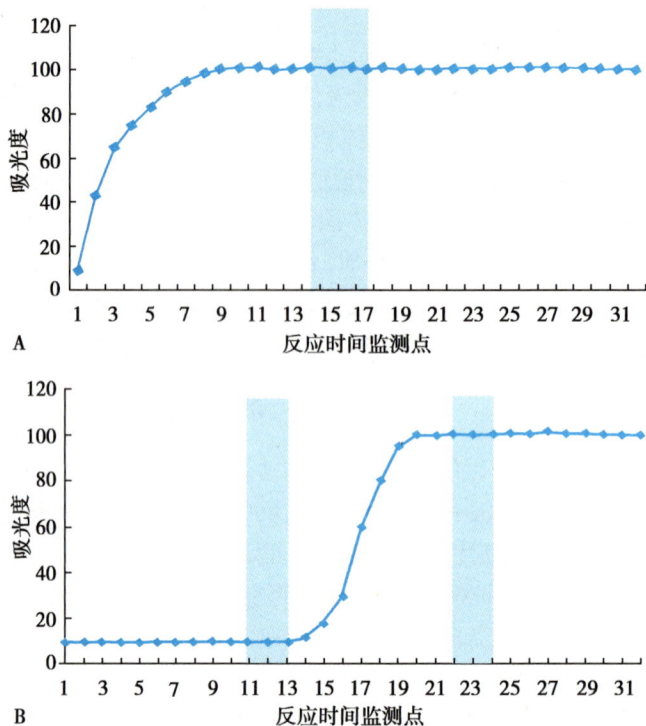

图10-6 终点分析法曲线示意图
A. 一点终点法反应曲线示意图;B. 两点终点法反应曲线示意图

(二)固定时间法

固定时间法(fixed-time method)是终点法的一种特殊情况,指样品和试剂混合后分别读取延滞期后和反应一定时间后的吸光度,这两点的吸光度差值用于结果计算。如碱性苦味酸法测定肌酐,由于方法本身的特异性不强,一般认为反应前30秒左右为维生素C等快反应干扰物呈色,后80~100秒为蛋白质等慢反应干扰物呈色,20~60秒时主要是肌酐呈色反应占主导。采用固定时间法可以减少干扰,但具体的分析时间应根据试剂和仪器读数特点决定,以干扰试验等方法经评价后决定。

(三)连续监测法

连续监测法(continuous monitoring method)又称速率法,是通过连续测定酶促反应过程中某一反应物质或底物的吸光度,根据吸光度随时间的变化求出待测物浓度或活性的方法。速率法可分为两点速率法和多点速率法。

1. 两点速率法 在酶促反应的零级反应期,观察两个时间点的吸光度变化,用两个吸光度的差值(ΔA)除以时间(分钟),得到每分钟的吸光度,计算酶活性或浓度。

2. 多点速率法 即在酶促反应的零级反应期,每隔一定时间(2~30秒)监测一次,求出单位时间内吸光度值的改变,计算酶活力或浓度。计算方法有最小二乘法、多点δ法、回归法、速率时间法等,最常用的是最小二乘法,即通过最小平方法求得单位时间内吸光度值的变化,得到样品中待测物质的浓度和活性。

(四)透射免疫比浊测定法

透射免疫比浊法(turbidimetric immunoassay)是一种通过检测物质对光的散射或透射强度来测定物质浓度的方法。自动生化分析仪一般只用透射比浊分析。透射比浊法是在光源的光路方向测量透光强度,它常用于终点法测定。主要用于血清特种蛋白的测定,如载脂蛋白、微量蛋白、急性时相反应蛋白、免疫球蛋白以及用于某些药物浓度的测定等。

五、校正方法

自动生化分析仪内部设置的校正方法一般包括一点校正、两点校正和多点校正等。

1. 一点校正法 一点校正法曲线为通过坐标零点和校准点的一条直线,常用于酶类项目测定,例如丙氨酸氨基转移酶(ALT)、天冬氨酸氨基转移酶(AST)、LDH 等。

2. 两点校正法 两点校正法是指用一个浓度的标准品和一个空白试剂进行校正的方法。两点法校正曲线是通过设定的两个校准点,但不通过坐标零点的一条直线,该法要求反应必须符合 Lamber-Beer 定律。这种校正方法可用于终点法和连续监测法的校正。

3. 多点校正法 多点校正法是多个具有浓度梯度的标准品用非线性进行校准。多点法的校正所产生的曲线为非线性曲线,多用于免疫比浊法等工作曲线。非线性曲线包括对数曲线、指数曲线、二次方程曲线、三次方程曲线、logit 转换和 logistic 函数等。

六、分析时间

分析时间的选择和设定是自动生化分析仪参数设定的重要环节,直接影响检测结果的准确性。生化反应的时间是某一项目所特有的,根据所采用的测定方法不同而异。

对于终点分析,测定时间的选择应充分考虑到干扰的问题。一点终点法的分析时间应设在待测物质反应将完成时,过早会由于反应未达到终点而影响结果的准确性,过迟则易受其他反应物质的干扰。例如,应用一点终点分析法的溴甲酚绿法测定白蛋白时,白蛋白与溴甲酚绿反应快,在 1 分钟内基本上反应完全;随着反应时间的延长,α-球蛋白与溴甲酚绿反应而形成干扰,因此用溴甲酚绿法测定白蛋白,其测定时间应定为 1 分钟。两点终点法应选择合适的第一试剂和第二试剂加入时间,以消除样本空白和内源性物质的干扰。

连续监测法一般用于酶活力的测定。酶活力的大小是用反应速率来表示,因而要求在零级反应期内测定反应速率,此时的反应速率不受底物浓度的影响,仅同酶活力大小有关。对于某一种物质的测定,由于选择试剂和分析方法不同,其测定时间也随之变化,因而对于特定的试剂和分析方法,应先仔细观察时间-反应进程曲线,从曲线上选择最佳的测定时间。

七、线性范围

当反应吸光度处于线性范围内时,检测结果与吸光度变化成正比,能准确地反映待测物的浓度。如果吸光度设置过小,则非线性机会出现会增多,或观察时间延长,工作效率降低;如吸光度设置过大,则失去了判断线性的意义。线性范围应定于数据收集窗时间内吸光度变化的允许范围,对于全自动生化分析仪而言,主要是设定吸光度的最大值和最小值。

第三节 自动生化分析仪的维护与保养

自动生化分析仪是由光学、精密机械以及计算机三者紧密结合而成的光谱仪器,是临床生化检验分析的重要工具。要获得准确可靠的分析结果,延长仪器的使用寿命,减少维修次数,提高仪器的使用效率,必须建立仪器使用规范,对仪器进行相应的维护与保养。自动生化分析仪的维护保养分为三级。

一、一级维护与保养

自动生化分析仪在工作过程中虽可进行主要部件的自动清洗,然而为保证仪器的正常运行,还需严格按照操作手册要求做一些定期维护。

1. 每日维护　在每日的开机时和关机时进行保养。开机保养主要是对仪器进行清洁和例行检查,如用蘸有清洁剂的布或纸巾去除仪器的表面脏物,但注意不能使用酒精,因为酒精会破坏仪器表面的光洁度。清洁样品针和试剂针、清洁反应盘等。倒空废液桶,进行光路检测,进行孵育槽换水等操作。关机维护保养主要是对样品针、试剂针、比色杯等进行冲洗,一般仪器都设有关机冲洗功能,可以自动完成。

2. 每周维护　清洁冲洗站,用洗液冲洗样品针冲洗站,防止滋生细菌或沉淀物堵塞清洗站。用浸有蒸馏水的纱布清洗排废液口的结晶,防止结晶堵塞。一般的自动生化分析仪也都有每周清洗程序,可自动进行每周清洗,主要是清洗反应部件和反应杯空白检测。

3. 每月维护　清洁孵育槽、清洁离子试剂管路、冲洗仪器风扇空气滤网、进水管道的过滤网等。清洁废液桶及传感器。

二、二级维护与保养

二级维护与保养即针对性保养,这种保养一般要求对仪器结构有一定了解,能够拆卸一部分仪器部件,例如加样针、石英比色杯等。仪器使用到一定程度,多少都会出现加样针堵塞(样本内蛋白凝固所致),造成无法吸样,导致检测结果为零。如果出现管道堵塞等问题,会发生仪器漏水、溢水的现象,此时常规的清洗程序不能达到效果,就需要拆下仪器元件手工清洗。由于堵塞的原因大多是蛋白凝集所致,可以先做物理清通,再用血细胞分析仪的去蛋白液浸泡即可。对于橡胶的管道,可以用厂家提供的清洗液清洗,不建议用含氯消毒液浸泡,因会造成橡胶老化。而有时仪器轴承阻力增大,抑或是噪声增大,这种情况先要弄清楚是不是轴承元件缺乏润滑引起的。如果需要,可以针对性地使用润滑剂,最好使用医用凡士林。

三、三级维护与保养

三级保养就是更换性保养,指的是生化分析仪定期要进行一些易损件的更换,常见的如离子电极、光源灯泡、试剂和样品注射器活塞头、冲洗器的靴形头以及一些泵管密封圈等。当光源能量降低时,首先出现的是405nm波长的吸光度发生变化,这时应及时更换光源,以免影响检测结果。

第四节　自动生化分析仪的性能评价

正确评价仪器的性能,合理选用适合自己实验室的仪器,对每个实验室都非常重要。检测准确度是自动生化分析仪最重要的性能指标,自动化程度、分析效率、应用范围、检测成本等对生化分析仪的使用价值也有重要影响。

一、检测准确度

检测准确度包含正确度和精密度,由检测仪器、试剂、校准品等共同组成的检测系统决定。精密度是正确度的基础,主要取决于仪器各部件诸如加样和加试剂系统、温控系统、光路检测系统等的加工精度和良好的工作状态。目前自动生化分析仪普遍采用了先进的感应探针、特殊的搅拌材料和方式、高效清洗装置,不仅能准确吸取微量样品和试剂,并充分混合,而且还能有效抗交叉污染。与此同时,恒温方式和测光方式也得到不断改进,均为生化分析仪的检测准确度提供了有力保证。

二、自动化程度

自动化程度指仪器能够独立完成生物化学检测操作程序的能力。一般而言,自动化程度越高的仪器使用越简单、越方便,但维护要求也越高。自动生化分析仪自动化程度的高低,取决于仪器的计算机处理功能和软件的智能化程度,表现为:①能否自动处理样品、自动加样、自动清洗、自动开关机等;②单位时间内处理样品的能力、可同步分析的项目数量等;③软件支持功能是否强大,例如,是否有样品针和试剂针的自动报警功能、探针的触物保护功能、试剂剩余量的预示功能、数据分析和处理能力、故障自我诊断功能等。

三、分析效率

分析效率是指在分析方法相同的情况下分析速度的快慢,主要取决于一次测定中可测样品和可测项目的数量以及取样周期。多通道自动生化分析仪可同时检测多个项目,分析效率较高;单针取样的生化分析仪速度较慢,分析效率较低;全自动生化分析仪使用样品针和试剂针能分别加样和加试剂,甚至使用多针采样方式,取样周期短,使分析效率大大提高。近年来设计的模块组合式分析仪使分析效率更高。对于含电解质测定或不含电解质测定的自动生化分析仪,应考虑其对总体分析速度的影响,用户可根据需要,灵活选择不同的模块和模块数量来满足对测试速度的需求。

四、应用范围

应用范围是衡量自动生化分析仪的一个综合指标,与仪器的设计原理和结构有关。自动生化分析仪的应用范围包括可测试的项目、反应的类型和分析方法的种类、光路的设计和双试剂功能等。

1. 可测试的项目 应用范围较广的分析仪不仅能检测多种临床化学的检验指标,还可进行药物浓度监测和各种特种蛋白质的分析及微量元素等的测定。

2. 分析方法 除了分光光度法外,还能进行比浊法、离子选择电极法、荧光法等各种方法测定;既能用终点法,又可用连续监测法测定。酶免疫技术、固相酶技术也能在自动生化仪中得以应用,从而在科研和临床样本的检测中发挥更大的效益。

3. 光路设计 目前很多自动生化分析仪采用了独特的双波长或多波长光路设计,可有效消除"背景噪声",排除样品中溶血、脂血及胆红素等成分的干扰。

4. 双试剂功能 双试剂功能的出现为消除样品的溶血、脂血、黄疸及内源性物质的干扰提供了有利条件,使仪器的精密度和正确度大大提高。

五、其他性能

自动生化分析仪的取液量、最小反应体积等也是衡量其性能的指标。减少试剂用量可以降低成本,但须注意反应要求,不能为了节省试剂而随意更改样品与试剂的比例,更不允许随意将试剂稀释使用。最小反应体积指的是可被仪器的分光光度计准确检测所需的最小反应液体积,体积越小,所用试剂也相应地节省。

此外,仪器的寿命、仪器的维修保养方式和途径、消耗品及零配件的供应、配套试剂的供应和试剂的使用是否为开放式等,在选用时都应一并考虑,使选用的自动生化分析仪能够物尽其用、经济实惠,性能价格比达到最优状态,从而发挥仪器的最大效能。

第五节 自动生化分析仪的临床应用

生化检验在临床各种疾病的诊断和治疗中具有相当重要的位置。随着生化检验自动化水平的全面提高以及各项先进科学技术的快速发展和广泛应用,自动生化分析仪在临床检验工作中的使用越来越普遍,大大提高了检验质量和工作效率,为临床疾病诊断和治疗提供了客观、科学的理论依据。自动生化分析仪在临床的应用可根据其主要检验项目概括为以下几个方面。

一、临床化学检验中的应用

目前大型全自动生化分析仪的生化检验项目一般都高达数十项，可进行肝功能、肾功能、脂类、血糖、激素和多种血清酶等项目的检查。除常规的临床化学项目外，多数仪器配有离子选择电极，能检测 pH 和电解质，开展多项急诊项目检查。通过这些检查项目，结合患者病史、体征和其他检查，可对肝脏疾病、肾脏疾病、高脂血症、糖尿病、内分泌疾病、心肌损伤、水电解质代谢功能紊乱、酸碱平衡紊乱等多种疾病进行诊断和鉴别诊断、疗效观察、病情预后的判断等。

二、临床免疫学检验中的应用

多数大型全自动生化分析仪配有紫外光、散射光/透射光免疫比浊功能，可用以检测免疫球蛋白、补体 C3 和 C4、类风湿因子、抗链球菌溶血素 O、C 反应蛋白和超敏 C 反应蛋白、尿微量白蛋白、转铁蛋白等多种特定蛋白。这些指标可供临床评价各种人群的免疫功能以及自身免疫病、血液免疫病、急性心肌损伤、缺铁性贫血、糖尿病肾病等疾病的诊断或辅助诊断。

三、药物浓度监测中的应用

临床用于疾病治疗的药物，有些由于药效学、药动学等原因，需要进行监测，以防摄入量过多或不足，给患者带来不良后果。如强心苷类药、抗癫痫药、抗情感性精神障碍药、抗心律失常药、免疫抑制剂、平喘药、氨基糖苷类抗生素等。药物滥用也日益成为危害健康的社会问题，如苯丙胺、大麻、鸦片、美沙酮、酒精等。因此，治疗性药物和滥用药物浓度的测定也越来越广泛地开展。在临床实验室，药物浓度监测的最常用方法是荧光偏振免疫分析，目前很多大型全自动生化分析仪具有荧光/荧光偏振功能，可以快速准确地监测血中药物浓度。

（姜晓峰）

本章小结

自动生化分析仪是将生物分析过程中的取样、加试剂、去干扰、混合、保温反应、自动检测、清洗、结果计算、数据处理等步骤整合为一体的自动化仪器。自动生化分析仪又分为连续流动式、离心式、分立式、干片式四种，目前分立式自动生化分析仪应用最为广泛。分立式自动生化分析仪是按手工操作的方式编程，并以有序的机械操作替代。此种仪器结构主要包括样本处理系统、检测系统、清洗系统和计算机系统。

自动生化分析仪的参数主要包括检测波长、反应温度、分析方法、校正方法、样品和试剂用量、吸光度线性范围等。

自动生化分析仪必须建立仪器使用规范，加强仪器日常维护。为确保临床检验工作顺利开展，必须对自动生化分析仪的故障进行正确分析并及时排除。在新的仪器使用之前以及部件更换之后，应进行相应的性能评价与验证，以确保检测项目的质量。

第十一章
临床免疫学检验仪器与技术

通过本章学习,你将能够回答下列问题:

1. 自动免疫荧光染色的技术原理是什么?
2. 时间分辨荧光免疫分析仪的基本原理和性能特点是什么?
3. 散射比浊仪器的分类和原理是什么?
4. 比浊法检测抗原过剩的方法有哪些?
5. 酶联免疫分析技术的原理是什么?
6. 化学发光酶免疫分析的技术原理是什么?
7. 吖啶酯化学发光免疫分析技术的原理是什么?
8. 电化学发光免疫分析技术的原理和特点是什么?
9. 光激化学发光免疫分析技术的原理是什么?

免疫学测定(immunoassay)是利用抗原和抗体能够特异性地进行反应的特性,对待测物进行检测的分析技术。由于大部分抗原抗体的特异性反应不能被直接观察和测定,需要通过一定的分析技术使免疫反应能够被观察或测定,由此发展出了荧光免疫分析、免疫比浊分析、放射免疫分析、酶免疫分析、化学发光免疫分析、电化学发光免疫分析和光激化学发光免疫分析等众多免疫分析技术。自20世纪90年代以来,基于不同免疫分析原理的各种自动化免疫分析仪发展迅速并广泛应用于临床检验,极大地减轻了操作人员的劳动强度,使大规模的检测成为可能,检测的结果较之人工操作稳定性和准确性显著提高。本章根据免疫分析技术的发展顺序,主要介绍临床实验室常用的自动化免疫分析仪器的技术原理、基本结构、性能特点和临床应用。

第一节　免疫荧光分析仪器与技术

1941年,Coons建立了荧光免疫测定(fluorescence immunoassay,FIA)技术,采用荧光素为标记物标记抗体,紫外光激发发光,用荧光显微镜观察荧光以测定可溶性肺炎球菌多糖抗原,开创了标记免疫测定技术,标志着现代免疫测定技术的开始。随着荧光免疫分析技术的发展,形成了免疫荧光染色、荧光偏振免疫分析和时间分辨免疫荧光分析等技术。由于免疫分析新技术的发展,曾经广泛应用的荧光偏振免疫分析技术已经基本退出了临床应用。本节将主要介绍临床实验室使用较为普遍的免疫荧光染色和时间分辨免疫荧光分析的技术原理与仪器。

一、免疫荧光染色仪器与技术

(一) 免疫荧光染色技术原理

免疫荧光染色技术是将荧光素标记在抗体上,免疫反应结束后使用特定波长的激发光照射标记的荧光素,荧光素吸收激发光的能量进入激发态,在其回到基态的过程中,以电磁辐射形式释放能量,产生可见的荧光。

免疫荧光染色技术通常分为直接法和间接法。直接法使用荧光素标记的抗体直接与抗原反应,以检测抗原;间接法是在抗体与相应的抗原结合后,形成抗原-抗体复合物,再用荧光素标记的抗抗体(二抗)与复合物的抗原或抗体反应,在荧光显微镜下观察荧光分布形态。免疫荧光染色技术可用已知的抗原检测未知的抗体,也可用已知的抗体检测未知的抗原。

(二) 免疫荧光染色相关仪器

免疫荧光染色技术自建立以来一直是采用手工操作方式进行的,典型的间接免疫荧光染色的操作步骤包括:稀释血清标本;在载玻片的每个反应区加入稀释血清;温育;清洗去除未结合血清;加荧光素标记的二抗;再次温育;再次清洗去除未结合二抗;滴加甘油/PBS用盖玻片封片;最后在荧光显微镜下观察荧光进行结果判断。从操作步骤上不难看出,免疫荧光染色技术具有操作复杂、结果判断客观依据不足等缺点。

近年来伴随着机电一体化技术的发展,临床和实验室对于免疫荧光染色标准化和质量控制要求的提高,以及临床实验室自动化、信息化的发展,厂商研发出用于免疫荧光染色自动操作和荧光染色自动判读的仪器,并将仪器和配套的软件组合,构成了免疫荧光染色的自动化解决方案,摆脱了手工操作,并在相当程度上提高了结果判读的客观性。

1. 免疫荧光染色自动操作仪 免疫荧光染色自动操作仪主要用于自动化完成血清稀释、加样、温育、清洗等检测过程。为了完成这些基本检测过程,免疫荧光染色自动操作仪的基本结构包含加样系统、清洗系统、温育系统、机械臂和软件系统等(图11-1)。

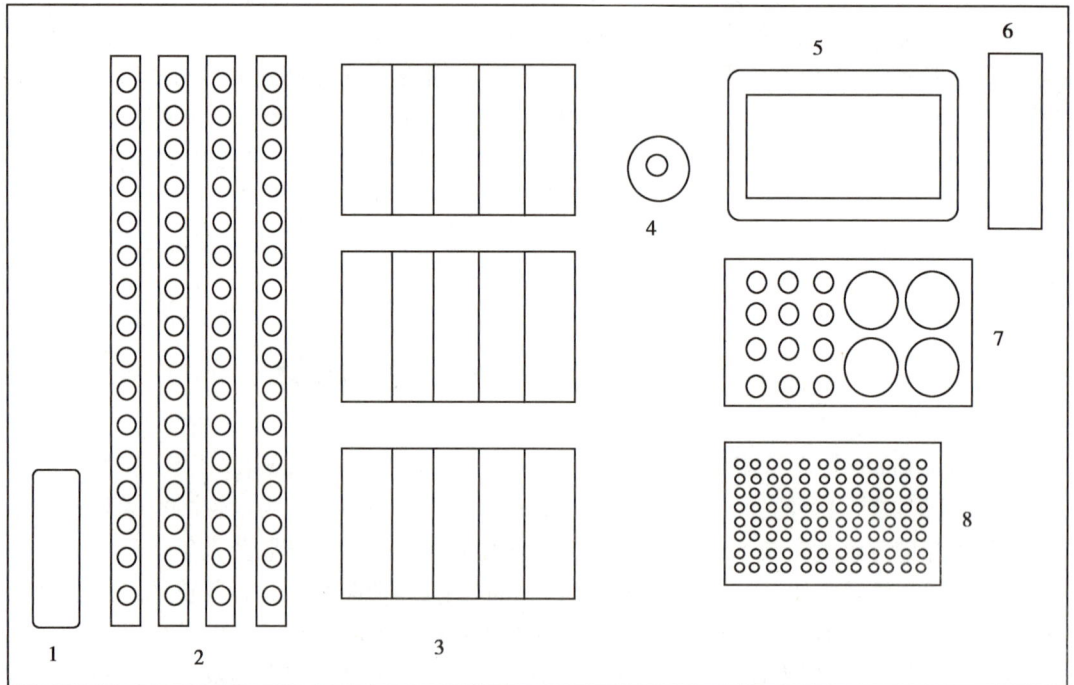

图 11-1　免疫荧光染色自动操作仪基本结构

1. 条形码扫描器;2. 样品轨架;3. 载玻片托盘;4. 样品针清洗站;

5. 清洗站;6. 清洗机头;7. 试剂架;8. 稀释板

加样系统的主要作用是完成样品稀释,并将样品、荧光素标记的抗体滴加至载玻片。加样系统由样品针和样品针清洗站、样品轨架和试剂架等部件构成。清洗系统用于清洗载玻片,去除反应后未结合的成分,包括抗体/抗原或标记荧光素的抗体,是减少非特异性荧光的关键步骤之一。清洗系统包括储液桶、清洗站、清洗机头、废液排除管路等部件。温育系统可提供温育所需的温度和湿度,包括恒温器,孵育盖等。机械臂用于移动样品针、清洗机。

免疫荧光染色自动操作仪主要用于直接和间接免疫荧光染色,它的优点是:①能够替代手工操作,降低操作者的工作强度;②使免疫荧光染色过程标准化,减少人为操作误差;③清洗充分,减少非特异性的干扰。

2. 全自动免疫荧光判读系统 免疫荧光染色结果的判读是由技术人员在荧光显微镜下完成的。随着计算机图像识别技术的进步,已经发展出应用于临床实验室的免疫荧光自动化判读设备。这些设备使免疫荧光结果的判读实现了自动化,其最主要的优点是实现了荧光结果判读的标准化,减少主观因素对于判读结果的影响,使检测结果更加客观。其次,通过自动化判读结果还摆脱了繁重的人工劳动,降低了工作强度。

(1)技术原理:经过免疫荧光染色的样本载玻片,放入全自动免疫荧光判读系统中,机械系统将载玻片置于全自动荧光显微镜下。为了适用于全自动荧光显微镜,在免疫染色过程中常会加入能够与 DNA 结合的荧光染料显示细胞核,如 4′,6-二脒基-2-苯基吲哚(4′,6-di-amidino-2-phenylindole,DAPI),以便显微镜能够定位细胞的位置。与显微镜连接的成像系统会自动采集图像,显微图像经过智能数字荧光图像识别软件进行荧光模型的判读,这种判读分成两个内容,包括荧光强度和荧光形态的判读。软件自动分析荧光图片中的每个像素点的荧光强度,根据荧光强度的数值来判读荧光结果。

不同的判读系统对于荧光形态的判读原理不同。NOVA View 系统采用的是基于图形识别算法原理的判读。软件系统对阳性结果模拟合成一张三维全息图,系统会直接测定三维图的峰和谷,转换成数值信息,与软件中设定的条件进行匹配,即可判读样本的荧光模型。EUROPATTERN 系统采用基于模式识别原理的图形识别技术,将图形转化为数字参数,利用计算机强大的计算能力,与数据库中存储的大量数据比对,判读荧光模型。前者不需强大的计算能力,后者对于计算机运算能力要求极高,且识别参数会随数据库内数据的累积而提高识别能力。

(2)基本结构:免疫荧光染色自动化判读设备基本结构主要由全自动荧光显微镜、成像系统、机械与控制系统、计算机和软件系统组成(图 11-2)。

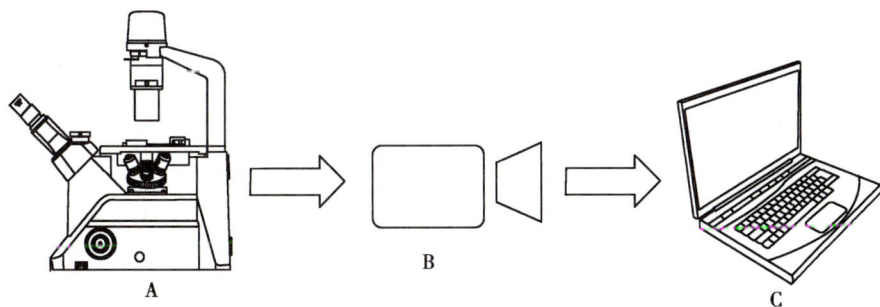

图 11-2 全自动免疫荧光判读系统基本结构图
A. 自动荧光显微镜;B. 成像系统;C. 计算机和软件系统

全自动荧光显微镜一般采用 LED(发光二极管)光源,具有能效高、寿命长、波长纯正、低发热量、体积小、反应快等诸多特点。成像系统采用冷 CCD 技术荧光摄像头,冷 CCD 具有高信噪比特性,可以确保弱光或黑暗视野下获得的荧光图片背景干净、图像清晰,真实呈现镜下结果。机械及控制系统只需操作人员将荧光玻片放置于载物台上,仪器便可自主完成阅片的所有步骤,无需人工干预。

（3）性能特点:全自动免疫荧光判读系统目前主要用于自身抗体的检测,如抗核抗体、抗平滑肌抗体、抗线粒体抗体等。人工判读免疫荧光时取决于判读者的主观经验,不易统一。自动判读系统由软件判读,规则标准,判读客观差异小。

二、时间分辨免疫荧光分析仪器与技术

（一）时间分辨免疫荧光分析技术原理

各种组织、蛋白质或其他化合物在激发光的照射下都能发出一定波长的荧光,如血清蛋白可发射出波长较短的荧光（激发光波长 280nm,发射光波长 320～350nm）,胆红素发出波长较长的荧光（激发光波长 330～360nm,发射光波长 430～470nm）,这些荧光为非特异性荧光,会干扰荧光免疫测定的灵敏度和特异性。但这些的荧光寿命一般在 1～10 纳秒（ns）,最长不超过 20 纳秒,而镧系元素的荧光寿命为 10～100 微秒（μs）。利用这一特点,使用镧系三价稀土离子及其螯合物,如铕（Eu^{3+}）、钐（Sm^{3+}）、镝（Dy^{3+}）和铽（Tb^{3+}）等作为标记物标记抗体（或抗原）进行免疫反应,待反应体系中血清、溶剂和其他成分的短寿命背景荧光完全衰变后,再测量镧系元素的特异性荧光,可有效地降低本底荧光的干扰,这种技术称时间分辨荧光免疫分析（time-resolved fluorescence immunoassay,TRFIA）。

依据 TRFIA 技术的基本原理,厂商已研发出 4 种分析系统用于临床检测:解离增强镧系元素荧光分析系统、FIAgen 分析系统、酶放大 TRFIA 系统、均相 TRFA 系统。这 4 种分析系统的主要区别在于使用了不同的螯合物,在液相或固相下实现对荧光的测定。

1. 解离增强镧系元素荧光免疫分析技术　解离增强镧系元素荧光免疫分析（dissociation-enhanced lanthanide fluorescence immunoassay,DELFIA）是目前在时间分辨荧光免疫分析技术中应用最广泛的一种分析系统,可大大提高检测的灵敏度。

镧系元素标记的抗体或抗原在免疫反应后形成的复合物在弱碱性反应液中经激发后的荧光信号较弱,若加入一种增强液,可使其形成具有高强度荧光的稳定螯合物。首先,该增强液使 Eu^{3+} 标记的抗体抗原复合物 pH 降至 2～3,有利于 Eu^{3+} 从复合物上完全解离下来。游离的 Eu^{3+} 被增强液中的另一种螯合剂所螯合、再与增强液中的 β-二酮体生成一个 Eu^{3+} 在其内部的保护性胶态分子团。新生成的螯合物在紫外光激发下能发射出很强的荧光,信号的增强效果可达上百万倍,这就是解离增强技术。

2. FIAgen 分析系统　FIAgen 分析系统用一种新的双功能螯合剂 4,7-二（氯磺酰基）苯基-1,10-菲咯啉-2,9-二羧酸,并把生物素-亲和素系统引入 TRFIA 系统,实现生物放大,从而省略解离增强步骤,并可以在固相下测量荧光。

3. 酶放大 TRFIA 系统　酶放大 TRFIA（enzyme-amplified TRFIA,EATRFIA）系统在反应中采用碱性磷酸酶水解 5-氟水杨酸磷酸酯,生成 5-氟水杨酸,在碱性条件下 5-氟水杨酸可与镧系元素（Tb^{3+}）和乙二胺四乙酸形成强荧光络合物,在激发光源激发下产生荧光。此方法的特点是把生物素-链霉亲和素的高亲和力和放大作用、酶放大作用、镧系元素螯合物的优点与时间分辨测量技术相结合,不用增强液,在液相下测量荧光。

4. 均相 TRFA 系统　均相 TRFA 系统是建立在时间分辨荧光共振能量转移理论基础上的。时间分辨荧光共振能量转移理论是指一对合适的荧光物质可以构成一组能量供体和能量受体对,当两个荧光发色基团足够近时,供体分子吸收一定频率的光子被激发到更高的电子能态,在回到基态前,通过偶极间的相互作用,实现能量向邻近的受体分子转移。利用三联吡啶类化合物将镧系元素（Eu^{3+}）和别藻蓝蛋白连接,组成了迄今发现的能量转移效率最高的能量供体和受体对,测量前不必分离结合标记物和游离标记物,可以用双波长时间分辨

免疫荧光分析仪直接测定固相荧光。

（二）时间分辨免疫荧光分析仪的基本结构

时间分辨免疫荧光分析仪的基本结构见图 11-3。

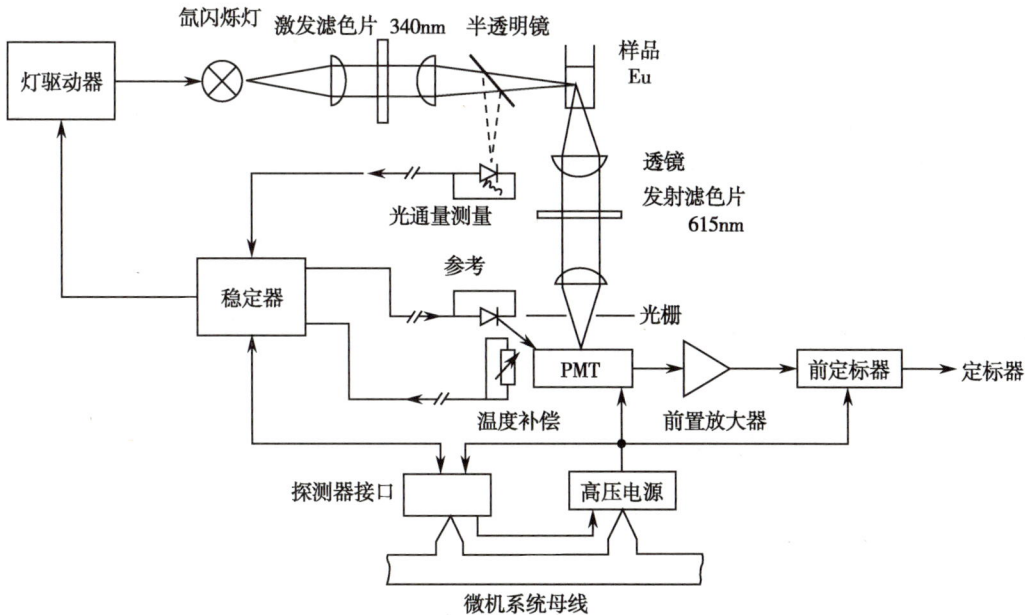

图 11-3　时间分辨免疫荧光分析仪的基本结构

在系统中,氙闪烁灯是脉冲激发光源,脉冲宽度 10 皮秒(ps),频率为 1000 次/秒,经两个石英透镜和一个 340nm 滤色片把激发光束聚焦到被测样品上。半透明镜反射部分激发光束到光通量测量器,后者测量激发光的光通量,当激发样品的光能达到规定量时,停止氙灯闪烁,以保证每个样品得到相等的激发能。激发光通过样本管的侧面,激发样本管中结合的镧系元素离子发出 615nm 波长的荧光,设置于样本管底部的光电倍增管(photomultiplier tube,PMT)测量激发的荧光,输出脉冲经过前置放大器、前定标器处理,在测量周期完成后,微处理器读取定标器中的内容并且存储累积计数。

（三）时间分辨免疫荧光分析仪的性能特点

1. 灵敏度高,检测下限可以达到 10^{-18} mol/L;分析范围宽,可达 4~5 个数量级。镧系元素螯合物产生的荧光强度高,半衰期长,因此可延长测量时间,提高检测灵敏度,扩大检测范围。

2. 标记结合物稳定,有效使用期长。三价镧系元素离子与双功能螯合剂螯合,形成稳定螯合物,使标记结合物稳定。

3. 特异性强。镧系元素离子的激发光谱带较宽,通常为 300~400nm;发射光谱带较窄,多在 613nm±10nm;生物样品的本底荧光波长通常在 350~600nm。通过 615nm±5nm 滤光片的过滤,可以有效降低本底荧光干扰,提高检测的特异性。

4. 测量快速,易于自动化,无放射污染。

5. 不足之处是易受环境、试剂和容器中的镧系元素离子的污染,使检测本底增高。

第二节　散射比浊分析仪器与技术

免疫比浊测定(immunoturbidimetric assay)技术是由经典的免疫沉淀反应发展而来,根据检测器在光路的位置分为透射比浊法和散射比浊法。

由于临床实验室通常使用生化分析仪器进行透射免疫比浊分析测定,故本节主要介绍散射免疫比浊分析技术原理和仪器(参见第二章相关内容)。

一、散射比浊法技术原理

散射免疫比浊分析是液相的免疫沉淀反应和散射光谱原理相结合而形成的免疫分析技术。可溶性抗原、抗体在液相中特异结合,形成免疫复合物从而引起液体浊度的改变,利用散射光谱分析技术测定浊度变化而得知待测抗原的浓度。根据在散射光谱分析技术中已经学习过的雷莱光散射理论和米-德拜(Mie-Debye)散射理论的基本原理,散射信号受入射光和微粒性质的直接影响。包括入射光的波长、偏振,微粒的大小、浓度、质量以及检测的距离和角度等。

二、散射比浊技术的分类

散射浊度分析按测试的方式可分为终点散射比浊法、定时散射比浊法、速率散射比浊法和乳胶增强免疫比浊法。

(一)终点散射比浊法

终点散射比浊法(endpoint nephelometry)是观察抗原和抗体反应达到平衡,免疫复合物形成的量不再增加,反应体系的浊度不再变化时(但又不能出现絮状沉淀影响浊度的判断),当形成的复合物的浓度不再受时间变化的影响,可以认为是免疫反应结束,测定此时的溶液浊度。本法反应过程时间较长,一般需30~120分钟,与温度、溶液中离子及pH等有关,而且随着时间的延长,抗原、抗体复合物再次相互聚合形成大颗粒沉淀,此时会导致散射值降低,得出偏低的结果,故需掌握最适时间比浊。另外,当标本内抗原含量较低时,由于本底(空白管)的散射较高而使敏感性不够。由于上述缺点,临床实验室使用的主流的散射比浊仪器通常不采用终点散射比浊法。

(二)定时散射比浊法

定时散射比浊法(timing nephelometry)由终点散射比浊法改进而成。该方法的基本原理是,由于免疫沉淀反应是在抗原、抗体相遇后立即开始,在极短的时间内反应介质中散射信号变动很大,如此时计算峰值信号而获得的结果会产生一定误差,因此在测定散射信号时不与反应开始同步,而是推迟几秒用以扣除抗原、抗体反应的不稳定阶段,从而将这种误差降至最低。

定时散射比浊反应分两个阶段,即预反应阶段和反应阶段(图11-4)。预反应阶段用于保证抗原抗体比例合适,确保反应体系处于抗体过量状态,避免抗原过量产生的钩状效应。当样品中的抗原与抗体、反应缓冲液混合开始反应7.5秒~2分钟内,仪器对散射光信号进行第一次读数,通常在2分钟时进行第二次读数,并从第二次测得信号值扣除第一次信号值读数,从而获得待测抗原的信号值。当这个值小于设定的阈值限定时,认为抗原未过量,抗原抗体的比例是合适的。反应阶段过量的抗体可以保证抗原、抗体反应时形成不可溶性小分子颗粒,获得小颗粒产生的

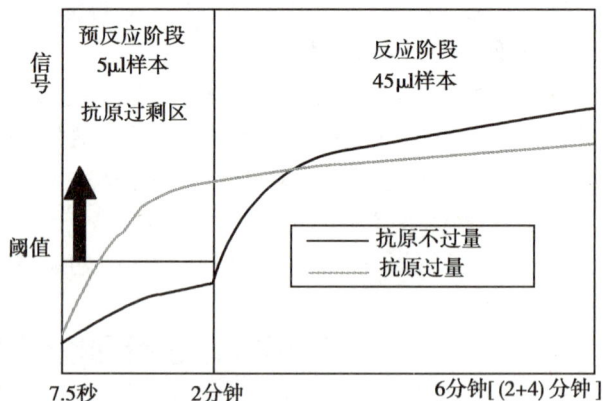

图11-4 定时散射比浊反应曲线

最强散射光信号,这种信号与待测的抗原量成正比。

(三)速率散射比浊法

速率散射比浊法(rate nephelometry)是一种抗原抗体结合的动力学测定方法。所谓速率,是在单位时间内抗原、抗体结合形成复合物的速度。抗原、抗体结合速率最大的某一时刻称为速率峰,当反应体系的抗体过量时,速率峰的高低与抗原含量成正比。这种通过测定速率峰来测定待测物质的方法就是速率检测法。速率散射比浊法动态地测定单位时间内抗原-抗体复合物形成的散射光信号,从而获得多个速率峰,峰值的高低与待测物质(抗原)的量成正比。当仪器测定到某一时间内形成速率下降时,所出现速率峰的峰值高低代表所测抗原的量。速率散射比浊法具有检测速度快、敏感性高、精确度高、稳定性好的优点(图11-5)。

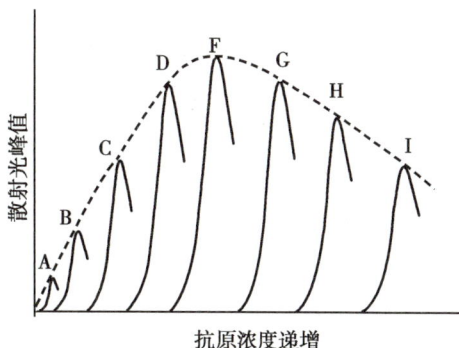

图 11-5　速率法抗原浓度与速率峰信号关系

(四)乳胶增强免疫比浊法

乳胶增强免疫比浊法(latex enhanced immunoturbidimetry)是一种带载体的免疫比浊法。其基本原理是选择一种大小适中、均匀一致的乳胶颗粒,吸附或交联抗体,在液相状态下,单个乳胶颗粒在入射光波长内光线可透过,使透过光增加,散射光量减少;当结合了胶乳颗粒的抗体遇到相应抗原发生聚集时,则使透过光减少,散射光增加,散射光的增加程度与胶乳凝集成正比,也与抗原量成正比。

从散射比浊的原理可知,影响光散射强度的数量和特性的因素取决于颗粒的直径、入射光的波长以及与光路的夹角和介质的折射系数。其中乳胶颗粒直径是主要因素之一。将抗体吸附于乳胶颗粒表面可以增加免疫反应复合物的直径,从而增强散射光强度,达到提高散射比浊法检测灵敏度的目的(检测水平可达到 ng/ml 或 pg/ml)。基于单克隆抗体胶乳免疫比浊技术的定量分析是比浊分析技术的发展方向。

三、定时散射比浊分析仪的基本结构与性能

散射比浊仪器种类繁多,下面以 BNⅡ散射免疫比浊分析仪为例介绍其基本结构与性能。

(一)基本结构

BNⅡ散射免疫比浊分析仪由分析仪主机、计算机、键盘、打印机、条形码扫描仪等组成。分析仪主机具有加样、孵育、比色、清洗等功能,主要结构包括加样系统,孵育转盘、光路系统和液路系统等。

BNⅡ散射免疫比浊分析仪以定时散射比浊分析法为原理。比浊仪检测器与光路呈 13°~24°角测量散射光,使用乳胶颗粒增强技术,此类乳胶颗粒能使抗原-抗体复合物的直径保持在大于 1000nm,而发光二极管产生的入射光波长为 840nm,从而使得免疫反应的颗粒直径大于波长,产生光信号较高的米氏散射,可提高检测的灵敏度。

(二)性能特点

1. 抗原过量的监测功能　采用预先反应程序,防止抗原过剩。预先反应程序首先让少量样品与抗血清混合,然后在短时间内监测它的反应信号,若反应信号处于正常阈值范围内,正常样品量就会加进反应物内;若反应信号超出阈值范围,说明反应中抗原过量,样品会稀释后才进行分析。这种预反应程序可达到监测抗原过量和减少试剂消耗的目的。

2. 非特异性反应的排除　在免疫反应中经常会遇到非特异性反应,干扰实际反应信号

的检测。通过测定反应管起始值和空白值之间的差异,可排除样本由于内源性浊度(例如脂血)或其有快速反应特性(例如单克隆免疫球蛋白)所带来的非特异性干扰。系统会自动监测起始值(7.5秒后测得的第一个值)和反应管空白值的差异情况,以排除非特异性浊度或非典型性反应。

通过测定在没有添加试剂的情况下出现的测定信号改变来监测非特异性反应。只有在没有出现同等非特异性反应的情况下,检测信号没有超过一定的阈值,系统才会继续测定。如果发生非特异性反应,则系统会提示将样品从分析仪中取出,在消除非特异性因素后再将样本放回仪器上重新进行测定。

很多基质效应都是在低稀释度的情况下出现的,可信度检查可以防止样本在这种条件下测得的结果被自动地作为最终结果发送出去。例如,如果在低稀释度条件下得到的结果小于测定范围,仪器会在1:20的稀释度下重新测定,系统会自动检查重新测定的结果是大于规定阈值还是小于规定阈值。

四、速率散射比浊分析仪的基本结构与性能

以 IMMAGE800 速率散射免疫比浊分析仪为例介绍其基本结构与性能。

(一)基本结构

IMMAGE800 速率散射免疫比浊分析仪由分析仪、计算机、打印机三部分组成。其中分析仪是系统的主要部分,包括浊度仪、加样系统、试剂和样品转盘、清洗工作站等。

IMMAGE800 速率散射免疫比浊分析仪采用双光径系统设计,组合应用散射比浊法和透射比浊法两种技术,以及速率散射比浊法、速率抑制散射比浊法、近红外颗粒速率透射法、近红外颗粒速率抑制透射法四种方法,分别检测大、中、小分子。

速率散射技术的光源采用670nm激光,检测仪置于激光光束的90°角来测量光散射,主要测定中小分子。速率透射技术的光源为波长940nm的近红外光,光源与检测器的检测角为180°,两者呈直线,主要测定大分子(图11-6)。

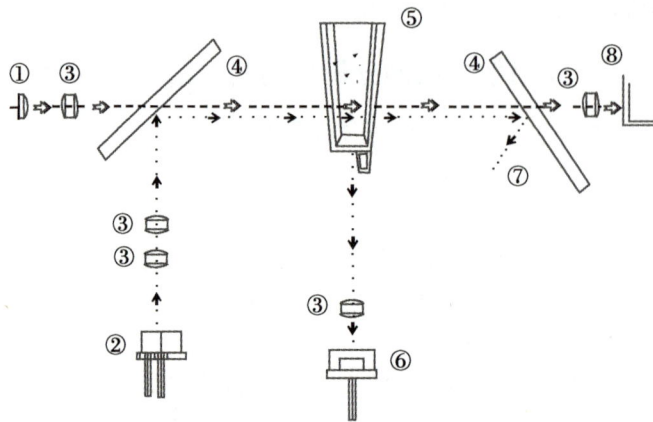

图 11-6 IMMAGE800 速率散射免疫比浊分析仪光路
①LED 光源(透射比浊);②激光光源(散射比浊);③聚焦镜头;④分光棱镜;⑤反应杯;⑥散射比浊检测仪;⑦激光反射;⑧透射比浊检测仪

(二)性能特点

1. 采用速率检测法实现动态分析 仪器在反应开始的90秒内,每隔5秒就记录一次,每次记录中进行200次读数,合计共3600次读数。检测相对时间的信号变动,记录特异的信号变化,排除因污染颗粒、气泡及非特异性沉淀物引起的干扰性信号,提高了准确度。

2. 抗原过量自动监测 在免疫沉淀反应中,只有在抗体过量的条件下,反应散射信号与抗原量的增加才能成正比关系。当该反应过程完成时,再加入已知相应抗原到该反应体系中,如果新增的抗原可与过量的抗体结合反应,则产生新的速率峰,由此证明抗体过量,待测的抗原免疫反应完全;若新加入抗原后不出现新的速率峰,则说明反应体系中抗体不足,即可能出现待测抗原尚未完全反应,存在抗原过量,需将待测样品进一步稀释复测。

3. 全程动力学空白对照,排除检测干扰 设立独立的一个空白对照杯,全程跟踪反应过程,自动减去空白对照杯中得到的信号,可排除本底噪声,如脂血、黄疸、溶血等形成的浊度,特别是在测定低稀释度的样本时,排除非特异性的干扰,确保检测结果的可靠性。

五、散射比浊分析仪的性能要求

仪器从安装启用后就要进行仪器性能指标的定期监测,以保证仪器正常运行及检测结果准确可靠。我国目前尚未出台关于散射比浊仪的性能评价标准,通常从以下方面对比浊仪器性能进行评价。

1. 灵敏度 定义为可以区分95%可信区间的最低检测浓度。每一种测定项目都有其各自的灵敏度和检测范围。

2. 精密度 在免疫比浊分析仪运行良好的情况下,所获得的独立测定结果之间的一致性程度。精密度以不精密度(英文缩写)来表示,不精密度的主要来源是随机误差,以标准差(SD)和(或)变异系数(CV)表示,SD 或 CV 越大,表示重复测定的离散度越大,精密度越差,反之则越好。

3. 准确度 待测物的测定值与其真值的一致性程度。真值是不可知的,通常以靶值代替,测定值与其参考靶值之间的差值即偏差或偏倚。

4. 携带污染 是指由测量系统将一个检测样品反应携带到另一个检测样品反应的分析物不连续量,由此错误地影响了另一个检测样品的表现量。样本的携带污染率要尽可能小。

5. 温度准确度与波动度 自动化的散射比浊分析仪都有恒温的样品孵育系统和试剂的保存系统,这些系统对于温度的正确与恒定有一定的要求(温度值准确度范围和波动度尽可能小)。如 IMMAGE800 对于孵育模块温度要求控制在 37℃ ±0.5℃。

6. 样品和试剂加样准确度与重复性 核实仪器说明书标称的样品和试剂最小、最大加样量的加样准确度和重复性,要求准确度偏差和精密度变异系数要小。

第三节 酶免疫分析仪器与技术

酶免疫测定(enzyme immunoassay,EIA)技术是将抗原抗体反应特异性与酶催化反应的高效性、专一性相结合的一门免疫分析技术。由于 EIA 技术具有灵敏度高、操作简便易行、试剂有效期长等优点,成为临床实验室常用的分析检测技术之一。临床实验室曾经历过依靠肉眼观察显色反应来判读 EIA 反应结果的时代。随着酶标仪的问世和不断发展,目前的全自动酶免疫分析系统已经具备多任务、多通道和完全实现平行过程处理。本节将主要介绍普通酶标仪和全自动酶免疫分析系统。

一、酶联免疫吸附试验

(一)酶联免疫吸附试验的原理

酶联免疫吸附试验(enzyme linked immunosorbent assay,ELISA)是一种酶标记固相免疫分析技术。酶标记抗体或抗原后,既不影响抗体或抗原的免疫反应特异性,也不改变酶本身的催化活性。标记的酶水解反应底物而使之显色,这种有色产物可以通过肉眼观察,也可用酶标仪测定。显色反应代表了反应体系中被标记的抗体(或抗原)的存在,显色程度与其浓度成一定关系,因而能对抗原(或抗体)进行定性或定量。

(二)酶联免疫吸附试验技术常用酶与底物

1. 辣根过氧化物酶(horseradish peroxidase,HRP) HRP 的底物包括过氧化物和供氢体。目前常用的过氧化物有过氧化氢(H_2O_2)和过氧化氢尿素($CH_6N_2O_3$)。HRP 的供氢体很多,多用无色的还原型染料,经反应生成有色的氧化型染料,在 ELISA 中常用的供氢体为邻苯二胺(o-phenylenediamine,OPD)、四甲基联苯胺(3,3,5,5-tetramethylbenzidine,TMB)和二氨基联苯胺(diaminobenzidine,DAB)。OPD 作为 ELISA 供氢体底物,灵敏度高,测定方便,但是配制成应用液后不稳定,常在数小时内自然产生黄色。TMB 无此缺点,经酶作用后由无色变为蓝色,目测对比度鲜明,加酸终止酶的反应后变为黄色,比较容易比色及定量测定。

2. 碱性磷酸酶(alkaline phosphatase,ALP) ALP 常用的底物为对-硝基苯磷酸酯(p-nitrophenyl phosphate,PNP),其反应产物为黄色的对硝基酚,测定波长为405nm。

3. β-半乳糖苷酶(β-galactosidase,β-Gal):β-半乳糖苷酶的常用底物为4-甲伞酮基-β-D-半乳糖苷(4-methylumbelliferone-β-D-galactoside,4-MUGal),其敏感性较 HRP 高。

4. 葡萄糖氧化酶(GOD) GOD 常用底物为葡萄糖,供氢体为对硝基氮蓝四唑,反应产物为不溶性的蓝色沉淀。

二、酶 标 仪

(一)酶标仪的基本原理与结构

酶标仪实际上就是一台变相的专用光电比色计或分光光度计。其基本工作原理和主要结构与光电比色计基本相同。光源灯发出的光波经过滤光片或单色器变成一束单色光,进入塑料微孔板中的待测标本,该单色光一部分被标本吸收,另一部分则透过标本照射到光电检测器上,光电检测器将不同待测样本强弱不同的光信号转换成相应的电信号。电信号经前置放大、对数放大、模数转换等处理后送入微处理器进行数据处理和计算,最后由显示器和打印机显示结果。微处理器还通过控制电路机械驱动 x 方向和 y 方向的运动来移动微孔板,从而实现自动进样检测过程。酶标仪的工作原理见图11-7。

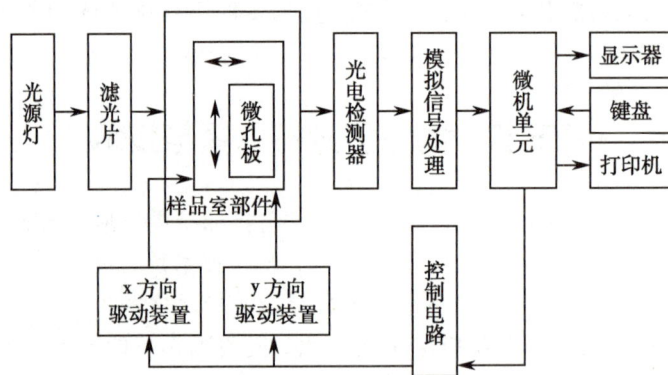

图 11-7 酶标仪工作原理

酶标仪既可以使用和分光光度计相同的单色器,也可以使用干涉滤光片来获得单色光,将滤光片置于微孔板前、后的效果是一样的。不同厂商生产的酶标仪出厂时配置的标准干涉滤光片的数目和波长不尽相同。此外,近年来也出现了光栅式酶标仪,它采用光栅进行分光。光源发出的全波谱光线经过光栅后,通过光栅上面分布的一系列狭缝的分光,就可以获得任意波长的光,波长连续可调,一般递增量为1nm。光栅式酶标仪的使用方便灵活,可以通过软件选择任意波长的光,而且可以进行全波长扫描,以获得未知样品的吸收峰,从而达到检测未知样品的目的。

酶标仪一般由光源灯、滤光片、微孔板、光电检测器、模拟信号处理单元、微机单元(显示器、键盘、打印机)、控制电路(微孔板 x 方向和 y 方向驱动机构)组成。

(二)酶标仪的性能要求

国家质量监督检验检疫总局规定的酶标仪计量性能评价要求包括:外观检查、示值稳定性、波长示值误差、波长重复性、吸光度示值误差、吸光度重复性、灵敏度、通道差异、绝缘电阻 9 项。其中与检测性能相关的有 7 项。

示值稳定性要求在 ±0.005;波长示值误差 ±3nm;波长重复性 ±1.5nm;吸光度示值误差 ±0.03;吸光度重复性 1%;灵敏度≥0.01L/mg;通道差异 0.03。

三、全自动酶免疫分析系统

(一)全自动酶免疫分析系统的基本结构

全自动酶免疫分析系统是具有自动加样本、加试剂,自动控温温育,自动洗板和自动判读计算等功能的分析系统。这种高度自动化的分析系统集成了诸多技术,如智能机械臂技术,确保精准的运动控制;微量液体处理技术,保证从微升到毫升的液体吸取准确;光学检测技术,如酶标光学检测和软件控制技术。全自动酶免疫分析系统应用领域广泛,可用于各种酶免疫实验、血库筛查、生化检测、细胞培养、分子生物学等各个方面。

(二)全自动酶免疫分析系统的特点

1. 加样系统 加样系统用于样本和试剂的分配。为确保加样的准确性,会采用不同的加样原理,例如气动加样、高精度定量注射加样泵;加样针带有液面感应功能,自动探测样品液面高度;检测样本中的凝块、纤维丝和气泡等。为减少携带污染,加样针可采用一次性使用吸头,或者对永久性加样针内壁使用"特氟龙"(TEFLON)涂层,减少样品携带沾染。前者使用成本较高,后者则有携带污染风险。有些分析系统结合了两种加样方式,可选用一次性吸头用于加样本,也可选用永久性针加试剂,既能避免样本交叉污染的产生,又可节约耗材运行成本。为了提高加样速度,高通量的系统常采用 4 针、8 针同时加样,减少实验时间,加快实验周期,更快速、高效。

2. 温控孵育系统 温控孵育系统提供酶标板在孵育时保持温度恒定,防止试剂蒸发,并根据需要进行振荡孵育,可使免疫反应更加充分,提高检测灵敏度。不同型号的分析系统采用不同的温控孵育方式,有采用类似"抽屉"样结构的孵育塔,这类系统通常是大通量的,一次可提供 8~12 个酶标板孵育位置;中等通量的系统有采用加热器和加盖孵育方式。

3. 洗涤工作站 洗涤工作站主要用于洗涤加样针和反应板。

加样针的洗涤是减少携带污染的关键步骤。洗涤的模式可根据需要设定,一般采用先内部冲洗、后外部冲洗;内部冲洗时加样针位置稍高、外部冲洗加样针位置略低的策略。可根据洗涤效果设置内部冲洗量,如需减少携带污染,可适当加大冲洗液体量。

洗涤酶标板的洗板机系统多为 8 针或 16 针洗板头,可适合平底形板、U 形底板等多种微孔板尺寸。洗板机的注液量、注液速度和位置可以调节,注液精度一般 <4%。系统还具有自动检测注液量、洗板机堵针自动报警等功能。采用中心排液、两点排液的方式,排液的速度、位置、高度和时间可根据需要调整,洗板后残液量应 <2μl,确保反应板微孔中残留最少的洗液。

4. 酶标仪 酶标仪的光源一般为卤素灯或钨光源。目前也有采用 LED 光源,使酶标仪的结构更紧凑,光源更稳定,寿命更长,启动更迅速,可靠性也更高。酶标仪一般配有多个滤光片,波长范围可从 400~700nm,可采用单、双波长测定。测量分辨率可达 0.0001OD,吸光度范围从 0~4.0000OD,并有混匀振荡功能。

第四节 化学发光免疫分析仪器与技术

化学发光免疫分析(chemiluminescence immunoassay,CLIA)是将具有高特异性的免疫反应与高灵敏度的化学发光测定技术相结合的检测分析技术,用于检测各种抗原、半抗原、抗体、激素、酶、脂肪酸、维生素和药物等。与放射免疫分析技术、酶联免疫分析技术比较,化学发光免疫分析技术具有更高的检测灵敏度,分析测量范围宽,检测试剂更加稳定等特点。

一、化学发光免疫分析技术原理与分类

(一)化学发光免疫分析技术原理

1. 化学发光的原理 化学发光(chemiluminescence)是指伴随化学反应过程所产生的光的辐射现象。在化学反应过程中,某些化合物分子(如发光剂)吸收反应过程中所产生的化学能后,从稳定的基态分子被激发到不稳定的激发态,基态能级低而激发态能级很高,也就是说在激发态时分子有很高并且不稳定的能量,它们很容易释放能量重新回到基态,当能量以光子形式释放时,我们就看到了发光。自然界中的萤火虫发光本质就是化学发光,化学发光免疫分析技术正是这种仿生学和经典免疫反应的结合。

2. 化学发光免疫分析的原理 化学发光免疫分析技术中,通过免疫反应特异性地将待测组分从样本中分离,再通过化学发光反应显示分离的组分,并且化学发光的反应强度与待测组分的含量成一定的比例关系,这就是化学发光免疫分析的基本原理。

免疫反应分为均相免疫反应和异相免疫反应,根据免疫反应过程中是否需要进行结合标记物和游离标记物的分离而定。均相免疫反应不需分离。分离的方法主要借助固相载体,即将一种反应物(抗原/抗体)固定在固相载体上,当另一种反应物(相应的抗体或抗原)与之结合形成复合物后,可通过洗涤、离心等方法使其与液相中的其他物质分离,此类免疫反应亦称为固相免疫测定。

大多数化学发光免疫分析属于一种固相免疫分析。在典型的双抗体夹心法化学发光免疫测定中,首先使样本中待测的组分与结合于固相载体表面的抗体结合,然后通过洗涤去除未结合的游离组分,再与标记有化学发光物的抗体反应,形成双抗体夹心复合物,最后进行化学发光反应。双抗体夹心法又称"三明治法",其中结合于固相载体表面的抗体又称"捕获抗体",而标记有化学发光物的抗体又称"示踪抗体"。双抗体夹心酶免疫化学发光原理见图11-8。

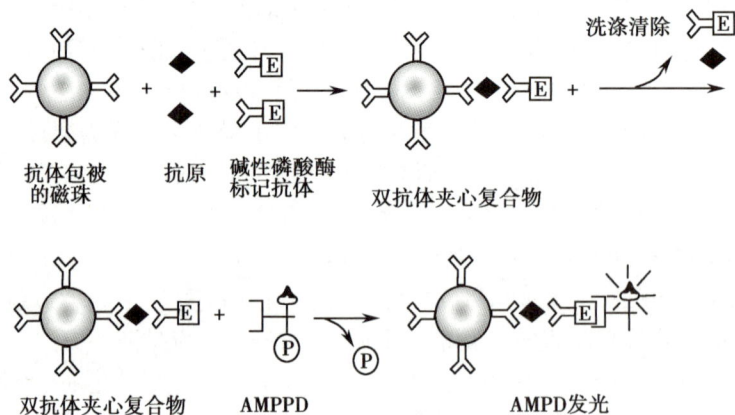

图11-8 双抗体夹心酶免疫化学发光法原理

从上述反应中可以看出,化学发光免疫分析综合了免疫反应、抗体标记、化学发光反应等技术。

（二）化学发光免疫分析技术的分类

临床常用化学发光免疫分析技术按发光剂的不同大致分为：化学发光酶免疫测定（chemiluminescence enzyme immunoassay，CLEIA），化学发光免疫测定（chemiluminescence immunoassay，CLIA），电化学发光免疫测定（electrochemiluminescence immunoassay，ECLIA）和光激化学发光免疫分析（light initiated chemiluminescence assay，LiCA）。

1. 化学发光酶免疫测定　化学发光酶免疫测定是将酶标记于示踪抗体上，再以酶催化底物进行化学发光反应。常用的工具酶有：辣根过氧化物酶（HRP）、碱性磷酸酶（ALP）。

辣根过氧化物酶常用的底物有鲁米诺（luminol）或其衍生物异鲁米诺（isoluminol），是一类重要的发光试剂。鲁米诺在辣根过氧化物酶和启动发光试剂（NaOH 和 H_2O_2）作用下进行发光反应，其波长为 425nm。

碱性磷酸酶常用的底物是 AMPPD［3-（2'-螺旋金刚烷）-4-甲氧基-4-（3"-磷酰氧基）苯基-1,2-二氧环己烷］。在碱性磷酸酶作用下，磷酸酯基发生水解而脱去一个磷酸基，得到一个中等稳定的中间体 AMPD（半寿期为 2～30 分钟），此中间体经分子内电子转移裂解为一分子的金刚烷酮和一分子处于激发态的间氧苯甲酸甲酯阴离子，处于激发态的不稳定阴离子回到基态时产生 470nm 的光，可持续几十分钟。

2. 化学发光免疫测定　化学发光免疫测定是用化学发光剂直接标记抗原或抗体的免疫分析方法。常用于标记的化学发光物质有吖啶酯类化合物（acridinium ester，AE），通过启动发光试剂（NaOH 和 H_2O_2）作用而发光，强烈的直接发光在一秒内完成，为快速的闪烁发光。吖啶酯作为标记物用于免疫分析，其化学反应简单、快速、无需催化剂；检测小分子抗原时一般采用竞争法，大分子抗原则大多采用夹心法。化学发光免疫测定的优点是非特异性结合少、本底低，并且与大分子结合不会减小所产生的光量，从而增加了检测的灵敏度。

3. 电化学发光免疫测定　电化学发光免疫测定的标记物是三联吡啶钌［$Ru(bpy)_3$］$^{2+}$。其发光原理与一般的化学发光不同，是一种在电极表面由电化学引发的特殊的化学发光反应，实际上包括了电化学和化学发光两个过程。当反应体系中含有三联吡啶钌，再加入含三丙胺（TPA）的缓冲液，同时电极加电压，启动电化学反应过程。发光剂三联吡啶钌和电子供体 TPA 在阳极表面进行电子转移，使二价钌被氧化成三价，成为一种强氧化剂。另一方面，TPA 被氧化形成一种很强的还原剂，可将一个电子转移到三价的钌，使其形成激发态的钌，激发态的三联吡啶钌不稳定，发射出一个波长 620nm 的光子，重新生成基态的钌，发光标记物可循环发光。

从基本的发光原理而言，电化学发光免疫测定属于化学发光免疫测定的一种。电化学发光与普通化学发光的主要差异在于前者是电化学反应启动发光，可循环及多次发光；后者是通过化合物混合启动发光反应，是单次瞬间发光。由于电化学发光免疫分析技术具有专利，以及该技术的广泛应用和成功的市场推广，因而习惯上将电化学发光作为一个单独的类型。

4. 光激化学发光免疫分析技术　发光氧通道免疫分析（LOCI）技术问世于 20 世纪 90 年代，后由相关公司生产商品化试剂。我国科研人员在此原理基础上建立了国产的光激化学发光免疫分析系统（LiCA）。

光激化学发光免疫分析的原理是用抗体包被感光微球，抗原包被发光微球，免疫反应发生后，抗体与抗原结合，其中的感光微球在 680nm 激发光照射下，使周围氧分子激发变成单线态氧，后者扩散至发光微球并传递能量，发光微球发射 520～620nm 荧光信号并被单光子计数器探测。此过程中，单线态氧的半衰期只有 4 微秒（μs），在反应体系中只能扩散大约 200nm。因此，只有结合态发光微球才能获得单线态氧的能量并发光；非结合态发光微球由于相距较远，无法获得能量而不发光。此发光的量与样品中的待测抗原量成反比。图 11-9 为竞争法光激化学发光原理。

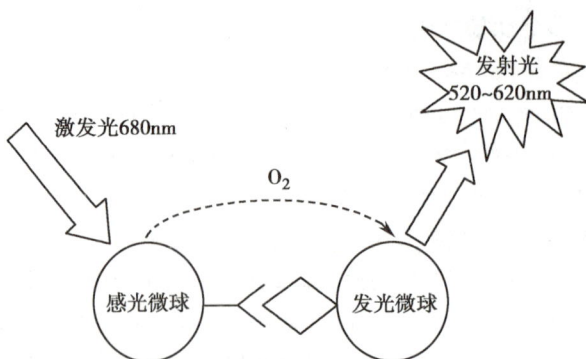

图 11-9　竞争法光激化学发光原理

光激化学发光技术具有诸多优点:采用纳米微粒,增加了反应表面积,从而提高了检测灵敏度;恰当的荧光波长及时间分辨计数模式,有效提高了信噪比,增加了特异性;均相反应模式实现了一步法免清洗检测。另外,检测过程还不易受到荧光淬灭、样本常见干扰物质、pH、离子强度及温度等因素的影响,保证了检测的稳定性;样本用量少,有利于实现小型化、高通量检测。

(三)顺磁性颗粒分离技术

化学发光分析技术可以使用不同的固相载体,常见的有顺磁颗粒、高分子珠、高分子微孔板等。其中最常用的是顺磁颗粒分离技术。

顺磁颗粒(paramagnetic particle)的核心为氧化铁,表面包有高分子化合物,如聚苯乙烯,是直径为数微米的球形颗粒。顺磁颗粒具有四个特点:顺磁性、大比表面积、生物相容性和功能基团特性。

顺磁性是指有些固体的原子具有本征磁矩。在无外磁场作用时,材料中的原子磁矩无序排列,材料表现不出宏观磁性;当受外磁场作用时,原子磁矩能通过旋转而沿外场方向择优取向,表现出宏观磁性,这种磁性称为顺磁性。正是由于顺磁颗粒的这种特性,在没有外加磁场时,颗粒间没有相互作用,能够保证磁颗粒溶液保持良好的悬浮性,在液体中形成均匀的悬液,颗粒不会聚集,参与反应时类似液相,能加快免疫反应速度。当外加磁场作用时,顺磁颗粒又能表现出磁性特征,顺磁颗粒能够吸附于反应管壁上,通过合适的冲洗可以高效分离结合态和游离态顺磁颗粒,方便迅速,易于实现全自动化。

随着顺磁微球的细化,当粒径达到纳米级时,其比表面积激增,微球表面功能基团密度及选择性吸附能力变大,达到吸附平衡的时间大大缩短,粒子的分散稳定性也大大提高。

纳米磁性微球具有良好的生物相容性,与多数生物高分子如多聚糖、蛋白质等具有良好的生物相容性。在生物工程,特别是在生物医学领域的应用,具有良好的生物相容性是非常重要的。

磁性微球表面功能化的基团能与生物高分子的多种活性基团如—OH、—COOH、—NH$_2$ 共价连接,可在其表面稳定地固定生物活性物质(如抗体、抗原、受体、酶、核酸和药物等)。

二、化学发光免疫分析仪器的基本结构与性能要求

(一)化学发光免疫分析仪器的基本结构及其作用

一个化学发光免疫分析的基本过程包括加样本和试剂、孵育、清洗、加底物、加试剂、化学发光反应、测量相对发光单位和计算样本结果等步骤。分析仪器需要一些基本分系统执行相应的功能,各个分系统的集成就构成了一个完整的化学发光分析仪器。

化学发光免疫分析系统从功能作用上来分,由各子系统构成:控制系统、取样系统、反应孵育系统、清洗系统、测量系统、试剂和消耗品系统等。

1. 控制系统　相当于分析仪器的大脑,通常由软件系统和硬件系统组成。软件系统能

够控制仪器的运行,并提供人机界面而使用户能够操作、管理和运行仪器。硬件系统通常是外置的计算机或嵌入仪器的单片计算机,前者常见于大中型的分析仪器,后者仅见于结构简单的小型仪器。硬件系统提供软件的运行环境和平台。

2. 取样系统 取样系统能够自动将样本和试剂定量加入反应管中。大型仪器的取样系统还包括样本架的缓冲区,可以一次性容纳一定数量的样品,以便仪器连续取样。

3. 反应孵育系统 提供合适环境温度以便进行免疫反应。

4. 清洗系统 化学发光免疫分析作为一种固相免疫反应,无论使用何种固相载体,均需要通过合适的清洗步骤,以去除化学发光反应所不需要的游离相。

5. 测量系统 化学发光反应产生的光信号通过光电倍增管进行测量。化学发光分析仪器中常用的单光子计数器是一种特殊类型的光电倍增管,化学发光反应产生的光子照到光电倍增管,由于光电效应,其表面可以产生能量微弱的游离电子,称为光电子。经光电倍增管反复放大,最后形成电脉冲信号。信号经放大、降噪,最后换算出相对发光单位(relative luminescence unit,RLU)。

6. 试剂和消耗品系统 主要用于保存试剂和消耗品,并维持合适的温度环境。

(二)化学发光分析仪器的性能要求

由于化学发光分析仪器提供最终的检测结果,所以仪器的良好性能是保证检验结果准确可靠的基础之一。因而国家食品药品监督管理总局对于化学发光分析仪器的性能制定了详细的性能要求。

1. 反应区温度控制的准确性 应在设定值的 ±0.5℃内,波动度不超过 ±1.0℃。

2. 分析仪器的稳定性 分析仪开机处于稳定工作状态后第 4 小时、第 8 小时的测试结果与处于稳定工作状态初始时的测试结果的相对偏倚不超过 ±10%。

3. 批内测量重复性 $CV \leq 8\%$。

4. 线性相关性 在不小于 2 个数量级的浓度范围内,线性相关系数$(r) \geq 0.994$。

5. 携带污染率 应 $\leq 10^{-5}$。

6. 分析仪应具备的主要功能 ①用户可以通过人机对话指令,使仪器能自动完成不同样品、测试项目的分析任务;②仪器应能提示试剂等消耗品、废弃物的状态;③仪器具备自检功能;④仪器对操作错误、机械及电路故障应有相应提示。

(三)临床常用化学发光分析仪器的主要特点

1. ACCESS 2 全自动免疫分析系统 ACCESS 2 全自动免疫分析系统采用微粒子酶免疫化学发光原理,使用碱性磷酸酶标记,AMPPD 作为发光底物,是典型的化学发光酶免疫反应。ACCESS 2 采用超细磁性微粒子技术,微粒子直径 <7μm;采用超声波清洗分离技术,清洗效率高,交叉污染率 <1ppm;ACCESS 家族通用六层高分子材料覆膜的直接穿刺式试剂盒,防止试剂挥发而浓缩,减少探针携带效应造成的交叉污染。仪器的无试剂盖设计可以避免开关试剂盖操作,减少系统故障和误差。

2. ARCHITECT i2000SR 全自动免疫分析系统 ARCHITECT i2000SR 全自动免疫分析系统的分析原理采用的是吖啶酯衍生物直接标记的化学发光免疫分析技术。该技术使用专利的 CHEMIFLEX 化学发光技术,与传统吖啶酯类化合物相比,增加了亲水基团,改善了吖啶酯化合物的水溶性,保证实验结果的可靠。i2000SR 的 RSH 轨道处理系统采用人工智能机械臂样本传输轨道系统,克服了传统轨道的缺点,提高了实验效率。

3. cobas e 系列电化学发光免疫分析系统 cobas e 系列电化学发光全自动免疫分析系统采用电化学发光免疫分析原理,具有较高的灵敏度、较宽的检测范围和较快的检测速度。分析过程中使用一次性加样头,避免交叉污染。本系列采用模块化组合结构,可与生化分析仪器模块联机,组成生化免疫一体化仪器。

第五节　自动化免疫分析仪的临床应用

自动化免疫分析仪在临床实验室应用广泛。用来检测免疫活性细胞、抗原、抗体、补体、细胞因子和细胞黏附分子等免疫相关物质。还可检测体液中的微量物质，如激素、酶、血浆微量蛋白、肿瘤标志物、治疗药物、微量元素等。

一、免疫荧光染色技术的应用

免疫荧光染色技术可快速鉴定病原体，亦可检测患者血清中特异性抗体水平，用于疾病诊断、流行病学调查和临床回顾诊断。免疫荧光染色技术常用于自身抗体检测，包括抗核抗体、抗平滑肌抗体、抗线粒体抗体等，用于辅助诊断自身免疫性疾病。此技术还可用于组织中免疫球蛋白、补体、抗原-抗体复合物的检测，以及肿瘤组织中肿瘤相关抗原的鉴定等免疫病理检测。另外，淋巴细胞表面 CD 抗原、抗原受体、补体受体、Fc 受体等膜分子的检测也采用免疫荧光染色技术。

二、时间分辨免疫荧光分析仪的应用

时间分辨免疫荧光分析仪的应用十分广泛，适用于大、中、小分子的检测，可用于蛋白质、激素、药物、肿瘤标志物、抗原/抗体等。

三、散射免疫比浊分析仪的应用

散射免疫比浊分析仪目前在临床上主要用于蛋白质测定，如血液中免疫球蛋白、类风湿因子、C 反应蛋白、铜蓝蛋白、治疗性药物浓度等的测定以及尿液中微量蛋白等的测定。

四、酶免疫分析仪器的应用

全自动的酶免疫分析系统作为实验室常用分析仪器，可用于感染性疾病的抗原/抗体的检测，如 HBV、HIV，也可用于蛋白质、肿瘤标志物等的检测。

五、化学发光免疫分析仪器的应用

化学发光技术的迅速发展，使得分析仪器种类繁多并广泛应用于临床。化学发光检测项目齐全，几乎覆盖了常规的免疫检测：包括甲状腺相关激素、生殖内分泌激素、贫血、肿瘤标志物、蛋白质、感染性疾病相关项目、骨代谢相关标志物、自身抗体检测、药物浓度监测等。

（施新明）

本章小结

免疫分析技术是将免疫反应和各种分析技术相结合而产生的技术，形成免疫荧光分析、免疫比浊分析、放射免疫分析、酶免疫分析、化学发光免疫分析、电化学发光免疫分析和光激化学发光免疫分析等众多免疫分析仪器和技术。

基于免疫荧光染色分析技术原理的免疫荧光染色自动操作仪实现了操作的自动化，自动免疫荧光判读系统的使用可以实现免疫荧光分析技术全过程的自动化，从而提高效率，实现标准化。

时间分辨免疫荧光分析技术利用镧系元素受激发射荧光的特性，形成 4 种不同的分

析原理,具有灵敏度高、标记结合物稳定、特异性强、测量快速、易于自动化、无放射污染等特点。

　　应用散射比浊技术基本原理的散射比浊分析仪分为定时散射比浊分析仪和速率散射比浊分析仪,在临床实验室得到广泛应用。散射比浊分析仪独特的抗原过量监测和排除非特异性免疫的功能,能够确保检测结果的可靠性。

　　酶联免疫吸附试验在临床实验室是最常用的免疫分析技术,反应的结果通过酶标仪读数来获得。全自动酶免疫分析系统使酶联免疫分析的全过程自动化,具有高通量、速度快、效率高、试验精确、检测成本低、检测结果准确可靠和操作简单等特点。

　　基于不同化学发光免疫分析技术原理的自动化分析仪器是近年来发展最快的自动化免疫分析仪器,这种结合免疫反应、各种发光原理和顺磁颗粒分离技术的标记免疫在临床得到广泛应用。

第十二章

临床微生物检验仪器与技术

通过本章学习,你将能够回答下列问题:

1. 血培养系统的检测原理有哪些?
2. 血培养系统的性能特点是什么?
3. 自动化微生物鉴定及药敏分析系统的检测原理有哪些?
4. 微生物自动鉴定及药敏分析系统有哪些性能特点?
5. 质谱技术用于细菌鉴定和药敏分析的基本原理是什么?
6. 质谱技术在临床微生物检测方面有哪些应用?
7. 全自动细菌分离培养系统的工作原理是什么?
8. 全自动细菌分离培养系统的优势体现在哪些方面?

近20多年来,随着微电子、计算机、分子生物学、物理、化学等先进技术的飞速发展并向微生物学的渗透,促进了微生物的鉴定向快速化、微机化、自动化方向发展,且已取得了许多突破性的进展,出现了许多自动化微生物检验系统、微生物自动鉴定系统和药敏分析系统。

目前微生物鉴定的自动化系统大致分为两大类:一类是自动血培养检测和分析系统,主要功能是通过连续监测的方式,检测样本中是否有微生物存在。当微生物的生长代谢导致某些生长指数超标时,仪器自动报警提示有细菌生长。另一类是自动微生物鉴定及药敏分析系统,主要功能是将分离的微生物进行鉴定,同时进行抗菌药物敏感试验,报告鉴定及药敏结果。

第一节 自动化血培养仪

血培养是危重患者病情监测和血液微生物感染诊断的重要手段,提高血培养的培养质量,快速和准确地检测病原体对临床诊断和进行抗菌治疗至关重要。20世纪70年代以后,出现了许多半自动化和自动化的血培养检测和分析系统,血培养技术的发展经历了如下几个阶段:观察指标从肉眼到放射性标记、再到非放射性标记;操作从手工到半自动化、再到自动化;结果判断从终点判读到连续判读;能记录细菌生长曲线;一旦出现阳性结果可随时报告等。血培养检测从繁复的手工试验发展为快速简便的自动化操作,提高了阳性检出率,同时也明显地降低了患者的死亡率。随着科学技术的进步和微生物学的发展,血培养所用的培养基、培养方法以及信号检测技术均有所改进和提高,出现了许多智能型的血培养系统。

第一代血培养仪以放射性核素测定,缺点在于有放射性核素污染的危险,检测速度较慢。第二代为非放射测定系统,检测时间得以缩短并且无放射性污染。尽管与连续监测血培养系统(continuous-monitoring blood culture system,CMBCS)相比有明显的不足,但对于一些中、小实验室来说,仍不失为一种合理的选择。第三代的血培养仪克服了早期血培养系统的一些缺点,并且培养箱、搅拌系统和检测系统合为一体。在培养过程中,除了处理阳性瓶和卸载阴性瓶之外,不再需要进行其他的手工操作。检测系统不需要额外的气体供应,培养瓶可连续监测,缩短了检测出微生物生长的时间。系统内还至少有一种可降低假阳性的仪器检测信号样本,提高了培养结果的可靠性。

一、自动化血培养仪的检测原理

自动化血培养仪的检测原理主要有二氧化碳感受器、荧光检测和放射性标记物质检测三种检测技术。出于对环保和安全性方面的考虑,放射性标记物质检测已较少使用。自动化血培养仪的工作原理主要是通过自动监测培养基(液)中的混浊度、pH、代谢终产物 CO_2 的浓度、荧光标记底物或代谢产物等的变化,定性地检测微生物的存在。目前已有多种类型的自动化血培养仪在临床微生物实验室应用,自动血培养系统的仪器型号较多,虽然外观各不相同,但工作原理相似的同类仪器的结构基本相同。根据检测原理与结构的不同可分为如下三类。

(一)以测定培养基导电性和电压为基础的血培养系统

血培养基中因含有不同电解质而具有一定导电性。微生物在生长代谢的过程中可产生质子、电子和各种带电荷的原子团(例如在液体培养基内 CO_2 转变成 HCO_3^-),通过电极检测培养基的导电性或电压可判断有无微生物生长。

1. Malthus 112L Microbiological Growth Analyser 系统 该系统由 Malthus 需氧和厌氧培养瓶、4 个分别可容纳 28 个培养瓶的恒温水浴箱以及培养基导电检测系统组成,通过检测培养基导电性的改变来判断血培养瓶中是否有微生物生长。血培养瓶的瓶盖上有 2 个铂电极与培养基相连,将培养瓶放入仪器中,瓶盖上的电极与仪器的电极连接器进行连接,由电脑控制系统每 30 分钟自动检测培养基导电性一次。若一天中 2 次所测导电性差值变化明显时,在培养瓶继续监测的情况下,用特制的注射器抽取培养液接种于固体培养基,以证实是否有菌生长。仪器连续观察 5 天,检测信息可存入微机中,并可以图像、斜率或数值的形式显示血培养瓶中培养基的导电性。

2. Sentinel 系统 通过检测培养基电压的改变来判断血培养瓶中是否有微生物生长。Sentinel 系统所用的血培养瓶有用铝和金制成的电极,分为正极和负极,类似一个电池。正极释放铝电子,经检测系统电路到达负极。电子受体为培养基中的可还原物质,当培养瓶中有细菌生长时,电子受体被还原,在两电极之间产生电压降。经检测系统检测到这种电压的变化,由软件分析判断血培养结果是否为阳性。

(二)以测压为基础的血培养系统

许多细菌在生长过程中常伴有吸收或产生气体的现象,如很多需氧菌在胰酶消化大豆肉汤中生长时,由于消耗培养瓶中的氧气,故首先表现为吸收气体。而厌氧菌生长时最初均无吸收气体现象,仅表现为产生气体(主要为 CO_2),因此可利用培养瓶内气体压力的改变检测微生物的生长情况。

1. ESP 系列 ESP(extra sending power)系列根据检测样本的数量分为不同的型号。培养瓶顶部的连接装置与仪器的感压探测器相接,探测器每 12 分钟监测一次需氧瓶,每 24 分钟监测一次厌氧瓶,并将气体压力数据传输到计算机。计算机软件以气体压力对时间的变化绘制成生长曲线图,按照特有的方法处理曲线。当培养瓶顶部压力改变达到一定值时,判断为阳性,即有细菌生长;否则为阴性,即无细菌生长。ESP 系列血培养系统的检测原理见图 12-1。

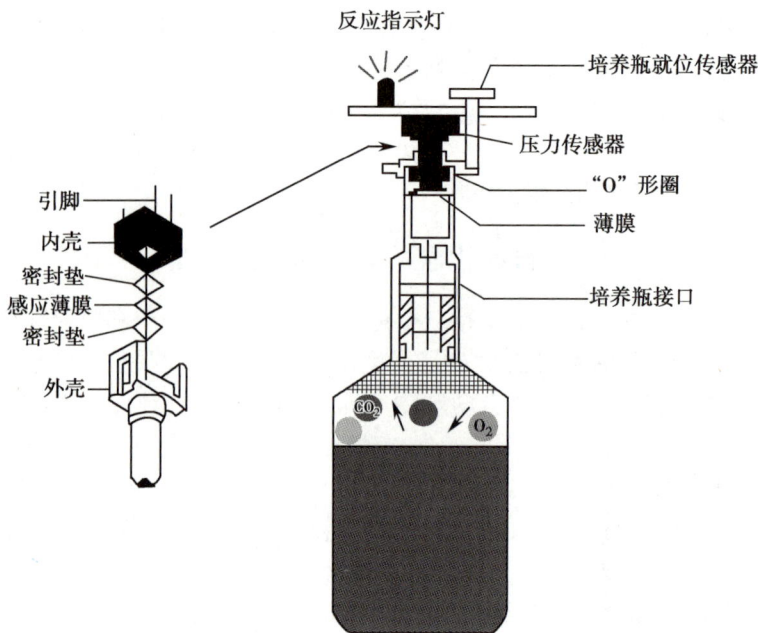

图 12-1　ESP 系统检测原理示意图

2. 自动化菌血测试系统　自动化菌血测试系统(oxoid automated septicaemia investigation system, OASIS)与 ESP 系列检测方式略有不同,是通过激光扫描而测得气体压力的变化。在培养瓶的顶部有一激光探测器,每 5 分钟对培养瓶顶部的隔膜扫描一次,隔膜位置的升降可反映瓶内压力的改变。另外,在 OASIS 培养瓶内有一个磁珠,通过磁珠搅拌可达到振荡培养的目的,使瓶内培养物与培养基作用得更为充分。OASIS 的检测原理见图 12-2。

(三) 以光电技术为基础的血培养系统

以光电技术为基础的血培养系统是目前国内外应用得最广泛的自动化血培养系统。由于微生物在代谢过程中必然会产生代谢终产物 CO_2,引起培养基 pH 及氧化还原电位改变。利用光电比色检测血培养

图 12-2　OASIS 系统检测原理示意图

瓶中某些代谢产物量的改变,可以判断有无微生物生长。根据检测手段的不同,这类自动血培养系统又可分成以下四类:

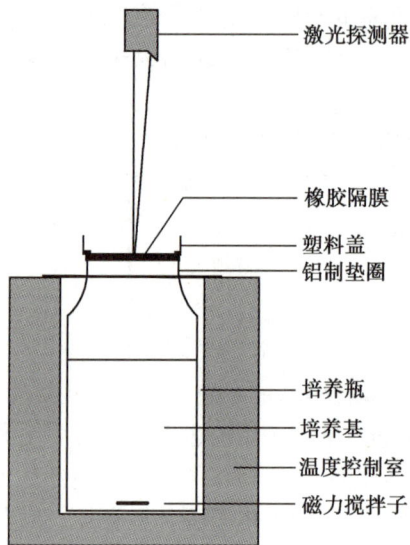

1. BioArgos 系统　利用红外分光计检测 CO_2 产生。系统由样本装载部分、检测部分、孵育部分和计算机系统组成。操作时,将已接种样本的血培养瓶放入样本装载区,由机械臂自动将培养瓶移入检测区。由红外分光计对培养瓶进行初次扫描,获得初始读数。血培养瓶被振荡 12 秒后再移入孵育区进行培养,在培养期间红外分光计连续监测培养瓶内 CO_2 的产生情况,通过 CO_2 水平的变化来判断有无微生物生长。

2. BacT/Alert 系统　在每个培养瓶底部装置一个带含水指示剂的 CO_2 感受器,感受器与瓶内液体培养基之间由一层仅允许 CO_2 通过的离子排斥膜相隔,培养基中的其他成分包括氢离子均不能通过离子排斥膜。当培养瓶内有微生物生长时,其释放出的 CO_2 可渗透至

感受器,并与感受器指示剂上的饱和水发生化学反应,产生游离氢离子使 pH 降低,感受器上的指示剂溴麝香草酚蓝由绿变黄。反应式如下:

$$CO_2 + H_2O = H_2CO_3 = H^+ + HCO_3^-$$

感受器上方的光发射二极管每 10 分钟发一次光投射到感受器上,再由一光电探测器测量其产生的反射光。被反射的光越多,提示产生的 CO_2 越多。当感受器的颜色由绿变黄时,其反射光强度逐渐增强,在微机中会自动连续记忆并绘成生长曲线图,再由微机分析判断阴性或阳性,以此确定是否有微生物生长(图 12-3)。阳性培养瓶的判断有三个标准:①CO_2 初始值超过生物指数基值;②CO_2 产生的速率持续增加;③CO_2 生成速率异常增高。大部分培养瓶采用后两条标准之一,而不是用是否超过基值来检测,这样可大大减少假阳性的产生。如果在理想条件下,经过规定的时间后 CO_2 水平没有明显变化,样品就被确定为阴性。

3. Bactec 9000 系统　Bactec 系统利用荧光法作为检测手段,其 CO_2 感受器上含有荧光物质。当培养瓶中有微生物存在时,产生的 CO_2 可与感受器中的水发生反应产生 H^+,使 pH 降低,此酸性环境促使感受器释放出荧光物质,从发光二极管发射的光激发荧光感受器而产生荧光,并且荧光强度随 CO_2 的产生量增多而增强。光电比色检测仪每 10 分钟直接对荧光强度进行检测,数据传输到计算机后,生长监测系统根据荧光的线性增加或荧光产量的增加等标准,分析细菌的生长情况,判断阳性或阴性。Bactec 9000 系列的检测原理如图 12-4 所示。

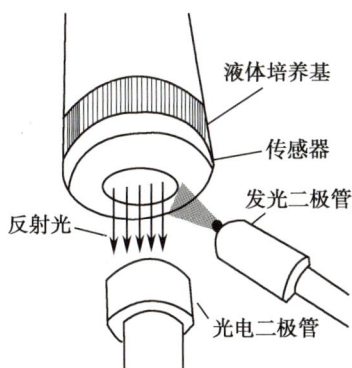

图 12-3　BacT/Alert 系统检测原理示意图

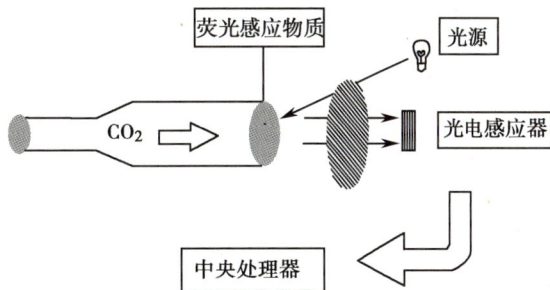

图 12-4　Bactec 系统检测原理示意图

4. Vital 系统　Vital 系统采用同源荧光技术(homogeneous fluorescence technology)监测微生物的生长。与培养基结合的荧光分子在最初具有一定荧光值,当有微生物存在时,其生长代谢过程中或产生 CO_2,或发生 pH 改变,或发生氧化还原使电位改变等,均可导致液体培养基内的荧光分子结构发生改变而成为无荧光的化合物,即发生荧光衰减(图 12-5)。通过光电比色计检测荧光衰减水平,可判断有无微生物生长。

Vital 系统阳性结果的判断采用三种标准:

(1)Slope 方式:用仪器对血培养检测的斜率与仪器的参考斜率比较,当检测斜率大于参考斜率时判为阳性,缓慢生长的微生物多以此方式报告结果。

(2)Delta 方式:以单位时间内荧光值变化速度报告阳性,对数生长期细菌多以此方式报告。

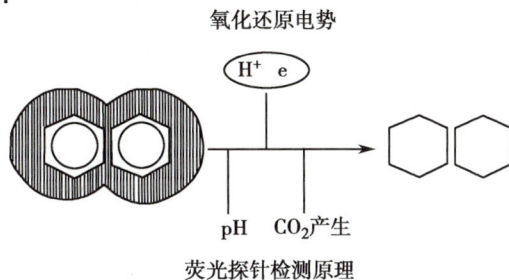

图 12-5　Vital 系统检测原理示意图

（3）Threshold 方式：任何比仪器参考值低的血培养瓶均报告为阳性结果，此方式也可对培养基是否过期进行判断。

临床应用中一般以前两种报告方式为主。

二、自动化血培养仪的基本结构

自动化血培养仪的基本结构由恒温孵育系统、检测系统和计算机及其外围设备组成。

（一）恒温孵育系统

设有恒温装置和振荡培养装置。培养瓶放入仪器后进行培养并借助固相反射光光度计连续监测每个培养瓶的状态。恒温内部装置中设有控制箱，是仪器的关键部分，其主要功能是控制培养仪内部的温度、控制振荡器的振荡幅度、连接计算机以传输培养结果。

1. 培养仪 主要包括：①电源开关；②显示屏和触摸屏；③条形码阅读器：用于装入或卸去培养瓶时扫描培养瓶上的条形码；④孵育箱；⑤内部温度监测器：监测培养仪的内部温度；⑥指示灯：位于每个瓶位的一侧，灯亮时指示培养瓶的放置和卸载位置，同时也指示相应位置培养瓶的阴、阳性结果；⑦各种接口：如数据柜接口、微机接口、打印机接口、调制解调器接口、实验室信息系统（LIS）接口等。

2. 培养瓶 自动血培养系统均配有专用的需氧培养瓶、厌氧培养瓶和小儿培养瓶，部分血培养仪还配有分枝杆菌培养瓶。需氧培养瓶中加入含有复合氨基酸和碳水化合物的胰酶消化豆汤培养基，并用氧气和二氧化碳的混合气体填充，用于监测血液和人体其他无菌部位体液的需氧微生物。厌氧培养瓶中加入含有消化物、复合氨基酸和碳水化合物的胰酶消化豆汤培养基，并用氮气和二氧化碳的混合气体填充，用于监测血液和人体其他无菌部位体液的厌氧微生物。分枝杆菌培养瓶中加入 Middlebrook 7H9 肉汤，并用氧气、氮气和二氧化碳的混合气体填充，使用前还应在其中加入营养添加剂，用于监测无菌部位的样本以及血液和经消化去污染的标本中的分枝杆菌。有些培养瓶中还添加了活性炭，用于吸附标本中可能存在的抗微生物药物，以消除其对微生物生长的影响。

（二）检测系统

各种半自动和全自动血培养系统，根据其各自的检测原理设有相应的检测系统。检测系统由计算机控制，对血培养实施连续、无损伤的瓶外监测。其工作原理主要是通过自动监测培养基（液）中的混浊度、pH、代谢终产物 CO_2 的浓度、荧光标记底物或代谢产物等的变化，定性地检测微生物是否存在。检测系统有的设在每个培养瓶支架的底部，有的自动化血培养仪仅有一个检测器，由自动传送系统按顺序将每个培养瓶送到检测器所在的位置进行检测分析。

（三）计算机及其辅助设备

收集并分析来自血培养仪的数据，并将患者和培养瓶的资料存入数据库，根据数据的综合分析，判断培养结果，并发出报告（包括阳性出现时间）。计算机系统还可以进行数据贮存和回顾性分析等。

三、自动化血培养仪的性能特点

1. 针对不同微生物对营养和气体环境的要求不一、患者的年龄和体质差异较大及培养前患者是否使用过抗菌药物三大要素，自动化血培养仪不仅提供不同细菌繁殖所必需的营养成分，而且瓶内空间还充有合理的混合气体，因而无需另外再从外部接入气体。能最大限度地检出所有可能的阳性样本,防止假阴性。

2. 以连续、恒温、振荡方式培养,使细菌易于生长;能自动连续地监测生长情况,保证了阳性样本检测的快速、准确。

3. 培养瓶多采用不易碎材料制成,提高了使用的安全性;可随时将培养瓶放入培养系统,并进行追踪检测。

4. 采用封闭式非侵入性的瓶外监测方式,有效避免了样本间的交叉感染。

5. 培养瓶采用双条形码技术,可直接查询到患者样本的培养结果及生长曲线;阳性结果报告及时,85% 以上的阳性样本能在 48 小时内被检出。

6. 软件系统有较强数据处理功能,随时监测感应器的读数,依据数据的变化来判定样本的阳性或阴性,并可进行流行病学的统计分析。

7. 除了血液样本的检测,也可以用于临床上所有无菌体液,如骨髓、胸腔积液、腹腔积液、脑脊液、关节液、穿刺液、心包积液等的细菌培养检测,检测范围十分广泛。

第二节　自动化微生物鉴定与药敏分析系统

临床上多数疾病是由病原微生物引起的,在临床治疗过程中需要快速准确地检测出致病菌的种类以便进行针对性的治疗。传统的微生物学鉴定方法操作烦琐,难以进行质量控制,在结果的判定和解释等方面易因主观片面而引起错误。20 世纪 70 年代以后,随着微生物学和工程技术的发展结合,逐步发明了许多微量快速培养基、微量生化反应系统和自动化检测仪器,使原来的手工操作实现了自动化和机械化。

按自动化程度,微生物鉴定及药敏分析系统可分为半自动化和全自动化两大类。自动化系统具有先进的数据库及强大的鉴定功能,适用于临床微生物实验室、卫生防疫和商检系统,主要功能包括微生物鉴定、抗菌药物敏感性试验(antimicrobial susceptibility test,AST)及最低抑菌浓度(minimal inhibitory concentration,MIC)的测定等。

质谱技术(mass spectrometry,MS),尤其是基质辅助激光解吸电离飞行时间质谱(MAL-DI-TOF-MS),能够简便、快速及特异地分析微生物大分子标记物质谱图,从而实现临床微生物检验中细菌、真菌及病毒的鉴定。近年来,质谱技术已成为微生物鉴定的快速手段。

一、自动化微生物鉴定与药敏分析系统的检测原理

自动化微生物鉴定及药敏分析系统主要用于细菌的鉴定和抗菌药物敏感性分析,其工作原理因仪器不同而略有差异。该系统结合光电比色技术、荧光检测技术和微生物数值编码鉴定技术,自动对数据进行处理分析,得出最后结果。半自动微生物鉴定及药敏分析系统的测试卡在机外孵育后,需人工转至机器上读取结果。

(一)微生物鉴定原理

微生物鉴定原理主要基于微生物各自的酶系统不同,新陈代谢的产物与相应底物生化反应的颜色变化各不相同。而试验结果的准确度取决于鉴定系统配套培养基制备方法、培养物浓度、孵育条件和结果判定等。大多数鉴定系统采用细菌分解底物后,反应液中 pH 的变化、色原性或荧光原性底物的酶解、测定挥发或不挥发酸、识别是否生长等方法来分析鉴定细菌。如果排序第一的细菌鉴定值(%id)≥80.0,则可将未知菌鉴定在此条目中,并按此值的大小对鉴定的可信度作出评价。如%id≥99.9 为极好的鉴定;%id 在 99.0～99.8 为非常好的鉴定;%id 在 90.0～98.9 为好的鉴定;%id 在 80.0～89.9 为可接受的鉴定。若%id<80.0,则需进一步做纯培养,重新鉴定。微生物鉴定的原理主要有以下几种。

1. 光电比色技术　每张鉴定卡包含 30 余项生化反应,仪器采用光电比色法测定细菌因

分解底物导致 pH 改变或由于细菌生长利用底物而引起的透光度变化,以变化百分率作为判断每项生化反应的变量值。在每一张测试卡中设有终点指示孔,在仪器的存储器中有相应的指示终点的阈值。在计算机的控制下,读数器每隔一定的时间对各个反应孔扫描一次,测取各个反应孔的吸光度值,并计算出变化的百分率,一旦终点指示孔的变化百分率达到终点阈值,提示该卡已完成反应。仪器在每一次读取数值后,自动将所测取的数据与存储在硬盘中的菌种资料库标准菌生物模型相比较,由电脑分析得出的结果作出鉴定,可通过打印机打印报告。

常见的生化反应如下:

(1)碳水化合物的代谢试验:碳水化合物的代谢试验包括:①糖(醇、苷)类发酵试验:是鉴定细菌的生化反应试验中最主要的试验。不同种类细菌含有发酵不同糖(醇、苷)类的酶,因而对各种糖(醇、苷)类的代谢能力也有所不同,即使能分解某种糖(醇、苷)类,其代谢产物也可因菌种而异。检查细菌对培养基中所含糖(醇、苷)降解后产酸或产酸产气的能力,可用以鉴定细菌种类。②葡萄糖代谢试验:细菌在分解葡萄糖的过程中,必须有分子氧参与,称为氧化型;能进行无氧降解的为发酵型;不分解葡萄糖的细菌为产碱型。发酵型细菌无论在有氧或无氧环境中都能分解葡萄糖,而氧化型细菌在无氧环境中则不能分解葡萄糖。本试验又称氧化发酵(O/F)试验,可用于区别细菌的代谢类型。③甲基红(MR)试验:某些细菌在糖代谢过程中,分解葡萄糖产生丙酮酸,丙酮酸进一步被分解为甲酸、乙酸和琥珀酸等,使培养基 pH 下降至 4.5 以下时,加入甲基红指示剂呈红色。如细菌分解葡萄糖产酸量少,或产生的酸进一步转化为其他物质(如醇、醛、酮、气体和水),培养基 pH 在 5.4 以上,加入甲基红指示剂呈橘黄色。

(2)氨基酸和蛋白质的代谢试验:主要包括:①硫化氢试验:某些细菌能分解含硫氨基酸生成硫化氢,与亚铁离子或铅离子结合形成黑色沉淀物;②吲哚试验:某些细菌有色氨酸酶,能分解色氨酸产生吲哚,吲哚与对二甲氨基苯甲醛形成红色的玫瑰吲哚。

(3)碳源和氮源利用试验:①枸橼酸盐利用试验:某些细菌能利用枸橼酸盐作为唯一碳源而在此培养基上生长,并分解枸橼酸盐生成碳酸钠,使培养基变碱性;②丙二酸盐利用试验:某些细菌能利用丙二酸盐作为唯一碳源,丙二酸盐被分解生成碳酸钠,使培养基变碱性。

(4)酶类试验:①氧化酶试验:氧化酶又称细胞色素氧化酶,是细胞色素氧化酶系统中的最终呼吸酶。此酶并不直接与氧化酶试剂起反应,而是先使细胞色素 C 氧化,然后此氧化型细胞色素 C 再使对苯二胺氧化,产生颜色反应。②触酶试验:触酶又称过氧化氢酶,具有过氧化氢酶的细菌,能催化过氧化氢成为水和原子态氧,继而形成氧分子,出现气泡。

2. 荧光测定技术 根据荧光法的鉴定原理,荧光物质均匀地混在培养基中,将菌种接种到鉴定板后,通过检测荧光底物的水解、底物被利用后的 pH 变化、特殊代谢产物的生成和某些代谢产物的生成率,将荧光信号转换成电信号,数据管理系统将这些电信号转换成数字信息,与原已储存的对照值相比较,推断出菌种的类型。

3. 微生物数值编码鉴定技术 数码鉴定的基本原理是计算并比较数据库内每个细菌条目对系统中每个生化反应出现的频率总和,即通过数学的编码技术将细菌的生化反应模式转换成数学模式,给每种细菌的反应模式赋予一组数码,建立数据库或编成检索本。通过对未知菌进行有关生化试验并将生化反应结果转换成数字(编码),查阅数据库,得到细菌名称。

4. 质谱技术 基质辅助激光解吸电离飞行时间质谱(matrix-assisted laser desorption ionization-time of flight-mass spectrometry,MALDI-TOF-MS)是 20 世纪 80 年代发展起来的一种快速分析大分子的方法,现已广泛应用于生命科学及相关领域,是检测和鉴定蛋白质、多肽、多糖、核酸等生物分子的有力工具。用质谱技术对微生物进行鉴定,是对传统的基于生化及表型测定鉴定微生物方法的补充,也是临床微生物鉴定技术发展的一个新里程。也有人预言,MALDI-TOF-MS 将取代传统的生化鉴定法,成为临床微生物实验室进行微生物鉴定的主要技术。

分析前,待测样品与化学基质一起点种在样品盘上,所选择的基质在仪器的测定波长能有良好的吸收。点种完后,样品盘被放入样品解析/电离室,样品与基质的混合物接收激光脉冲照射,使基质活化。样品分子被活化的基质分子、水和离子所包围。一旦吸收,基质便将自身的质子传递给样品分子,使样品分子在气化状态均带正电荷。在电离室电场的作用下样品分子加速通过,且速度与质荷比相关。粒子通过电离室后进入飞行时间质谱分析器,在这里,带电粒子沿着无电场的路径飞行,最后到达粒子检测器。具体的飞行时间由粒子检测器测得。从飞行时间可以计算出每种粒子的质荷比,从而绘出样品复合物的质谱图。

(二)药敏试验原理

自动化抗菌药物敏感性试验使用药敏测试卡进行检测,其实质是微型化的肉汤稀释试验。应用光电比浊原理,将抗生素微量稀释在板条中,加入细菌悬液,经孵育后放入仪器,或在仪器中直接孵育,仪器每隔一定时间自动测定细菌生长的浊度,观察细菌的生长情况。得出待检细菌在各药物浓度的生长率,经回归分析得到最低抑菌浓度 MIC 值,并根据美国临床和实验室标准协会(Clinical and Laboratory Standards Institute,CLSI)的标准得到相应敏感度:敏感"S"(sensitive)、中介"I"(intermediate)和耐药"R"(resistance)等结果。

二、自动化微生物鉴定与药敏分析系统的基本结构和性能特点

虽然各类型自动化微生物鉴定及药敏分析系统的原理和功能不尽相同,结构和性能亦有差异,但基本都是由系统主机、测试卡、比浊仪、培养和监测系统、计算机数据管理系统等部分以不同形式组合而成。

目前适用于临床微生物实验室、已经商业化且操作简易的鉴定分析系统有 Bruker Biotype、Vitek MS 和 AndromasSystems 等,其组成基本相同。

(一)自动化微生物鉴定与药敏分析系统的基本结构

1. 半自动微生物鉴定与药敏分析系统 半自动微生物鉴定及药敏分析系统的基本结构主要由系统主机、测试卡、比浊仪、计算机等组成,计算机程序包括鉴定与药敏的数据库、数据储存和分析系统及药敏专家系统。

鉴定或药敏测试卡在机外经适当的孵育后,某些测试孔需人工添加试剂,一次性上机读取结果,由计算机进行分析和处理,并报告细菌鉴定和药敏结果。亦可人工进行判读,将编码输入计算机,由计算机软件评定结果。这一类鉴定和药敏系统主要有:ATB、MicroScan Panel 和 Sensititre Manual System。

2. 全自动微生物鉴定与药敏分析系统 全自动微生物鉴定及药敏分析系统由系统主机(包括孵育箱、检测箱、废卡接收箱、真空充填室、封口机、显示器等)、测试卡、条码扫描器、比浊仪、计算机等组成。

(1)测试卡:测试卡是系统的工作基础,不同的测试卡具有不同的功能。最基本的测试卡包括革兰阳性菌鉴定卡、革兰阴性菌鉴定卡、革兰阳性菌药敏卡和革兰阴性菌药敏卡,使用时应根据涂片和革兰染色结果进行选择。另外,有些系统还配有鉴定厌氧菌、酵母菌、需氧芽胞杆菌、奈瑟菌和嗜血杆菌、李斯特菌、弯曲菌等菌种的特殊鉴定卡及多种不同菌属的药敏卡。

(2)培养和监测系统:测试卡接种菌液后即可放入孵育箱中进行培养和监测。一般在测试卡放入孵育箱后,监测系统要对测试板进行一次初次扫描,并将各孔的检测数据自动储存起来作为以后读板结果的对照。有些通过比色法测定的测试板经适当的孵育后,某些测试孔需添加试剂,此时系统会自动添加,并延长孵育时间。监测系统每隔一定时间对每孔的透

光度或荧光物质的变化进行检测。

（3）数据管理系统：数据管理系统控制孵育箱温度，自动定时读数，负责数据的转换及分析处理。当反应完成时，经过专家系统审核，计算机自动打印报告，并可进行菌种分离率、抗菌药物耐药率等流行病学统计。

全自动的鉴定和药敏系统主要有：VITEK2 Compact、Phoenix-100、MicroScan Walk/Away、Biolog 和 SENSITITRE ARIS。

（二）自动化微生物鉴定与药敏分析系统的性能特点

1. 具有较大的细菌资料库　能鉴定的细菌种类可达 100～700 余种不等。除一般革兰阴性、阳性菌外，全自动微生物鉴定及药敏分析系统测试卡还涵盖了更多种类的真菌、厌氧菌、苛养菌、阳性杆菌和芽胞杆菌。这不仅能更全面地检测临床致病菌，更意味着在紧急公共卫生事件中，能快速、全面而准确地报告致病菌。

2. 能提供高水平的药敏报告　系统可进行多种不同抗菌药物的敏感性试验，并可检测多种耐药机制，如 MRSA、ESBL 等。药敏卡覆盖的 MIC 浓度多于半自动系统，得出的 MIC 值更准确。依赖高级专家系统、审核鉴定和药敏功能的专家系统，及时报告耐药机制和耐药表型，确认药敏结果。

3. 检测快速　半自动微生物鉴定及药敏分析系统 18～24 小时报告结果，而全自动微生物鉴定及药敏分析系统 5～6 小时报告结果，有利于临床医生及时调整用药。

4. 自动化程度高　半自动微生物鉴定及药敏分析系统的测试卡在机外孵育后，一次性上机读取结果。全自动分析系统的测试卡是联机孵育、定时扫描，无需人工操作，整个过程能实现标准化，确保结果的一致性。

5. 数据处理软件功能强大　可根据用户需要，自动对完成的鉴定样本及药敏试验进行统计并组成多种统计学报告，包括菌种发生率报告、抗菌药物敏感率统计报告、根据不同测试卡种类统计的敏感性报告等。软件和测试卡可不断升级更新，检测功能和数据统计功能不断增强和完善，能更好地满足临床的需要。

（三）MALDI-TOF-MS 的基本结构与临床应用

1. MALDI-TOF-MS 的基本结构　MALDI-TOF-MS 的基本结构主要由三部分组成：①样品解析/电离室；②飞行时间质谱分析器；③粒子探测器。

2. MALDI-TOF-MS 的临床应用　MALDI-TOF-MS 在临床微生物实验室的应用主要有以下几方面：

（1）常见的人和动物病原菌的快速检测和鉴定：如产单核李斯特菌、沙门菌、肺炎链球菌、脆弱拟杆菌、脑膜炎奈瑟球菌及阪崎肠杆菌、大肠埃希菌等病原菌的快速鉴定。

（2）能对同一种细菌进行快速分型：传统的细菌培养和生化鉴定方法往往无法对沙门菌、大肠埃希菌、霍乱弧菌和副溶血性弧菌等多血清型病原菌进行和直接分类，需要进一步采用血清学或噬菌体试验等技术。用 MALDI-TOF-MS 技术能对同一种细菌进行快速分型，并且具有较好的分型能力。

（3）真菌鉴定：用 MALDI-TOF-MS 鉴定真菌"属"和"种"的准确率高于传统生化方法鉴定的准确率，并且还能鉴定出一些传统生化检测无法鉴定的种、属。但是，目前 MALDI-TOF-MS 在真菌鉴定方面的应用相对还较少，主要原因在于：①数据库中参考图谱尚不够完整；②蛋白质提取过程缺乏统一的标准操作规程；③培养基种类、培养时间、基质的选择、基质与样品的比例、上样方法等都能影响 MALDI-TOF-MS 对真菌鉴定的结果。

（4）细菌耐药性分析：MALDI-TOF-MS 在耐药性分析中也有较好的应用，如分析耐甲氧西林的金黄色葡萄球菌，可显示耐甲氧西林的金黄色葡萄球菌的质谱含有更多的峰值；可以鉴定出带有杀白细胞素（PVL）的金黄色葡萄球菌特异的质荷比的峰，因而可快速检测 PVL

阳性的金黄色葡萄球菌。总体来说,MALDI-TOF-MS用于药敏鉴定有较好的特异性和敏感度,能很好地满足临床的需要。

3. 质谱技术在临床微生物鉴定应用中的影响因素 MALDI-TOF-MS技术用于微生物鉴定和药敏分析的影响因素主要包括:检测基质的选择、基质的组成、样品处理与其上样方式、培养时间及用菌量等。由于种属不同的细菌包含的蛋白质信息对各种细菌的鉴定意义不同,只有采取不同的处理方法才能获得更有鉴定意义的图谱,因此目前还没有一种通用的对于不同细菌的MALDI-TOF-MS鉴定的操作方法。这些都可能是导致检测结果不正确的因素。

第三节 自动化细菌分离培养系统

微生物分离培养是微生物实验室的基础工作,通过对临床科室提供的各种不同种类的样本进行培养,获取致病菌,并进行微生物的鉴定与药敏检测,向临床提供药敏信息,指导临床合理使用抗生素。对于痰液、尿液、粪便以及拭子样本的分离培养,手工操作存在很多弊端,比如:①随着实验室样本量的增多,操作人员受样本污染的潜在危险越来越高;②样本前处理不规范,降低了样本培养的阳性率;③划线接种过程不规范,不同的人员有着不同的操作手法,很难规范与标准化;④手工操作难于做到立即处理每一份样本,而采样超过2小时未能接种,样本中一些细菌会失去活性,严重影响分离培养的阳性率。现在全自动细菌分离培养系统已经问世,从样本的前处理到获取分离培养结果,整个过程无需人工操作即能对痰液、尿液、粪便及各类拭子等样本进行自动化前处理、自动划线接种,同时提供微生物生长所需要的温度与气体环境,能对划线接种过的样本进行分离培养。市场上各大厂家具有不同程度、不同处理环节实现自动化操作的自动细菌分离培养系统,本节以Robobact全自动细菌分离培养系统为例,简要介绍自动化细菌分离培养系统的工作原理、基本结构和性能特点。

一、全自动细菌分离培养系统的工作原理

根据样本类型选择不同样本采集管采样,将其置于培养装置的特定位置。仪器开始运行后,会自动阅读采集管上的条形码信息,并按照样本类型选择不同的方式进行预处理,然后将该培养装置移送至特定位置。在该处通过对采集管顶部进行机械施压,仪器刺破样本采集管的底部后,样本通过特定通道流入培养板底端的样本池。位于样本池中的接种环会自动接触样本,仪器机械手自动抓取接种环手柄,再将样本接种于培养板上。经过一段时间的分离培养(仪器自动记录开始培养时间与结束时间,培养结束仪器会自动报警提醒),即可从仪器样本槽上取出分离培养装置,直接观察培养板上细菌的生长情况,并根据菌落的形态及颜色,对细菌的种类作出初步判定,或挑取单个菌落做进一步的检测。Robobact全自动细菌分离培养系统的工作原理见图12-6。

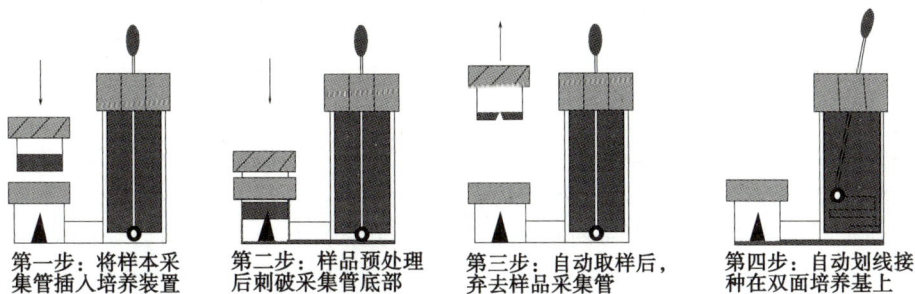

第一步:将样本采集管插入培养装置 第二步:样品预处理后刺破采集管底部 第三步:自动取样后,弃去样品采集管 第四步:自动划线接种在双面培养基上

图12-6 Robobact全自动细菌分离培养系统的工作原理

二、全自动细菌分离培养系统的基本结构

Robobact 全自动细菌分离培养系统的基本结构由专用采集管、仪器及操作系统、分离培养装置三部分组成。

1. 根据功能选择模块 仪器由不同模块组合而成。主要有以下两种：①Robobact special System（综合型），由普通模块、特殊模块和供气模块组成，能同时处理普通环境细菌和特殊厌氧细菌的分离培养；②Robobact System（普通型），是由普通模块和支撑模块组成，仅处理普通环境细菌的分离培养。

2. 专用样本采集管 本系统备有不同规格、不同类型的专用样本采集管，包括用于尿液和各种体液等液体样本的采集管；用于粪便、痰液等固态样本的采集管和用于鼻咽、阴道等部位拭子样本的采集管。

3. 分离培养装置 该系统设有不同的分离培养装置，主要包括用于尿液和各种体液等液体样本的分离培养装置，用于粪便和痰液等固态样本的分离培养装置，用于鼻咽、阴道等部位拭子样本的分离培养装置。

三、全自动细菌分离培养系统的性能特点

由于各种因素的影响，微生物实验室对细菌的分离培养无法进行规范化、标准化、随机化管理，操作人员因接触具有微生物致病因子而遭受被感染的风险。Robobact 全自动细菌分离培养系统基本解决了以上问题，提高了微生物实验室分离培养的质量。全自动化的细菌分离培养系统的特点大致可归纳为以下几点：

1. 自动化 该系统对痰液、尿液、粪便以及拭子样本，从样本的前处理到划线接种、分离培养，均实现了自动化。

2. 快速 系统能 24 小时持续地处于运行状态，可随时将样本放入仪器中进行分离培养，操作简单，13 ~ 24 小时内即可完成细菌的分离培养及初步鉴定。

3. 规范 对不同的样本选择不同的前处理方式和划线接种方式，整个分离培养过程均由系统依照相关程序运行，使得分离培养过程更加规范化。

4. 方便 使用专用的样本采集管采集样本，无需对样本进行特殊处理即可放入仪器，仪器自动完成样本的增菌或均质化，自动划线接种，直至得出最终结果。

（石继飞）

本章小结

微生物的自动化系统大致分为两大类：一类是自动化血培养检测和分析系统，主要功能是检测标本中是否有微生物存在，当微生物生长代谢导致某些生长指数超标时，仪器自动报警提示有细菌生长；另一类是自动化微生物鉴定及药敏分析系统，主要功能是将分离的微生物进行鉴定，同时进行抗菌药物敏感性试验。

自动化血培养检测系统根据检测原理不同可分为：以测定培养基导电性和电压为基础的血培养系统，以测定气压为基础的血培养系统和以光电技术为基础的血培养系统。

自动化微生物鉴定及药敏分析系统主要用于细菌的鉴定和抗菌药物敏感性分析，该系统结合光电比色技术、荧光检测技术和微生物数值编码鉴定技术，自动对数据进行处理分析，得出最后结果。细菌分解底物后，通过反应液中 pH 的变化、色原性或荧光原性底物的酶解、测定挥发或不挥发酸或识别是否生长等方法来分析鉴定细菌。抗菌药物敏

感性试验使用药敏测试卡进行检测,其实质是微型化的肉汤稀释试验。应用光电比浊原理,仪器每隔一定时间自动测定细菌生长的浊度,观察细菌的生长情况。

MALDI-TOF-MS 是 20 世纪 80 年代发展起来的一种快速分析大分子的方法,现已广泛应用于生命科学及相关领域。用质谱技术对微生物进行鉴定,是对传统的基于生化及表型测定微生物鉴定方法的补充,也是临床微生物鉴定技术发展的一个新里程,将成为临床微生物实验室进行微生物鉴定的主要技术。

除了上述自动化血培养检测和分析系统以及自动化微生物鉴定及药敏分析系统以外,近来还有全自动细菌分离培养系统问世。该系统能够对痰液、尿液、粪便及拭子样本进行自动化前处理、自动划线接种,并对样本进行分离培养。从样本的前处理到获取分离培养结果,整个过程无需人工操作,使传统的分离培养更加规范、安全。不仅降低了操作人员受样本污染的潜在危险性,还提高了微生物实验室分离培养的质量。

第十三章
临床即时检验仪器与技术

即时检验(point of care testing,POCT)可广泛用于医院、乡镇卫生院、社区诊所、个体健康管理、重大疫情监控、现场执法、军事与灾难救援等,应用范围越来越广泛。POCT 的最大优点是在使用现场无需对样本做特别处理即可快速得到结果。随着 POCT 检测方法的不断出现,标志着检验医学进入了一个崭新的阶段。

第一节　即时检验的技术原理与特点

一、POCT 的概念

POCT 是指在实验室外,靠近检测对象,采用便携式、可移动的微型检测仪器和试剂,快速及时报告检测结果,并能对检测结果及时反馈和干预的体外检验系统。现今,POCT 技术泛指操作简便,能够在临床实验室之外的其他场合(如门急诊室、病房、手术室、救护车内、患者住所等)开展的一大类检验技术。美国国家临床生化科学院(National Academy of Clinical Biochemistry,ACB)在其制定的"POCT 循证文件"草案中,将 POCT 的概念定义为:"在接近患者治疗处,由未接受临床检验学科训练的临床人员或者患者(自我检测)进行的临床检验,是在传统、核心或中心实验室以外进行的一切检验。"

POCT 的含义可从两方面进行理解。空间上,在患者现场进行的检验,即"床旁检验";时间上,在患者发病的时刻进行的检验,即"即时检验"。POCT 曾有过许多意思相近的表述,如患者近旁检测、床旁检测、另处检验、分散化检测、家庭检测、患者自我检测、医生诊所检测等。POCT 的核心特点包括三个要素:一是从时间上讲是快速检测,缩短了从样本采集、检测到结果报告的总的检测周期(turnaround time,TAT);二是从空间来讲没有固定的检验场所,可以在病患和被测对象身边进行检测;三是检测的实施和操作可以是非检验技术专业人员,甚至是被检测对象本人。

二、POCT 的分类与特点

20 世纪 80 年代以来,为满足临床医学对检验过程快速化的要求,POCT 以其能现场迅速准确得到检验结果的个性化服务、符合现代医学的发展要求而得到迅猛发展。POCT 能及时、快速提供检测结果,节省了分析前、分析后许多复杂步骤占用的时间,因而极大地缩短了检测周期。POCT 还适用于现场紧急救治,弥补了临床实验室检测耗时较长的缺点,可以作为大型自动化检测的有效补充,是具有理想应用前景的临床即时诊断工具。POCT 是对传统检验方法的补充和发展,并且已由最初的定性检测发展到目前能准确、全程定量测试,许多检测结果的精确度能满足临床的需要。

POCT 的主要特点体现在检测仪器的小型化、操作方法的简单化、结果报告的即时化。POCT 与传统临床实验室检验的主要区别在于:①样本周转快,测试时间短;②操作不一定需要有检验专业背景的人员进行;③开展检测时场地条件并不总在检验所需的理想条件下;④测试项目还相对较少。

(一) POCT 仪器的分类

目前 POCT 仪器的分类尚无明确的界定,一般根据其用途、大小和相关特点大约分为以下几类。

1. 根据用途分类 血糖检测仪、电解质分析仪、血液分析仪、血气分析仪、凝血测定仪、心肌损伤标志物检测仪、药物应用监测仪、酶联免疫检测仪、放射免疫分析仪、甲状腺激素检测仪等。

2. 根据仪器大小和外观分类 便携型、桌面型、手提式、手提式一次性使用型等。

3. 根据所用装置特点分类 卡片式装置、单一或多垫试剂条、微制造装置、生物传感器装置、其他多孔材料等装置。

(二) POCT 的特点

POCT 所用的仪器必须在以下几个方面满足临床诊疗需要和国家相关规定。

1. 仪器小型化 便于携带,检测场地和水电供应不一定是必要的条件。

2. 操作简单化 一般含 2~4 个步骤即可完成检测。样本通常可直接使用,无需复杂的预处理步骤和相应的辅助设备。即使是非检验人员经培训后,亦可熟练操作。

3. 报告即时化 一般报告时间在 3~20 分钟内。缩短检验周期是 POCT 仪器必备的核心要素,离开即时报告这个核心也就无所谓 POCT 仪器。

4. 检测质量 仪器和配套试剂应带有相应的质控体系,以监控仪器和试剂的质量和工作状态,保证检验质量。

5. 产品应经权威机构质量认证 仪器和试剂均应获得国家相关权威机构的质量认证。POCT 仪器的测定结果应与大型仪器有可比性规律。

6. 检测费用应合理 目前 POCT 单个测试的成本相对较高,逐步降低检测的成本应该是 POCT 生产厂家的目标。

7. 生物安全 POCT 仪器和试剂的应用不应给患者和操作者的健康带来损害或对环境造成污染。实验场地和操作条件的简化不能忽视操作者的防护以及样本检测后废弃物的规范化处理。

三、POCT 的技术原理

根据方法学原理,目前临床上常用的 POCT 检测项目的技术原理大致可分为以下几类。

(一) 干化学检测技术

干化学检测技术的检测原理是将反应试剂经特殊工艺固定在特殊的纸片上,与样本反应后产生不同的颜色变化,根据颜色不同与深浅,对检测样品进行定性或定量分析。现今采用的干化学检测技术主要包括单层试纸技术和多层涂膜技术。干化学检测技术目前已被广泛应用于血糖、血氨、血尿素氮、血脂以及心脏、肝脏等酶学血生化指标的 POCT 检测。目前使用的血氨检测试纸、血糖检测试纸、尿糖检测试纸以及尿液干化学分析等,均属于单层试纸技术。

多层涂膜技术是从感光胶片技术移植而来,将多种反应试剂一次涂布在片基上,或采用多层涂膜技术制成干片,用仪器检测可以准确定量。临床使用的干化学分析系统属于多层涂膜技术,已应用于血液化学成分,如脂类、糖类、蛋白质、尿素、电解质、酶及一些血药浓度的测定等。

(二)免疫学检测技术

基于免疫学检测技术的 POCT 主要包括两类:

1. 免疫金标记技术 由氯金酸($HAuCl_4$)在还原剂作用下,聚合成特定大小的金颗粒,并由静电作用成为一种稳定的胶体状态,称为胶体金。胶体金颗粒具有高电子密度的特性,与样本结合后,可见红色或粉红色斑点。由胶体金标记单克隆抗体,配合小型检测仪可做半定量和定量测定。免疫金标记方法包括斑点免疫渗滤法和免疫层析法,二者均被广泛应用于快速检测蛋白质类和多肽类抗原,如心肌肌钙蛋白、超敏急性时相反应蛋白,以及一些病毒(如 HBV、HCV、HIV)抗原和抗体的测定。免疫金标记技术是 POCT 中应用最广泛的方法学之一。

2. 免疫荧光技术 标记的反应条板上有可以生发荧光的物质,通过检测条板上被激发的荧光,可以检测某种特质的存在与否及其含量,精确度可达 pg/ml。

(三)电化学检测技术

电化学检测(electrochemical detection,ECD)是测量物质的电信号变化,对具有氧化还原性质的化合物,如含硝基、氨基等有机化合物和无机阴、阳离子等物质可采用电化学检测。电化学检测器包括极谱、库仑、安培和电导检测器等,前三种统称为伏安检测器,用于具有氧化还原性质的化合物的检测,电导检测器主要用于离子检测。

安培检测器(amperometric detector,AD)应用较广泛,其中更以脉冲式安培检测器最为常用。在两电极之间施加一恒定电位,当电活性组分经过电极表面时发生氧化还原反应(电极反应),电量(Q)的大小符合法拉第定律:$Q = nFN$。因此,反应的电流(I)为:

$$I = nF\mathrm{d}N/\mathrm{d}t$$

式中:n 为每摩尔物质在氧化还原过程中转移的电子数;F 为法拉第常数;N 为物质的摩尔数;t 为时间。当流动相的流速一定时,$\mathrm{d}N/\mathrm{d}t$ 与组分在流动相中的浓度有关。

电化学检测的优点表现在:①灵敏度高:尤其适用于痕量组分分析;②应用范围广:凡具氧化还原活性的物质都能用此方法检测,本身没有氧化还原活性的物质经过衍生化后也能检测。电化学检测的主要不足在于:①干扰较多,如生物样品或流动相中的杂质、流动相中溶解的氧气和温度的变化等都会对其产生较大的影响;②电极寿命有限,对温度和流速的变化比较敏感。

(四)生物传感器检测技术

生物和生化传感器是指能感应(或响应)生物和化学量,利用离子选择电极、底物特异性电极、电导传感器、酶传感器等特定的生物检测器进行分析检测,并按一定的规律将其转换成可用信号输出的器件或装置。该技术组合了酶化学、免疫化学、电化学与计算机技术等,可以对生物体液中的分析物进行超微量的分析,例如电解质 K^+、Cl^-、Na^+、Ca^{2+}、Mg^{2+} 以及葡萄糖、pH、PCO_2、PO_2 血气分析等。

（五）微流控芯片技术

微流控芯片技术是把生物、化学、医学分析过程的样品制备、反应、分离、检测等操作单元集成到一块微米尺寸的芯片上,自动完成分析全过程。微流控芯片是微流控技术实现的主要平台,是当前微型全分析系统(miniaturized total analysis systems,MTAS)发展的热点领域,它的最终目标是把整个临床实验室的功能,包括采样、稀释、加试剂、反应、分离、检测等集成在微芯片上,实现微型全分析系统的芯片实验室。

（六）其他检测技术

除了上述各种常用的技术外,还有一些技术也用于POCT,如纳米技术和表面等离子共振技术快速检测病原微生物相关的蛋白质和核酸,快速酶标法或酶标联合其他检测技术测定血糖,电阻抗法检测血小板聚集特性,免疫比浊法检测C反应蛋白和D-二聚体,电磁原理检测止凝血相关指标等。

第二节 常用即时检验仪器

即时检验仪器最常用的主要是血糖测定仪、血气分析仪、免疫分析仪等,现在出现了基于微流控技术和分子生物学技术的各种仪器。

一、血糖测定仪

POCT血糖测定仪具有测定快速、携带方便、操作简单、用血量少等优点而广泛应用于医院实验室快速测定血糖和患者的血糖自我监测。每次仅取数微升血,患者只在取血部位略微有点感觉。仪器自动完成取血、上样和测定等步骤。

根据测定原理分类,POCT血糖测定仪主要分为反射光度技术测试(光电型)和电化学法测试(电极型)两大类,前者主要有葡萄糖氧化酶光化学测定法,后者主要有葡萄糖氧化酶电化学测定法和葡萄糖脱氢酶电化学测定法。根据采样方式不同,血糖测定仪分为皮肤采血取样型和无创型,前者是目前较为主流的类型,后者虽为无创,但检测的精密度有待提高。

（一）化学比色法POCT血糖测定仪

1. 工作原理 用反射光度技术测量血糖的原理是通过测定酶与血液葡萄糖反应产生有色产物的反射光的强度并将其转换为血液葡萄糖浓度。葡萄糖氧化酶光化学法测定血液葡萄糖浓度,是利用干化学试纸片上的葡萄糖氧化酶将血样中的葡萄糖氧化成葡萄酸内酯和过氧化氢,后者又在过氧化氢酶的作用下在干片上生成有颜色的氧化型色素,其颜色深浅与葡萄糖浓度成正比。

2. 基本结构 干片的基本结构主要有四层:分布层、试剂层、指示层和支持层(图13-1)。

(1)分布层:是一层厚度为$100 \sim 300\mu m$、平均孔径为$1.5 \sim 30\mu m$、中空体积为$60\% \sim 90\%$的高密度孔聚合物。毛细网格样结构在加样后使样品能快速均匀地分布在分布层,不仅可阻留细胞、晶体和小颗粒物质,还可滞留蛋白质。有的干片层又可分为扩散层和遮蔽或净化层两层。

(2)试剂层:提供化学反应所需的环境,将样本中的待测成分转变为可定量的物质,将待测物与干扰物选择性地分离或竞争性吸附。

(3)指示层:生成一种可定量且与待测物含量成

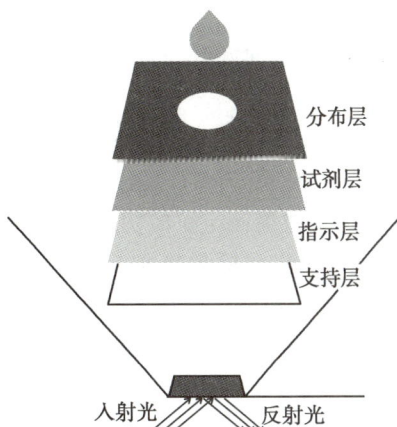

图13-1 干化学试纸片结构

（图中标注：分布层、试剂层、指示层、支持层、入射光、反射光）

比例关系的产物。该产物为色原物质,其含量用反射光度计测量。

（4）支持层:起物理固定作用并允许测量光透过,对通过的测量光不产生任何干扰作用。

（二）电化学方法 POCT 血糖测定仪

1. 工作原理　基于电化学方法的快速微量血糖测定仪采用生物传感器原理将生物敏感元件(酶)同电化学换能器相结合,并借助现代电子技术将测得结果以直观数字形式输出。根据酶电极的响应电流与被测血样中的葡萄糖浓度成线性关系计算样本中的葡萄糖浓度。

（1）葡萄糖氧化酶电极测量法:葡萄糖氧化酶电极测量法的测定原理是,在一定的恒定电压下,当待测样品滴加在固定有葡萄糖氧化酶的电极测试区时,样品中的葡萄糖被氧化而消耗氧。由于氧消耗量与血糖浓度成正比,而酶电极的响应电流又与溶液中的氧含量成正比,因此,酶电极的响应电流值即可反映样品中的血糖浓度。

由于空气中的氧含量比氢含量大得多,所以较脱氢酶法而言,试纸更容易受空气影响,这就要求试纸应放置在封闭干燥的环境下储存。一般试纸从容器中取出后要在 5 分钟之内使用完毕,否则因试纸受潮而测量不准的可能性较大。桶装试纸一般要求开盖将试纸取出后立即盖紧罐盖,试纸开封后要求 3 个月内用完。

（2）葡萄糖脱氢酶电极测量法:测定原理为酶电极的响应电流与待测样品中的葡萄糖浓度成线性关系,在电极两端施加一定的恒定电压,当待测血样滴加在电极测试区后,电极上固定的葡萄糖脱氢酶与血中的葡萄糖发生酶反应,血糖仪即显示葡萄糖浓度值。

葡萄糖脱氢酶电极测量法除了氧化酶本身的优点之外,还由于空气中含氢气较少的原因,克服了氧化酶不易保存的缺点,一般开罐后可用到有效期结束。反应过程不需氧的直接参与,消除了血氧压力增高时($PO_2 > 13.3kPa$)可能产生的偏差。脱氢酶除对血液中葡萄糖反应外,还会对血液中的麦芽糖、半乳糖、木糖产生反应,所以患者进食含上述糖类物质时用脱氢法测量容易产生假性血糖浓度升高,医院一般不建议用脱氢法测量。

2. 基本结构　电化学血糖检测仪器的基本结构包括开关、显示屏、试纸插口、电池、密码牌插槽、样本测量室等。检测仪的试纸条结构见图 13-2,包括聚酯膜(顶膜和底膜)、加样区、试剂区、钯电极等。通过试纸条表面设置的密码牌,能自动校正血糖仪和试纸。测试时,通过吸血或抹涂方式加入血样,与酶电极反应产生的电流转换为血糖浓度值并显示于屏幕上。

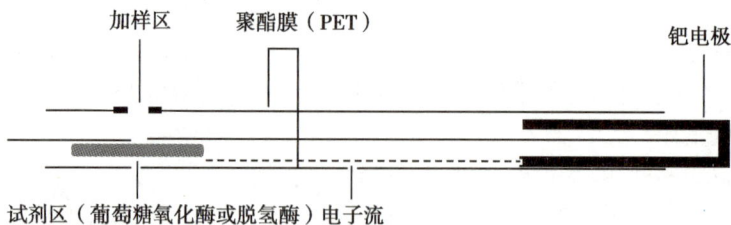

加样区　聚酯膜（PET）　钯电极

试剂区（葡萄糖氧化酶或脱氢酶）电子流

图 13-2　电化学血糖检测仪试纸条示意图

（三）影响 POCT 血糖测定仪检测的因素

POCT 血糖测定仪的使用和操作必须规范,以保证检测结果的质量。以下因素会直接或间接地影响血糖检测结果。

1. 血糖仪与试纸条的匹配　测试前应核对、调整血糖仪显示的代码,以确认与试纸条包装盒上的代码相一致。每台仪器有其各自相对应的配套试纸条,不同仪器间的试纸条不能交叉使用。

2. 试纸条的使用与保存　使用前均应注意检查试纸条包装盒上的有效期,不能使用过期的试纸条,以免影响检测结果。试纸条的质量会受到测试环境的温度、湿度、化学物质等的影响,因此试纸条的保存很重要。要求存放在干燥、阴凉、避光的地方,用后密闭保存。个人用户应注意尽量选择独立包装的试纸条,以免打开后试纸条在短期内用不完而影响质量。

3. 采血与操作　①采血量不足、过量上样、末梢采血时过度挤压等都会影响测定结果;②仪器操作不当将导致检测失败或测定值不准确。

4. 消毒剂因素　采用葡萄糖氧化酶原理的血糖监测系统(包括电极法与光化学法原理的血糖测定仪),不宜采用含碘消毒剂消毒皮肤,因为碘酊、碘伏中的碘可以与血糖试纸中的酶发生反应,产生误差。即使用酒精消毒皮肤,取血部位的残留酒精也能与试纸条上的化学物质发生反应而导致血糖值不准确。

5. 仪器状态　血糖测定仪必须按照要求进行校准。血糖测定仪的校准是利用模拟血糖液(仪器配置)检查血糖测定仪和试纸相互间运作是否正常。模拟血糖液含有已知浓度的葡萄糖,可与试纸条发生反应。血糖测定仪的校准要求是:①第一次使用新购买的血糖测定仪;②每次使用新批号试纸条时;③怀疑血糖测定仪或试纸条出现问题时;④当测定结果未能反应出受试者感觉的身体状况时(例如感觉到有低血糖症状,而测得的血糖结果却偏高);⑤血糖测定仪被摔跌后。

血糖测定仪的维护与保养也十分重要。测定血糖时,常会受到环境中灰尘、纤维、杂物等污染,特别是检测时不小心使血液污染了仪器的测试区,都会影响测试结果。因此血糖测定仪要定期检查、清洁、保养。

6. 其他因素　如环境因素与患者因素等。①环境因素:测定应尽量在室温下进行,并避免将仪器置于电磁场(如移动电话、微波炉等)附近;②患者因素:贫血、红细胞增多症、脱水或高原地区患者,以及使用某些药物时,都可能致使血糖测定结果不准确。

(四)血糖测定仪的质量控制

质量控制要求包括:①每天进行患者样本测定前,应先用仪器厂商提供的质控品测定。②当试纸条批号改变、新的试纸条包装打开、血糖测定仪更换电池或怀疑仪器损坏、试纸条变质时,都应重新进行质控品的测试。③如果质控结果超出范围,则不能进行血糖样本测定。此时应找出失控原因并及时纠正,重新进行质控测定,直至获得正确结果。④应做好质控及维护仪器的记录,记录内容应包括测试日期、时间、仪器的校准、试纸条批号及有效期、仪器编号及质控结果等。

美国临床和实验室标准协会 2001 年发布的葡萄糖 POCT 的应用准则指出:POCT 血糖测定仪的测定结果应统一以生化分析仪血浆葡萄糖浓度表示,要求 POCT 血糖测定仪测定值 >4.2mmol/L 时,与大型自动化生化分析仪的测定结果之间的差异应 <20%;血糖测定仪测定值 <4.2mmol/L 时,二者间的差异应 <0.83mmol/L。

在患者入院时应确认其是否正在接受干扰类药品的治疗,并在住院期间定期确认。对工作人员和患者进行相关培训,使其知晓使用该类产品时,有些非葡萄糖类物质可能会导致血糖测定结果的虚假升高。考虑在电脑处方录入系统、患者个人资料和检验报告单中增加药物相互作用的警示,以提醒工作人员存在血糖测定结果虚假升高的可能性。

应根据实验室血糖测定法对该类产品进行定期校对。

二、血气分析仪

血气分析仪是利用电极对人体血液及呼出气体中的酸碱度(pH)、二氧化碳分压(PCO_2)、氧分压(PO_2)进行定量测定,根据测得的 pH、PCO_2、PO_2 参数值和输入的血红蛋白值,通过计算可得出血液中实际碳酸氢根浓度(AB)、标准碳酸氢根浓度(SB)、血液缓冲碱浓度(BB)、血浆二氧化碳总量(TCO_2)、血液碱剩余(BE blood)、细胞外液碱剩余(BE ecf)、血氧饱和度(SO_2)等其他参数,并以此来分析和评价人体血液酸碱平衡状态和输氧状态的仪器。

血气分析是临床抢救危重患者的常规项目,医生对重症监护手术及麻醉后患者都需要及时准确的血气分析结果。血气分析的床边检查可减少分析时间,提高工作效率,使医生及时获得患者血气状态,为病因的分析和治疗方案的选择提供科学依据。

(一)基于电化学传感器电极的POCT血气分析仪

1. 工作原理 被测样本在吸样系统的抽吸下,进入样品室内的测量毛细管中。测量毛细管的管壁上有4个开孔,孔内分别是pH、pH参比、PO_2和PCO_2四支电极,其中pH和pH参比电极共同组成对pH的测量系统。被测血样吸入测量毛细管后,管路系统停止抽吸,血液中pH、PCO_2和PO_2同时被四支电极所感测,电极将它们转换成各自的电信号,这些电信号经过放大模数转换后被送至计算机处理,处理后将测量值和计算值显示出来并打印出测量结果(图13-3)。

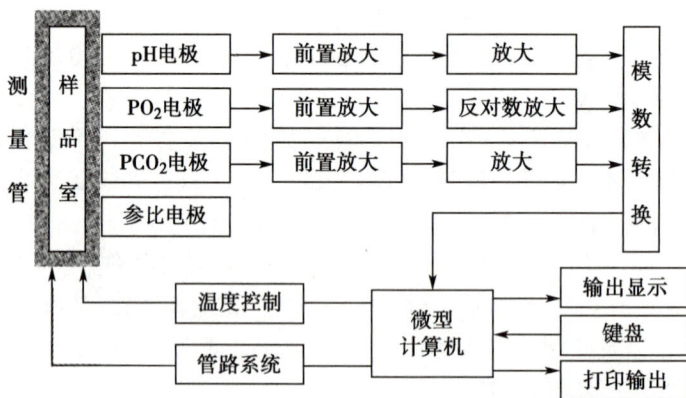

图13-3 电化学血气分析仪工作原理

2. 基本结构 基于电化学传感器电极的血气分析仪主要是由电极系统、管路系统及电路系统三部分组成。

(1)电极系统:主要分为pH电极和pH参比电极,它们共同完成对pH的测量工作。氧电极是一个气敏电极,它们的测量是基于电解氧的原理而实现的。氧电极产生的电流很小,所配的放大器为高输入阻抗、低噪声的微电流放大器。二氧化碳电极也是一个气敏电极,前部有一层半透膜,它只允许二氧化碳气体分子通过,阻止其他气体分子和离子通过。测得的pH经过对数变换可以得到PCO_2值。

(2)管路系统:是血气分析仪样品测量的通路。管路系统主要由测量室、转换器、真空泵、蠕动泵、气路系统和液路系统组成。它在计算机的控制下能够自动完成气体和液体的定标,自动完成样品的测量,以及自动完成对电极和通道的检测。管路系统的中心是恒温测量室,因为电极的电信号对温度变化非常敏感,因此测量室必须是一个恒温系统(温度被恒定在37℃±1℃)。测量室采用的是固体恒温式加热,靠金属导热,整个金属块就是一个恒温体,加热速度快,热均匀性比较好,恒温精度也较高。

由于血气分析方法是一种相对测量的方法,因此在进行测量之前,首先要用标准液及气体来确定pH、PCO_2三套电极的工作曲线,通常把确定电极系统工作曲线的过程叫做定标或校准。为了完成样品的自动定标、自动测量和自动冲洗等功能,一般的血气分析仪均装有一套比较复杂的管路系统和配合管路工作的泵体和电磁阀。泵和电磁阀的转、停、开、闭,温度的高低,定标气与定标液的有、无、供、停等均由计算机进行控制或监测。

(3)电路系统:是将仪器测量信号进行放大和模数转换,对仪器的运行、显示、结果输出和指令输入进行有效控制的部分。随着近年来计算机和电子技术的发展,电路系统正逐渐向小型化与智能化方向发展。

目前常见的便携式电化学血气分析仪的电机系统多为微型化丝网印刷电极(screen printed electrode,SPE)系统(图13-4)。分析仪的电机系统、气路系统、液路系统、微电极以及定标液、废液、冲洗液、质控液收集袋等部件都整合封装在一个可抛弃的分析包内(一次性使用的检测芯片或检测片匣)。检测时只需将芯片插入仪器,注入血样即可进行分析。

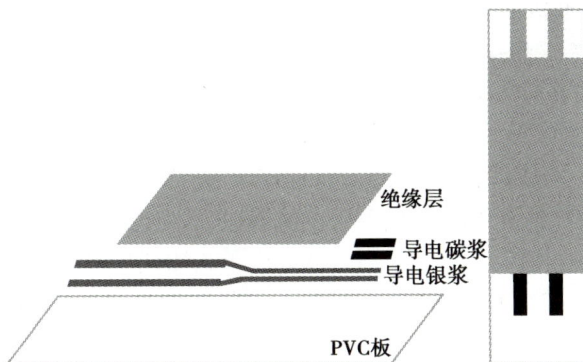

图13-4 丝网印刷电极结构示意图

便携式血气分析仪具有新鲜全血测试的功能,受检样本不需任何处理即可直接上机测定,减少了各种中间环节,既保证了结果的准确性,更为患者赢得了救治的宝贵时间。当分析包使用完毕后,这些部件随之被丢弃,因而实现了设备免维护,同时也大大降低了血液样本对操作者的危险。POCT 血气分析仪具备完备的全血检测项目,如 pH、PCO_2、PO_2、Na^+、HCT、GLU、Lac 等,并计算出 HCO_3^-、TCO_2、SO_2 等参数。如果需要增加电解质或代谢物的检测项目,只要选择增加相关电解质或代谢物的分析包,对原有仪器进行升级即可。

3. 影响因素 ①血气样本的采集应严格按照采集要求,避免抗凝剂种类和样品稀释对结果造成的影响;②高浓度肝素钠对电化学传感仪器的测定会产生干扰,造成检测结果比实际水平低;③不同浓度抗凝剂对血气分析结果的影响较小,而对电解质检测的结果影响较大。

4. 质量控制 ①注意电极保养和仪器日常维护;②统一规范日常工作中采集器件、医务人员的操作规范和技能水平,血气分析时应使用血气分析专用的采样器。

(二)基于荧光传感器的POCT血气分析仪

基于荧光传感器的POCT血气分析仪是目前较为先进的床旁快速血气分析技术。该仪器采用包括光学荧光法和光学吸收发射法在内的光学传感器检测技术,以干化学的方式测量血气。这些技术既克服了薄膜电极的不稳定、寿命短等弊病,又避免了厚膜电极的高成本。此外,该类分析仪利用固态一次性的荧光传感器测试片,可测量患者样本中的血气及电解质参数,而不需外部试剂。

1. 工作原理 荧光物质受某一适当颜色光能量的照射时,荧光物质中的电子被激活,经极短时间电子又返回静息状态,这一过程中有时会散发出很少量的光能量,这一能量远小于激发光能量,并表现为不同颜色。因为激发光的能量是恒定的,通过一定浓度的分析液,光会产生很小的变化,通过计算荧光差值由已知浓度定标液可分析出未知液体浓度。光学电极检测技术正是根据这一原理发展而来。

PO_2 光电极测量原理是基于荧光突衰,荧光与 PO_2 的量化关系可用 Stern-Volmer 方程来表示:$I_0/I = 1 + KP$,其中 I_0 是激发光强度,I 是荧光散发强度,荧光散发强度"I"与 PO_2 的"P"成反比关系。氧光电极测量时不消耗氧分子。

pH 光电极测量原理是基于染料分子在固定的光电极中光变化与 pH 变化的相关性。光量与 pH 的关系可通过 Mass-Action 化学法则来界定：$I_0/I = 1 + 10^{pKa-pH}$，光强度随血液中 pH 增长和染料 pKa 加大而增长。pH 光电极测量 pH 不需要参比电极，但对被测样本离子强度有较小的灵敏度。

PCO_2 光电极测量原理是基于在一不渗透离子膜后放 pH 光电极，采用 Severinghaus CO_2 电极结构，可以感受血液中挥发的酸和碱。

Na^+、K^+、Ca^{2+} 光电极更像是熟知的离子选择电极。光电极采用离子选择识别元件（ionophores），类似于离子选择电极，但 ionophores 与荧光染料结合而不是与电极结合。随着离子浓度的增加，这些 ionophores 俘获大量的离子，并引起荧光强度的增加或减少，这取决于离子的种类。与 pH 光电极一样，离子光电极不需参比电极，在测量时会显示较小的灵敏度。

2. 基本结构 荧光传感器干式测试片主要由进样适配器/多个不同的传感器组成（图 13-5）。注射器进样适配器可以直接从注射器中吸入样品，移开这个适配器可以直接从毛细管/血气专用采血针中吸入样品。当仪器插入干式测试片时会自动定标，然后可进行一次样品的测量。测量是在封闭情况下自动吸入的样品，避免了外部加压造成细胞破裂对测量结果的正确性可能造成的影响。

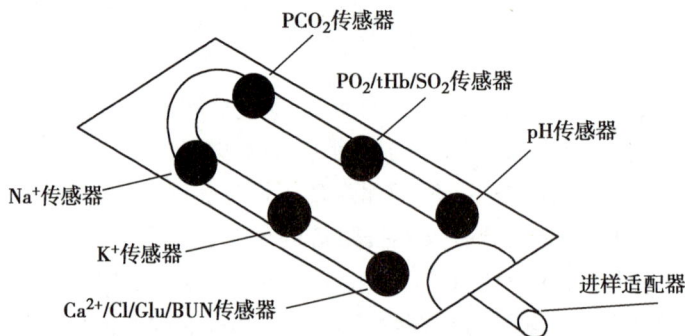

图 13-5　基于荧光传感器的 POCT 血气分析仪干式测试卡片示意图

3. 影响因素 ①试剂片：应按照不同仪器的使用要求储存试剂片。②温度：定标液对温度敏感，使用前应放置在室温下平衡。③样品的全自动吸入和封闭测量：外力加压注入样品会不同程度地造成细胞破裂及内部压力变化，对检测结果造成一定影响。不同的注入压力和注入量可能导致血气测定的失败和不准确的结果报告。仪器的自动吸样能有效地保护操作者免受样品的污染，不用担心加压造成的样品喷溅。密封条件下测定可避免空气的存在所造成的误差。

4. 质量控制 ①实时监测大气压；②检测前应对标准气体或液体定标。

三、免疫分析仪

免疫学的基本反应是具有高度特异性的抗原抗体反应。POCT 免疫分析仪就是通过将不影响抗原抗体活性的物质标记在抗体（或抗原）上，与其相应的抗原（或抗体）结合后，反映待测物性质或含量的仪器。POCT 免疫分析仪采用不同的免疫分析技术，如免疫金标记技术、免疫荧光技术等，是 POCT 应用得最广泛的一类仪器。

（一）基于免疫金标记技术的 POCT 免疫分析仪

1. 基于免疫渗滤技术的 POCT 仪

（1）工作原理：免疫渗滤技术是利用微孔滤膜的可滤过性，以硝酸纤维素膜为载体，在包被了抗原或抗体的特殊渗滤装置上，使反应和洗涤以通过液体滤过膜的方式迅速完成。其中应用最为广泛的是斑点金免疫渗滤试验。

斑点金免疫渗滤试验是在以硝酸纤维素膜为载体并包被了抗原或抗体的渗滤装置中，依次滴加样本、免疫金和洗涤液，因微孔滤膜贴置于吸水材料上，故溶液流经渗滤装置时与膜上的抗原或抗体快速结合并起到浓缩作用，达到快速检测目的(一般5分钟左右完成)。阳性反应在膜上呈现红色斑点。此方法已成功地应用于HIV检查和人血清中甲胎蛋白、抗精子抗体、抗结核分枝杆菌抗体、抗核抗体的检测。

(2)基本结构：斑点金免疫渗滤试验的试剂盒由渗滤装置、胶体金标记抗体、封闭液和洗涤液组成。渗滤装置是斑点金免疫渗滤试验试剂盒中的主要成分之一，由塑料小盒、吸水垫料和点加了抗原或抗体的硝酸纤维素膜片三部分组成。

(3)影响因素：①特异性抗体(一抗)或抗原、待检样本和金标抗体的用量事先都必须应用方阵法确定最适用量。②盒底充填的垫料吸水性要强，否则影响结果。

2. 基于免疫层析技术的POCT仪

(1)工作原理：免疫层析试纸条的一般结构主要包括加样区、聚酯膜、检测区、质控区、塑料基板等部分。当抗原-抗体复合物流至检测区时，被固相抗体捕获而被富集或截留在层析材料的检测区上，在膜上显示出阳性反应线条，而游离的免疫金复合物则会越过检测带继续向前泳动，至质控区与参照抗体结合而显示出阳性质控线条。反之，如果待测样品溶液中不含被检物，则检测区就不呈现反应线条，仅显示质控对照线条。反应完成后，阳性样本检测区上胶体金的含量与目标被检物的浓度有一定的对应关系，也可用金标定量检测仪测出定量结果。通过测量免疫反应完成后试纸条检测带上胶体金的含量，参照标准浓度曲线就可以定量得出待测样品溶液的浓度。

(2)基本结构：金标定量免疫分析仪通常包括：反射型光纤传感器、光探测器、单片微电脑、输入输出接口、模数转换器、扫描控制电路、光电转换电路、背景补偿电路、显示器和内置打印机等。反射型光纤传感器由入射光纤盒接受光纤组成，由单片微电脑控制从背景向测试线方向扫描，反射光经光探测器转换成电信号输出，经模数转换器即可自动将吸光度值转换成浓度值并显示。由单片微电脑软件系统控制的检测仪器，具有较好的可靠性和精确性。目前使用金标定量检测仪的检测项目主要有 CRP、hs-CRP、HbA1c、cTnT、D-二聚体和尿液中白蛋白等。

(3)影响因素：测量环境的光照、温度和湿度等物理条件均会对检测结果产生干扰；由于操作导致测试区反应颜色不均匀，可使检测结果偏高。

3. 质量控制

(1)胶体金质量对快速试验的质量至关重要。如果金颗粒直径的变异范围太大，胶体金结合物就不能快速而完整地从玻璃纤维上解离，从而影响试验的稳定性和重复性。

(2)硝酸纤维素膜是胶体金免疫层析反应的载体，其孔径的大小、质量的好坏和层析膜的化学处理优劣都会影响包被抗原或抗体的吸附量，从而影响检测结果。

(3)免疫胶体金快速检测是通过标记的胶体金而显示反应条带，判读主观性很大，有时会存在难以判定的情况(如色带模糊时)。因此，针对胶体免疫层析试验的影响因素，建立完善的质量控制体系，包括试剂灵敏度与稳定性、临界值的确定、层析条间的重复性、室内质量控制以及人员培训等，对保证检验质量至关重要。

(二)基于免疫荧光技术的POCT免疫分析仪

免疫荧光技术是以荧光物质标记抗原或抗体，免疫反应结束后，给予适当的光照射而使其发光的技术。通过荧光信号值与分析物浓度成比例获得标准曲线，并根据标准曲线计算出样品中的分析物浓度。目前使用的POCT免疫分析仪中较多采用的是免疫荧光技术，仪器的自动化程度高，精确度和灵敏度也较好。

1. 检测原理
荧光免疫干式快速定量测定是由微孔层析和免疫荧光技术相结合的技

术平台(免疫荧光层析技术)。样品加入加样孔后,过滤掉血细胞和其他颗粒成分,反应区域含有荧光素标记的抗体或抗原和待测物质结合,产生反应而显色。仪器的测定系统对荧光信号进行测量,并对特异的待测物进行定量分析,结合仪器中反应密码芯片中的标准曲线计算出样品中待测物的浓度。

2. 基本结构 基于免疫荧光测定的 POCT 免疫分析仪由荧光检测器和检测板组成。检测板利用层析技术,通过直接法或竞争法分析检测板内形成的免疫复合物。检测试剂盒内含有检测板、溶血缓冲液、检测缓冲液和 ID 芯片等。

3. 影响因素 所有影响荧光发生和检测的因素都有可能导致免疫荧光技术检测结果发生偏差;仪器的工作环境应保持干燥、清洁、平坦,并避免阳光直射和电磁辐射。

4. 质量控制 仪器通过自带芯片中包含的定标曲线、每批次试剂的信息(批号、有效期和条形码信息等)和内置质控数据,完成定标和内置质控。

四、微流控芯片技术相关的 POCT 分析仪

微型化和集成化是当今生物化学分析发展的重要方向,而微流控芯片(microfluidic chip)则是其中的前沿领域之一。该技术以微机电加工为依托,以微通道网络为结构特征,它的目标是将临床检验分析中所涉及的取样、预处理、分离、混匀、反应、检测等操作单元部分地或全部地集成于一块几平方厘米大小的芯片上,通过对芯片微通道网络内微流体的操控,完成常规检验实验室的各种分析和检测功能。由于所有的操作流程和步骤都集中在一张芯片上,故又被称为芯片实验室(labs on chip)。

微流控芯片技术在样品分析方面具有快速、高通量和低消耗的特点,同时兼具操作灵活和便携的优势,使其在医学检验尤其是在 POCT 领域展现出巨大的发展潜力和应用价值。微流控芯片已经应用在常规生化检验、免疫学检验、基因组和蛋白质组研究、免疫学测定、毒理检测和法医学鉴定方面,显示出广阔的应用前景。

(一)微流控芯片的分类与原理

微流控芯片是实现微流控技术的主要平台,它的装置特征主要是其容纳流体的有效结构(通道、反应室和其他一些功能部件)至少在一个纬度上为微米级尺度。微流控芯片主要有白金电阻芯片、压力传感芯片、电化学传感芯片、微/纳米反应器芯片、微流体燃料电池芯片和微/纳米流体过滤芯片等。如果以微流控芯片的动力源进行分类,可以分为主动式微流控芯片和被动式微流控芯片。

1. 主动式微流控芯片 主要以 MEMS 超微加工的微泵、微阀、微管道、微电极、微储液器、微检测元件等超微结构组成,通过控制微电流、微分压差等方式主动改变微流体的流动方向、流动速度、传质传热等,实现对样本的分离和分析。

2. 被动式微流控芯片 主要依托液体本身的重力和重力转化的压力,或材料的表面性能,连同毛细管作用(虹吸作用)为动力,配以化学涂层或物理结构建立时间窗的设计,减缓或加速微流体流动,从而达到反应平衡。

图 13-6 是微流控芯片结构示意图,其反应原理是:①当样本通过纳米荧光探针反应池,样品中抗原抗体发生反应,使待测物带有荧光标记;②当样本到达检测卡中一个蛇形 S-channel 流路控制室,完成孵育并达到反应平衡;③当样品的液流通过检测区,捕获抗体捕获抗原形成"三明治"样结构的双抗体夹心复合物,并保留在检测区;④检测区中的荧光信号与样本中抗原/抗体的浓度成比例关系。

(二)微流控芯片的技术特点

1. 微流控反应器的作用有:①控制液体的流动速度和体积;②控制液体的流动或静止;③控制参与反应的液体体积;④使用微流体通道设计,精确控制反应速度;⑤有废物通道设

计,能控制流程结束时间。

加样窗　流体调节器　检测区　质控区

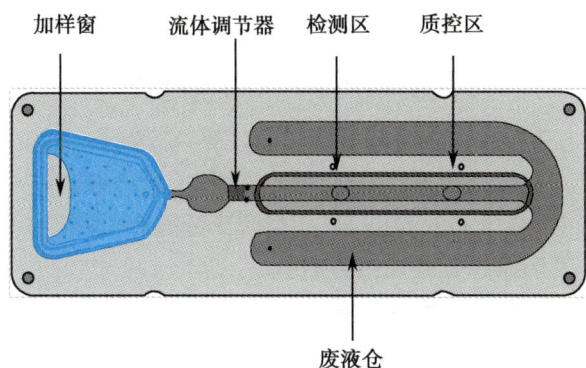

废液仓

图13-6　微流控芯片结构示意图

2. 微流控 S- channel 流路能控制液流的速度和反应时间。

3. 微流控反应器使用的材料能保证反应体积和测定结果的稳定。

(三) 微流控芯片 POCT 的发展方向

与传统微流控芯片相比,以 POCT 作为技术平台的微流控芯片对使用便捷化的要求更高。为避免交叉污染,要求 POCT 微流控芯片必须是一次性、非反复使用的,为此必须降低微流控芯片 POCT 装置的制造成本,增强量化生产能力,并向装置小型化的方向发展。

开发更多“个性化”的检验手段是微流控芯片 POCT 研究的重要方向,特别是用于检测易出现和可能复发的疾病(例如肺结核、SARS、流感),以及疫苗治疗疾病(例如麻疹、破伤风和小儿麻痹症等),因为对这些疾病的早期诊断、病情监测和管理至关重要。

由于相关检测项目的专业性较强、操作复杂,目前很多已经投入市场的微流控芯片 POCT 装置尚难以适合未经任何技术培训的人员使用,仍需要专业人员的操作,这使微流控芯片 POCT 的使用和推广受到限制。为此,还需要在操作的简便和智能化方面进行完善,使其能够更好地适合普通用户人员(包括患者)使用。

第三节　即时检验仪器的应用

即时检验以其快速、简便、经济、可靠等特点,已经成为医学检验的一个发展方向,在疾病的预防和治疗中得到广泛应用。

一、心血管疾病中的应用

“2007 心脏生物标志物 POCT 专家共识”对于 POCT 在心血管疾病中的应用达成了几点共识:①POCT 的检测周期必须 <30 分钟;②对疑为急性冠状动脉综合征(ACS)或其他原因引起的心肌损伤,进行心脏标志物检测时 POCT 应作为首选;③肌钙蛋白(cTn)检测的敏感性和特异性最高、肌红蛋白(Myo)的阴性预测值最好;④怀疑 ACS 时,应同时检测 cTn 和肌酸激酶同工酶(CK- MB);⑤cTn、B 型钠尿肽(BNP)和 CRP 可用于 ACS 的危险分层等。

1. 急性心肌梗死相关标志物检测　急性心肌梗死(AMI)发病急,严重影响患者的生命安全。大量的医疗实践证明,约30%的 AMI 患者早期没有典型临床症状,25% 的 AMI 患者无明显心电图异常。特异性心肌标志物如 cTn、Myo、CK- MB 一次检测结果的异常可以初步判断心肌损伤,使 AMI 患者得到及时救治。

2. BNP　是心力衰竭敏感和特异的指标,POCT 可在 15 分钟内完成 BNP 的检测,判断患者是否存在充血性心力衰竭,对于鉴别诊断心源性和肺源性引起的急性呼吸困难有很大的临床意义。

3. D-二聚体与肌钙蛋白 既可辅助对 AMI 的诊断,又作为溶栓治疗时的观察指标。

二、血液相关疾病中的应用

1. 血栓与止血 心脏手术进行时凝血功能的监测,肺部血栓和深层静脉血栓的诊断都需要实验室快速、准确地提供反映患者凝血功能的数据。急诊或者围术期出血时,实验室的平均检查结果报告时间大约在 45～90 分钟,而患者床旁的 POCT 检测不需要血样送检,能很快得出检测结果,可以及时给患者调整用药剂量。

在溶栓治疗前,医生需要立即确定患者是否有止血缺陷,是否对所使用的溶栓药物有抵抗作用。口服抗凝药治疗和溶栓治疗过程中,需要及时了解抗凝药物、溶栓药物是否起到作用以及是否达到溶栓目的。另外,当机体发生凝血时,纤溶系统被同时激活,降解交联纤维蛋白形成 D-二聚体碎片。检测 D-二聚体是判断继发性纤溶的有效指标,POCT 检测 D-二聚体主要利用免疫学方法,对于血栓病的及时诊断和溶栓治疗的疗效监测具有重要意义。

住院患者特别是监护患者需要总是相当频繁地进行肝素监测,肝素监测的 POCT 主要用于激活全血凝固时间(ACT)和活化部分凝血活酶时间(APTT)的检测,能有效缩短 TAT,有助于凝血紊乱的快速诊断和快速有效的抗凝。

2. 血红蛋白定量和血细胞计数 包括监测妊娠妇女和老年人群血红蛋白含量;放疗、化疗患者随访时采用 POCT 方法计数总白细胞和各种白细胞数量,以避免往返中心实验室的不便和漫长等待。另外,白细胞快速计数可以帮助早期诊断中性粒细胞减少症和全身性感染。

三、感染性疾病诊断的应用

POCT 在微生物专业的应用可让不具备细菌培养条件的基层医疗机构进行微生物的快速检测,帮助医生确定病情。这方面的检测项目目前已经有 C 反应蛋白,HBV、HCV、HIV、梅毒等病原体感染的快速检测,细菌性阴道病、衣原体感染、性病的诊断等,孕前 TORCH-IgM 五项指标的快速检测,结核病耐药基因的筛查等。发热患者血常规检查与 CRP 检测的联合应用对鉴别细菌或病毒感染更具特异性,给临床提供更充足的诊断依据。

POCT 病原体检测仪主要采用分子生物学技术,仪器实现了样本处理、核酸抽提、检测、定量分析结果等流程的自动化。操作者只需把样本加入仪器,等待打印结果即可。

四、糖尿病诊治的应用

糖尿病监测常用的有快速血糖、糖化血红蛋白与尿微量白蛋白等指标。POCT 用于血糖的检测可以方便快捷地测定血糖水平,是临床和患者居家时最常用的血糖水平监测手段。糖化血红蛋白反映 1～2 个月血中葡萄糖的平均水平,是诊断和治疗糖尿病过程中疗效监测的重要指标。POCT 这些指标的应用极大地方便了患者,也方便临床更好地评估患者的病情,给予及时处理。

五、院外 POCT 的应用

由于 POCT 测定设备便于携带,使用不需要特别的配套设施,操作方便且无需接受特别的专业训练,这些优势使得 POCT 可以在医疗机构以外的场所使用。

1. 院外救治 在医师诊所、社区医疗站中,医生可以即时地对患者进行相关项目的检测。在紧急情况如急救车中,救护人员根据患者病情,施行相关 POCT 检验(如急性心肌梗死时进行 cTn、Myo、CK-MB 等心脏标志物检测),根据结果即可判断患者病情,给予及时救治,对于挽救患者生命、提高救治成功率起到重要作用。

2. 出入境检验检疫　对于各种流行性疾病病原体的快速检测,如 SARS 冠状病毒、禽流感 H7N9 等病毒的检测。

3. 环境质量监测　环境中细颗粒物(无机成分、有机成分、微量金属元素、元素碳等)的检测;生物成分(细菌、病毒、霉菌等)的检测。

4. 家庭保健　如糖尿病血糖的监测、服药过程中某些凝血指标的监测;受孕前和孕前期尿人绒毛膜促性腺激素(hCG)、促黄体素(LH)的检测等。

5. 社会安全与食品安全　如炭疽、鼠疫等病原菌的检测;爆炸物检测;食品三聚氰胺、农药残留、抗生素超量的检测等。

第四节　即时检验存在的问题

即时检验是医学检验或体外诊断领域新发展起来的新型检测技术平台。虽然 POCT 有诸多优势,并且有广阔的应用前景,但是其技术本身存在的限制、发展中遇到的瓶颈、实际应用中存在的问题等,都是 POCT 必须面对的现状和亟待解决的问题。

一、组 织 管 理

我国 POCT 的法律法规、行政管理和规章制度还不健全,虽然医疗卫生行政监管部门对 POCT 的管理做出了一些要求,但仍未制定行之有效的措施,目前 POCT 的使用实际上处于缺乏有效监管的状况。

二、质 量 控 制

由于 POCT 质量控制系统和设备管理等与常规的临床实验室管理模式不同,因此检测质量难以得到保证。在选购和使用 POCT 时,必须在一些方面加以重视。

1. 仪器的选择,应挑选能符合国家和有关部门对 POCT 仪器基本要求的产品。由于 POCT 产品品牌繁多、质量参差不齐,在引入 POCT 产品时,必须符合 POCT 委员会制定的"质量控制标准",使用者应该了解各种 POCT 仪器及其方法学的优势和缺陷,综合考虑各方面因素。

2. POCT 仪器使用场合分散,且操作人员并非都是具有专业背景者,这些因素都使 POCT 的合理使用和有效管理存在难度。规范的做法是,在开展 POCT 检测前,使用者(可以是专门的 POCT 操作人员,也可以是经过培训的非检验人员,如临床医生或护士)应该了解 POCT 的方法学(原理、精确度、准确度、参考范围等)、临床应用价值(适应证、适用人群、疾病谱等)和经济-效益比等多方面因素,客观评价所用产品的使用效果。如 POCT 血糖测定仪虽可用作血糖水平的监测,但不能替代大型自动生化分析仪对葡萄糖水平的准确定量检测,对此须有正确的认识。

3. 部分 POCT 仪器精密度欠佳,检测结果误差较大,有些产品没有质控方法和质控品,也缺乏规范的室间质量评价体系,其结果的精密度和准确度与大型自动分析仪的相关性能存在较大差距。另外,POCT 产品种类很多,采用的技术和检测方法各不相同,加之没有统一的校准品,检验结果在不同分析系统之间无法进行比对,给实际应用带来一定限制。

三、检 验 费 用

虽然 POCT 检验能缩短 TAT,使患者得到及时诊治,从而可能缩短病程、降低医疗费用的支出,但是由于 POCT 检测一般以单个试验为主,增加检测项目使得仪器和试剂的成本增加,检测费用偏高。

四、结 果 报 告

有许多POCT仪器不能与实验室信息系统连接,在接收样本和检验报告的产生等方面不能向信息化方向发展。因此,这类POCT在检测过程中容易发生差错,如样本上没有患者信息、样本与患者不符、检测报告单形式和报告内容不规范等。

由于POCT在疾病的预防、监测和救治中承担着越来越重要的角色,也由于POCT除了在医学领域外还有其不可忽略的使用价值,POCT将在其产品性能、性价比和应用范围方面得到更合理、更完善的改进,必将会在未来的医疗模式中发挥更大的作用。

（郑峻松）

本章小结

即时检验是指在接近患者治疗处,由未接受临床检验专业训练的医护人员或者患者本人利用测试板条或便携式仪器快速分析患者样本并准确获取结果的检测分析技术。即时检验可节省分析前样本处理步骤,缩短样本检测周期,快速准确地报告检验结果,使患者能得到及时诊治,缩短就诊或住院时间。即时检验仪器具有小型化、便于携带、无需配套设备和操作方便等优点,是常规医疗检验模式的有效补充。

即时检验的常用技术有干化学技术(如简单显色和多层涂膜技术)、免疫学技术(包括免疫金标记技术和免疫荧光技术;前者又有斑点免疫渗滤技术和免疫层析技术)、电化学技术、生物传感器技术和微流控芯片技术等。目前即时检验仪器已广泛用于临床,如心血管疾病、血液相关疾病、感染性疾病、糖尿病等疾病的诊疗,以及环境与食品安全、进出口检验检疫等各领域。

各学科间的相互交叉和发展进步,特别是小型智能化生物芯片分析系统的研发,使得未来的即时检验将向着自动化、小型化、非创伤性和检验项目多样化的方向发展。

目前,虽然POCT的应用已经越来越广泛,但是还存在一些问题,如检测结果与大型自动分析仪器存在差异,检测结果的精密度和准确度有待进一步提高,POCT的使用和管理等方面还有问题需要解决和规范等。这需要研发和生产厂家、使用者和管理者的共同努力,使POCT在新型医疗模式中发挥更大的作用。

第十四章

临床分子生物学检验常用仪器与技术

通过本章学习,你将能够回答下列问题:

1. 什么是梯度 PCR 扩增仪?它有什么优点?
2. 普通 PCR 扩增仪按照变温方式不同可分为哪几类?
3. PCR 扩增仪的主要性能指标有哪些?
4. 简述 PCR 扩增仪的临床应用。
5. 全自动测序仪的基本结构包括哪些?
6. 简述核酸自动化提取系统的工作原理。
7. 简述蛋白质自动测序仪的工作原理。

临床分子生物学检验常用仪器主要包括 PCR 扩增仪、全自动 DNA 测序仪、核酸自动化提取系统和蛋白质测序仪等。现代分子生物学技术已经成为临床检验专业课程的重要组成部分,掌握分子生物学检验常用仪器的基本原理、基本构造和基本性能至关重要。聚合酶链反应(polymerase chain reaction,PCR)自 20 世纪 80 年代诞生以来,已经成为现代分子生物学领域不可或缺的实验技术,推动了现代医学由细胞水平向分子水平、基因水平的发展。DNA 测序技术是了解生命现象、研究疾病发生机制、探讨疾病诊断和治疗新方法的重要手段,性能优良、通量较高的 DNA 自动测序仪为完成大量的 DNA 测序工作提供了技术保障。无论是 PCR 技术还是 DNA 测序技术,都离不开 DNA 提取纯化技术,以往的手工提取核酸(DNA 和 RNA)方法已经不能满足现代分子生物学技术的需要,核酸自动化提取系统的诞生则为大量提取核酸提供了便利。测定蛋白质一级结构中氨基酸的排列顺序是研究蛋白质功能的重要基础,蛋白质自动测序仪为蛋白质测序提供了重要的技术手段。本章主要介绍 PCR 扩增仪、DNA 测序仪、核酸自动化提取系统及蛋白质测序仪的基本工作原理、基本结构和主要临床应用。

第一节　PCR 扩增仪

细胞内 DNA 复制是一个复杂的过程,有多种因素参与。PCR 是一种体外 DNA 片段复制扩增技术,其反应体系包括被复制的靶片段(模板)、耐热的 DNA 聚合酶(*Taq* DNA 聚合酶)、化学合成的寡核苷酸引物、4 种脱氧核糖核苷三磷酸(deoxy-ribonucleoside triphosphate,dNTP)以及合适的缓冲体系。PCR 反应过程包括模板的变性(高温变性)、引物与模板的特异性结合(低温退火)和 DNA 片段的复制延伸(适温延伸)。如此完成一个过程称为一个 PCR 循环,以 n 表示循环次数,经过 n 次 PCR 循环后,所得产物为 2^n,即呈几何级数增长。PCR 扩增仪就是能够完成上述三个温度循环的仪器设备,因此又称为热循环仪。PCR 扩增仪是临床分子生物学检验的常用仪器,在医学检验中发挥重要的作用。

一、PCR 扩增仪的分类与 PCR 技术的基本原理

(一) PCR 扩增仪的分类

PCR 扩增仪主要分为普通 PCR 扩增仪和荧光定量 PCR 扩增仪两大类。相对荧光定量 PCR 扩增仪而言,普通 PCR 扩增仪通常又称为定性 PCR 扩增仪。因实验目的不同,在普通 PCR 扩增仪的基础上又衍生出梯度 PCR 扩增仪和原位 PCR 扩增仪。根据变温方式不同,普通 PCR 扩增仪又分为水浴式 PCR 扩增仪、变温金属块式 PCR 扩增仪和变温气流式 PCR 扩增仪;定量 PCR 扩增仪又分为变温金属块式 PCR 扩增仪和变温气流式 PCR 扩增仪。水浴式 PCR 扩增仪目前已不再使用。

(二) PCR 技术的基本原理

PCR 扩增仪的基本原理主要遵循 PCR 技术的原理。PCR 技术的本质是体外 DNA 片段扩增,使得标本中拷贝数很低的待测 DNA 模板扩增到能够被检测出。高温变性,是双链 DNA 加热到变性温度(94℃左右)并保持一定时间后,双链之间氢键断裂解开螺旋成为两条单链 DNA,这两条单链 DNA 均可与引物结合作为 PCR 扩增的模板。低温退火,是当温度降至一定程度(55℃左右)时,两条引物分别与已经变性的两条单链 DNA 片段按碱基互补的原则结合。适温延伸,是在适宜的温度(72℃左右)下,在耐热 DNA 聚合酶(Taq 酶)、dNTPs(dATP、dTTP、dCTP、dGTP)及 PCR 反应缓冲液存在的条件下,以引物的 3′ 端为起点,按 A—T、C—G 碱基互补的原则,以单链 DNA 为模板进行 DNA 片段半保留复制。高温变性、低温退火和适温延伸三个步骤为一次 PCR 循环,30 ~ 40 个循环为一次完整的 PCR 实验,所得 PCR 产物经过琼脂糖凝胶电泳或荧光定量检测,即可达到检测未知模板的目的。值得注意的是,临床检验实验室只应用封闭体系的荧光定量 PCR 系统,不用开放的琼脂糖凝胶电泳系统。

上述所讲的是普通 PCR 扩增技术的基本原理,荧光定量 PCR 扩增技术是在普通 PCR 扩增技术的基础上增加了实时荧光指示系统。现代实时荧光定量 PCR 技术包括:TaqMan 荧光标记探针实时 PCR 技术、双链 DNA 交联荧光染料实时 PCR 技术、双杂交探针实时荧光 PCR 技术和分子信标实时荧光 PCR 技术等。本节主要介绍前两种技术。

1. TaqMan 荧光标记探针实时 PCR 技术的基本原理　在普通 PCR 反应体系中加入 TaqMan 荧光标记探针。TaqMan 荧光标记探针有两个特点:一是探针序列能与待测模板中部某段序列互补结合;二是探针的 5′ 端标记一个荧光报告基团,3′ 端标记一个荧光淬灭基团。完整的探针因荧光报告基团和荧光淬灭基团距离过近而使荧光报告基团发射的荧光被淬灭;只有当探针被降解时,荧光报告基团和荧光淬灭基团分离,这时才能发射出荧光,被荧光检测器所检测到。Taq DNA 聚合酶在具有 5′→3′ 方向的聚合酶活性的同时,还具有 5′→3′ 外切核酸酶活性。在实时荧光 PCR 的反应过程中,变性步骤完成后在 Taq DNA 聚合酶的作用下,从引物的 3′ 端开始复制新链,当复制到探针的 5′ 端时会逐一水解探针的每一个核苷酸,此时 TaqMan 探针上的荧光报告基团和荧光淬灭基团会彼此分离,荧光淬灭基团对荧光报告基团的淬灭作用解除,荧光报告基团在激发光的激发下会产生一次荧光,荧光采集点一般设在适温延伸结束的时刻。目前荧光定量 PCR 反应多数设计成两温循环,即低温退火和适温延伸设为同一个温度,此时的荧光采集点设在低温延伸结束的时刻。在反应过程中,每一次 PCR 循环都会产生一次荧光,随着 PCR 循环次数的增加,会出现荧光量的积累。实时 PCR 的结果以阈值循环数(Ct 值)的形式给出,Ct 值的大小与模板 DNA 的起始拷贝数对数成反比,起始模板量越高,Ct 值越小,反之则 Ct 值越大。用于荧光报告基团的有 6-羧基荧光素(FAM)、四氯-6-羧基荧光素(TET)、六氯-6-羧基荧光素(HEX);用于荧光淬灭基团的是

6- 羧基- 四甲基罗丹明(TAMRA)。

2. 双链 DNA 交联荧光染料实时 PCR 技术的基本原理 SYBR Green I 是一种可以非特异性地结合在双链 DNA 小沟的荧光染料,它能嵌合在 DNA 双链间,但不能结合在 DNA 单链内。在 PCR 反应体系中加入 SYBR Green I 荧光染料,当它结合到双链 DNA 上时就会产生很强的荧光。在一次 PCR 循环过程中,高温变性时荧光强度很低,适温延伸结束时荧光强度明显增高。与 TaqMan 探针的原理一样,随着 PCR 循环次数的增加也会出现荧光量的积累,可以达到相对定量模板的目的。

在 PCR 扩增仪的设计中,要求准确的三个温度,尤其是对退火温度要求更加严格,因此,温度控制技术是性能良好的 PCR 扩增仪的关键技术。不同类型的 PCR 扩增仪不仅有各自独到的技术特点,也有其特殊的工作原理,需要在具体的实际工作中分别学习和掌握。

二、PCR 扩增仪的结构与工作原理

虽然不同类型 PCR 扩增仪的基本原理有相似的地方,但在结构和配件等方面却存在差异。普通 PCR 扩增仪的结构主要围绕三个温度循环而设计;荧光定量 PCR 扩增仪是在普通 PCR 扩增仪的基础上增加了荧光激发与荧光检测系统,同时也增加了独立的计算机系统,软件设计与功能相对复杂。

变温金属块加热模式的 PCR 仪都有一个共同的结构,即加热盖,加热的温度通常设定为 105℃,高于 PCR 反应的变性温度(通常为 94℃)。这样的设计保证了 PCR 管盖的内壁不会因反应过程中温度的变化而凝结水蒸气,因此不会导致 PCR 反应体系水分的蒸发。另外,加热盖的高度是可以根据需要调节的,或者是有弹性的,以适合不同高度的 PCR 管,保证其与加热盖的紧密接触。

(一)普通 PCR 扩增仪的结构与工作原理

经过 20 多年的发展,普通 PCR 扩增仪的种类日益增多,结构设计日臻完善。按照三个温度循环的变温方式不同,分为以下五种不同结构的 PCR 扩增仪。

1. 水浴式 PCR 扩增仪 水浴式 PCR 扩增仪的主要结构是由三个不同温度的水浴槽和机械臂组成,采用半导体传感技术、电子技术和计算机技术进行水浴温度的测量、控制和显示。三个水浴槽分别预设用于高温变性的温度(94℃左右)、低温退火的温度(55℃左右)和适温延伸的温度(72℃左右)。由计算机控制机械臂携带 PCR 反应管,按照预设的每个温度持续的时间依次在三个水浴槽中放置,如此循环完成整个 PCR 实验。PCR 反应管与水直接接触,升降温速度快,温度均一性好,控温准确,无位置的边缘效应。但是这类仪器体积大,比较笨重,自动化程度不高,不能进行梯度 PCR 实验,也不能进行原位 PCR 实验。为防止水浴槽内水分蒸发,需要在三个水浴槽的水面铺置液体石蜡,这给后续实验带来了很大的不便。并且随着温度的升高,液体石蜡随之加热,其中的有害物质会污染实验室环境,也给操作人员的健康带来不利影响。水浴式 PCR 扩增仪仅在 20 世纪 80 ~ 90 年代在我国临床实验室使用过,随之很快被自动化的 PCR 扩增仪所取代。

2. 变温金属块式 PCR 扩增仪 此类 PCR 扩增仪的主要结构特点是在同一个金属块上完成高温变性、低温退火和适温延伸三个温度的交替变化。金属块的材质主要是铝合金或不锈钢,上面有不同数目甚至不同规格的凹孔,用来放置 PCR 反应管。凹孔内壁加工精密,保证与样品管紧密接触;有的凹孔内壁经过镀金或镀银处理,以提高热传导性。变温金属块式 PCR 扩增仪的温度控制方式有两种:一是压缩机控温,由压缩机按照设定程序自动控制升降温,金属导热性能好,控制温度较水浴锅方便。二是半导体控温,半导体控温器是电流换能型器件,既能制冷,又能加热,通过控制输入电流的大小和方向,可实现高精度的温度控制。该控温方式具有控温方便、体积小、稳定性好等特点。

203

3. 变温气流式 PCR 扩增仪 依据空气气流的动力学原理,以冷热气流为介质对 PCR 管进行升降温,实现三个温度循环。加热方式是由金属线圈加热,降温是由压缩机制冷降温。以空气为介质,与 PCR 管严密接触,温度均一性好,升降温速度快。

4. 梯度 PCR 扩增仪 由普通 PCR 仪衍生出来的具有温度梯度功能的 PCR 扩增仪。梯度 PCR 扩增仪的结构与变温金属块式 PCR 扩增仪的结构基本相同,只是在温度控制环节增加了梯度功能,计算机软件略微复杂。使用梯度 PCR 扩增仪,可以对 PCR 反应中的高温变性、低温退火和适温延伸三个温度循环中的任何一个温度进行梯度实验。实际应用中,最常用的是对低温退火步骤进行温度梯度的控制,目的是找到最佳的退火温度。例如,某一品牌的梯度 PCR 扩增仪设定温度的梯度范围是 $45 \sim 55℃$,总梯度差为 $10℃$,在一竖排 8 个反应孔范围内做退火梯度实验,程序设定完成后显示这 8 个孔的温度分别为: $45.0℃$ 、 $45.7℃$ 、 $46.9℃$ 、 $48.6℃$ 、 $51.0℃$ 、 $52.9℃$ 、 $54.2℃$ 、 $55.0℃$ 。值得注意的是,虽然温度梯度是依次递增的,但是 $10℃$ 的温度差并不是在这 8 个孔之间进行均匀分配的,不同品牌的梯度 PCR 扩增仪的温度设定也不一致,应用时需要具体设置和观察。

PCR 反应能否成功,退火温度是关键之一。虽然有各种 PCR 引物设计软件或者经验公式可以计算最合适的退火温度,但是模板中碱基组合千变万化,经验公式得到的数据不一定适合所有的模板序列。梯度 PCR 扩增仪每一个孔的温度可以在指定范围内按照梯度设置,根据扩增结果,一次 PCR 实验就可以摸索出最合适的反应条件。多种温度可在一台扩增仪上同时完成,既节省实验时间、提高实验效率,又节约实验成本。

5. 原位 PCR 扩增仪 是在细胞内进行 PCR 扩增,而组织细胞的形态不被破坏,它是原位杂交与 PCR 技术的结合。以往手工方法操作复杂,扩增效果及实验结果的重复性均不理想。原位 PCR 仪以其创新的设计,较好地解决了这些问题。原位 PCR 仪与普通 PCR 仪的区别在于,其样品基座上有若干平行的铝槽,每条铝槽内可垂直放置一张载玻片(玻片上预制有细胞悬液、组织切片等),每张载玻片面均与铝槽紧密接触,温度传导极佳,温度控制精确。目前也有在普通 PCR 扩增仪的基础上增加一个原位 PCR 模块,更换后就可以进行原位 PCR 扩增。不少厂家的 PCR 扩增仪都可以提供原位适配器,配有支持原位 PCR 模块的 PCR 仪可以一机两用,比较实用。

(二)荧光定量 PCR 扩增仪的结构与工作原理

荧光定量 PCR 技术是在 PCR 反应体系中加入特异性的荧光标记探针或荧光染料,荧光信号的变化真实地反映了体系中模板的扩增量。通过检测荧光信号,可以实时监测整个 PCR 反应过程,最后通过标准曲线对未知被测模板进行定量分析,因此又称为实时荧光定量 PCR 技术。

自 1996 年推出世界上第一台商品化实时荧光定量 PCR 扩增仪以来,经过近二十年的发展,定量 PCR 扩增仪不断推陈出新。但是不论如何变化,荧光定量 PCR 扩增仪的基本结构都是由两个主要部分组成,即 PCR 扩增系统和荧光检测系统。PCR 扩增系统与普通 PCR 扩增仪类似。荧光检测系统主要包括激发光源和荧光检测器,现在荧光定量 PCR 扩增仪的主流趋势是多色多通道检测,激发通道越多,适用荧光素的种类就越多,仪器适用范围就越宽。根据加热模式的不同,荧光定量 PCR 扩增仪设计有以下三类不同结构。

1. 变温金属块式实时荧光定量 PCR 扩增仪 在普通 96 孔变温金属块式 PCR 扩增仪的基础上,增加荧光激发系统和荧光检测系统,发展为实时荧光定量 PCR 扩增仪。荧光定量 PCR 扩增仪的激发光源多为卤钨灯,配有 5 色滤光镜,可同时激发 96 个样品;检测器为超低温 CCD 成像系统,可同时多点多色检测,能有效分辨 FAM/SYBR Green Ⅰ、VIC/JOE、NED/TAMRA/Cy3 等多种荧光染料。随机配备定量 PCR 引物和探针设计软件 PrimerExpress,可以设计定量 PCR 所需的 TaqMan 探针。各型号荧光定量 PCR 仪均有实时动态(real-time)读板和终点读板(plate read)两种模式。实时动态模式能动态显示 PCR 扩增曲线的生成,定量线性范围大于 9 个数量级。终点读板模式可用于点突变检测、单核苷酸多态性(SNP)分析、基因型鉴定等。此类 PCR 扩增仪既可作为荧光定量 PCR 扩增仪使用,又可作为作普通 PCR 仪使用,且带有梯度功能。

2. 变温气流式实时荧光定量 PCR 扩增仪 这类仪器的 PCR 扩增样品槽被设计成可以旋转的类似离心转子的结构,借助空气加热,转子在腔内旋转。由于转子上每个孔之间距离相等,每个样品孔之间的温度差异小于 0.01℃,保障了反应条件的一致性。以空气为加热介质,实现与反应体系紧密接触,接触面积大,加热均匀。这类设备激发光源大多采用寿命较长的发光二极管(LED)冷光源,运行前仪器无需预热,无需校正。PCR 反应管采用透明的毛细管,置于转子上,可以旋转移动,使每个 PCR 扩增管分别经过光激发区和检测区,所有 PCR 管均使用同一个激发光源和同一个检测器,随时检测旋转到检测部位的 PCR 管,有效减少系统误差,定量线性范围可达 10 个数量级。但这类仪器的不足之处如样品槽容量小,只可容纳较少量的 PCR 反应管,因此不适合样本量大的实验室;需要使用特殊的毛细管型的 PCR 反应管,使用成本较高;仪器的温控也不带梯度功能。

3. 各孔独立控温的实时荧光定量 PCR 扩增仪 该类 PCR 扩增仪结构设计非常独到,不同样品槽分别拥有独立的智能升降温模块,各孔独立控温,可以在同一台定量 PCR 仪上分别进行不同条件的定量 PCR 反应,随时利用空置的样品槽开始其他定量 PCR 实验,使用效率非常高。升降温速度高达 10℃/s,控温精度高。每个模块独立控制的激发光源和检测器直接与反应管壁接触,保证荧光激发和检测不受外界干扰。该类仪器整合多通道光学检测系统,能有效分辨 FAM/SYBRGreenⅠ、Tet/Cy3、TexasRed 和 Cy5 等多种荧光染料,可对同一样品进行多靶点分析,同时检测四种荧光信号。可使用 TaqMan 探针、分子信标、Amplifluor 引物等多种检测方法,适合多指标快速检测,定量线性范围可达 9 个数量级。其软件允许一台仪器同时操作多个样品模块,既满足高速批量要求,又能灵活运用,还可实现任意梯度反应。但是,这类仪器上样不如其他传统类型的仪器方便,而且需要独特的扁平反应管,使用成本较高。

三、PCR 扩增仪的性能与临床应用

(一)PCR 扩增仪的性能

1. 温度控制 良好的温度控制性能是决定 PCR 反应能否成功的关键。温度控制性能指标主要包括温度的准确性、温度的均一性以及升降温速度,对 PCR 扩增仪而言,温度控制就意味着该仪器的质量。而梯度 PCR 扩增仪还必须考虑仪器在梯度模式下和标准模式下是否具有同样的温度特性。

(1)温度的准确性:是指 PCR 扩增仪运行过程中,放置 PCR 反应管的样品孔实际温度与设定温度的一致性,这是 PCR 扩增仪最重要的性能指标,也直接关系到实验的成败,一般要求显示温度和样品实际温度差精确到 0.1℃。不论是变性温度、退火温度还是延伸温度都需要准确控制,其中退火温度更为重要,温度过高,引物与模板不容易结合而形成假阴性结果;温度过低,引物与模板之间的非特异性结合形成许多杂带。

对于变温金属块式 PCR 扩增仪,无论是普通 PCR 扩增仪还是实时荧光定量 PCR 扩增仪,都存在温度过高(overshooting)现象和温度过低(undershooting)现象。温度过高现象是指在升温过程中,虽然温度探头探测的温度达到了设定温度并已经指令停止加温,但由于金属块本身会积蓄一定能量仍然会传给 PCR 体系,造成实际的温度高于设定的温度,可以理解为升温的惯性。温度过低现象是指在降温的过程中出现了惯性,造成实际温度低于设定的温度。在 PCR 实验中要考虑到这些现象的影响,尤其是在设定退火温度时更为重要。

（2）温度控制的均一性：是指样品孔之间的温度差异，关系到不同样品孔之间反应结果的一致性，一般要求样品孔基座温差小于0.5℃。如果PCR扩增仪的温度均一性控制不佳，会导致同一个样本放在不同的位置得到不同的PCR扩增结果。一般情况下，变温金属块式PCR扩增仪的边缘孔会与中间孔存在温度差异，此种现象称为位置的边缘效应。实验过程中可能出现这样的情况：用同一份样品、同一个PCR反应程序，最后的结果差异非常明显，这或许就是因为不同样品孔温度的均一性不佳所致。

（3）升降温的速度：升降温的速度是指在高温变性、低温退火和适温延伸三个温度之间温度变化的速度。升降温速度快，能缩短反应进行的总时间，提高工作效率；也缩短了可能的模板与引物间非特异性互补结合反应的时间，可提高PCR反应的特异性。目前主流品牌的PCR扩增仪大多采用半导体控温方式，大大提高了升降温的速度。样品基座材料的导热性能也是影响升降温速度的主要因素之一，银质基座热传导速率是铝质基座的2倍；银质镀金基座升降温的速度会更好，可高达5℃/s。

PCR反应管与基座接触的紧密性、基座的导热性、邻近样品管的相互影响都会影响样品的实际温度，所以仪器的升降温速度和PCR反应管中样品的升降温速度并非一回事。目前PCR扩增仪一般都具有模块温控模式（block-control）和反应管温控模式（tube-control）。在模块温控模式下，仪器根据探测器直接探测的承载样品金属基座温度进行控制，该模式适用于同一个温度长时间的静态孵育，如连接、酶水解、去磷酸化等。在反应管温控模式下，仪器根据探测器所探测到的温控模块的温度由计算机计算出样品管内或PCR板孔内样品液体的温度而进行控制。一般情况下，反应管温控更准确，因为管内样品的温度无法与温控模块同时达到预设温度，由于PCR反应中孵育的持续时间一般都非常短暂，反应混合物孵育的时间与程序设定的时间会有一定差距。反应管温控模式精确的计算能自动补偿时间，确保反应混合物按照程序设定的时间维持预设温度，而且适合各种类型的反应管。

（4）不同模式的相同温度特性：主要针对梯度PCR扩增仪而言。现在的PCR扩增仪已经拥有更强大更灵活的功能，可以进行不同功能模式间的转换。带梯度功能的PCR扩增仪不仅应考虑梯度模式下不同梯度各孔排之间温度的均一性和准确性，还应考虑仪器在梯度和标准这两个模式下是否具有同样的温度特性。如果两者之间存在差异，则可能导致在梯度模式可得出最佳的反应条件，而应用标准模式进行正式扩增时却不能得到满意的结果。现在，相关专利技术已经能保证在梯度模式和在标准模式时具有相同温度的特性。

（5）加热盖温度：目前的PCR扩增仪都配备加热盖，可使样品管顶部温度达到105℃左右，避免蒸发的水分凝集于PCR管盖子的内侧而改变PCR反应体积和各反应组分的浓度。加热盖温度是PCR扩增仪的重要性能指标，不设则达不到防蒸发的效果。另外，应选择与PCR扩增仪配套的PCR反应管，既与仪器金属加热块的样品孔基座紧密接触，又与加热盖接触良好。

2. 荧光检测

（1）荧光检测范围：由于PCR反应是一个几何级数扩增的过程，样本的起始拷贝数不同，经过几十个循环后，其荧光差别将十分巨大。因此，荧光检测的范围是仪器的重要性能指标之一，一般要求达到$10^1 \sim 10^{10}$DNA（RNA）拷贝/ml。

（2）仪器检测通道数量：复合PCR实验已成为一种流行趋势，它能节省试剂和时间，在短时间内获得较多的实验结果，因此要求仪器具备多通道检测能力。目前以4个通道检测的居多，部分仪器具有6个检测通道。

（3）Ct值精密度：在荧光定量PCR技术中，有一个很重要的概念——Ct值。C代表cycle，t代表threshold；Ct值的含义是，每个反应管内的荧光信号到达设定的阈值时所经历的循环数，每个模板的Ct值与该模板的起始拷贝数的对数存在线性关系，起始拷贝数越多，Ct

值越小。因此,Ct 值重复性误差对核酸定量的准确性和可靠性十分重要,一般要求 Ct 值的变异系数(CV)≤2.5%。图 14-1(见文末彩插)是荧光定量 PCR 的扩增曲线,横坐标为 PCR 反应的循环数,纵坐标为相对荧光强度,图中间的横线是域值线,域值线与扩增曲线交点所对应横坐标上的 PCR 反应循环数即为 Ct 值。

3. 其他性能

(1)样品基座容量和样品数:多数 PCR 扩增仪配备了可更换的多样式样品基座,匹配不同规格的样品管(0.2ml PCR 管、0.5ml PCR 管、8 或 12 联排管,96 孔 PCR 反应板等),其中 0.2ml PCR 管和 0.2×96 孔 PCR 反应板最为常用。有的 PCR 扩增仪,同一个样品基座有不同规格的样品孔,无需更换基座即可分别使用不同规格的 PCR 管,但因高度不同,加热盖不能完全匹配所有规格的 PCR 管,所以不同规格的反应管不能同时使用。

(2)软件功能:新型的 PCR 扩增仪都常规使用优质配套软件,此类软件易学易用,还具有实时信息显示、记忆存储多个程序、自动倒计时及自动断电保护等功能。

(二) PCR 扩增仪的临床应用

随着科技的发展,分子诊断技术已成为临床检验工作的一个重要组成部分,不仅能早期对相关疾病作出准确的诊断,还能确定个体对疾病的易感性,检出致病基因携带者,并可对疾病进行分期、分型、疗效监测和预后判断。PCR 技术以其快速、灵敏、特异、简便、重复性好、自动化程度高等优点,已广泛应用于医学相关领域。

1. 在感染性疾病中的临床应用　应用 PCR 扩增仪,可以定性或定量检测病原体核酸,能对疾病的诊断、疗效评估和预后判断提供客观的依据。

目前临床应用最广泛的是乙型肝炎病毒 DNA(HBV DNA)和丙型肝炎病毒 RNA(HCV RNA)定量检测。所采用的方法是实时荧光定量 PCR 中的 TaqMan 探针法,国内外市场均有商品化试剂盒供应。HBV DNA 定量检测试剂盒组分包括:DNA 提取试剂、PCR 反应体系(不含模板)、TaqMan 探针、4 个不同浓度的阳性标准品、阴性对照、强阳性对照、临界阳性对照、内标;丙型肝炎病毒是 RNA 病毒,HCV RNA 定量检测的方法是实时荧光定量反转录 PCR(RT-PCR)。HCV RNA 定量检测试剂盒组分包括:RNA 提取试剂、反转录反应体系、PCR 反应体系、TaqMan 探针、4 个不同浓度的阳性标准品。HBV DNA 和 HCV RNA 定量检测试剂盒适用于我国目前常见品牌的荧光定量 PCR 扩增仪,可以对模板靶片段进行定量检测。乙型肝炎患者在抗病毒治疗过程中,由于自身免疫的压力或抗病毒药物的压力,HBV 基因会发生变异,应用 PCR 扩增仪也能够对病毒基因变异(如 YMDD 变异)进行检测或在治疗过程中进行监测,可为临床提供重要的科学依据。另外,PCR 扩增仪在其他感染性疾病(如 AIDS、SARS、TB 等)的诊断和治疗中也有广泛的应用。

2. 在遗传性疾病中的应用　随着分子生物学技术的发展,PCR 扩增仪在遗传性疾病的分子诊断和研究方面的应用越来越多。遗传性疾病的发病基础是核酸分子结构变异导致其表达产物(蛋白质或酶)的分子结构发生改变。传统的临床诊断方法一般是对患者进行表型的诊断,往往不能早期发现遗传性疾病,PCR 技术诞生之初就应用于 β-珠蛋白基因突变和镰形红细胞贫血的产前诊断,无论敏感性还是特异性均优于传统的遗传学检测方法。目前临床应用 PCR 诊断的遗传性疾病多为单基因遗传病,如 β-地中海贫血、镰形红细胞贫血、Huntington 舞蹈病、苯丙酮尿症、血友病等。

3. 在恶性肿瘤中的应用　恶性肿瘤尤其是血液恶性肿瘤常伴有特异性基因的易位,这种易位往往可以作为临床诊断的一种肿瘤标志。微小残留病(minimal residual disease, MRD)的检测对于考核治疗效果、调整治疗方案至关重要,实时荧光定量 PCR 扩增仪已经成为检测 MRD 的一种重要工具。通过对肿瘤融合基因的定量检测能指导临床对患者实行个体化治疗。PCR 用于癌基因和抑癌基因缺失与点突变的研究以及肿瘤相关病毒基因的研究也十分方便。总之,PCR 扩增仪对肿瘤的诊断、预后判断及微量残留细胞的监测具有重要意义。

4. 在移植配型中的应用　经典的 HLA 分型是通过血清学或混合淋巴细胞培养方法进行分析。20 世纪 80 年代后期,分子生物学技术被引入 HLA 分型领域,人们在 PCR 基础上发展了各种 DNA 分型技术检测Ⅰ类和Ⅱ类抗原位点的等位基因,如对肾脏移植患者,应用 PCR-SSP 法对 HLA-Ⅰ类(A、B 位点)、Ⅱ类(DR、DQ 位点)基因进行基因分型。

5. 在其他领域中的应用　PCR 扩增仪在卫生安全方面可以有以下几个方面的应用:①食品微生物的检测:传统的致病菌检测需要经过长时间的培养,操作烦琐,所需时间长。应用 PCR 技术则非常迅速、准确。主要用于食品致病菌的检测,如肉毒梭菌检测、乳酸菌检测、水中细菌指标检测。②转基因食品的检测:目前世界转基因食品已经有一百多种,大多数已经用于食品,利用 PCR 扩增仪可以检测鉴定转基因植物。③动、植物检疫:灵敏、特异、快速的检测方法是我国进出口口岸检验检疫的需求。PCR 扩增仪可以用于检查出入国门的人员、动物(种畜)、植物(种籽)等是否携带烈性传染病(艾滋病病毒、动物病毒、植物病毒等)病原体,食品、饲料等是否携带沙门菌等。

在法医学方面,采用 PCR 技术,以微量标本如血迹、头发、精斑等为标本,应用 PCR 扩增仪,能扩增出特异的 DNA 片段,进行个体识别(DNA 身份证)、亲子鉴定、亲权鉴定和性别鉴定等。

在分子生物学的其他方面,PCR 扩增仪还可用于 cDNA 文库的构建及测序等。构建 cDNA 文库的周期短、操作快捷、所用组织细胞少,成功率较高。

第二节　全自动 DNA 测序仪

核酸是控制生命过程的重要大分子,其结构或功能异常是导致遗传性疾病或遗传相关性疾病的主要因素或相关因素,是生命科学研究的主要对象。核酸分子携带生命活动的全套信息,核苷酸的线性排列构成它的一级结构。阐明核酸结构特别是 DNA 的核苷酸排列顺序是认识基因结构和功能的基础。DNA 序列分析是遗传工程的重要技术之一,在基因的表达、结构与功能的研究中必不可少。1977 年,英国剑桥大学的 Sanger、美国哈佛大学的 Maxam 和 Gilbert 领导的两个研究小组几乎同时发明了 DNA 序列测定方法。20 世纪 80 年代以后,随着计算机技术、仪器制造和分子生物学研究的迅速发展,发明生产出了 DNA 自动测序仪。DNA 片段的分离和检测、数据的采集分析均由仪器自动完成。由于其具有操作简单、安全、快速、准确等特点,因此迅速得到了广泛应用。

一、全自动 DNA 测序仪的检测原理

DNA 测序仪的检测原理主要利用 Sanger 双脱氧链末端终止法或 Maxam-Gilbert 化学降解法。这两种方法在原理上虽然不同,但都是根据在某一固定的点开始核苷酸链的延伸,随机在某一个特定的碱基处终止,产生 A、T、C、G 四组不同长度的一系列核苷酸链,在变性聚丙烯酰胺凝胶上电泳进行片段的分离和检测,从而获得 DNA 序列。因为双脱氧链末端终止法更简便且更适合于光学自动探测,所以在单纯以测定 DNA 序列为目的的全自动 DNA 测序仪中得到广泛应用。化学降解法在研究 DNA 的二级结构以及蛋白质-DNA 相互作用中,仍有重要的应用价值。

(一)双脱氧链末端终止法的测序原理

双脱氧链末端终止法的测序原理是利用 DNA 的体外合成过程——聚合酶链反应。在 DNA 聚合酶的催化下,以目的 DNA 为模板,按照碱基互补配对原则,在引物的引导下单核苷

酸可聚合形成新的 DNA 链。在普通的体外合成 DNA 反应体系中,加入的核苷酸单体为 4 种 2′-脱氧核苷三磷酸(dNTP,N 代表 A、T、C、G 任意一种碱基,包括 dATP、dTTP、dCTP、dGTP),引物与模板退火形成双链区后,DNA 聚合酶结合到 DNA 双链区上启动 DNA 的合成,沿着 5′→3′的方向利用体系中的 4 种核苷酸合成一条与模板链互补的 DNA 新生链,如果在此体系中加入 2′,3′-双脱氧核苷三磷酸(2′,3′-ddNTP,N 代表 A、T、C、G 任意一种碱基),DNA 的合成情况则有所不同。与 dNTP 相比,ddNTP 在脱氧核糖的 3′位置上缺少一个羟基,反应过程中虽然可以在 DNA 聚合酶作用下通过其 5′-磷酸基团与正在延伸的 DNA 链末端脱氧核糖的 3′-OH 发生反应,形成磷酸二酯键而掺入到 DNA 链中,但它们本身没有 3′-OH,不能同后续的 dNTP 形成磷酸二酯键,从而使正在延伸的 DNA 链在此终止。

据此原理分别设计四个反应体系,每一反应体系中存在相同的 DNA 模板、引物、4 种 dNTP 和 1 种 ddNTP(如 ddATP),新合成的 DNA 链在可能掺入正常 dNTP 的位置都有可能掺入 ddNTP 而导致新合成链在不同的位置终止。由于存在 ddNTP 与 dNTP 的竞争,生成的反应产物是一系列长度不同的多核苷酸片段。例如,在加入 ddATP 的反应管中,若是 dATP 掺入则核苷酸链可以继续延伸,若是 ddATP 掺入则新生链合成终止,因此可以得到一系列不等长度的以 ddATP 结尾的一组片段。同理,也可以分别得到以 T、C、G 结尾的不等长度的片段。通过聚丙烯酰胺凝胶电泳(PAGE)对长度不等的新生链进行分离后,就可根据片段大小直接读出新生 DNA 链的序列。

(二)新生链的荧光标记原理

电泳后对不同长度 DNA 新生链进行分析时,需要有可以检测的示踪信号。早期采用放射性核素法标记新生链,因其具有放射性危害、背景偏高等缺点而很快被荧光染料标记法所取代。荧光染料的荧光较强而散射光背景较弱,信噪比较高。它们的激发光谱较接近发射光谱,均位于可见光范围,且不同染料的发射光谱可相互分开,易于监测,故在 DNA 自动测序中得到广泛应用。荧光染料标记法又分为多色荧光标记法和单色荧光标记法。

1. 多色荧光标记法 多色荧光标记法的荧光染料掺入方式有两种。第一种方式是将荧光染料预先标记在测序反应所用引物的 5′端,称为荧光标记引物法。当相同碱基排列的寡核苷酸链作为骨架分别被 4 种荧光染料标记后,便形成了一组(4 种)标记引物。这 4 种引物的序列相同,但 5′端标记的荧光染料颜色不同。在测序反应中,模板、反应底物、DNA 聚合酶及标记引物等按 A、T、C、G 编号被置于 4 只微量离心管中,A、T、C、G 四个测序反应分管进行,上样时合并在一个泳道内电泳。特定颜色荧光标记的引物则与特定的双脱氧核苷酸底物保持对应关系。第二种掺入方式是将荧光染料标记在作为终止底物的双脱氧单核苷酸上,称为荧光标记终止底物法。反应中将 4 种 ddNTP 分别用 4 种不同的荧光染料标记,带有荧光基团的 ddNTP 在掺入 DNA 片段导致链延伸终止的同时,也使该片段 3′端标上了一种特定的荧光染料。经电泳后将各个荧光谱带分开,根据荧光颜色的不同来判断所代表的不同碱基信息。

以上两种方法都确立了 4 种荧光染料与 4 种双脱氧核苷酸所终止的 DNA 片段之间的专一对应关系,这是后续电泳中信号检测以及最终数据读解的基础。两种掺入方式的区别在于,荧光标记引物法使荧光有色基团标记在长短不同的 DNA 片段的 5′端,可以理解为荧光染料标记过程和延伸反应终止分别发生在同一 DNA 片段的两端,且标记发生在引物与模板的退火过程中,而终止是发生在片段延伸过程中,两者在时间上有一定间隔。荧光标记终止底物法使标记和终止过程合二为一,两者在同一时间完成。在具体操作中,前者要求 A、T、C、G 四个反应分别进行,而后者的四种反应可以在同一管中完成。

2. 单色荧光标记法 单色荧光标记法所用荧光染料仅一种,荧光染料的掺入方式也包括荧光标记引物法和荧光标记终止底物法两种。与多色荧光标记法不同的是,单色荧光标记引物法和荧光标记终止底物法均需将 A、T、C、G 四个反应分别在不同扩增管中进行,电泳时各管产物也分别在不同泳道中电泳。

(三)荧光标记 DNA 的检测原理

测序反应一般以单引物进行 DNA 聚合酶延伸反应,这样绝大多数产物均为单链。反应结束后,样品经简单纯化处理就可以放置到自动测序仪中开始电泳。

在采用多色荧光标记法的自动测序系统中,不同 ddNTP 终止的 DNA 片段由于标记了不同的荧光发色基团,故可以混合起来加在同一样品孔中,由计算机程序控制自动进样。两电极间极高的电势差推动着各个荧光 DNA 片段在凝胶高分子聚合物中从负极向正极泳动,彼此分离,依次通过检测窗口。由激光器发出的细光束,通过精密的光学系统被导向检测区,在这里激光束以与凝胶垂直的角度激发荧光 DNA 片段。DNA 片段上的荧光发色基团吸收了激光束提供的能量而发射出特征波长的荧光。这种代表不同碱基信息的不同颜色荧光经过光栅分光后再投射到 CCD 摄像机上同步成像。收集的荧光信号再传输给计算机加以处理。整个电泳过程结束时在检测区某一点上采集的所有荧光信号就转化为一个以时间为横轴,荧光波长种类和强度为纵轴的信号数据的集合。经测序分析软件对这些原始数据进行分析,最后的测序结果以一种清晰直观的图形显示出来。

由于采用四色荧光标记技术,一个样本的四个测序反应产物可以同时在一个泳道内电泳,避免了单色荧光标记时四个泳道测序因泳道间迁移率差异对精确度的影响,提高了测序精度。另外,一个样品的所有反应产物只需进样一次,一次实验可以处理较多的样品。例如,用 96 孔板上样,通过 96 个毛细管同时电泳,一次完成 96 个样品的测序工作。

在采用单色荧光标记法的自动测序系统中,不同 ddNTP 终止的 DNA 片段由于标记了相同的荧光发色基团,不能通过荧光颜色将四种 ddNTP 分开,故需将 A、T、C、G 四管的反应物加在不同的样品孔中。电泳过程中,当 DNA 条带迁移到探测区并遇到激光时,DNA 上的荧光标记立即被激发,产生荧光信号。此荧光信号由泳道前的光探测器接收,并将信息输送给电脑,软件将四个泳道的荧光综合分析,最终获得序列。

二、全自动 DNA 测序仪的结构

目前使用的全自动 DNA 测序仪都是通过凝胶电泳技术进行 DNA 片段的分离。根据电泳方式的不同又分为平板型电泳和毛细管型电泳两种仪器类型。平板型电泳的凝胶灌制在两块玻璃板中间,聚合后厚度一般为 0.4mm 或更薄,因此又称为超薄层凝胶电泳。毛细管电泳技术是将凝胶高分子聚合物灌制于毛细管中(内径 $50 \sim 100 \mu m$),在高压及较低浓度胶的条件下实现 DNA 片段的快速分离。不同类型全自动 DNA 测序仪的外观有所差异,但基本结构大致相同。

以 ABI 3730XL DNA Analyzer(以下简称 ABI 3730)为例,介绍全自动测序仪的基本结构和功能。ABI 3730 测序仪主要由主机、计算机和各种应用软件等组成。

1. 主机　主要包括电泳系统、激光器和荧光检测系统等。大致可分为以下几个结构功能区:

(1)自动进样区:装载有样品盘、缓冲液槽(装有阴极电解质)、阳极缓冲液杯、水槽和废液槽。自动进样器受计算机程序控制进行移动,阳极缓冲液杯和毛细管固定不动,其他操作如毛细管从样品盘中取样,毛细管在阴极缓冲液槽、水槽、废液槽中的相对移动均靠自动进样器的移动来完成。电极能够为电泳提供稳定的高电压差,测序过程中正、负极之间的电势差可达 15 000V,如此高的电势差可促进 DNA 分子在毛细管中快速泳动,达到快速分离不同长度 DNA 片段的目的。样品盘有 96 孔和 384 孔两种,可一次性连续测试 96 个或 384 个样本。

（2）凝胶灌装区：包括注射器驱动杆、进样器按钮、泵胶块、缓冲液阀、玻璃注射器、毛细管固定螺母、废液阀等部件。注射器驱动杆的作用是提供正压力，将注射器内的凝胶注入毛细管中，在分析每一个样品前，泵自动冲掉上一次分析用过的胶，灌入新胶；进样器按钮的作用是控制自动进样器进出；泵胶块的作用是泵入胶并将其灌入毛细管；正极缓冲液阀的作用是当注射器驱动杆下移时，将泵内的凝胶压入毛细管，缓冲液阀关闭，防止胶进入缓冲液中，电泳时，此阀打开，提供电流通道；玻璃注射器的作用是储存凝胶高分子聚合物以及在填充毛细管时提供必要的压力；毛细管固定螺母用于固定毛细管；废液阀的作用是在清洗泵块时控制废液流。凝胶灌装区结构示意图见图 14-2。

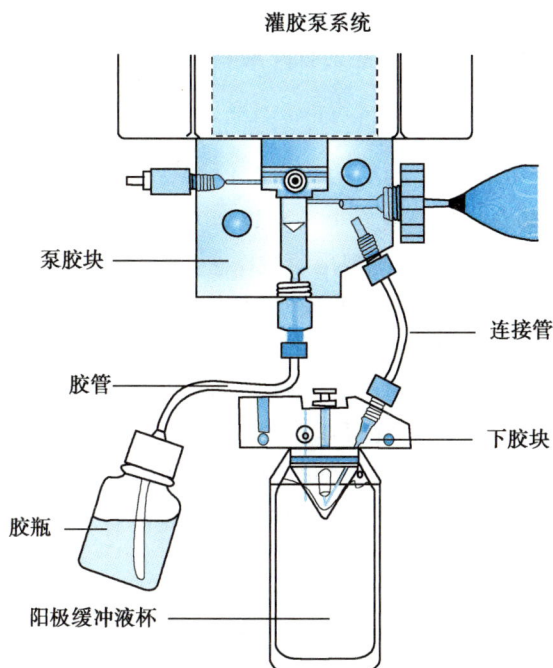

图 14-2　凝胶灌装区结构示意图

（3）检测区：检测区内有激光检测器窗口及窗盖、加热板、毛细管、热敏胶带。激光检测器窗口及窗盖的作用主要是：激光检测器窗口正对毛细管检测窗口，从仪器内部的氩离子激光器发出的激光可通过激光检测器窗口照到毛细管检测窗口上。电泳过程中，当荧光标记DNA 链上的荧光基团通过毛细管窗口时，受到激光的激发而产生特征性的荧光光谱，荧光经分光光栅分光后投射到 CCD 摄像机上同步成像。窗盖起固定毛细管的作用，同时可防止激光外泄。加热板在电泳过程中起加热毛细管的作用，一般维持在 50℃。毛细管是填充有凝胶高分子聚合物的细管，直径为 $50\mu m$，电泳时样品在毛细管内从负极向正极泳动。热敏胶带可将毛细管固定在加热板上。

2. 微型计算机和应用软件　包括数据收集软件、DNA 序列分析软件及 DNA 片段大小扫描和定量分析软件，控制主机的运行，并对来自主机的数据进行收集和分析。设置测序条件（样品的进样量，电泳的温度、时间、电压等），同步监测电泳情况并进行数据分析，实验结果的打印、输出。图 14-3（见文末彩插）是对某片段 DNA 测序的结果，可由计算机输出和打印。

三、全自动 DNA 测序仪的临床应用

全自动 DNA 测序仪的应用包括 DNA 测序和 DNA 片段分析两个方面。DNA 测序方面的应用主要是全基因组测序、PCR 克隆测序验证、突变体检测、新基因测序、系统发育及物种

鉴定;DNA 片段分析即基因分型(genotyping),主要用于个体识别、亲缘鉴定、SNP 关联分析、T 细胞和 B 细胞克隆化研究、疾病诊断等方面。临床应用方面主要包括遗传性疾病诊断、基因多态性或基因突变检测、HLA 型别鉴定、病毒基因分型等。

第三节 核酸自动化提取系统

核酸(包括 DNA 和 RNA)的提取是临床分子生物学检验中的基本技术,核酸提取的质量与速度直接影响检验结果的质量与速度。尤其是工作量较大的实验室,更需要速度快、质量高的核酸提取方法,手工提取核酸已经难以满足大规模、高通量的实验要求。核酸自动化提取系统能够快速、准确地提取核酸,且具有高通量特性,是临床分子生物学检验中的重要仪器设备。

一、核酸自动化提取系统的工作原理

目前市场常见的核酸自动化提取系统种类较多,型号各异,其工作原理也不完全相同。但是,绝大多数的核酸自动化提取系统都采用磁珠法、二氧化硅基质法和阴离子交换法的技术原理。传统的核酸提取法包括胍盐裂解法、碱裂解法、溴化十六烷基三甲基铵(CTAB)裂解法和酚抽提法,其基本原理可归纳为裂解蛋白质而提取核酸,不同的方法侧重于不同的标本。这些传统的核酸提取方法虽然有很多的优点,但不能适应核酸自动化提取的要求。随着核酸提取技术的发展,出现了一体化提取核酸的试剂盒。诸如以吸附柱为基础的核酸/蛋白质提取试剂盒,可以从同一生物样品中同时提纯基因组 DNA、总 RNA 和总蛋白质,不使用苯酚或氯仿等毒性有机溶剂。此类试剂盒适用于从少量的各种细胞培养物、动物及人类自身的组织中同时提取 DNA、RNA 和蛋白质。

在上述技术的基础上,人们研制了自动化的核酸提取系统。商品化的自动化提取系统是为处理大批量实验样品而设计的,借助自动化仪器简化核酸提取步骤,节省工作时间,降低人工成本,提高操作者自身安全,而且提取的核酸质量好、方法的重复性好。核酸自动化提取系统的工作原理是在上述裂解技术的基础上,再用磁珠法、二氧化硅基质法和阴离子交换法来纯化核酸。

1. 磁珠分离方法 是一种简单有效的核酸提纯技术。其使用的磁性载体包括固定的磁棒和可移动的磁珠。固定的磁棒又称固定体,为吸附磁珠提供磁场。磁珠是带有硅涂层的磁性树脂。磁珠表面连接了可特异地与 DNA 发生结合的功能基团,对核酸具有可逆吸附的特性。通常采用带有氨基、巯基、环氧基等基团的活化试剂对磁珠表面包被的高分子物质进行化学修饰。若裂解液提供适宜的离子强度、适宜的 pH 等条件,磁珠就可以有效地吸附 DNA。磁珠法提取核酸的最大优点就是可以实现自动化,是核酸自动化提取系统主要的工作原理之一。

2. 二氧化硅基质法 该方法提取核酸的基本原理是带负电荷的 DNA 和带正电荷的二氧化硅粒子有很高的亲和力。阳离子 Na^+ 发挥桥梁作用,吸附核酸磷酸盐骨架上带负电荷的氧,在高盐的酸性条件下,Na^+ 打破水中的氢和二氧化硅上带负电荷的氧离子间的氢键,DNA 与二氧化硅紧密结合,先洗涤除去其他杂质,再用低离子强度的 TE 缓冲液或蒸馏水洗脱结合的 DNA 分子。用这种技术也能够实现核酸的自动化提取。

3. 阴离子交换树脂法 该方法提取核酸的基本原理是树脂表面带正电荷的二乙基氨基乙基纤维素(DEAE)群和 DNA 骨架上带负电荷的磷酸盐相互作用,从而达到分离纯化 DNA 的目的。树脂表面积大,能密集地偶合 DEAE 群。在低盐的碱性溶液存在的条件下,DNA 可与 DEAE 群结合,洗涤除去树脂上的蛋白质和 RNA 等杂质,最后用高盐的酸性溶液洗脱结合在树脂上的 DNA。此方法能有效地从 RNA 和其他杂质中分离 DNA 分子,也能有效地实现 DNA 的自动化提取。

值得注意的是,DNA 和 RNA 的自动化提取系统的工作原理不完全相同,在应用中应根据实验需要合理选择。

二、核酸自动化提取系统的种类与结构

依照工作原理,可将核酸自动化提取系统分为基于磁珠分离法而设计的核酸自动化提取仪和基于二氧化硅基质或阴离子交换树脂法设计的核酸自动化提取仪两个主要类型。不同类型的核酸自动化提取系统的结构各有其特点。

本节主要介绍基于磁珠分离法而设计的核酸自动化提取仪的基本结构。这类核酸自动化提取仪主要包括机械部分、控制部分和软件部分。机械部分由磁棒、磁套和 96 孔板运送架组成。机械部分在控制系统的控制下,完成吸附、结合、搅拌、洗涤、晾干、洗脱、释放磁珠等动作。软件部分的主要功能是建立方案,控制仪器磁棒、磁套等部件的运动,带动磁珠在不同缓冲液之间转移,完成全部核酸提取工作。

软件控制的过程包括以下几个步骤:①吸附:在样品裂解液中加入磁珠,充分混合,裂解细胞释放的核酸特异性吸附到磁珠上,蛋白质等分子则不被吸附而留在溶液中;②分离:在磁力场的作用下,带有核酸的磁珠吸附在磁棒上,与溶液分离,弃掉分离后的溶液;③洗涤:加入洗涤液,反复洗涤,去除杂质;④洗脱:弃掉洗涤液,加入洗脱液,核酸从磁珠上被洗脱下来;⑤磁棒再将磁珠移出,完成核酸的提取工作。

三、核酸自动化提取系统的应用

核酸自动化提取系统具有以下优点:①自动化程度高,满足高通量需求;②提取的 DNA 质量高,减少人为干预,污染少,有利于后续实验;③操作精度高,灵活性强;④适合不同类型的标本,应用范围广。主要的应用领域有:

1. 临床分子生物学检验 例如 HBV DNA 定量检测和 HCV RNA 定量检测,对于标本量较大的实验室尤为适用。以血清为标本,提取核酸简便、快捷、质量高,能够满足后续荧光定量 PCR 的实验工作需求。

2. 大样本筛查 在基因多态性检测的大样本筛查等科研工作中,可以用核酸自动化提取仪进行批量 DNA 或 RNA 提取,适用于后续的 PCR 操作或基因芯片检测等。

3. 法医学领域 核酸自动化提取系统适合的标本类型较多、灵敏度较高,因此在法医学方面有较广泛的应用。DNA 分型是目前法医检验的主流方法,DNA 提取则是法医检验的首要和关键环节,检验结果的准确性与提取 DNA 的质量密切相关,核酸自动化提取系统完全能够满足法医学实验室的需求。

4. 其他领域 核酸自动化提取系统可以提取植物、动物、微生物等标本中的核酸,且能满足高通量、大样本的需求,是农业、牧业、林业等诸多领域科研工作、检验检疫工作的重要设备,具有广阔的应用前景。

第四节 蛋白质测序仪

蛋白质是由各种氨基酸按一定顺序以肽键相连而形成的肽链结构。蛋白质(或肽链)序列就是指肽链中氨基酸的排列顺序,即蛋白质的一级结构。通常从左至右表示肽链从氨基酸氨基端(N 末端)到羧基端(C 末端)。蛋白质一级结构的研究是揭示生命本质、了解蛋白质结构和功能的关系、研究酶的活性中心和蛋白质多级结构、探索分子进化及遗传变异等的

基础,也是基因工程中研究基因克隆、表达及 DNA 序列分析的重要内容。因此测定其氨基酸序列具有十分重要的意义。

蛋白质测序仪实际上是执行全自动化的 Edman 化学降解反应和游离氨基酸的分离与鉴定过程。随着计算机技术、色谱技术及机器制造工艺的发展,现在的蛋白质测序仪可以对皮摩尔(pmol)级的微量蛋白质进行测序分析。本节对蛋白质测序仪的工作原理、基本结构、应用范围等进行简单介绍。

一、蛋白质自动测序仪的工作原理

蛋白质自动测序仪主要检测蛋白质的一级结构,即肽链中的氨基酸序列,其原理沿用 Edman 降解法。在弱碱条件下,多肽链 N 末端 NH_2 与异硫氰酸苯酯(phenylisothiocyanate, PITC)反应,生成苯异硫甲氨酰肽(PTC-多肽)。这一反应在 45~48℃ 进行约 15 分钟并用过量的试剂使有机反应完全。在无水强酸如三氟乙酸(TFA)的作用下,可使靠近 PTC 基的氨基酸环化,肽链断裂形成噻唑啉酮苯胺(anilinothiazolinone, ATZ)衍生物和一个失去末端氨基酸的剩余多肽。剩余多肽链可以进行下一次以及后续的降解循环。如此不断循环,可依次使多肽链的氨基酸逐一降解,形成 ATZ 衍生物。ATZ 衍生物经水溶酸处理转化为稳定的乙内酰苯硫脲氨基酸(phenylthiohydantoin-amino acid, PTH),应用高效液相色谱法(HPLC)分析氨基酸种类,由计算机还原蛋白质中的氨基酸序列。图 14-4 是蛋白质测序的流程图。

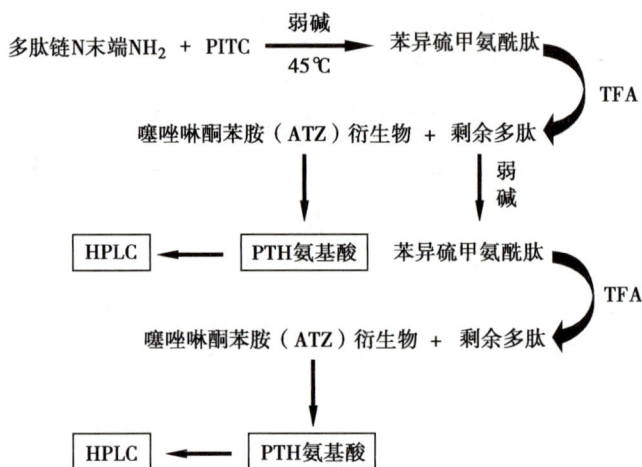

图 14-4 蛋白质测序流程图

上述降解循环的偶联和环化发生在测序仪的反应器(筒)中,转化则在转化器进行。转化后的 PTH 氨基酸经自动进样器注入高效液相色谱仪进行实时检测。根据 PTH 氨基酸的洗涤滞留时间确定每一种氨基酸。

二、蛋白质自动测序仪的结构与功能

蛋白质测序仪包括测序反应系统、氨基酸分析系统和数据处理系统。

1. 测序反应系统 测序反应系统具有 4 个微管,每周期能测序 20 个或更多的蛋白质。系统的主要部件为反应器,反应条件要求一定的温度、时间、液体流量,由计算机调节控制这些因素,能够自动化操作,甚至遥控操作。蛋白质或多肽在这里被水解为单个氨基酸残基。

2. 氨基酸分析系统 氨基酸分析系统是由十分精致的高效液相色谱毛细管层析柱组成,色谱是整个测序最为关键的一步。层析条件要求也相当严格,液体分配速度、温度、电流、电压都能影响层析结果。所以仪器要配有稳压、稳流、自动分配流速等装置。氨基酸通过这一系统会各自留下特征性吸收峰。

3. 数据处理系统 测序软件是根据氨基酸的层析峰来判断为何种氨基酸。依据测序的实际需要,软件得以不断升级,且越来越简单、快速、准确。计算机系统同 DNA 测序系统一样直观、易于操作,它提供测序需要的运行参数、时间、温度、电压和其他的条件。

除了上述主要部件外,在主件之外还有蛋白质或多肽的纯化处理配件和整个测序必备的试剂和溶液。

三、蛋白质自动测序仪的应用

1. 新蛋白质的鉴定 在凝胶电泳中出现的未知条带可以利用蛋白质测序仪来测定其氨基酸序列,为探索蛋白质的功能提供线索。

2. 分子克隆探针的设计 分子克隆探针设计是蛋白质序列分析的基本用途之一,可以用蛋白质序列信息设计 PCR 引物和寡核苷酸探针,利用这些探针进行 cDNA 文库或基因组文库的筛选。

3. 人工合成多肽的鉴定 在当前的细胞生物学、遗传学、分子生物学、免疫学及其他生命科学的研究过程中,合成多肽已成为一个必不可少的工具。人工合成多肽可以作为抗原制备抗体,也可以作为功能蛋白进行应用。人工合成的多肽需要经过氨基酸序列鉴定才能最后应用,使用蛋白质自动测序仪可以完成这项工作。

(宋玉国)

本章小结

PCR 扩增仪的本质是热循环仪,依据 PCR 技术的基本原理,重复高温变性—低温退火—适温延伸这三个温度循环过程,经过一定的重复循环,使模板 DNA 靶片段呈几何级数扩增,从而达到体外扩增核酸靶序列的目的。PCR 扩增仪主要分为普通 PCR 扩增仪和荧光定量 PCR 扩增仪两大类。在普通 PCR 扩增仪的基础上又衍生出梯度 PCR 扩增仪和原位 PCR 扩增仪。无论是普通 PCR 扩增仪还是荧光定量 PCR 扩增仪,其变温方式主要是变温金属块式和变温气流式两种。PCR 扩增仪的技术关键是温度控制,对温度的技术要求包括温度的准确性、均一性以及升降温度的快速性。

全自动 DNA 测序仪是检测 DNA 片段碱基序列的自动化仪器,检测原理主要利用 Sanger 双脱氧链末端终止法或 Maxam-Gilbert 化学降解法。因为 Sanger 双脱氧链末端终止法操作更简便、更适合于光学自动探测,所以在单纯以测定 DNA 序列为目的的全自动 DNA 测序仪中得到广泛应用。

核酸自动化提取系统为大量提取核酸工作提供了便利。绝大多数的核酸自动化提取系统都采用磁珠法、二氧化硅基质法和阴离子交换法的技术原理。

蛋白质测序仪是检测氨基酸排列顺序的自动化仪器。由计算机控制,全自动化地执行 Edman 化学降解反应,使之生成稳定的乙内酰苯硫脲氨基酸,应用 HPLC 分析氨基酸种类,并由计算机软件还原蛋白质中的氨基酸序列。

第十五章

实验室自动化系统

随着医疗水平的不断提高和医疗需求的持续增长,各种现代化高科技技术不断融入到临床实验室的日常工作中。临床检验诊断已逐步向自动化、智能化、信息网络化迈进,其中作为自动化代表的实验室自动化系统正在大量快速地进入临床实验室,呈现高速发展的趋势,给实验室带来了工作流程及管理模式的改变。检验医学的不同亚学科因此而进行互相交叉与融合,如传统的生化检验和免疫检验的区分日趋模糊,同时对每一个临床实验室工作人员都提出了更高的综合素质要求。它要求工作人员不仅要懂检验医学技术,还要掌握有关实验室自动化系统的基本知识。

第一节　实验室自动化系统概况

实验室自动化系统(laboratory automation system,LAS)是指为实现临床实验室内某一个或多个检测系统,如临床化学、血液学、免疫学等系统的整合而将不同的分析仪器与分析前、分析后的实验室设备系统通过自动化和信息网络进行连接。LAS包括分析前样品处理、分析中自动检测和分析后样本保存、检验报告的发布等,体现了整个检验流程自动化和智能化的特点。

一、实验室自动化的类型与定义

实验室自动化的发展与科学技术的发展密不可分,是一个循序渐进的发展过程,主要经历了以下几个阶段:

第一阶段:系统自动化,即分析的自动化。1957年,美国Skeggs博士首先提出了气泡隔离连续流动分析原理,发明了世界上第一种临床化学分析自动化仪器,从此,临床化学自动化分析仪发展迅速,成为临床实验室自动化分析开端。

第二阶段:模块自动化,是在系统自动化的基础上增加部分硬件,能够完成样本自动离心、开盖、分杯、分选等功能,使自动化过程进一步完善,大大提高了实验室的工作效率。实验室全自动化系统的发展始于20世纪70年代的日本。由于当时日本立法对于公立医院的人员编制进行了限制,于是,紧缺的人力资源和不断增长的医学检验需求这一对主要矛盾催生了将不同的自动化分析仪器连接在一起以提高检测效率的想法。1981年,日本高知医学院的佐佐木(Sasaki)博士和他所招聘的空军机械退伍兵构建组合了国际上第一个完整的实验室自动化系统。这一实践就是临床实验室自动化发展的助推器,在此基础上,逐步产生全实验室自动化的概念。

第三阶段:全实验室自动化。1996年,国际临床化学协会(International Federation of Clinical Chemistry,IFCC)提出了全实验室自动化的概念。2007年,IFCC大会将全实验室自动化系统(total laboratory automation,TLA)列为会议专题,标志TLA受到普遍重视。

目前习惯上将临床实验室自动化系统分为两个层次,一是模块化实验室自动化(modular laboratory automation,MLA),二是全实验室自动化系统(TLA)。

模块自动化系统通常指将分析前、分析中、分析后分别运行的不同系统或工作单元,根据用户实验室特定需求,灵活选择模块构建的一套工作单元组合。故又称为灵活的实验室自动化(flexible laboratory automation,FLA)。

全实验室自动化系统是指临床实验室内几个不同检测系统(如临床化学、免疫学、血液学等)的系统化整合,通过自动化连接模式和信息网络连接,使相同或不同的分析仪器与实验室分析前、分析后系统连接为一个系统,从而形成实验室从样本检测到信息处理全过程的自动化。

它的基本组成包括:①样本传送系统(conveyor system)或传送带(conveyor belt);②样本处理(sample handing)系统;③自动化分析仪(automated analyzer);④分析测试过程控制(process control)系统;⑤实验室信息系统(laboratory information system,LIS)。

二、实验室自动化系统的临床应用优势

目前,我国临床实验室的样本分析全过程中还存在操作不规范问题,具体表现在:①大量使用手工操作方式,样本分析的各环节中人工干预多,检验结果存在误差。②检验分析流程的自动化、标准化和信息化程度低,由此导致单位时间内检测的样本数量少,检测效率低下。③样本的检测周期(TAT)过长和不恒定,即相同检测项目,其TAT可为30分钟也可以是数小时。这种情况使临床增加了不必要的急诊检测,且可能给诊治带来延误,同时检验结果的误差会干扰临床诊断和有效治疗。此外,现有的工作模式和流程使实验室工作人员接触样本中有害因子的机会频繁,导致其面临生物安全风险。

实验室自动化系统的应用使实验室工作呈现自动化、标准化、系统化、一体化和网络化的特点,并给临床实验室对于上述问题的改善带来明显效果。实验室自动化系统的优势体现如下:

1. 提高临床实验室管理水平 LAS的临床应用有利于加强检验质量管理,减少操作环节,降低差错率,充分发挥条形码技术和实验室信息系统的优势。通过LAS系统减少了操作环节,避免或减少了人为出错的机会,可提高检验结果的准确性,为临床提供高效优质的检验结果。

2. 简化样本的检验步骤 LAS检测样本速度快,极大地减轻了劳动强度,快速的样品前处理系统可大幅度提高工作效率与样本的检测速度,缩短TAT,也意味着缩短了患者候诊时间,使患者花费同等检验费用而得到更高质量的医疗服务。

3. 降低实验室生物安全风险 样本从送样、离心、分杯、检测、复查及保存等均可通过自动化系统完成,减少了检验技术人员与样本直接接触的频率,有效避免了样本对操作者污

染的机会。

4. 完善了检验流程与管理　实验室自动化系统最大限度地优化了检测工作流程和实验室的管理模式,有利于自动化系统的日常操作、检验、仪器维护与检验结果的质量管理。

5. 良好的样本管理体系　LAS可实现样本自动化精准管理,减少分类检验的用血量。

6. 节约人力资源　LAS应用可节省人员,降低工作强度。

第二节　实验室自动化系统的基本构成与功能

实验室自动化系统以高效率、高质量为特点,贯穿样本分析前、分析中和分析后过程,本节将分别介绍分析前自动化系统、分析自动化系统、分析后自动化系统和全实验室自动化系统。

一、分析前自动化系统

临床实践表明,近50%～70%临床检验的误差来源于样本的准备和处理,而来源于分析过程的不到30%。将分析前的过程自动化,可以从源头有效降低这种误差。目前发展成熟的分析前自动化系统种类繁多,尤其是用于各种目的的样本前处理自动化系统,如用于分子生物学的核酸抽提工作站、微生物学分离培养工作站、各种加样工作站等,这些内容已经在本教材的其他章节中作过介绍。本节主要介绍用于血液样本采集管理的智能采血管理模块和临床实验室常用于生化、免疫等常规检测的血液/体液样本前处理自动化系统。

(一)智能采血管理系统

智能采血管理系统由全自动采血管贴标签设备、采血工作台和连接轨道等硬件设备,以及采血管分配管理软件系统、排队叫号管理系统等软件系统组成。此系统可实现采血管的分配、自动贴标签、患者采血的排队叫号等功能,对患者采血实现智能化、自动化的管理。

智能采血管理系统可以将传统繁杂的采血流程缩短为三个步骤:①患者到采血处刷诊疗卡登记,并持排队叫号管理系统产生的排队号票等候采血;②采血管分配管理软件系统通过与实验室信息系统和医院信息系统进行信息交互,指令全自动采血管贴标签设备自动完成选择合适的采血管、打印和粘贴标签,将带有条形码标签的试管分装入相应的小盒式容器内,再通过连接轨道将分装的采血管输送到采血台,采血护士扫描采血管上的条码,排队叫号管理系统通过语音广播和屏幕显示等方式通知患者。③患者到采血窗口向采血护士出示排队号票,采血护士扫描叫号票条形码,系统进行智能化匹配和人工核查无误后进行采血。

智能采血管理系统大大减少了采血工作人员繁杂的采血前准备和采血前后信息的核对工作,提高了工作效率并降低了差错;全自动采血管贴标签设备可保证规范地打印和粘贴试管标签;同时也省却了许多人工操作的步骤,明显缩短了患者采血的等候时间。三步工作流程保证了采血工作人员不再参与烦琐的采血前准备过程,有效提高了作业效率。更主要的优势还在于能减少人为失误,防止因采血差错导致的误诊、漏诊,推动整个采血过程的精准、高效运作。

(二)样本前处理自动化系统

血液样本检测生化、免疫等项目时常用血清/血浆作为样本,所以就需要对采集的全血样本进行前处理,这些前处理的过程包括:样本识别、离心、血清质量的检查、分类、编号、去盖、分杯等过程。传统上这些处理均以人工完成,这些工作烦琐、工作量大、容易出差错;并且工作人员频繁接触具有潜在生物危害因子的样本,有较高的生物危害风险。样本前处理自动化系统可以自动完成样本识别和分类、样本离心、样本管去盖、样本再分杯和标签粘贴,使样本前处理的全过程完全摆脱手工化作业,实现无差错和全自动化。以Cobas P系列前处理系统为例,其以 Cobas P471 和 P612 两个系统组合成一套完整的样本前处理自动化系统,P471 系统完成样本入口和离心,P612 系统完成样本开盖、分类、血清质量检测、样本分杯等功能。

1. 投入缓冲模块　投入缓冲模块相当于实验室自动化系统的入口。投入缓冲模块可根据样本的不同属性分别投入。常规样本从样本投入模块进入;急诊样本从模块上的急诊专用口进入;再测样本从收纳缓冲模块的优先入口进入。试管架传送的顺序是急诊—再测—常规,以确保急诊样本优先检测。样本在进入模块后便进入条形码读取器,读取器对样本管条形码进行读取,并校验样本程序。如果条形码标签已损坏、缺失或条形码标签长度或类型错误,读取器将无法读取,后续程序被拒绝。

2. 样本离心模块　样本离心模块可以通过机械抓手自动将样本管从轨道上抓取放入离心机从而实现样本的自动化离心。样本离心模块在全自动样本前处理系统中通常是作为独立可选单元存在的,在实现样本处理自动化过程中起着极其重要的作用。通常,不同厂家的离心单元样本处理速度不同,不同品牌的样本离心模块离心处理速度从 240 管/小时到 640 管/小时不等,根据工作量一般可配置到 2 台离心机,如 Cobas P 系列也可以根据实验室需要以 P671 系统代替 P471,以增加离心机模块提高样本离心处理速度,但同时也增加了系统的成本。

3. 开盖模块　开盖模块用于脱去离心后样本管的盖子,再识别已经开盖的样本,以便样本进入分析仪器进行测定。开盖模块的去盖方式可以是直拔式、螺旋式和剥离式,取决于样本管的种类。不同品牌设备开盖模块的开盖速度不同,从 400 管/小时到 600 管/小时不等。开盖模块避免了人工开盖样本溅出的风险,减少了实验室工作人员与样本直接接触的机会,避免了生物源污染的危险,显著提高了安全性,也显著提高了工作效率。

4. 样本分类模块　样本分类模块是对样本进行分类。其目的是将样本按检验目的进行分类,是样品前处理流程中的第一步,也是重要的一步。全自动样本处理系统可通过识别原始管上的条形码,并通过 LIS 从 HIS 获取样本相关信息,对样本进行分类。分类的操作既可以用抓放式的机械手实现,也可以通过在不同样本传送轨道间进行切换的方式实现。

5. 血清质量识别模块　血清质量识别模块可以对血清质量进行检查,根据待检测的项目与原始样本种类、试管类型等对样本(血浆或血清)进行符合性判定,并通过特殊的激光系统和(或)数码照相技术,对样本的质量包括血清指数(serum index)(如溶血、脂血、血凝块、胆红素)和样本体积进行判断,对于血清指数进行标示,以便作为检测结果审核时的参考因素,对于不符合检验要求的样本做出相应的处理。

Cobas P612 样本前处理系统的血清质量识别原理是采用相机拍摄图像,再用图像处理计算机识别,计算机系统将图像颜色值与基准值进行比较,根据颜色判断血清是否存在溶血、黄疸、脂血。

6. 样本分杯模块　样本分杯是指将原始样本管内的部分样本分配到新的样本管中,再投入到各分析仪器上进行检测。样本分杯模块可根据 LIS 提供的信息对原始样本进行必要的分杯,以适合实验室不同检测工作平台(如生化、免疫、特种蛋白等检测)的要求。对于分注的二次样本管,系统自动地为其加贴与原始样本管相同的条形码标识,以保证二次分注的样本信息与原始管一致。通过分注可以把同一份样本分配到几个分析仪上同时进行检测,既可提高检测速度,同时又不需要多采集患者样本。分注时机器采用一次性加样吸头,避免样本间的交叉污染。样本分杯模块运行时能智能化地进行样本液面检测、有无纤维蛋白凝块检测和血清容量的检测,能够自动记录血清容量,为分装模块和仪器测定提示是否有足够的血清体积;纤维蛋白凝块的检测可以防止样品针被凝块堵塞。对血清总量达不到检测要求、离心后血清中仍有凝块的不合格样本,系统直接将其输送到出口模块中预先设定区域等待人工处理。分杯模块将合格的原始样本根据不同测试项目从原始试管中取出,并最多可加入到9个子样本管中,自动生成次级条形码并粘贴到子样本管上,使在线样本在各个位置都能被在 LIS 管理下的条形码阅读器的分析设备辨认,从而达到单管样本能同时供多台分析仪器检测的目的。此举既减少了患者的采血量,缩短了多项目检测所需的时间,同时也避免了样本间的交叉污染和降低操作人员的生物危害风险。

二、分析中自动化系统

目前在临床实验室中自动化的分析仪器已经被广泛采用,随着检测样本量和检测项目的增加,单台分立的自动化仪器在检测中显示出的不足也越来越明显,如单机的测试速度不足,试剂仓位不够、生化和免疫检测项目需分开测定,检测效率不高等。分析中自动化系统是为满足特定的目的而将临床实验室内某两个或多个检测系统,如血液学、临床化学、免疫学等分析仪器整合而成的系统。

(一)血液学分析工作站

近年来,全自动推片染色一体机、血细胞形态与图像分析系统的逐步推广应用,使血液学分析实现了真正意义上的全自动化分析。血液学分析工作站就是将全自动血液分析仪、全自动血液推片、染片机和血细胞形态与图像分析系统等整合形成的工作站系统。

传统血液学分析的工作流程是根据血液分析仪检测结果,按照一定的血涂片复检规则,进行人工涂片染色复检。血液学分析工作站的应用改变了传统的人工复检血涂片的模式,系统根据设定血涂片复检规则,实现智能审核、智能推片、自动染色,有效提高了推片复检率,降低假阴性,从而避免医疗差错。系统标准化的涂片染色质量,避免了手工涂片操作员之间的质量差异,实现了血涂片制备的标准化。

1. 全自动血液分析仪 又称全自动血细胞分析仪或全自动血球分析仪,是医院临床检验实验室应用非常广泛的仪器之一。随着科学技术日新月异的发展,血细胞分析仪也呈现多参数化、多功能合成扩展。最初的血细胞分析仪只能计数白细胞和红细胞,后来有了血红蛋白、血小板、血细胞比容、平均红细胞体积等参数,血细胞分析仪从三分类转向五分类,对血细胞的识别从二维空间提升到三维空间,结果更为准确。由最初只进行常规血细胞的分析到后来增加网织红细胞的计数和分析、异常淋巴细胞提示、幼稚细胞提示和有核红细胞分析,甚至对血液细胞中的某些寄生虫进行提示,同时现代血细胞分析仪的五分类采用了许多先进技术,如鞘流技术、激光技术等。其应用模式分为全血模式、预稀释模式和穿刺模式。

2. 全自动血液推片、染片机 自动推片、染片机是血液学分析工作站有别于全自动血细胞分析仪单机的重要一环,高质量的血液推片和染片是保证血细胞形态分析质量的基础。某些全自动血液推片、染片机使用专用的推玻片、单片染色盒、可循环使用的染液,这使推片和染片更标准、更环保且更符合实验室生物安全的要求。全自动血液推片、染片是根据样本的血细胞比容(HCT)值,自动调整点血量、推片角度和速度,保证了每张血涂片的质量。全自动血液推片、染片机可独立运转,具备接受急诊插入染色和接受工作站以外的样本染色的功能,还能在每张血涂片上打印患者信息的 ID 编码或条码,使血涂片的保存和管理更规范化。在工作站管理软件的支持下,在内置复检和推片染色规则的基础上,结合自己实验室的具体情况可自定义复检和推片染色规则,实现血液分析的智能审核、复检和推片染色,减少了人为因素的漏检,提高异常细胞的检出率。全自动血液推片、染片机模仿人工涂片技术,所推血涂片头、体、尾层次清晰;激光涂片监测保证血涂片质量的标准化,克服了手工涂片操作人员之间的质量差异。

3. 血细胞形态与图像分析系统 此系统可进行血液涂片细胞形态学的自动化检查,以染色后的血涂片为样本,以最接近传统显微镜观察法的技术对血液中的白细胞、红细胞进行初步分类,40 倍物镜下拍摄红细胞图像,100 倍油镜下扫描拍摄有核白细胞。获得细胞数码图像后,通过软件提取红细胞的直径、色素含量、对比度等特征信息和白细胞的形状、大小、纹理、颜色、空隙、核质比等信息参数并与细胞图像数据库比对分析,形成细胞形态学结果报告。该仪器采用先进的人工智能网络系统和全自动的操作程序,使血细胞形态学检验在自动化、智能化、标准化方面达到一定水准。该系统需要操作者对所有白细胞和红细胞图像进行查看,某些血涂片需进一步用传统光镜进行复查,这取决于检测的目的,如需要复查涂片的边缘部分以增加幼稚细胞的检出率或复查涂片的尾部以确定是否存在血小板凝块等。

(二)血清学检测工作站

血清学检测工作站是将以血清为主要检测样本类型的自动化分析仪器,如全自动生化分析仪、酶免疫分析仪、免疫比浊分析仪、化学发光免疫分析仪、全自动免疫分析仪等,按照特定目的以轨道连接或者模块化组合等方式整合形成的工作站。血清学检测工作站有诸多的形式,如临床生化分析工作站、临床免疫分析工作站、生化和免疫工作站等,各自组成不同,临床应用目的也不同。

1. 临床生化分析工作站 通常由两台或多台全自动生化分析仪模块组合形成一体化的工作站。此工作站将原始手工操作过程中的取样、混匀、温育检测、结果计算、判断、显示和结果打印以及仪器清洗等步骤全部自动化运行。工作站可对血液、脑脊液、胸腹腔积液等样本进行肝功能、肾功能、血糖、血脂、血清酶学、电解质、血清离子等多种生化项目的检测。较之独立的单模块仪器,临床生化分析工作站可以共享一套进样系统,当样本量大、测试项目多、分析仪试剂仓位不足时,此类工作站有较大优势。

AU5800 系列采用模块化设计,单模块为 2000 测试/小时,最多可以连接 4 个模块,达到 8000 测试/小时,同时试剂仓位也增加到单模块的 4 倍。当实验室样本量大、测试数多时,这种组合式临床生化分析工作站比单个模块分立的仪器具有更高的效率和更短的 TAT。

2. 临床免疫分析工作站 通常由两台或多台免疫分析仪组成,进行免疫项目的测定。同临床生化分析工作站一样,组合的临床免疫分析工作站同样具有测试速度快、检测项目多、工作效率高的特点。

ARCHITECT i4000SR 化学发光免疫分析工作站是将具有高灵敏度的化学发光技术与高特异性的免疫反应相结合的一种免疫分析仪器,由 2 台 ARCHITECT i2000SR 化学发光免疫分析仪器组成,其测试速度最高达 400 测试/小时,试剂仓位达 50 个,最多可检测 50 个项目,较单台分立仪器增加 1 倍。化学发光免疫分析是目前发展和推广应用最快的免疫分析方法,具有灵敏度高、特异性强、试剂价格低廉、试剂稳定且有效期长、方法稳定快速、检测范围宽、操作简单、自动化程度高等优点。化学发光免疫分析仪可进行各类抗原、半抗原、酶、内分泌激素、药物等的检测。

3. 全自动生化免疫分析工作站 是全自动生化、免疫分析仪器组合形成的一体机,集临床生化分析与免疫检测于一体的自动化检测设备。此工作站的特点是检测项目全面,能同时检测生化和免疫项目,避免单立的生化、免疫分析仪器只能分别检测生化和免疫项目的不足,极大地提高了检验工作的效率,缩短了样本检测周期。另外一个优点是生化、免疫检测共用一根试管的样本,可减少患者样本的采集量。

Cobas 6000 全自动生化免疫分析工作站由控制单元、核心单元以及 C501 生化分析模块和 e601 免疫分析模块组成。一个 C501 模块最多可进行 2000 个测试/小时(光度法和 ISE),最多可容纳 60 个 Cobas c 试剂盒。单个 e601 模块采用电化学发光免疫分析原理,最多可进行 170 个测试/小时,最多容纳 25 个 Cobas e 试剂盒。另外,Cobas 6000 全自动生化免疫分析工作站可以根据实验室需要进行不同的生化和免疫模块的组合,最多可以有 7 种组合,满足实验室对不同样本量、不同测试项目和类型的要求。模块化分析工作站也可以在使用过程中按需要新增加模块,可有效降低仪器设备成本。

三、分析后自动化系统

分析后自动化系统的作用是确保样本在分析后阶段能够得到合适的存储。样本保存于受控且冷藏的环境中,以保证在保存期内能够取出需要复检或追加检测项目的样本,并且在保存期满可以取出销毁。

Cobas P501 分析后自动化系统是由一个输出缓冲模块和在线冰箱存储模块组成的系统。其在线冰箱存储模块可以存储 13 530 根试管,并可根据需要增加存储冰箱,最多存储27 060 根试管。

1. 输出缓冲模块　包括出口模块和样本储存接收缓冲区。前者用于接收需人工复检样本和离心完毕的非在线检测样本(如开盖错误、分注错误、复位架的样本),这些样本被自动投入出口模块中预先设定的各自区域等待人工处理。样本储存接收缓冲区的基本功能是管理和储存样本,即与计算机连接并执行读取样本的 ID 以证实样本到来、给到达的样本排序、给排序的样本进行索引管理等功能。后者可进行在线自动复检,当 LIS 审核报告时,确认某一项目需复检后,即向该模块发出复检指令,将需要复检的样本送入复查回路,并送至分析系统进行复检。

2. 加盖去盖模块　加盖是给已经完成分析实验并将进入储存模块冰箱的样本试管加上盖子,以防止样本在储存期间的污染和浓缩,保证复检样本结果的准确性,与去盖器模块工作模式刚好相反。样本试管到达加盖器内部加盖位置,气动抓手从两侧固定住试管,位于试管上方的加盖套筒向下运动套住试管口并向下压迫试管,使其套筒内部的试管盖塞紧试管口,完成加盖。当存储在冰箱内的样本需要取出复检时就需要去盖,去盖功能以后的样本通过轨道返回分析仪器重新检测。

3. 在线冰箱存储模块　在线冰箱存储模块可以自动将检测完毕的样本保存于自动化冰箱中,并可在计算机系统的管理下给存储样本排序,建立样本索引,实现样本的分析后管理。

四、全实验室自动化系统

全实验室自动化系统是将分析前、分析中、分析后的众多模块分析系统整合为一体,实现对样本处理、传送、测定、数据处理和分析的全自动化过程。样本在 TLA 可完成血液学、临床化学、免疫学等亚专业的任一项目或全部项目的检测。全实验室自动化包括:自动化样本前处理系统、样本自动传送和分选系统、自动分析测定系统、实验数据/结果处理系统和样本储存系统。通过轨道、机械臂、仪器连接模块等不同连接方式,把所有或大部分析系统连接在一起,在计算机软硬件的支持下,实现检验全过程的自动化。

TLA 与 MLA 的不同点在于通过各式样本连接传送系统将分析前、中、后的各系统连接起来,实现全实验室的自动化。样本从一个模块传递到另一个模块的转运过程中通常是以5~10 个试管为一组(在一个试管架上)而提高转运速度,也有独立载体在轨道上完成对单样本的转运,非架式管理模式的样本转运避免了样本之间的互相等待。样本自动传送装置可以将处理好的各类样本传送至实验室相应的工作站完成各种检测分析。目前传输系统传送样本的方式主要有智能化传输带和智能自动机械臂,它们的区别在于对试管架设计不同以及运送试管的方式不同。

Power Processor 实验室自动化系统是将不相同的分析仪器与实验室分析前和分析后的自动化系统整合,通过轨道、机械臂、仪器连接模块等方式和信息网络进行连接,覆盖整个检验过程,形成大规模的全检验过程的自动化。Power Processor 实验室自动化系统见文末彩插图 15-1。

1. 智能化传输轨道　是连接 TLA 各个部分的通道,依靠电机驱动,带动传送皮带完成样本运送器的移动,其特点是技术稳定、速度快、价格低,因此一直应用于绝大多数实验室的自动化系统中。TLA 的各组成部分等都是以主轨道为主干分布的。传输轨道一般采用双轨道设计,可形成"来""回"闭路循环。目前已经有四轨的传送轨道,可以加快样本传送,各行其道,减少不必要的等待时间。

2. 智能自动机械臂　即编程控制的可移动机械手,是对智能化传输带技术的补充。安装在固定底座上的机械手,其活动范围仅限于一个往返区间或以机座为圆心的半圆区域内,以安装在移动机座上的机械手为中心,可为多台分析仪器提供样本,大大扩展其活动范围。机械手有很好的动作可重复性,在优化条件下其定位重复性的 SD 值小于 1mm。此外,机械手可容易地抓取不同尺寸、形状的样本容器,轻易地适应多种规格、不同形状的样本容器,当实验室的布局发生改变时,可通过编程转移到新的位置,因此具有很好的灵活性。但可移动机械手只能以整批方式传送样本,若两批传送之间的间隔过长,就会影响整个实验室的检测速度。

TLA 通常采用智能传输带与自动机械手臂相结合的传送系统,根据样本不同的检测需求,实现在线分样和合理分配进入不同的分析系统,从而达到最优化的样本传送和最快速的检测效率。

3. 分析仪器连接模块　用于连接主轨道和分析仪器,是样本进入仪器完成分析实验的通道。样本到达连接模块,模块首先判读样本是否为本仪器测定:通过条码阅读器的扫描,根据测试项目、编程信息、仪器和试剂状态及装载暂停状态,确定本仪器检测;再用机械臂将轨道上的样本装入样本架传送入仪器检测。连接模块具有智能平衡功能,信息控制中心的计算机根据样本信息、样本的测定项目和线上各仪器状态,调节样本在各个仪器的分配,能最大限度地提高样本的处理速度。待样本检测完毕,再通过连接模块将样本送回轨道。

第三节　实验室信息系统在实验室自动化中的作用

在实验室自动化的实施和应用中,其必不可少的先决条件是采用条形码技术标识样本和完善的实验室信息系统。信息化是决定实验室自动化系统应用的前提和关键因素,这是因为 LAS 的顺利运行依赖高效的信息交互,信息一旦断流,LAS 只是一堆"摆设"。信息系统对 LAS 在信息流上的支持作用是必须优先考虑和重点解决的问题。

一、条形码技术

条形码技术是实验室信息系统的核心。条形码在实验室信息系统中用于样本的标识。LIS 通过数据库建立条形码与样本信息的对应关系,设备读取的条形码数据通过在 LIS 的数据库中提取相应的信息而达到识别样本的目的,样本的识别贯穿于分析检测的全过程。信息系统通过条形码生成和条形码打印来建立条形码与样本信息的对应关系。

1. 条形码技术原理　条形码(bar code)又称条码。中华人民共和国国家标准 GB/T 12905—2000 对条形码的定义为"是由一组规则排列的条、空及其对应字符组成的标记,用以表示一定的信息。"条形码用深色的"条"和浅色的"空"来表示二进制数的"1"和"0",这些"条"和"空"被光电扫描设备读取,设备中内置条形码编码系统会将二进制数的"1"和"0"转换成对应的字符,输入到计算机系统。它是在计算机技术与信息技术基础上发展起来,集编码、印刷、识别、数据采集和处理于一身的自动识别技术,是计算机、光、电、仪器等多学科技术相结合的产物。

条形码根据编码技术规范不同分成不同的编码系统,例如:Code39 码、Code128 码、

UPC、EAN、交叉 25 码等。临床实验室的检测设备常用的条形码编码系统以 Code39 码和 Code128 码为主,其中 Code128 码是 CLSI 文件 AUTO2-A2 所推荐的临床实验室样本容器标识的条形码编码种类。

2. 临床实验室条形码生成过程 医生在 HIS 医生工作站中录入患者电子医嘱(门诊患者需挂号,通过门诊就诊卡录入),门诊患者通过刷卡交费,住院患者在护士执行医嘱时自动扣费。样本采集时,通过刷卡护士工作站显示患者检验医嘱,系统根据编码规则自动生成唯一的条形码,然后打印(可用各式打印机打印)条形码标签,粘贴到相应容器上再采集样本。打印条形码的不干胶选用厚度薄、黏性好、防静电处理的材料。工作人员根据条形码上信息(患者基本资料、送检科室、接收科室、检验项目、样本采集量和容器、打印时间),分别粘贴不同容器,按照要求采集样本,或指导患者自己留取样本。这种实时打印生成条形码的流程,如果贴标签不规范和(或)贴错标签,将造成仪器条形码读不出和条形码人为差错。智能采血管理模块能够较好地避免和减少这些人为差错。

3. 预制条形码标识技术 相对上述实时打印粘贴条形码的方式,目前在临床实验室较多采用的还有所谓预制条形码模式。这种模式是样本试管制造商在试管上印制好条形码,实验室采集样本时,将实验室信息系统中样本的信息与试管条形码进行匹配对应,由此条形码和样本信息形成关联。这种模式的优点在于:所需设备简单,实验室不需要相应耗材,仅需条形码扫描器即可;条形码质量好,仪器识别率高。缺点在于:试管标签上仅有条形码,无患者样本信息,无法满足样本核对要求,通常需要人工在样本管上标注,尤其是在病房采集样本,成批运送时更需要有防止差错产生的对应措施,故操作比较烦琐。

4. 条形码技术在实验室自动化中的应用 实验室自动化系统和绝大部分的分析仪器都具备条形码识别功能和双向通信功能,因此采用条形码技术标识样本是实现实验室自动化的基本条件。

当样本进入实验室自动化系统和自动分析仪器,样本条形码被识别,实验室自动化系统通过双向通信功能,按照通信协议(如数据交换标准 HL7、ASTM 等或设备自身标准),LIS 将根据条形码从数据库获得相应样本的患者资料、检验项目、样本类型等信息上传自动化系统;待分析结束后,LIS 下载自动化分析仪的状态、样本分析情况、分析结果、通信情况等。LAS 按条形码识别样本上传、下载的信息,样本的前后次序不受影响,不用在分析仪中再输入检验项目,取消了样本编号、项目录入等分析前处理的工作。整个过程自动完成,从而加快了检测速度,避免了以往手工操作时号码编错、漏号、样本错位、项目少做、样本漏做等人为产生的差错,充分发挥自动化流水线高速准确的特点。应用条形码系统,从样本采集开始使用条形码,使其作为样本的标识,上线后实现样本的全自动化处理过程,最大限度地发挥 LAS 系统的功能。

二、实验室信息系统

临床实验室信息系统(laboratory information system,LIS)又称为实验室信息管理系统(laboratory information management system,LIMS),是对患者样本识别、检验申请、结果报告、质量控制以及样本分析各方面相关数据进行综合管理的信息系统。LIS 主要由软件系统和支持其运行的计算机硬件系统构成,主要功能包括检验申请、样本采集、样本核收、样本检验、报告审核、报告发布、报告查询、报告打印、质控管理、统计分析和辅助功能,贯穿于整个检验过程,和分析仪器等一样,是现代临床实验室不可或缺的信息基础设施,也是实验室最重要的组成部分之一。LIS 能对临床检验工作实行标准化、智能化、自动化规范和监督、及时提醒,减少医疗差错,降低医疗风险,更重要的是还能提高检验科工作的质量和效率。

1. 实验室信息系统的发展方向 近年来,随着互联网技术的发展,LIS 在向着更方便患

者的方向发展,具体体现在:

(1)检验无纸化:从检验申请、样本管理到检验结果的传输可实现完全无纸化,彻底解决在传递过程中样本和纸质检验医嘱的丢失和产生的人为误差。

(2)信息实时化:患者的检验结果报告可与电信公司合作实现短信平台,将化验结果以信息的形式发到患者的手机上。

(3)网络共享化:LIS 与 HIS、社会保险及其他系统统一标准,实现多系统的无缝连接和信息共享,在一定区域内,不同医院都可以查询和共享自己的检验结果。

医院选择实验室信息系统时应考虑以下几条基本原则:①实用性:指系统能适用于医院的具体情况,解决实际工作中的问题。②开放性:指规划过程中要考虑到实验室系统的开发技术、开放结构、开放系统模块和开放用户接口,以利于系统的维护、升级和与其他系统连接。③扩展性:指系统数据库、处理能力和接口等方面具有扩展空间,在不破坏原有结构、保护原有投资的情况下可以满足扩展新功能、新需求的能力。④可靠性:指对网络设计、选型、安装和软件的调试等环节进行统一的规划和分析,确保系统运行具备一定的智能性而又稳定可靠。⑤安全性:指信息系统中具有安全管理体系和安全控制手段,避免病毒的感染和黑客的入侵等造成系统的崩溃,并能防范一些意外情况的发生(如停电、火灾等)。

2. 实验室信息系统的基本功能 2002 年,原卫生部颁发了《医院信息系统基本功能规范》,其中第六章"临床检验分系统功能规范"对我国实验室信息系统功能做出了基本规定。要求实验室信息系统必须具备以下基本功能:①预约管理;②检验单信息;③登陆功能;④提示查对;⑤检验业务执行;⑥报告处理功能;⑦检验管理功能;⑧检验质量控制功能;⑨统计功能等。

实验室信息系统是信息系统在医学实验室领域的具体应用,所以,实验室信息系统除了基本功能,还有其自身独特的功能。

首先,作为医院实验室信息系统,其主要功能是接收各种实验仪器传出的检验数据和手工录入的数据,并结合患者资料生成检验报告单,直接打印报告单或通过网络发送检验结果,及时为临床医生提供患者的检验结果。

其次,为满足实际工作的需求,实验室信息系统还应具备一些特殊的功能以达到更好的应用效果。一是 LIS 与 HIS 联网的功能,从而能够实现从 HIS 中查询患者的详细信息和治疗情况。二是收费功能,通过患者唯一住院号或门诊号调取医生所开检验项目,并且进行收费,避免了漏收费、错误收费现象,而且可以对科室收入情况进行统计。三为自动审核功能,通过遵循设定好的若干规则,判断哪些结果是符合逻辑的,从而自动初步审核大部分的检验结果。四是科室事务管理功能。除业务事务外,实验室信息系统还应具备电了考勤、排班、设备管理、试剂管理、安全管理等功能。

3. 实验室信息系统在 LAS 中的应用

(1)LIS 辅助检验报告审核功能:是对检验数据进行综合分析处理的基本程序。各实验室可根据自己的实际情况,设定各种审核条件,由计算机自动完成审核。这样既能保证审核的速度,更重要的是保证了检验结果的质量,也减轻了检验人员的工作压力。检验人员在 LIS 系统中对于审核无异议的结果经点击确认后即可打印检验报告单,并可将结果发送到医生工作站,与临床进行检测结果的共享,以便临床医生及时获知患者的结果。专业的检验人员在进行结果审核时还可得到系统内部辅助诊断软件(computer aided diagnosis,CAD)的帮助,为临床医生提供更丰富的诊断信息。另外还能将每个患者的各项检验结果收集、索引并存入数据卡,由患者随身携带或存入联网的医疗机构的特定数据库内,便于系统随访和患者了解自己的健康状况。利用此系统还可发现检验项目的漏检、检验结果是否相互矛盾以及异常检验结果等问题,以便必要时及时与临床医生或护士取得联系,了解样本留取情况或要求重新采集样本等。例如,样本常规或生化检测多项结果过低,常提示样本过度稀释或样本有纤维蛋白凝块,从输液同侧留取样本也会造成这种现象。对于一些相互矛盾的结果,如乙肝五项检测中异常结果模式的提示,可及时提醒实验室对样本进行重新测定。

(2)LIS的危急值管理功能:当出现"危急值"时,系统会进行提醒,检验者进行复查—仪器设备排查—质控排查—样本排查后,立即与临床沟通,通知临床,主动提醒医生,迅速给予救治,有可能避免出现严重后果。

(3)基于规则的追加检测(reflex test):智能检测是指LIS在样本的测定结果满足某个预置的条件时自动增加其他相关的检测项目或者复检项目,由LAS自动完成。例如,对于血红蛋白结果低于设定范围的样本,系统自动加入预设的叶酸和维生素B_{12}的测定。无需人工介入,样本就可重新被传送到另一台分析仪器进行测定。智能化的追加检测的意义在于可根据实际情况灵活地决定检测项目,从而降低患者的费用和实验室的支出。这种规则的制定一般由实验室制定,目前较为普遍应用并且较为公认的复检规则是针对血液常规检测,由国际血液学复检专家组推荐的41条复检规则。

三、临床实验室中间件系统

伴随着LAS的发展,一种特殊的实验室信息系统越来越多地用于临床LIS中,这种系统就是中间件系统。

1. 实验室中间件的概念　中间件(middleware)是一个软件专用名词,指一种独立的系统软件或服务程序,用来连接两个独立应用程序或独立系统,使之相互之间能交换信息。在IT行业中,中间件的应用非常普遍。随着LAS的兴起,中间件逐步进入实验室,这种专用于实验室的中间件,常用于连接LIS和实验室仪器/自动化系统,相对于LIS,这种中间件更具智能化,功能更专一,性能更好。

20世纪80年代早期,一家美国厂商在实验室引入第一个接口装置,中间件由此进入实验室。到了90年代,实验室中间件在欧美得以发展,目前几乎所有主要体外诊断产品厂商均有中间件产品。中间件被广泛采用的原因大致有以下几点:由于自动化分析仪器和LAS的快速发展,产生了更多连接不同系统的需求;LIS作为实验室基本的信息基础设施,更换的成本和实施风险均非常高,很难轻易更换。这种情况下采用中间件能够提高效率,降低成本;中间件常具备LIS无法提供的新功能。

2. 实验室中间件的特点　实验室中间件通常是厂商针对特定的实验室和设备、特定的目的定制的专用信息系统。中间件在本质上与实验室信息系统没有不同,相较于实验室信息系统,由于中间件的针对性更强,所以能够提高检验数据处理的效率,满足持续增长的工作量的需要;能有效简化检验流程、降低差错、提高检验的准确性和可靠性;中间件的功能更专业,性能更强,还可自定义,实现实验室信息化需求的费效比更好,因而能有效降低使用成本。

3. 实验室中间件的功能　DM2实验室数据管理中间件系统具有智能规则功能,可提高样本处理效率,将实验室检验者的要求集中交给DM2智能规则处理,大大降低了人工干预程度。应用DM2,用户可自定义自动审核规则,将人工审核样本的比率减少了70%以上。通过自动添加反射测试和历史结果自动审核,减少了手工重新编程。DM2中间件系统能自动查找需手工或紧急处理的样本,其提示功能可将重要样本信息有针对性地实时提示检验人员,如急诊样本、危急值样本、历史审核不符的样本等,大大提高了特殊样本处理效率。DM2还具有友好的"人机互动"界面,让操作过程变得简单易用,样本信息的输入和显示大部分在同一个界面完成"一屏式"管理。DM2可实时更新样本的位置和状态信息,反映样本在实验室流程中的轨迹。该软件还具有仪器通信管理功能,实时记录仪器与中间件系统之间、DM2 与 LIS 之间的原始通信日志,并且可以对数据库自动进行备份,便于排查问题。

(易 斌)

本章小结

实验室自动化系统是指为了实现对临床实验室内某一个或几个检测系统的系统化整合,而将相互关联或不关联的自动分析仪器与实验室分析前和分析后的处理系统通过不同模式和信息网络进行连接,形成检验及信息处理的系统,构成全自动化的作业环境,覆盖整个检验过程。实验室自动化系统包括模块式自动化和全实验室自动化。

全实验室自动化的基本组成包括:样本前处理工作站、自动化分析工作站(包括血液学分析工作站和血清学检测工作站等)、分析后自动化系统和实验室信息系统。临床实验室自动化系统是将分析前、分析中、分析后的各种自动化分析仪与模块工作站整合在一起,由统一的软件系统进行监控和操作,从而实现从样本采集、样本预处理、传送、分析、数据处理和样本保存的全自动化过程。

临床实验室信息系统,主要由计算机和功能强大的软件来分析和处理检验结果和实验室产生的相关数据,它贯穿于整个检验过程之中,主要功能是实时从 HIS 获取患者资料、检验请求信息,上传样本在各模块的状态、样本架号位置、接收各种实验仪器传出的检验数据以及手工录入的数据,并结合患者信息生成检验报告,还可以通过 HIS 发回电子检验报告,使临床医生能够方便、及时地看到患者的检验结果,必要时及时追加检测阳性项目,是实验室自动化最重要的组成部分之一。

实验室信息系统以条形码作为患者信息和医生检验项目申请信息的载体,将其与具体的样本对应起来,通过网络系统将这种信息在临床科室、后勤运送和保障部门、临床实验室之间传递,真正实现了检验样本物流与患者信息、检验申请信息、自动化测定和检验报告等信息流的统一结合。全实验室自动化使检验流程真正实现了从分析前、分析中到分析后全过程的高效自动化和智能化管理,从根本上提高了检验质量、工作效率和实验室管理水平。

实验室自动化系统在临床实验室的应用已经成为一种必然趋势,它能有效地提升临床实验室整体水平,其自身也会在实际应用中得到进一步的发展和完善。

第十六章
临床检验实验室通用设备

通过本章学习,你将能够回答下列问题:

1. 简述移液器的基本结构及使用方法。
2. 离心机的工作原理是什么?
3. 什么是离心力及相对离心力?
4. 低速离心机的基本结构包括哪些?
5. 什么是差速离心法及密度梯度离心法?
6. 生物安全柜的工作原理是什么?
7. 根据防护程度的不同,通常将生物安全柜分为几级? 各有何特点?
8. 培养箱分为哪些类型?
9. 简述实验用水制备系统及其工作原理。
10. 简述中国国家实验室用水标准及实验用水监测参数。

最近二三十年以来,机械化、自动化的仪器和设备已经极大程度地替代了手工操作,成为临床检验实验室对患者样本进行检测的主要工具。这些设备主要是自动化的生化分析仪、免疫分析仪、血液分析仪和尿液分析仪等。除了这些设备以外,无论是常规检测患者样本的临床检验实验室,还是生物医学研究实验室,都会使用一些实验辅助设备,这些设备大多并非直接用于检测和分析,但却是实验室必不可少的,包括移液器、离心机、生物安全柜、培养箱以及实验用水的制备系统等。这些设备有其各自的工作原理、结构和功能,我们有必要掌握相关知识,正确使用这些设备,以保证检验结果的正确和实验室的正常运行。

第一节　移　液　器

移液器(pipette)又称加样器,俗称"加样枪",是一种在一定容量范围内可随意调节的精密液体计量器具。移液器的工作原理是依靠装置内活塞的上下移动,其移动距离是由调节轮控制螺杆结构而实现的,推动按钮带动推动杆使活塞向下移动,排除活塞腔内的气体。松手后,活塞在复位弹簧的作用下恢复原位,从而完成一次吸液过程。

移液器近年已广泛应用于临床实验室,主要用于移取微量液体(数微升至数毫升,$10\mu l$以下应使用微量移液器)。具有使用方便、重复性好、残留液少等优点。

一、移液器的结构与规格

1. 基本结构　移液器的基本结构如图 16-1 所示,包括按钮、推杆、压盘、外壳、柱塞、弹簧、吸引管、移液头、数字刻度(或称读数窗)等。

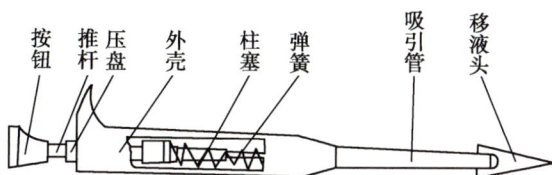

图 16-1　移液器结构图

2. 规格　大多数品牌的移液器设置的规格有：$2\mu l$、$20\sim 200\mu l$、$1000\mu l$ 等，也有的厂家设置的规格与此不同。目前使用的移液器绝大部分为可调节式，即所需移取的液体量在规格内是可以任意调节的；也有的移液器是不可调节的，即所移取的量是固定的。

二、移液器的使用

移液器用于定量地移取液体，使用时有不同的移取方法。

（一）前进移液法

此法适用于一般液体的移取。

1. 将定量移液器调至所需液体量值位置，装上适配的一次性移液头。

2. 将按钮压至第一停点位置（有明显的阻滞感）并保持，以形成移液头内负压。

3. 将移液头浸入待移取液体的液面下 $2\sim 3mm$ 深处，然后慢慢松开按钮，待达到应吸量的液体后，缓缓地将移液器撤离液面，并避免移液头外部沾有的液体被带入其他液体中。

4. 将移液器移至待加入液体的容器内，让移液头位于容器液面的近上方或液面上方的容器壁。轻轻压下按钮至第一停点位置，让液体缓缓流出。待液体将流尽时，继续将按钮下压到第二停点位置，以移出所吸的液体，此时应避免产生气泡。

5. 继续按住按钮，将移液器移出容器外，并将移液头弃于特定的移液头器皿中（内含消毒液），松开按钮至起始位置。如需继续吸液，则须更换移液头重复上述操作。

（二）反向移液法

反向移液法适用于移取高黏度液体或容易起泡的液体，以及极小量液体的移取，大量液体的移取不适用。

1. 装上适配的一次性移液头，将按钮向下压至第二停点位置。

2. 将移液头吸口浸入待移取的液面下，缓缓松开按钮吸入液体。待吸液完成后，将移液头撤离液面并斜抵在容器的内壁上（如试剂瓶、试管等），以流去移液头外部多余的液体。

3. 将移液器移至待加入液体的容器内，让移液头位于容器液面的近上方或斜抵在容器壁上。轻轻压下按钮至第一停点位置，放出液体时应避免产生气泡。

4. 液体打入容器后，移出移液器，丢弃移液头。

（三）重复操作移液法

此法适用于快速简便地重复转移等量的同种液体。

1. 装上适配的一次性移液头，将按钮向下压至第二停点位置。

2. 将移液头插入待移取的液面下，松开按钮吸入液体。将移液头撤离液面并斜抵在容器内壁上，以流去多余的液体。

3. 将移液器移至待加入液体的容器内，让移液头位于容器液面的近上方。轻轻压下按钮至第一停点位置，放出液体。

4. 再次移液时，将按钮向下压至第二停点位置，重复步骤 2 和步骤 3，就可多次重复移取等体积的同种液体。应该注意的是，重复操作移液法仅适合将等量的同一种液体连续地移至不同的空容器内，若容器内已有液体则不适合用这种办法。

(四) 全血移取法

1. 采用前进法步骤 1 和步骤 2 使移液头内吸满血液(样品)。应避免移液头外部沾带的血液移入相应容器内。

2. 将移液头插入待加入血液试剂液面下或空容器内,缓慢将按钮压至第一停点位置。

3. 慢慢松开按钮让按钮回到起点位置,此时移液头内再次吸入液体,再按下按钮至第一停点位置,然后缓慢松开按钮。重复此项操作直至待转移的样本(如全血)全部转移至溶液中。

4. 按下按钮至第二停点位置,将移液头内的液体彻底移出。此方法除了移取血液外,也适用于将较高浓度的试剂移取至较低浓度的液体中,例如液体的稀释。

三、移液器的校准

移液器的准确吸样是获得客观、正确的实验结果的重要前提。根据要求,使用移液器的实验室必须定期对移液器进行校准,校准周期为每年一次。移液器的校准可以由有资质的国家计量部门校准,也可以由实验室自行校准。实验室自行校准移液器的步骤大致如下。

1. 准备超纯水、万分之一天平(如果校正 $0.5 \sim 2.5\mu l$ 量程的,至少要十万分之一的天平)、温湿度计、恒温室,还需准备一个小口容器,防止水分挥发。温度要求:移液器校准时必须在室温条件 25℃ ±2℃下进行。

2. 按移液器总量程的 100%、50%、10% 分别进行校准。

3. 将移液头里的气泡排除,选择好需要校准的刻度。

4. 将一小口容器放在精度为 0.1mg 的电子天平上,调零。

5. 按加液键,吸取固定容积的超纯水推入小口容器中,待数据稳定,读取天平数值,记录读数,同时记录温度。重复 10 次。

6. **计算** 容积 = 称量的超纯水重量/水的密度(25℃水的密度值:0.9979g/cm^3)。

7. **相对偏差**(relative deviation,RD)**计算**

$$RD = \left| (V - \overline{Vi}) \right| / V \times 100\% \qquad (16\text{-}1)$$

式中:V 为设定容积;$\overline{Vi}$ 为计算容积的平均值。

8. **相对标准偏差**(relative standard deviation,RSD)**计算**

$$RSD = \sqrt{\frac{\sum (Vi - V)^2}{(N - 1)}} / V \times 100\% \qquad (16\text{-}2)$$

式中:V 为设定容积;Vi 为计算容积;N 为测定次数。

9. **校准结论** $RD \leq 2\%$ 且 $RSD \leq 1\%$,则判为合格;否则判为不合格。

第二节 离 心 机

离心现象是指物体远离圆心运动的现象,也称离心运动。应用离心沉降进行物质分析和分离的技术称为离心技术(centrifugal technique),实现离心技术的仪器是离心机(centrifuge)。离心技术主要用于各种生物样品的分离、纯化和制备,并随着分子生物学研究对分离设备日益增多的需要而有了很大的发展。在引入了微处理器控制系统后,各种转速级别的离心机已经可以分离纯化目前已知的各种生物体组分(细胞、亚细胞器、病毒、激素、生物大分子等)。

一、离心技术原理

离心是利用离心机产生的强大离心力来分离具有不同沉降系数的物质。微粒在重力场下移动的速度与微粒的大小、形态、密度、重力场的强度及液体的黏度有关。如红细胞颗粒，直径为数微米，可以在通常重力作用下观察到它们的沉降过程。同时，物质在介质中沉降时还伴随有扩散现象（扩散是由于微粒的热运动而产生的质量迁移现象，主要是由于密度差引起的）。对小于几微米的微粒如病毒或蛋白质等，它们在溶液中呈胶体或半胶体状态，仅仅利用重力是不可能观察到沉降过程的，因为颗粒越小沉降越慢，而扩散现象则越严重。如果加大重力就可能克服扩散现象的不利影响，实现生物大分子的分离。离心机就是利用离心机转子高速旋转产生的强大离心力，迫使液体中的微粒克服扩散而加快沉降速度，把样品中具有不同沉降系数和浮力密度的物质分离开。以下两个基本概念与离心技术相关。

1. 离心力　由于物体旋转而产生的脱离旋转中心的力即为离心力（centrifugal force，Fc）。当物体所受外力小于运动所需要的向心力时，物体将向远离圆心的方向运动。在强大离心力的作用下，单位时间内物质运动的距离称为沉降速度。颗粒在单位离心力场作用下的沉降速度称为沉降系数，其单位为 S。

离心作用是根据在一定角速度下做圆周运动的任何物体都受到一个向外的离心力进行的。离心力（Fc）的大小等于离心加速度 $\omega^2 r$ 与颗粒质量 m 的乘积，即：

$$Fc = m\omega^2 r = m\left(\frac{2\pi N}{60}\right)^2 r = \frac{4\pi^2 N^2 rm}{3600} \tag{16-3}$$

式中：ω 是旋转角速度；N 是转头旋转速度（转速），用 r/min（revolution per minute，rpm）表示；r 为转头半径，通常指自离心管中轴底部内壁到离心轴轴中心之间的距离（cm）；m 是质量（g）。

2. 相对离心力　相对离心力（relative centrifugal force，RCF）是指在离心场中，作用于颗粒的离心力相当于地球重力的倍数，单位是重力加速度"g"（约等于 980cm/s^2）。即把 F 值除以重力加速度 g 得到离心力是重力的多少倍，称作多少个 g。用"数值 $\times g$"表示，如 $20\,000 \times g$，表示相对离心力 20 000。因此，只要 RCF 值不变，一个样品可以在不同的离心机上获得相同的分离效果。一般情况下，低速离心时相对离心力常以转速"r/min"来表示，高速离心则以"g"表示。相对离心力 RCF 由下式计算：

$$RCF = \frac{Fc}{G} = \frac{m\omega^2 r}{mg} = \frac{\omega^2 r}{g} = \frac{\left(\frac{2\pi N}{60}\right)^2 r}{980} = 1.118 \times 10^{-5} N^2 r \tag{16-4}$$

根据上式，如果给出转头半径 r，相对离心力 RCF 可以和每分钟转数（N）之间互换。RCF 与 r/min 的换算也可以查阅离心机转数与离心力的列线图，方法是在标尺上取已知的 r 半径值和在 RCF 标尺上取已知相对离心力值，这两点间线的延长线在 r/min 标尺的交点即为所要换算的值。反之亦然。

二、离心机基本结构与分类

离心机通常有三种分类方法：①按转速分类：可分为低速、高速、超速离心机；②按用途分类：可分为制备型、分析型和制备分析两用型；③按结构分类：可分为台式、多管微量式、细胞涂片式、血液洗涤式、高速冷冻式、大容量低速冷冻式、台式低速自动平衡离心机等。最常用的是转速分类法。

（一）低速离心机

低速离心机也称为普通离心机，结构较简单，由电动机、离心转盘（转头）、调速器、定时器、离心套管与底座等主要部件构成（图 16-2）。低速离心机的最大转速在 6000r/min 左右，相对离心力近 $6000 \times g$，容量为几十毫升至几升，分离形式是固液沉降分离。临床实验室主要用作血浆、血清的分离以及脑脊液、胸腹腔积液、尿液等样本中有形成分的分离。

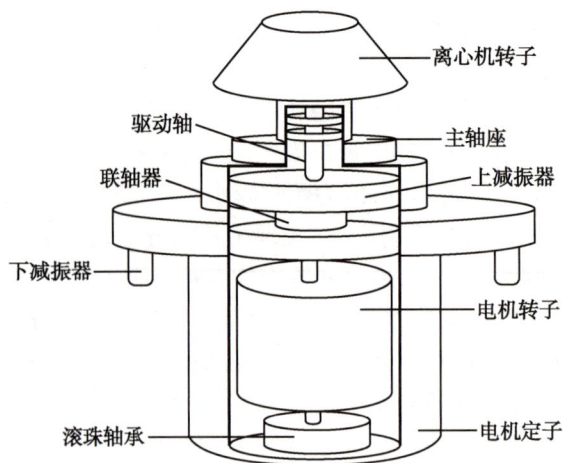

图 16-2　离心机驱动系统结构

1. 电动机　电动机是离心机的主件,一般多为串激式电动机,它包括定子和转子两部分。串激式电动机有很大的启动转矩,随着负载的增加,转速急剧下降,空载时转速则很高。

2. 离心转盘(转头)的分类

(1)固定角转头:是指离心管腔与转轴成一定倾角的转头。它是由一块完整的金属制成的,其上有 4~12 个装载离心管用的机制孔腔,即离心管腔。孔腔的中心轴与旋转轴之间的角度在 20°~40° 之间,角度越大沉降越结实,分离效果越好。这种转头的优点是具有较大的容量,且重心低,运转平衡,使用寿命较长。由于颗粒在离心沉降时先沿离心力方向撞向离心管,然后再沿管壁滑向管底,因此管的一侧就会出现颗粒沉积,此现象称为"壁效应",壁效应容易使沉降颗粒受突然变速所产生的对流扰乱,影响分离效果。

(2)甩平式转头:这种转头是由吊着的 4 或 6 个自由活动的吊桶构成。当转头静止时,吊桶垂直悬挂,当转头转速达到每分钟 200~800 转时,吊桶荡至水平位置。这种转头最适合做密度梯度区带离心,其优点是不同沉降系数的物质可放在保持垂直的离心管中,离心时被分离的样品带垂直于离心管纵轴,而不像角式转头中样品沉淀物的界面与离心管成角度,因而有利于离心结束后由管内分层取出已分离的各样品带。其缺点是颗粒沉降距离长,离心所需时间也长。

(3)区带转头:区带转头无离心管,主要由一个转子桶和可旋开的顶盖组成,转子桶中装有十字型隔板装置,把桶内分隔成四个或多个扇形小室,隔板内有导管,梯度液或样品液从转头中央的进液管泵入,通过这些导管分布到转子四周,转头内的隔板可保持样品带和梯度介质的稳定。沉降的样品颗粒在区带转头中的沉降情况不同于角式和甩平式转头,在径向的散射离心力作用下,颗粒的沉降距离不变,因此区带转头的"壁效应"极小,可以避免区带和沉降颗粒的紊乱,分离效果好,而且还有转速高、容量大、回收梯度容易和不影响分辨率的优点。缺点是样品和介质直接接触转头,耐腐蚀要求高,操作复杂,主要用于制备和工业生产。

(4)垂直转头:离心管是垂直放置,样品颗粒的沉降距离最短,离心所需时间也短,适合于密度梯度区带离心。离心结束后液面和样品区带需做 90° 转向,因而降速要慢。

(5)连续流动转头:可用于大量培养液或提取液的浓缩与分离。转头与区带转头类似,由转子桶和有入口和出口的转头盖及附属装置组成,离心时样品液由入口连续流入转头,在离心力作用下,悬浮颗粒沉降于转子桶壁,上清液由出口流出。

3. 调速装置　电动机的调速装置有多种。如多抽头变阻器、瓷盘可变电阻器等多种形式。在电源与电动机之间串联一只多抽头扼流圈或瓷盘可变电阻器,改变电动机的电流和电压,通过旋转或触摸面板自动控制系统,达到转速调节。

4. 离心套管 离心套管主要用塑料或不锈钢制成,塑料离心套管常用性能较好的材料,如聚丙乙烯(pp)。塑料离心套管透明(或不透明),硬度小,但易变形,抗有机溶剂腐蚀性差,使用寿命短。不锈钢离心套管强度大,不变形,能抗热、抗冻、抗化学腐蚀。

(二)高速(冷冻)离心机

高速(冷冻)离心机通常有转动装置、速度控制系统、真空系统、温度控制系统、离心室、离心转头及安全保护装置等。由于高速离心机转速高,转头与空气摩擦产生热量,因而高速离心机都带有低温控制装置。离心室的温度可以调节,温度范围维持在0~40℃,转速、温度和时间都可以严格准确控制,并有指针或数字显示。高速离心机的最大转速为20 000~25 000r/min,最大相对离心力为89 000×g,最大容量可达3L,其分离形式为固液沉降分离。临床和基础研究实验室主要用作DNA、RNA的分离,对各种生物细胞、无机物溶液、悬浮液及胶体溶液的分离、浓缩、样品的提纯等。

1. 转动装置 主要由电动机、转头轴以及它们之间连接的部分构成。

2. 速度控制系统 由标准电压、速度调节器、电流调节器、功率放大器、电动机、速度传感器等部分构成。

3. 真空系统 由于转速高(超过40 000r/min时),空气的摩擦生热就会产生严重后果。因此,高速离心机都配有真空系统,将离心腔密封并保持真空状态,以克服空气的摩擦生热,并保证离心机达到正常所需要的转速。

4. 温度控制系统 由压缩机、冷凝器、毛细管和蒸发器四个部分组成,采用全封闭式制冷压缩机。

5. 安全保护装置 包括电源过电流保护装置、驱动回路超速保护、冷冻机超负荷保护和操作安全保护等四个部分。

(三)超速(冷冻)离心机

超速离心机的最大转速可达50 000~80 000r/min,相对离心力最大可达510 000×g。离心机主要由驱动和速度控制系统、温度控制系统、真空系统和转头四部分组成。驱动装置是由水冷或风冷电动机通过精密齿轮箱或皮带变速,或直接用变频感应电机驱动,并由微机进行控制。此外,为防止转速超过转头最大规定转速而引起转头的撕裂或爆炸,超速离心机还有一个过速保护系统,离心腔采用能承受此种爆炸的装甲钢板以达到良好的密闭性能。温度控制系统由安装在转头下面的红外线测量感受器直接并连续监测离心腔的温度,以保证更准确、更灵敏的温度调控。

超速离心机的离心容量可从几十毫升至2升,分离形式是差速沉降分离和密度梯度区带分离,主要是科研实验室或生物制药领域用于生物大分子、细胞器和病毒等的分离纯化,能使亚细胞器分级分离,还可用于测定蛋白质及核酸的分子量、检测生物大分子的构象变化等。

超速离心机的结构主要由一个椭圆形转子、一套真空系统和一套光学系统所组成。

1. 椭圆形转子 该转子通过一个柔性的轴连接成一个高速的驱动装置,此轴可使转子在旋转时形成自己的轴。

2. 真空系统 将离心腔密封并抽成真空,转子在一个冷冻的真空腔中旋转,以克服空气的摩擦生热。

3. 光学系统 可保证在整个离心期间都能观察小室中正在沉降的物质,通过对紫外光的吸收或折射率的不同对沉降物进行监视。

三、常用离心方法

根据离心原理,对不同样品的分离应选择不同的离心方法。临床实验室常用的离心方法大致有平衡离心法、等密度离心法、经典式沉降平衡离心法三类。平衡离心法是根据粒子大小、形状不同进行分离的方法,包括差速离心法和速率区带离心法。等密度离心法(又称等比重离心法)是以粒子密度差进行分离的方法。等密度离心法和速率区带离心法结合称为密度梯度离心法。经典式沉降平衡离心法主要用于对生物大分子分子量的测定、纯度估计、构象变化等。

一般低速离心时,若分离的样品颗粒的质量和密度与溶液相差较大,选择合适的离心转速和离心时间,就能达到较好的分离效果。若样品中存在两种以上质量和密度不同的样品颗粒,可采用差速离心法。差速离心方法往往针对不同的离心速度和离心时间要求,使沉降速度不同的样品颗粒按批次分离。对于有密度梯度差异的样品介质,可采用密度梯度离心法,使沉降系数比较接近的物质得以分离。若不同样品颗粒的密度范围在离心介质的密度梯度范围内,离心时密度不同的物质颗粒因浮力差异或向下沉降,或向上漂浮,一直移到它们各自密度恰好对应的位置(等密度点),形成区带,可采用等密度梯度离心。

(一)差速离心法

是平衡离心法中的一种,又称分步离心法,是根据被分离物的沉降速度不同,采用不同的离心速度和时间进行分步离心的方法。该方法主要用于分离大小和密度差异较大的颗粒,实验室主要用于提取组织或细胞中的成分。

离心时需要把经破碎的组织或细胞加入离心管中,先低速离心取出上清液,弃去大的组织碎片及沉淀物,将上清液放入离心机高转速离心,将小的颗粒分离出来,直至达到所需要的分离纯度为止。

差速离心法的优点是:①操作简单,离心后用倾倒法即可将上清液与沉淀物分开,并可使用容量较大的角式转子;②分离时间短、重复性高;③样品处理量大。缺点是分辨率有限,沉淀系数在同一个数量级内的各种粒子不容易分开,分离效果相对较差,不能一次得到纯颗粒。另外,差速离心法的壁效应严重,特别是当颗粒很大或浓度很高时,在离心管一侧会出现沉淀,此时颗粒被挤压,尤其是当离心力过大、离心时间过长时会使颗粒变形、聚集而失活。

(二)密度梯度离心法

密度梯度离心法又称区带离心法,该法还分为速率区带离心法和等密度区带离心法。密度梯度离心法主要用于沉降速度差别不大的微粒,将样品放在一定惰性梯度介质中进行离心沉淀或沉降平衡,在一定离心力下把颗粒分配到梯度液中某些特定位置上,形成不同区带的分离方法。密度小的梯度液成分靠近旋转轴,密度大的梯度液成分远离旋转轴。在使用密度梯度离心之前,需要了解被分离颗粒之间的浮力密度和沉降速度,以便选择适合的密度梯度液、离心力、离心时间等参数。

1. 速率区带离心法 是根据样品中不同组分粒子所具有的不同体积大小和不同的沉降系数将混合样品进行离心分离提纯的离心方法。离心结束后,混合样品中的不同组分将在梯度液柱的不同位置分别形成各自的区带,此时将区带取出,达到彼此分离的目的。这样只需通过一次离心就可以把混合样品中的各组分分离提纯,其纯度和回收率可达100%。速率区带离心的优点是分辨率高,组分的沉降系数相差20%以上的即可选用此法。缺点是由于梯度材料的限制,样品液浓度不能太高,否则操作条件很难控制。临床实验室常用 Percoll、Ficoll 及蔗糖分离液等对静脉血中的单个核细胞进行分离,用于淋巴细胞的免疫功能测定。

2. 密度区带离心法　根据样品组分的密度不同而进行分离。在离心前需预先制备密度梯度液,包括被分离样品中所有粒子的密度。待分离的样品铺在梯度液表面或与梯度液先混合,离心开始后,梯度液由于离心力的作用逐渐形成一个从管底到液面密度逐渐递减的连续密度梯度,与此同时,原来分布均匀的粒子也发生重新分布。当管底介质的密度大于粒子的密度时,粒子便上浮;在弯顶处粒子密度大于介质密度时,则粒子沉降,最后粒子进入到一个它本身的密度位置,即粒子密度等于介质密度。粒子形成纯组分区带与样品粒子的密度有关,而与粒子的大小和其他参数无关。因此,只要转速、温度不变,即使延长离心时间也不能改变这些粒子的成带位置。

密度梯度离心法的优点是:①具有很好的分辨率,分离效果好,一次离心即可获得较纯的颗粒;②适用范围广,既能分离沉淀系数差的颗粒,也能分离有一定浮力密度的颗粒;③被分离颗粒不会积压变形,能保持颗粒活性,还能防止已形成的区带由于对流而引起不同区带的混合。密度梯度离心法的缺点是离心时间较长,需要制备梯度液,操作严格复杂等,因此在临床检验实验室用得较少。

(三)分析型超速离心法

分析型超速离心法主要用于研究生物大分子的沉降特性和结构,而不是专门收集某一特定组分,因此它使用了特殊的转子和检测手段,以便连续监测物质在一个离心场中的沉降过程。与此相应的离心机称为分析型超速离心机。

分析型超速离心机主要由一个椭圆形的转子、一套真空系统和一套光学系统组成。转子在一个冷冻的真空腔中旋转,其容纳两个小室,即配衡室和分析室。配衡室是一个经过精密加工的金属块,分析室的容量一般为1ml,呈扇形排列在转子中,其工作原理与一个普通水平转子相同。在分析室中,物质沉降时重粒子和轻粒子之间形成的界面就像一个折射的透镜,结果在检测系统的照相底板上产生出一个"峰"。由于沉降不断进行,界面向前推进,故"峰"也在移动,从"峰"移动的速度可以得到物质沉降速度的指标。图16-3是分析型超速离心机的结构系统。

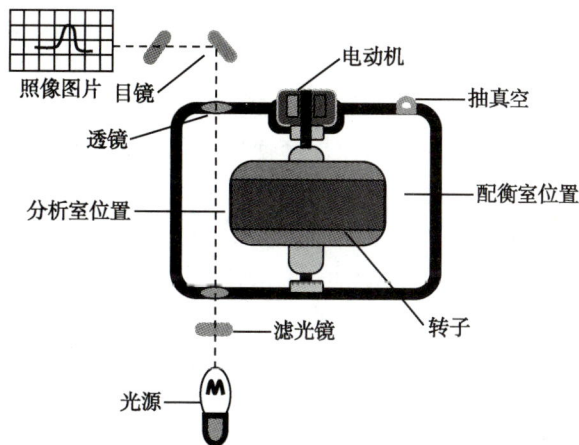

图16-3　分析型超速离心机系统示意图

分析型超速离心机的最大转速为40 000r/min,随机可配备密度梯度收集仪,密度梯度泵,各种加样、取样器等附件。分析型超速离心机主要用于生物制药领域测定生物大分子的相对分子量。如生物大分子、DNA制剂、病毒和蛋白质的纯度估计,生物大分子的构象变化等。制备型超速离心机的最大转速为100 000r/min,最大离心力为802 400×g,主要用于生物学研究,是分离纯化细胞的主要工具,可用于细胞器、病毒的分离和浓缩。

四、离心机的应用

离心机是生物学和医学实验室(包括临床检验实验室和研究性实验室)必备的工具,必须根据被沉淀、被分离、被纯化物质的特性和实验目的,正确地选择离心方法和离心机。

1. 低速离心机的应用 低速离心机是临床实验室常规使用的一类离心机,分离形式是固液沉降分离。临床实验室主要用于血浆、血清的分离,尿液、胸腹腔积液、脑脊液样本中有形成分的分离。

2. 高速离心机的应用 高速离心机的分离形式是固液沉降分离。临床实验室主要用于分子生物学检测,如乙型肝炎病毒及丙型肝炎病毒感染的患者血清标本中 DNA 或 RNA 的提取。基础研究实验室对各种生物细胞、无机物溶液、悬浮液及胶体溶液的分离、浓缩和提纯等也使用高速离心机。为了防止高速离心过程中温度升高而使酶类物质破坏以及生物分子变性失活,高速离心机大多设有制冷系统,此种离心机又称高速冷冻离心机。

3. 超速离心机的应用 超速离心机的分离形式是差速沉降分离和密度梯度区带分离。主要在科研实验室应用,如对生物样本中亚细胞器的分离,病毒、核酸、蛋白质及多糖的分离等。

4. 专用离心机的应用 离心机的发展趋势是逐渐向专业性专用离心机发展。目前在临床实验室使用的有输血用交叉配血离心机、微量毛细管离心机、尿液有形成分分离离心机、细胞涂片染色离心机等。

(1)输血专用离心机:临床输血实验室使用的一种带有标准化操作规程和限制性设定的专用离心机。最大转速为 1500r/min,最大相对离心力为 $182 \times g$;工作转速设定为 900r/min,离心时间为 2 分钟。患者输血前血型(正、反定型)的鉴定、交叉配血试验,Coombs 不完全抗体的检查,以及对输注血小板的患者进行血小板血型鉴定、血小板抗体的检查等实验中需要此种离心机。

(2)微量毛细管离心机:是临床实验室专用离心机,用于血细胞比容测定、微量血细胞比积值的测定、放射性核素微量标记物的测定等。离心操作程序为自动化控制,最大容量一次可离心 24 根毛细管,最大转速为 12 000r/min,最大相对离心力为 $14\ 800 \times g$。

(3)尿液有形成分分离离心机:专用于临床实验室尿液常规检查时有形成分的沉淀,通常与尿液工作站或尿沉渣流式细胞分析仪配套使用。此类离心机在低速离心机的基础上,设定了专用的水平转子。最大转速为 4000r/min,最大相对离心力为 $2810 \times g$。

(4)细胞涂片染色离心机:临床实验室主要用于血液涂片、微生物涂片、脑脊液等涂片、染色。此种离心机的最大转速为 2000r/min,还设有专用水平杯式转子,操作程序为自动化控制。样品(如血液)经梯度离心分离出杂质,细胞从液体悬浮物中分离出来,被均匀地涂抹到载玻片上,自动干燥、固定后,染色液自动地喷射到转盘中的载玻片上,再经离心除去过剩的染液。用细胞涂片染色离心机进行自动化涂片,镜下可见细胞或细菌等分布均匀,其间无重叠,背景清晰,染色效果好。

第三节 生物安全柜

临床实验室每天都要接收大量各类患者的标本,对固体或液体标本施加能量的活动如摇动、倾注、接种、离心等过程,都容易产生含有病原微生物的气溶胶(aerosol),即悬浮在气体介质中、粒径一般为 $0.001 \sim 100\mu m$ 的固态、液态微粒所形成的胶溶态分散体系。气溶胶不但会对操作人员和环境造成危害,也会导致样品之间的交叉污染,必须采用有效的措施避免这些危害和污染。生物安全柜(biological safety cabinet,BSC)就是防止操作过程中某些含有潜在性生物危害的微粒发生气溶胶散逸的箱形空气净化负压安全装置。

生物安全柜的雏形是 1909 年 W. K. Mulford 制药公司设计的一种通风橱,当时主要用于制备结核菌素时防止操作人员感染结核分枝杆菌。之后各种各样的生物安全柜不断出现,功能也越来越完善。近年来,国家对实验室生物安全问题日益重视,生物安全柜在临床实验室的应用也越来越广泛。

一、生物安全柜的工作原理

生物安全柜的工作原理主要是将柜内空气通过管道向外抽吸,使柜内保持负压状态,安全柜内的气体不能外泄而保护工作人员。外界空气经高效空气过滤器过滤后进入安全柜内,以避免样品在处理时被污染。同时,柜内的空气同样需经过高效空气过滤器过滤后再排放到大气中以保护环境。生物安全柜的气流过滤如图 16-4 所示。

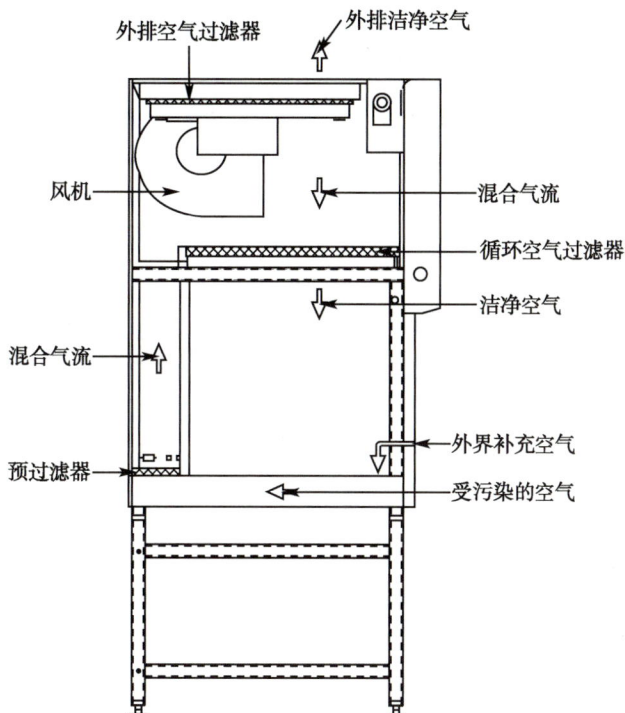

图 16-4 生物安全柜的气流过滤

二、生物安全柜的分类

目前世界上生物安全柜领域执行的标准主要有欧盟标准化委员会于 2000 年 5 月颁布的欧洲标准(EN12469:2000)和美国国家标准学会于 2002 年认可的美国国家卫生基金会的第 49 号标准(National Sanitation Foundation standard number 49,NSF49)等。《中华人民共和国医药行业标准:生物安全柜》(YY 0569—2005)于 2006 年正式实施,该标准采纳了 EN12469:2000 和 NSF49 两个生物安全柜标准中的重要部分,并对部分内容做了修改、提高。YY 0569—2005 标准的实施结束了长期以来我国在生物安全柜方面缺乏统一标准的局面。

YY 0569—2005 标准根据气流及隔离屏障设计结构,将生物安全柜分为 I、II、III 级。

(一) I 级生物安全柜

指用于保护操作人员与环境安全而不保护样品安全的通风安全柜。由于不考虑处理样品是否会被进入柜内的空气污染,所以对进入安全柜的空气洁净度要求不高。空气通过前窗操作口进入柜内,流过工作台表面后被过滤并经排气口排到大气中。空气的流动为单向、非循环式。前窗操作口向内吸入的负压气流保护操作人员的安全,从安全柜内排出的气流经高效空气过滤器过滤后排出,保护环境不受污染。

(二)Ⅱ级生物安全柜

指用于保护操作人员、环境以及样品安全的通风安全柜,也是临床生物防护中应用最广泛的一类生物安全柜。前窗操作口向内吸入的气流用以保护操作人员的安全,工作空间为经高效空气过滤器净化的垂直下降气流,用以保护样品的安全。安全柜内的气流经高效空气过滤后排出,以保护环境不受污染。

根据排放气流占系统总流量的比例及内部设计结构,将Ⅱ级生物安全柜分为 A_1、A_2、B_1、B_2 四个类型。不同类型的Ⅱ级生物安全柜的性能特点比较见表 16-1。

表 16-1　不同类型Ⅱ级生物安全柜性能特点比较

类型	最小平均吸入口风速	经过滤后再循环至工作区的气流比例	外排气流特点	非挥发性有毒化学品及放射性物质操作	挥发性有毒化学品及放射性物质操作
A_1 型	0.4m/s	70%	30% 气体经过滤后外排至实验室内或室外	可(微量)	否
A_2 型	0.50m/s	70%	同 A_1 型,但气体循环通道、排气管及柜内工作区为负压	可	可(微量)
B_1 型	0.50m/s	30%	70% 气体经过滤后通过专用风道排入室外	可	可(微量)
B_2 型	0.50m/s	0%	100% 气体经过滤后通过专用风道排入室外	可	可(少量)

1. A_1 型　A_1 型前窗操作口流入气流的最低平均流速为 0.40m/s。安全柜内的下降气流为部分流入气流和部分下降气流的混合气体,经高效空气过滤器过滤后送至工作区,即安全柜内 70% 的气体是通过高效空气过滤器过滤后再循环至工作区,30% 的气体是通过排气口的高效空气过滤器排出。安全柜内的污染气流经过高效空气过滤器过滤后可以排放到实验室或经安全柜的外排接口通过排风管道排到大气中。安全柜内的污染部位可以处于正压状态,并且这些正压区域可以没有负压的风道和静压箱包围。

2. A_2 型　A_2 型前窗操作口流入气流的最小平均流速为 0.50m/s。与 A_1 型生物安全柜相似,A_2 型生物安全柜内 70% 的气体通过高效空气过滤器过滤后再循环至工作区,30% 的气体通过排气口的高效空气过滤器过滤后排出。安全柜内的污染气流也是经过高效空气过滤器过滤后排到实验室或经安全柜的外排接口通过排风管道排到大气中。与 A_1 型不同的是,A_2 型安全柜内所有生物污染部位均应保持负压,或者被负压的风道和静压箱包围。

3. B_1 型　B_1 型前窗操作口流入气流的最低流速也为 0.50m/s。柜内下降的垂直气流中绝大部分是由未污染的循环吸入气流组成,即安全柜内 30% 的气体通过高效空气过滤器过滤后再循环至工作区,70%的气体通过排气口高效空气过滤器过滤后排出。安全柜内的污染气流经排气口高效空气过滤器过滤后通过专用风道排入大气中。所有被生物污染的部位均应保持负压,或被负压的通道和负压通风系统包围。

4. B₂型 B₂型也称为"全排"型。前窗操作口流入气流的最低流速为0.5m/s。柜内下降气流全部是经过高效空气过滤器过滤后的实验室或室外空气,即安全柜排出的气体不再循环使用。安全柜内的气流经高效空气过滤器过滤后排入大气,不允许再进入安全柜循环或反流回实验室。所有污染部位均应处于负压状态,或者被直接排气的负压通道和负压通风系统包围。

(三)Ⅲ级生物安全柜

Ⅲ级生物安全柜是为四级实验室的生物安全等级而设计的,也是目前世界上最高安全防护等级、具有完全密闭和不漏气结构的通风安全柜。安全柜的工作空间内为经高效空气过滤器净化的无涡流的单向流动空气。安全柜正面上部为观察窗,下部为手套箱式操作口,在安全柜内的操作是通过与安全柜密闭连接的橡皮手套完成的。安全柜内对实验室的负压应不低于120Pa。下降气流经高效空气过滤器过滤后进入安全柜,而排出的气流应经过双层高效空气过滤器过滤或通过一层高效空气过滤器过滤和焚烧处理。

三、生物安全柜的结构与功能

(一)生物安全柜的主要结构

不同类型的生物安全柜结构有所不同,一般由箱体和支架两部分组成,下面以Ⅱ级生物安全柜为例进行介绍。

生物安全柜箱体内部含有前玻璃门、风机、门电机、进风预过滤罩、净化空气过滤器、外排空气预过滤器、照明源和紫外光源等设备(图16-5)。

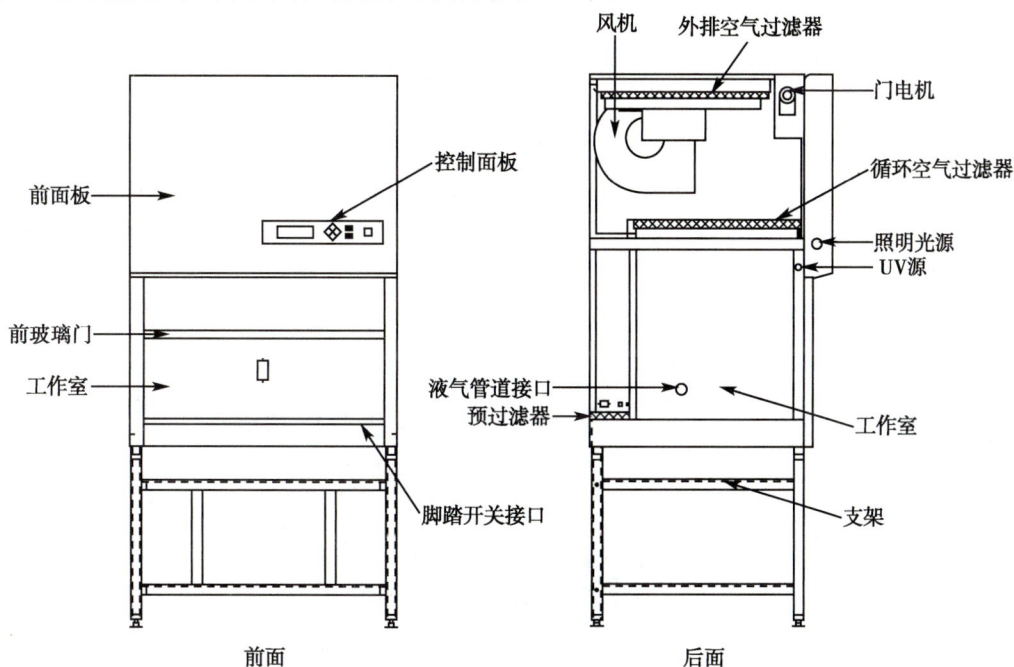

图 16-5 生物安全柜结构简图

(二)生物安全柜各部件的用途

1. 前玻璃门 操作时安全柜正面玻璃门推开一半,上部为观察窗,下部为操作口。操作者的手臂可通过操作口伸到柜子里,并且通过观察窗观察工作台面。

2. 空气过滤系统 是保证设备性能最主要的系统。由进风口预过滤罩、进气风机、风道、排风预过滤器、净化空气过滤器、外排空气预过滤器组成。其主要功能是保证洁净空气源源不断进入工作室,使工作室内的垂直气流保持一定的流速(一般≥0.3m/s),保证工作室内的洁净度达到100级。同时使外排的气体也得到净化,防止环境污染。

高效空气过滤器的过滤效率可达99.99%～100%,对直径为23～25nm的病毒颗粒也可完全拦截,是生物安全柜中的主要防护结构。

3. 外排风箱系统 提供排气的动力,将工作室内因操作所致的不洁净气体抽出,并由外排过滤器净化,保护操作的样品或标本;由于工作室为负压,使前玻璃门处向内的补给空气平均风速达到一定程度(一般≥0.5m/s),防止安全柜内气体外逸,保护操作者的安全。

4. 前玻璃门驱动系统 由门电机、前玻璃门、牵引机构、传动轴和限位开关等组成,使前玻璃操作轻便顺畅,并且周边密封良好。

5. 紫外光源 位于前玻璃门内侧,固定在工作室的顶端,装有紫外灯管,用于安全柜内的消毒。

6. 照明光源 位于前面板内侧,保证工作室内达到一定的亮度。

7. 控制面板 有电源开关、紫外灯、照明灯开关、风机开关、控制前玻璃门上下移动的开关,以及有关功能设定和系统状态显示的液晶显示屏等。

四、生物安全柜的应用

生物安全柜广泛应用于微生物、生物工程及其他对操作环境有苛刻要求的场所。可为临床医疗、检验、制药、科研等领域提供无菌、无尘、安全的工作环境。不同级别生物安全实验室对生物安全柜的级别要求不同。我国的《实验室生物安全通用要求》(GB 19489—2008)根据对所操作生物因子采取的防护措施,将实验室生物安全防护水平分为一级、二级、三级和四级。生物安全防护水平为一级的实验室适用于操作在通常情况下不会引起人类或者动物疾病的微生物。二级实验室适用于操作能够引起人类或动物疾病,但一般情况下对人和动物不构成严重危害、传播风险有限、实验室感染后很少引起严重疾病,并且具有有效治疗和预防措施的微生物。三级实验室适用于操作能引起严重疾病、比较容易直接或间接在人与人、动物与人、动物与动物之间传播的微生物。四级实验室适用于操作能够引起人或动物非常严重疾病的微生物,以及我国尚未发现或者已经宣布消灭的微生物。不同级别的实验室选用不同的生物安全柜的原则见表16-2。

表16-2 生物安全柜的选用原则

实验室级别	生物安全柜选用原则
一级	一般无须使用生物安全柜,或使用Ⅰ级生物安全柜
二级	当可能产生微生物气溶胶或出现溅出的操作时,可使用Ⅰ级生物安全柜 当处理感染性材料时,应使用部分或全部排风的Ⅱ级生物安全柜 若涉及处理化学致癌剂、放射性物质和挥发性溶媒,则只能使用Ⅱ-B级全排风(B₂型)生物安全柜
三级	应使用Ⅱ级或Ⅲ级生物安全柜 所有涉及感染材料的操作,应使用全排风型Ⅱ-B级(B₂型)或Ⅲ级生物安全柜
四级	应使用Ⅲ级全排风生物安全柜 当人员穿着正压防护服时,可使用Ⅱ-B级生物安全柜

在使用生物安全柜的同时,需要明确生物安全柜与超净工作台的区分,以便选择合适的设备进行操作。

生物安全柜是为操作原代培养物、菌毒株以及诊断性标本等具有感染性或具有潜在性生物危害因子的实验材料时,用来保护人员、实验室环境以及实验品,使其避免暴露于上述操作过程中可能产生的感染性气溶胶和溅出物而设计的。事实上,生物安全柜更侧重于保护操作人员和环境,防止操作的病原微生物扩散造成人员伤害和环境污染。

超净工作台(超净台)是为了保护试验品或产品而设计的,通过吹过工作区域的垂直或水平层流空气,防止试验品或产品受到工作区域外粉尘或细菌的污染。一旦微生物样品放置于工作区域,层流空气会把带有微生物介质的空气吹向前台工作人员而产生危险。所以超净工作台只能保护试验样品,不保护操作人员,如培养细胞的接种、无菌性试剂的配制等,都需在超净台下操作。超净工作台的优点是操作方便自如,比较舒适,工作效率高,预备时间短,开机 10 分钟以上即可操作,基本上可随时使用。

第四节　培　养　箱

培养箱是培养微生物和细胞的主要设备,可用于细菌、细胞的培养繁殖。其原理是应用人工的方法在培养箱内形成微生物和细胞生长繁殖所需的人工环境,如控制一定的温度、湿度、气体等。目前使用的培养箱主要分为三种:电热恒温培养箱、CO_2 细胞培养箱和厌氧培养箱。

一、电热恒温培养箱

电热恒温培养箱适用于医疗卫生、医药工业、生物和农业科学等科研和工业生产部门,用于细菌培养、发酵及恒温试验。

(一)构造与原理

电热恒温培养箱主要由箱体、电热器和温度控制器三部分组成。

1. 箱体　箱体由箱壳、箱门、恒温室、进气孔、排气孔和侧室组成。箱壳用薄铁板制成,箱壁一般分为三层,三层板之间形成内、外两个夹层。外夹层中大多填充玻璃纤维或石棉等隔热材料,内夹层为空气对流层。箱门均为双层门,内门为玻璃门,用于在减少热量散失的情况下观察箱内物品。外门用于隔热保温。最内层金属板所围绕成的室称为恒温室,室内一般有 2 ~ 3 层隔层,用于放置物品。温度控制器的感温部分从左侧壁的上部接入恒温室内,底部夹层中装有电热丝,在箱休的底部或侧面和顶部各有　进气和排气孔,在排气孔中央插入一支温度计,用以指示箱内的温度。侧室一般设在箱体的左边,与恒温室隔开,除了电热丝外的所有电器元件,如开关、指示灯、温度控制器、鼓风机等均安装在侧室内,打开侧室门可以很方便地检修电路。

2. 电热丝　电热恒温培养箱的电热丝通常由四根并联而成,与普通电炉相似。电热丝均匀地盘绕在耐火材料烧成的绝缘板上,其总功率一般在 1 ~ 8kW。

3. 温度控制器　恒温培养箱的温度是由温度控制器控制的,其基本原理是:当恒温箱内的温度超过所需温度时,温度调节器就使电路中断,加热自动停止;当温度低于所需温度时,电路又恢复,温度随之上升。

(二)电热恒温培养箱使用与注意事项

在使用过程中,最重要的是隔水层的加水和智能控温仪的温度设定。

1. 隔水层的加水　将加水外接头旋入箱体左上侧的进水接口处,再将橡皮管连接水龙头。第一次使用时,打开水龙头低水位指示灯,指示灯亮且伴有报警声,当水位逐渐升高,低水位指示灯灭且报警声消失时,应及时关闭水龙头。如果水位过高,溢水口会有水溢出,此时应把放水塞头拔出放水,没有水溢出时应立即将塞头塞紧。

2. 温度设定　按控温仪的功能键"SET"进入温度设定状态,SV 设定显示闪烁,按移位键"+"键或"−"键设置所需温度,设定结束按功能键"SET"确认。温度设定后培养箱进入升温状态,加热指示灯亮。当箱内温度接近设定温度时,加热指示灯呈反复闪烁状态,表示控制进入恒温状态。当培养箱内温度稳定后,才可将所需培养的物品放入培养箱。当所需加热温度与设定温度不同时,需重新设定。

3. 温度显示值修正　一般无需修正。如产品使用环境不佳、外界温度过低或过高,温度显示值与箱内实际温度会出现误差,如超出技术指标范围,可以修正。

4. 上限跟踪报警设定　大部分产品使用温度上限在出厂之前已设定高3℃,一般不需要进行设定。

5. 控温仪的 PID 自整定控制　如果对控温精度和波动度有较高的要求,可采用 PID 自整定控制。各种仪器的自整定控制的调节按其说明书进行。控温仪的其他各项参数不要再随便调整。

二、二氧化碳细胞培养箱

二氧化碳(CO_2)细胞培养箱是在普通细胞培养箱的基础上加以改进,主要是能加入CO_2,在培养箱箱体内形成一个类似细胞或组织在生物体内的生长环境,能对细胞或组织进行体外培养的一种装置。二氧化碳细胞培养箱要求稳定的温度(37℃)、稳定的 CO_2 含量(5%)、恒定的酸碱度(pH 为 7.2～7.4)、较高的相对饱和湿度(95%)。

(一)二氧化碳细胞培养箱的结构

培养箱的基本结构由温度控制系统、气体控制系统、湿度控制系统、内门加热系统、污染物的控制系统及微处理控制和信号显示系统六部分组成。

1. 温度控制系统　保持培养箱内恒定的温度是维持细胞健康生长的重要因素,气套式细胞培养箱和水套式细胞培养箱的加热结构不同。

(1)水套式细胞培养箱:具有一个独立的热水间隔间(即水套),它的温度是通过电热丝给水套内的水加热,热水通过自然对流在箱体内循环流动,热量通过辐射传递到箱体内部,再通过箱内温度传感器来检测温度变化,使箱内的温度恒定在设置温度。由于水是一种很好的储热物质,当遇到断电的时候,水套式系统能更长久地保持培养箱内温度的准确性和稳定性。如果实验环境不稳定(如有用电限制或经常断电)但却需要保持长时间稳定的培养条件时,水套式设计的二氧化碳细胞培养箱就是最好的选择。

(2)气套式细胞培养箱:加热是通过遍布箱体气套层内的加热器直接对内箱体进行加热的,又叫六面直接加热。气套式与水套式相比,具有加热快,温度的恢复比水套式培养箱迅速的特点,特别有利于短期培养以及需要箱门频繁开关的培养。

2. 气体控制系统　二氧化碳细胞培养箱的气体控制系统为单一的 CO_2 浓度控制系统。CO_2 浓度的探测可通过热传导传感器(TC)或红外传感器(IR)进行测量。

(1)热传导传感器:监控二氧化碳浓度的工作原理是通过测量两个电热调节器(一个调节器暴露于箱体环境内,另一个则是封闭的)之间的电阻变化来实现的。箱内 CO_2 浓度的变化会改变两个电热调节器间的电阻,从而促使传感器产生反应以达到调节 CO_2 水平的作用。热传导传感器控制系统的一个缺点就是箱内温度和相对湿度的改变会影响传感器的精确度。当箱门被频繁打开时,不仅 CO_2 浓度,温度和相对湿度也会发生很大的波动,因而影响了 TC 传感器的精度。因此,当需要精确的培养条件和频繁开启培养箱门时,TC 系统就不太适用了。

（2）红外传感器：作为另一个可选择的控制系统，红外传感器具备更精确的二氧化碳控制能力，它是通过一个光学传感器来检测 CO_2 水平的。IR 系统包括一个红外发射器和一个传感器，当箱体内的 CO_2 吸收了发射器发射的部分红外线之后，传感器就可以检测出红外线的减少量，而被吸收红外线的量正好对应于箱体内 CO_2 的水平，从而可以得出箱体内 CO_2 的浓度。因为 IR 系统不会因温度和相对湿度的改变而受到影响，所以它比 TC 系统更精确，特别适用于需要频繁开启培养箱门的细胞培养。

3. 相对湿度控制系统　培养箱内相对湿度的控制非常重要，饱和的湿度环境可以避免培养液中二氧化碳逃逸，保持 pH 稳定，也能防止由于干燥使培养液中水分蒸发，渗透压升高，导致细胞培养失败。目前大多数的二氧化碳细胞培养箱是通过增湿盘的蒸发作用产生湿气的（其产生的相对湿度水平可达95％左右），大型的二氧化碳细胞培养箱是用蒸汽发生器或喷雾器来控制相对湿度的。

4. 微处理控制系统　控制高温自动调节和警报装置、CO_2 警报装置、密码保护设置、自动校准系统等的运用，使得二氧化碳细胞培养箱的操作和控制都非常的简便。微处理控制系统是维持培养箱内温度、湿度和 CO_2 浓度稳态的操作系统。例如 PIC 微处理器控制系统，它能严格控制气体的浓度并将其损耗降至极低水平，以保证培养环境恒定不变，且能保证长期培养过程中箱内温度精确，并有 LED 显示，可设置、校正温度和 CO_2 浓度。不同的微处理系统虽然名字不相同，但是其原理与控制效果则无甚区别。

5. 污染物的控制系统　污染是导致细胞培养失败的一个主要因素，因而，二氧化碳细胞培养箱配有多种装置以减少和防止污染的发生。这些装置的主要用途是在线式持续灭菌，灭菌装置主要为紫外消毒器和 HEPA 滤器，培养箱内的空气经过 HEPA 滤器过滤，可除去99.97％的 $0.3\,\mu m$ 以上的颗粒，并能有效杀死过滤时被挡在滤器内的微生物颗粒。

6. 内门加热系统　大部分二氧化碳细胞培养箱还具备内门辅助加热系统，这个系统能加热内门，有效防止内门形成冷凝水，以保持培养箱内的湿度和温度，降低污染。

（二）二氧化碳细胞培养箱使用注意事项

1. 初次使用二氧化碳细胞培养箱一定要加充足的去离子水或蒸馏水，盖上密封盖，以减少水套内水的蒸发。

2. 注意供气时必须经 CO_2 减压阀减压后输出，禁止使用其他气体减压阀代替 CO_2 减压阀，且压力须维持在 0.1MPa 内。首次使用及更换 CO_2 钢瓶气体后，打开钢瓶气体总阀前应检查 CO_2 减压阀压力调节开关，保证其处于关闭状态，以防止气体压力过大，损毁仪器。钢瓶压力不足 1MPa 时应及时更换，更换钢瓶时应先将钢瓶开关关闭，拧松减压阀螺轴，再拆下减压阀重新安装在新的钢瓶上。

3. 当环境温度与设定温度差小于5℃时，应用空调降低周围环境温度，在培养的全过程中，应保持环境温度相对恒定，否则因环境温度的变化，会引起二氧化碳细胞培养箱内控温不准。

4. 平时拿放培养物时应只开小门，尽量避免箱门被频繁打开，以免 CO_2 浓度、温度和相对湿度发生较大的波动。

5. 由于二氧化碳细胞培养箱内湿度较高，必须经常处理以避免霉菌生长。保持细胞培养箱内干净，定期用不含碘的消毒液（常用苯扎溴铵液或75％乙醇）消毒。还应经常注意箱内蒸馏水槽中蒸馏水的量，避免培养液蒸发，保持箱内相对湿度。

6. 日常工作中需要从以下几方面进行保养：①经常检查水套的水位，如果水位低，需及时给水套加水；②定期检查 CO_2 气瓶，不能让 CO_2 气瓶用空；③检查 CO_2 的供气管道和接口有无漏气现象；④定期给机器除尘，防止灰尘阻塞气道及电磁阀；⑤长时间不用时，应关闭电源和供气系统,将仪器内残留水抽出,并清洁腔面,待培养箱干燥后再将门关上。

三、厌氧培养箱

厌氧培养箱是一种在无氧环境条件下进行细菌培养及操作的专用装置,它能提供严格的厌氧状态、恒定的温度培养条件和具有一个系统化、科学化的工作区域。在本装置内操作培养,可以培养最难生长的厌氧生物,避免厌氧生物在大气中操作时接触氧而死亡的危险性。

(一)厌氧培养箱的结构

厌氧培养箱为密闭的大型金属箱,由缓冲室、手套操作箱两个部分组成,操作箱内还附有小型恒温培养箱。

1. 缓冲室　是一个传递箱,具有内、外两个门,在其后部与一个间歇真空泵相连,缓冲室随时可自动抽气换气造成无氧环境。在实际工作中,先将标本、培养基等放进缓冲室内,使它们变为厌氧状态后再移入操作室。在缓冲室的后部,连接有厌氧气体管。

2. 手套操作箱　其前面装有塑料手套,操作者双手经手套伸入箱内操作,使操作箱与外界隔绝。操作箱内侧门与缓冲室相通,由操作者用塑料手套控制开启。当标本、培养基等在缓冲室内变为厌氧状态时,便可打开内门将它们移入工作室。操作工作室内设有小型细胞培养室。

3. 小型恒温培养箱　厌氧培养室内的温度通常固定为35℃,但亦可变,变化范围是"(室温+5℃)~70℃",控制精度为±0.3℃。当温度超过此温度时,培养箱会发出报警。

(二)厌氧培养箱的使用与注意事项

所有要转移的物品被放入缓冲室后,关闭外门。按下"Cycle Start"钮即可自动去除缓冲室中的氧气。经循环换气的三个气体排空阶段和两个氮气净化阶段,使缓冲室气体达98%的无氧状态,再经缓冲室气压平衡。当操作箱与缓冲室平衡,厌氧状态灯显示为ON,此时即可将内门打开,钯催化剂将除去余下的少量O_2。操作者经手套伸入箱内进行标本接种、培养和鉴定等全部工作。

厌氧培养箱使用的相关耗材必须及时更换或处理:三层催化剂片第一层活性炭的使用寿命仅为三个月,不可重复使用;钯催化剂片使用寿命为两年,每个星期需再生一次(方法是将其置于160℃标准反应炉中烘烤两个小时);第三层干燥剂片使用寿命为两年,每星期需再生两次(将其置于160℃标准反应炉中烘烤两个小时)。

第五节　实验用水制备系统

实验用水是实验室工作最重要的基础物质之一,大型仪器用水,试剂、质控品、标准品的配制用水,某些样本的稀释、实验器材及其他用品的冲洗等,都需要使用水。因此,水质的好坏会直接影响实验结果的准确性。

我国国家实验室用水规格(GB/T 6682—2008)将实验室用水分为Ⅰ、Ⅱ、Ⅲ三个等级。水中的污染物分为颗粒、离子、有机物、微生物和气体五种,这些物质均可对临床检验结果造成影响。为保证实验用水的质量,必须对一般自来水进行处理,达到标准后才能使用。大型实验室由于用水量较多,一般都是自行进行试验用水的制备和处理。水处理技术种类很多,包括过滤、超滤、蒸馏、活性炭吸附、反渗透、离子交换、电去离子、紫外灭菌等。大型分析仪器的用水除了要求达到一定纯度外,还要求连续不断地供应,要保证有一定的压力和流量,这些都是实验室用水需要考虑的问题。

一、水制备系统及其工作原理

（一）实验用水的常用制备方法

纯水的制备可以采用多种纯化技术,例如蒸馏、离子交换、电渗析、反渗透、电去离子技术等。

1. 蒸馏法　蒸馏法(distillation)是利用混合液体或液-固体系中各组分沸点的不同,使低沸点组分蒸发,再冷凝以分离整个组分的单元操作过程,蒸馏是蒸发和冷凝两种单元操作的联合。蒸馏分单蒸馏和重蒸馏,在蒸馏过程中能去除大部分杂物,但挥发性的杂质无法去除,如二氧化碳、氨、二氧化硅以及一些有机物,只能满足普通分析实验室的用水要求。蒸馏方法虽然制备过程简单,但缺点是用电功率大,能耗高,浪费冷却水。

2. 活性炭吸附法　活性炭吸附法(active carbon adsorption)是利用活性炭的物理吸附、化学吸附、氧化、催化氧化和还原等性能去除水中污染物的水处理方法。活性炭吸附的原理是利用自身结构中晶格间疏松的微孔(其上面的碳分子要达到内外力平衡)吸附杂质使受力均匀以达到净水的目的。活性炭是一种很细小的炭粒,有很多小孔,所以有很大的表面积,能与气体(杂质)充分接触,其表面积越大吸附能力就越强。活性炭是非极性分子,易于吸附非极性或极性很低的物质。

活性炭吸附在制备纯水的过程中适用于前期的处理,主要用于去除原水中的有机物及氯,以减少氯和可溶性有机物对其他处理仪器(如反渗透膜)的伤害。

3. 离子交换法　离子交换法(ionic exchange,IE)是借助于固体离子交换剂中的离子与稀溶液中的离子进行交换,以达到提取或去除溶液中某些离子的目的,是一种可逆的等当量交换反应,也是实验室中生产纯水最常用的方法。离子交换法的原理是离子交换类高分子材料(如树脂)将自身的离子与溶液中的同性离子进行交换(氢离子和阳离子,氢氧根离子和阴离子)。该方法的优点是可以将多个元素加以分离而且操作方法简便,出水量大,成本低,出水电导率低,但缺点是不能完全除去有机物和非电解质。因此,有些实验室利用普通蒸馏水或电渗水替代原水,再进行离子交换处理而制备去离子水。另外,离子交换系统不能连续进行处理,须用酸和碱做定期再生处理。

4. 电渗析法　电渗析法(electro-dialysis,ED)主要用于水的初级脱盐,其原理是利用电场吸引离子的作用,使溶液中带电的溶质粒子(如离子)通过膜而迁移,从而达到水与杂质分离的目的。在电渗析过程中能除去水中电解质杂质,但对弱电解质的去除效率较低。它在外加直流电场作用下,利用阴阳离子交换膜分别选择性地允许阴阳离子透过,使一部分离子透过离子交换膜迁移到另一部分水中去,从而使一部分水纯化,另一部分水浓缩,再与离子交换法联用,即可制得较好的实验用纯水。

5. 反渗透法　反渗透法(reverse osmosis,RO)又称逆渗透,是一种以压力差为推动力,从溶液中分离出溶剂的膜分离操作。反渗透技术是目前广为应用的一种脱盐技术,其原理是在膜的原水一侧施加比溶液渗透压高的外界压力,水从高渗透压流向低渗透压,有机物、微生物及可溶性盐分被截留在膜表面,最后随浓水排出。反渗透法的优点是操作简单,运行稳定,能阻挡几乎所有的溶解性盐和分子量大于200Da的有机物,可有效去除细菌等微生物以及铁、锰、硅等无机物,它的缺点是原水利用率不高,膜易堵塞需定期清理,对原水质浊度要求高。

6. 电去离子法　电去离子法(electro deionization,EDI)又称填充床电渗析,是在电渗析器的隔膜之间装填阴阳离子交换树脂,将电渗析与离子交换有机结合的一种水处理技术。它被认为是水处理技术领域具有革命性创新的技术之一,越来越广泛地得到应用。与普通电渗析相比,EDI法由于淡室中填充了离子交换树脂,大大地提高了膜间导电性,显著增强了由溶液到膜面的离子迁移,破坏了膜面浓度滞留层中的离子贫乏现象,提高了极限电流密度。与普通离子交换相比,由于膜间的高电势梯度,迫使水解离为 H^+ 和 OH^-,H^+ 和 OH^- 一方面参与负载电流,另一方面还可以对树脂起到就地再生的作用,从而使离子交换、离子迁移、电再生三个过程相伴发生,相互促进,实现了连续去除离子的过程。因此,EDI 不需要对树脂进行再生,可以省掉离子交换所必需的酸碱贮罐,也减少了环境污染,同时还有出水的纯度高和回收率高等优点。

(二)实验用水的制备系统与工艺

实验室使用纯水制备系统的方法有许多种,各种工艺和技术都比较成熟。由于各地区制备纯水所使用原水水质的差异、实验室的规模、所需水量和用水目的等的不同,实验室一般都根据自身地区特点采取针对性的组合工艺来满足自身需求。多数实验用水制备系统都采用微电脑控制实现了分质取水,达到了能同时满足各级用水技术指标和实验室实际用水需求的目的。

实验室超纯水制备系统主要包括三部分:预处理、精处理和自动监控系统。预处理采用机械过滤器、活性炭过滤器、软水器;精处理采用 RO 加 EDI 精除盐装置;自动监控系统采用人机界面加可编程控制程序(PLC)控制。

实验室通常所用超纯水制备的工艺大致可分为预处理单元、软水器单元、反渗透单元和超纯水混床单元四个部分。

1. 预处理单元 主要流程是原水先由石英砂过滤,再经活性炭吸附。在这一单元主要是降低未处理原水中的悬浮物、微生物、有机物及无机物的含量,能有效减轻对后续工作单元的处理负荷。

2. 软水器单元 主要流程是当含有硬度离子的原水通过交换器树脂层时,水中的钙、镁离子与树脂内的钠离子发生置换,树脂吸附了钙、镁离子而钠离子进入水中,这样从交换器内流出的水就是去掉了大部分硬度离子的软化水。但是,随着交换过程的不断进行,树脂中钠离子被全部置换达到饱和后就失去了交换功能。在软水器单元中,必须使用工业氯酸钠(无碳)溶液对树脂进行再生,将树脂吸附的钙、镁离子置换下来,使树脂重新吸附钠离子,恢复软化交换能力。

3. 反渗透单元 主要是去除无机盐、有机物、细菌、病毒等。反渗透单元是几个单元中比较重要的处理环节。若采用高效反渗透膜,膜元件为螺旋卷式结构,能最大化地增加接触面积,与其他元件结构,如管式、板式和中空纤维式相比,具有水流分布均匀、耐污染程度高、更换费用低、外部管路简单、易于清洗维护等许多优点,而且故障率较低。

4. 超纯水混床单元 超纯水终端混床树脂的制作工艺要求非常严格,树脂需经过特别处理,再生转型已接近极限化,故具有极高的再生效率和极低的杂质含量,并具有很强的交换能力和很高的机械强度。混床树脂是去除水中杂质的主要材料,在离子交换过程中,水中阳离子与混床树脂上阳离子进行交换,阳离子被转移到树脂上,而树脂上氢离子交换到水中;水中阴离子与混床树脂上阴离子进行交换,水中阴离子被转移到树脂上,而树脂上的氢氧根离子被交换到水中,与氢离子结合生成水,达到脱盐目的。

经典的实验室超纯水系统工艺流程介绍如图 16-6。

二、实验室用水标准

(一)实验室用水标准

水质标准是针对水中存在的具体杂质或污染物而提出的相应最低数量或浓度的要求。目前世界上比较通用的实验室纯水标准有多种,如国际标准化组织(ISO)、美国临床病理学会(CAP)、美国测试和材料实验社团组织(ASTM)、临床试验标准国际委员会(NCCLS)以及

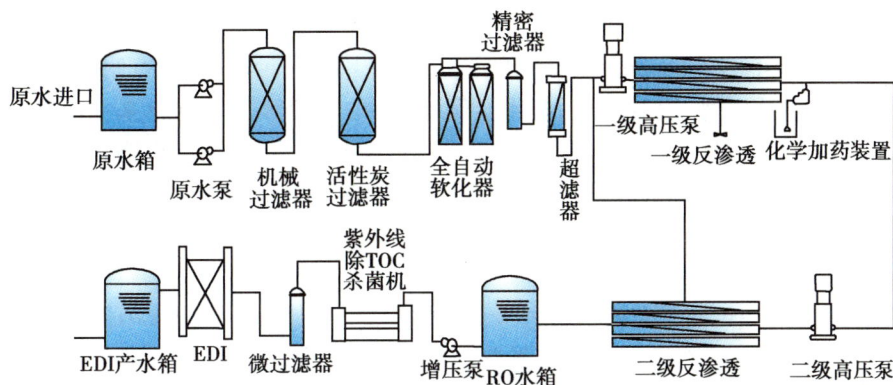

图 16-6　超纯水工艺流程

美国药学会（USP）等提出的药用和实验用水。我国也有相应的纯水标准，如中国国家电子级超纯水规格（GB/T 11446—1997）和中国国家实验室用水规格（GB/T 6682—2008）等。其中，中国国家实验室用水规格（GB/T 6682—2008）是目前实验室各级用水的重要参考标准，具体参数见表 16-3。

表 16-3　中国国家实验室用水规格（GB/T 6682—2008）

	一级	二级	三级
pH 范围（25℃）	–	–	5.0~7.5
电导率（25℃）（ms/m）	≤0.01	≤0.10	≤0.50
可氧化物质（以 O 计）（mg/L）	–	<0.08	<0.40
吸光度（254nm,1cm 光程）	≤0.001	≤0.01	–
蒸发残渣（105℃±2℃）含量（mg/L）	–	≤1.0	≤2.0
可溶性硅（以 SiO_2 计）（mg/L）	<0.01	<0.02	

实验室纯水应为无色透明的液体，不得有肉眼可辨的颜色或纤絮杂质。实验室纯水分三个等级，应在独立的制水间制备。

1. 三级水　常以自来水为原水进行蒸馏、离子交换等方法制备。三级水在日常实验中用量最大，多用于玻璃器皿的洗涤及水浴用水等。三级水可以使用密闭、专用的玻璃容器贮存。

2. 二级水　可用多次蒸馏、电渗析或离子交换等技术制得，也可用三级水进行蒸馏制备。二级水中可含有微量的无机、有机杂质，可容忍少量细菌存在，适用于精确分析和研究工作，如制备常用试剂溶液及缓冲溶液。大多数分析仪器实验用二级水。二级水应使用密闭的、专用聚乙烯容器贮存。

3. 一级水　不含溶解杂质或胶态质等有机物等，可由二级水用石英蒸馏设备蒸馏，或经离子交换混合床处理后，再经 0.2μm 微孔滤膜过滤制取。一级水适用于有严格要求的分析实验，如制备标准水样或使用高效液相色谱仪、气相色谱仪、原子吸收仪、电感耦合等离子体光谱仪、电感耦合等离子体质谱仪等超痕量物质的分析，以及细胞培养和分子生物学实验。一级水一般不贮存，使用前制备，防止容器可溶成分的溶解、空气中的二氧化碳和其他杂质污染。

（二）实验室常用水的种类

目前，实验室用水并未按科学的标准分为一级、二级、三级，而是分为蒸馏水、去离子水、实验室高纯水和实验室超纯水等。

1. 蒸馏水 蒸馏水(distilled water)是实验室最常用的一种纯水,虽然制作设备便宜,但制备过程极其耗能和费水,且速度慢,应用会逐渐减少。蒸馏水能去除自来水内大部分的污染物,但挥发性的杂质无法去除,如二氧化碳、氨、二氧化硅以及一些有机物。新鲜制备的蒸馏水是无菌的,但储存后细菌易繁殖。此外,储存的容器也很讲究,若是非惰性的物质,离子和容器的塑形物质会析出,造成二次污染。通常电导率在 $1 \sim 50\mu S/cm$ 之间。蒸馏水的应用包括玻璃器皿的清洗和清洗用水。

2. 去离子水 应用离子交换树脂去除水中的阴离子和阳离子,但水中仍然存在可溶性的有机物,可以污染离子交换柱从而降低其功效,去离子水(deionized water)存放后也容易引起细菌的繁殖。电导率通常在 $1.0 \sim 0.1\mu S/cm$ 之间(电阻率在 $1.0 \sim 10.0M\Omega \cdot cm$)。去离子水能满足多种需求,如清洗、配制分析标准样品、制备试剂和稀释样品等。

3. 高纯水 通常实验室高纯水(high-purity water)不仅要求在离子指标上有较高纯度,而且要求低浓度的有机物和微生物。典型的指标是电导率 $< 1.0\mu S/cm$(电阻率 $> 1.0M\Omega \cdot cm$),总有机碳(TOC)含量 $< 50ppb(\mu g/L)$ 以及细菌含量 $< 1CFU$(菌落形成单位)$/ml$。高纯水的水质可适用于多种需求,从试剂制备和溶液稀释到为细胞培养配备营养液以及微生物研究等。

4. 超纯水 实验室超纯水(ultra-pure grade water)在电阻率、有机物含量、颗粒和细菌含量方面接近理论上的纯度极限,通过离子交换、RO 膜或蒸馏手段预纯化,再经过核子级离子交换精纯化得到超纯水。通常超纯水的电阻率可达 $18.2M\Omega \cdot cm$,TOC $< 10ppb$,滤除 $0.1\mu m$ 甚至更小的颗粒,细菌含量 $< 1CFU/ml$。超纯水适合多种精密分析实验的需求,如高效液相色谱、离子色谱和离子捕获-质谱等。

通常情况下,实验室常用水与实验室用水标准的对应关系为:一级水为超纯水,二级水为高纯水,三级水为一般纯水(包括蒸馏水和去离子水)。

三、实验室用水监测指标与监测方法

实验用水的质量对于检验质量至关重要,因此临床检验实验室科学合理地制备实验用水、对水的质量进行监测是临床检验实验室的重要工作。

水质监测指标是反映水中杂质的种类和数量、判断水中污染程度的具体衡量尺度。一般分为四大类:①一般指标:水温、电导率、氧化还原电位、溶解氧、混浊度、悬浮物等;②水质的污染度指标:生化需氧量(BOD)、化学需氧量(COD)、总有机碳(TOC)、总需氧量(TOD)、UV 吸收等;③水质的污染成分:金属离子、氰化物、酚、农药等;④水质的生物指标:大肠埃希菌、细菌总数等。

实验室用水主要监测的指标有 pH、电导率、电阻率、可氧化物质、吸光度、蒸发残渣、可溶性硅七种。

1. pH 是通常意义上溶液酸碱强度的衡量标准,是水化学中常用和最重要的检测项目之一,计算公式如下:

$$pH = -\lg[H^+] \tag{16-5}$$

测定方法:量取 100ml 水样,使用 pH 计测定。

2. 电导率(S/cm) 以数字表示的溶液传导电流的能力,特指边长 1cm 的立方体所含溶液的电导。

$$\text{电导率}(k) = 1/\text{电阻率}(\rho) \tag{16-6}$$

用于一、二级水测定的电导仪配备电极常数为 $0.01 \sim 0.1/cm$ 的"在线"电导池,并具有温度自动补偿功能。若电导仪不具备温度补偿功能,可装"在线"热交换器,使测量时水温控制在 $25℃ \pm 1℃$。用于三级水测定的电导仪配备电极常数为 $0.01 \sim 0.1/cm$ 的电导池,并具有温度自动补偿功能。若电导仪不具备温度补偿功能,可装恒温水浴槽,使待测水样温度控制在25℃±1℃。

测定方法:①一、二级水的测量:将电导池装在水处理装置流动出水口处,调节水流速,驱净管道及电导池内的气泡,即可进行测量;②三级水的测量:取400ml水样于锥形瓶中,插入电导池后即可进行测量。

3. 电阻率($\Omega \cdot cm$) 长1cm、截面积是$1m^2$的某种物质的电阻。

$$电导池常数(J) = L(两电板间有盖距离)/A(空间截面积) \tag{16-7}$$

$$电阻率(\rho) = 电阻(R)/电导池常数(J) \tag{16-8}$$

4. 可氧化物质(mg/L) 水中容易氧化的物质,利用高锰酸钾溶液的变色来判断,以(O)计。

5. 吸光度(A) 指光线通过溶液或某一物质前的入射光强度与该光线通过溶液或物质后的透射光强度比值的对数。在紫外可见分光光度计上,于254nm处,以1cm吸收池中水样为参比,测定2cm吸收池中水样的吸光度。

6. 蒸发残渣 称取蒸发后的残渣量,与相应指标比较。

7. 可溶性硅(mg/L) 以SiO_2计,比色管目视比较法,颜色不得深于标准。

在水质监测过程中,各项试验必须在洁净环境中进行,并采取适当措施以避免对试样的沾污。试验中均使用分析纯试剂和相应级别的水。随着自动化分析技术的发展,水质指标的调查、监测分析已经逐步使用自动测试系统。该系统一般由采样装置、水质连续监测仪器、数据传输、记录及处理几部分组成。其特点是自动化、仪器化和连续性。

(张明亮)

本章小结

移液器又称加样器,是一种在一定容量范围内可随意调节的精密的液体计量器具。

离心是利用旋转运动的离心力以及物质的沉降系数或浮力密度的差异进行分离、浓缩和提纯生物样品的一种方法。相对离心力是指在离心场中,作用于颗粒的离心力相当于地球重力的倍数,单位是重力加速度"g"。如果给出转头半径r,相对离心力RCF可以和每分钟转数(N)之间互换。离心机按其结构性能可分为低速、高速、超速等类型。

生物安全柜是能防止操作者和环境暴露于实验过程中产生的生物气溶胶的负压过滤排风柜,是防止实验室获得性感染的主要设备。其工作原理是将柜内空气向外抽吸,使柜内保持负压,柜内气体不能外泄而保护工作人员,外界空气经高效空气过滤器过滤后进入安全柜内,以避免处理样品被污染,柜内的空气也需经过高效空气过滤器过滤后再排放到大气中,以保护环境。

培养箱是培养微生物和细胞的主要设备,可用于细菌、细胞的培养繁殖。目前使用的培养箱主要分为三种:电热恒温培养箱、细胞培养箱和厌氧培养箱。电热恒温培养箱适用于细菌培养、发酵及恒温试验用。二氧化碳培养箱是在普通培养箱的基础上加以改进,主要是能加入CO_2,在培养箱箱体内形成一个类似细胞或组织在生物体内的生长环境,广泛应用于细胞、组织培养和某些特殊微生物的培养。厌氧培养箱是一种在无氧环境条件下进行细菌培养及操作的专用装置。在本装置内可以培养最难生长的厌氧生物,又能避免以往厌氧生物在大气中操作时接触氧而死亡的危险性。

实验用水的质量可能直接影响检验结果的准确性。水中的污染物分为颗粒、离子、有机物、微生物和气体五种,均可能对检验结果造成影响。水处理技术种类很多,包括过滤、超滤、蒸馏、活性炭吸附、反渗透、离子交换、电去离子、紫外灭菌等。

中国国家实验室用水规格(GB/T 6682—2008)将实验室用水分为一级、二级、三级。然而,目前实验室用水仍然沿用蒸馏水、去离子水、实验室纯水、实验室超纯水等级别,应该逐步地加以规范。实验室用水必须有严格的监测制度,以保证水的质量,监测的主要指标有 pH、电导率、电阻率、可氧化物质、吸光度、蒸发残渣、可溶性硅七种。

参考文献

1. 吴长有. 流式细胞术的基础和临床应用. 北京:人民卫生出版社,2014.
2. 陈朱波,曹雪涛. 流式细胞术——原理、操作及应用. 第2版. 北京:科学出版社,2014.
3. 贺志安. 检验仪器分析. 北京:人民卫生出版社,2013.
4. Snyder LR,Kirkland JJ,Dolan JW. Introduction to Modern Liquid Chromatography. 北京:人民卫生出版社,2012.
5. 丛玉隆. 临床实验室仪器管理. 北京:人民卫生出版社,2012.
6. 杨根元. 实用仪器分析. 第4版. 北京:北京大学出版社,2012.
7. 张秀明. 临床生化检验诊断学(上册). 北京:人民卫生出版社,2012.
8. 朱根娣. 现代检验医学仪器分析技术及应用. 第2版. 上海:上海科学技术文献出版社,2012.
9. 丛玉隆. 检验医学高级教程. 北京:人民军医出版社,2011.
10. 邸刚. 医用检验仪器应用与维护. 北京:人民卫生出版社,2011.
11. 何世伟. 色谱仪器. 杭州:浙江大学出版社,2011.
12. 康熙雄. 床旁检测临床应用手册. 北京:人民军医出版社,2010.
13. 蒋长顺. 临床实验仪器学. 合肥:安徽科学技术出版社,2009.
14. 潘建. 医疗检验仪器原理、应用及维修. 重庆:重庆出版社,2009.
15. 姚进一. 现代仪器分析. 北京:中国农业大学出版社,2009.
16. 刘密新. 仪器分析. 第2版. 北京:清华大学出版社,2008.
17. 丛玉隆. 现代尿液分析技术与临床. 北京:人民军医出版社,2007.
18. 倪语星,尚红. 临床微生物学与检验. 第4版. 北京:人民卫生出版社,2007.
19. 赵卫国. 即时检验. 上海:上海科学技术出版社,2007.
20. 张卓然. 临床微生物学与微生物检验. 北京:人民卫生出版社,2006.
21. 邹雄. 基本检验技术及仪器学. 北京:高等教育出版社,2006.
22. 何忠效. 生物化学实验技术. 北京:化学工业出版社,2004.
23. 陈毓荃. 生物化学实验方法和技术. 北京:科学出版社,2002.
24. 丛玉隆. 当代检验分析技术与临床. 北京:中国科学技术出版社,2002.

中英文名词对照索引

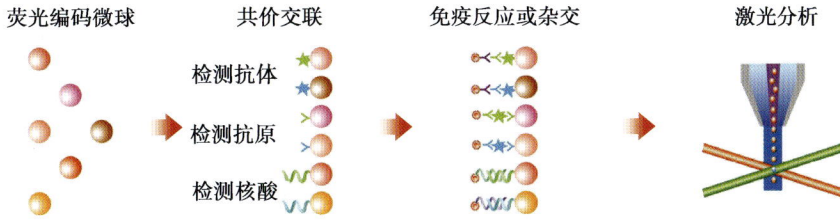

荧光编码微球　　　共价交联　　　免疫反应或杂交　　　激光分析

检测抗体

检测抗原

检测核酸

图 7-4　xMAP 技术原理示意图

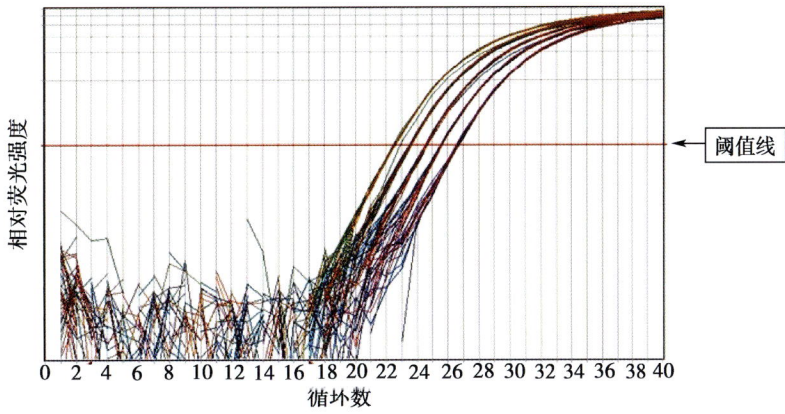

阈值线

循环数

图 14-1　荧光定量 PCR 扩增曲线与阈值

1

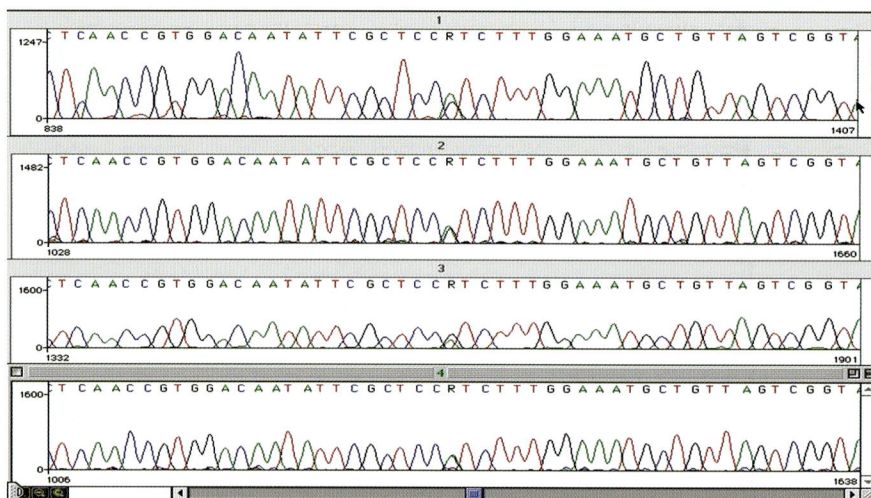

图 14-3　DNA 测序结果图

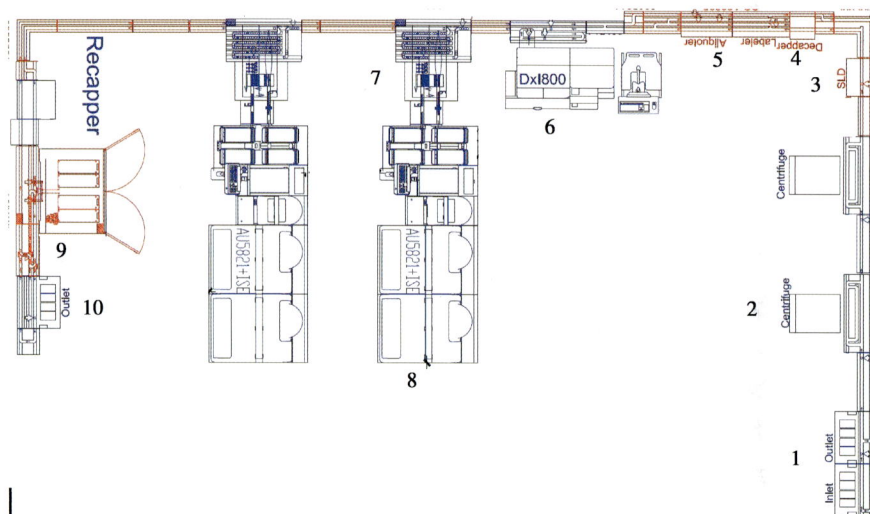

图 15-1　Power Processor 实验室自动化系统

1. 投入缓冲模块；2. 样本离心模块；3. 血清质量识别模块；4. 去盖模块；5. 分杯模块；6. DXI800 化学发光免疫分析仪；7. 仪器连接模块；8. AU5800 系列全自动生化分析仪；9. 在线冰箱存储模块和去盖模块；10. 出口模块

10检